AF535126

BATMAN NOIR
GOTHAM BY GASLIGHT

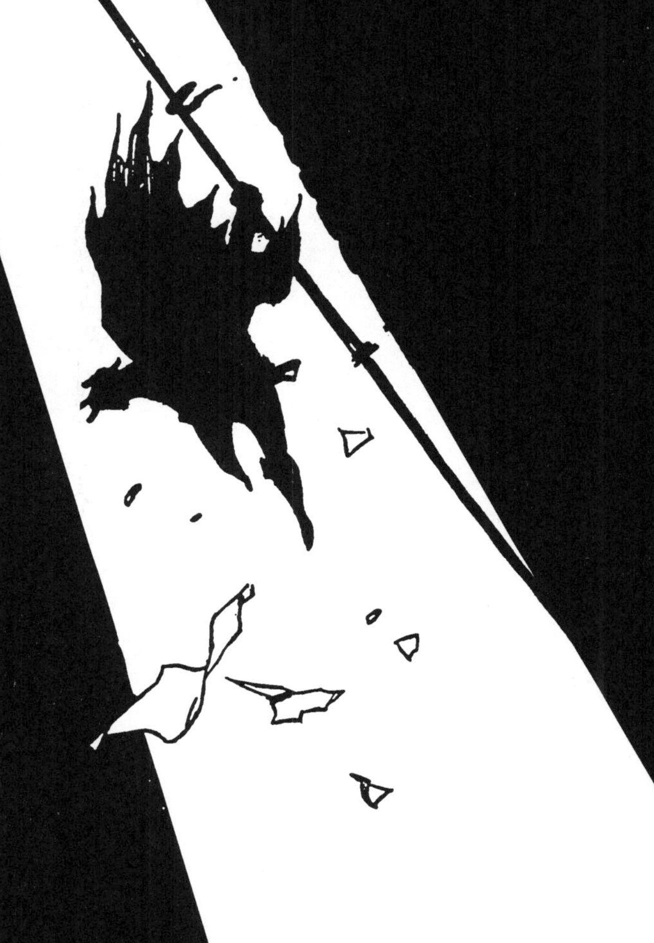

BLUTIGE SCHATTEN DER VERGANGENHEIT

BRIAN AUGUSTYN
AUTOR

MIKE MIGNOLA
ZEICHNER

STEVE KUPS
ÜBERSETZUNG

WALPROJECT
LETTERING

DER HERR DER ZUKUNFT

BRIAN AUGUSTYN
AUTOR

EDUARDO BARRETO
ZEICHNER

JOSEF ROTHER
ÜBERSETZUNG

FABIO CIACCI
LETTERING

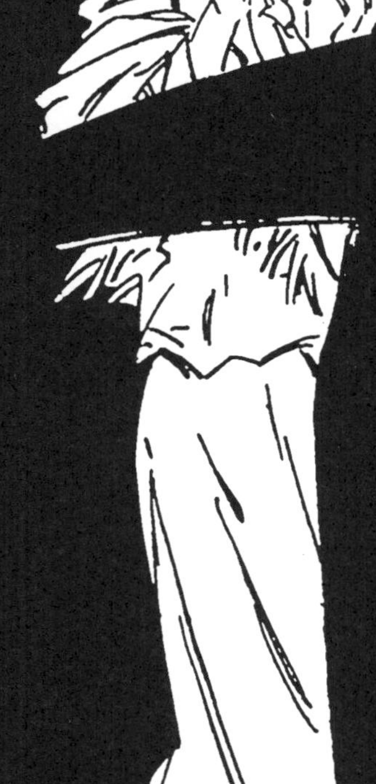

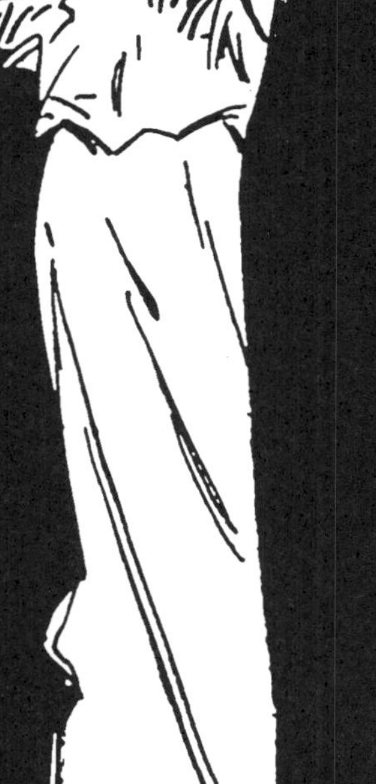

DENNIS O'NEIL
KELLEY PUCKETT
MARK WAID
REDAKTION USA

BATMAN geschaffen von **BOB KANE** mit **BILL FINGER**.

BATMAN NOIR: GOTHAM BY GASLIGHT – EINE BATMAN-GESCHICHTE IM VIKTORIANISCHEN ZEITALTER erscheint bei **PANINI COMICS**, Schloßstraße 76, D-70176 Stuttgart. Druck: Lito Terrazzi Industria Grafica. Pressevertrieb: Stella Distribution GmbH, D-22297 Hamburg. Direkt-Abos auf **www.paninicomics.de**. Anzeigenverkauf: BLAUFEUER VERLAGSVERTRETUNGEN GmbH, info@blaufeuer.com. Es gilt die Anzeigenpreisliste Nr. 17 vom 01.10.2019. Geschäftsführer **Hermann Paul**, Publishing Director Europe **Marco M. Lupoi**, Finanzen **Felix Bauer**, Marketing Director **Holger Wiest**, Marketing **Thorsten Kleinheinz**, Vertrieb **Alexander Bubenheimer**, Logistik **Ronald Schäffer**, PR/Presse **Steffen Volkmer**, Publishing Manager **Lisa Pancaldi**, Redaktion **Tommaso Caretti**, **Carlo Del Grande**, **Christian Endres**, **Christian Grass**, **Peter Thannisch**, **Monika Trost**, **Daniela Uhlmann**, Übersetzung **Steve Kups**, **Josef Rother**, Proofreading **Tomislav Subasic**, Lettering **Fabio Ciacci**, **Walproject**, grafische Gestaltung **Rudy Remitti**, **Nicola Spano**, Art Director **Mario Corticelli**, Redaktion Panini Comics **Annalisa Califano**, **Beatrice Doti**, Prepress **Francesca Aiello**, **Andrea Bisi**, Repro/Packager **Alessandro Nalli** (coordinator), **Mario Da Rin Zanco**, **Valentina Esposito**, **Luca Ficarelli**, **Linda Leporati**. Cover von **Mike Mignola**, *Gotham by Gaslight: An Alternate History of the Batman*.

Bibliografische Information der Deutschen Nationalbibliothek
Die Deutsche Nationalbibliothek verzeichnet diese Publikation in der Deutschen Nationalbibliografie; detaillierte bibliografische Daten sind im Internet über dnb.d-nb.de abrufbar.

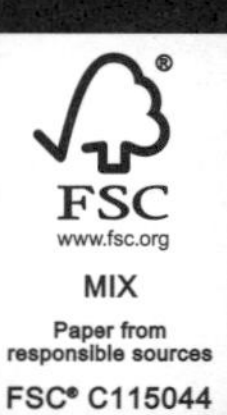

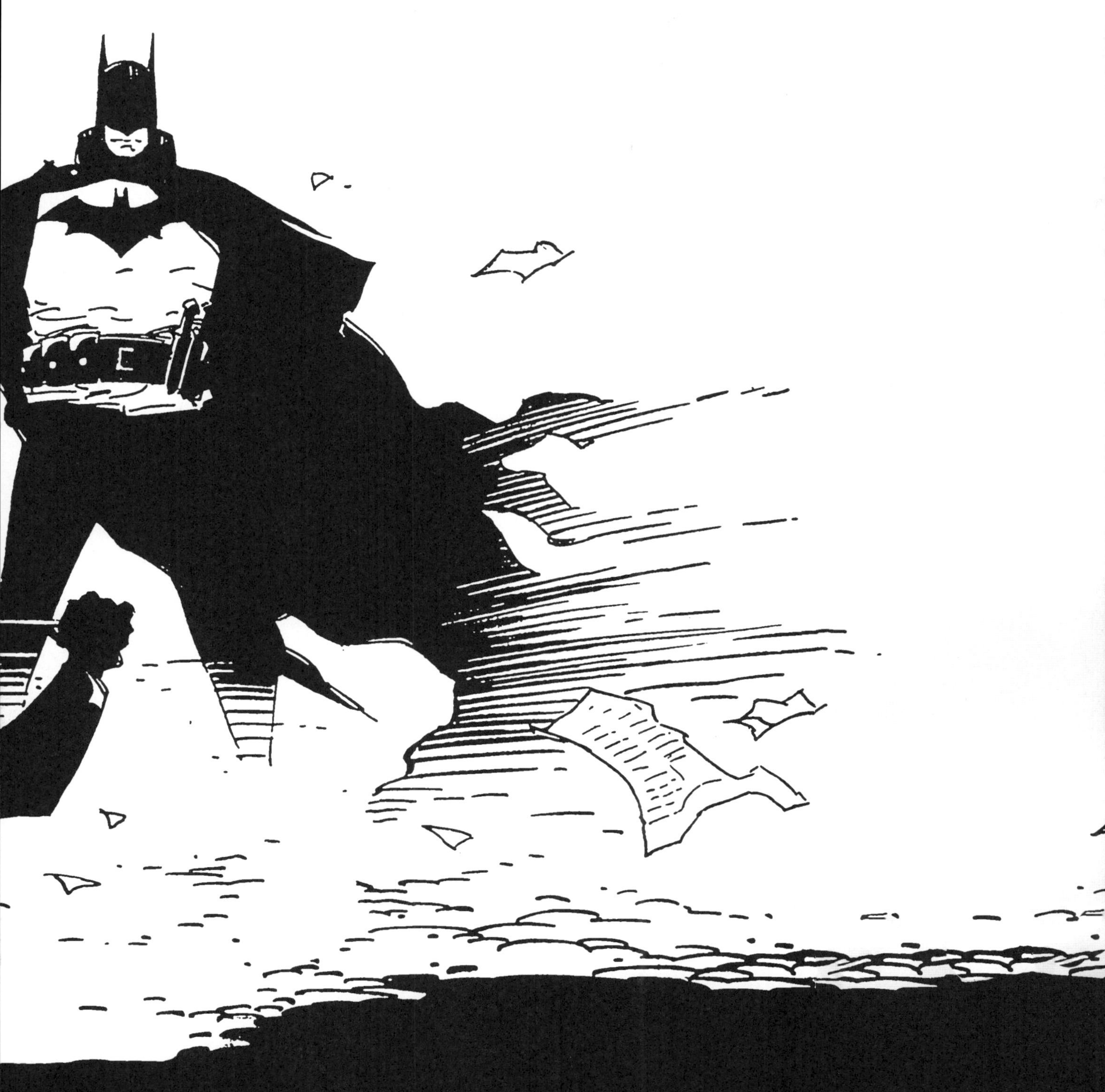

DUNKLER RITTER IN SCHWARZ-WEISS

Traditionell beginnen Comics mit Skizzen und Layouts des Künstlers, denen schließlich die Bleistiftzeichnungen folgen. Beim Vorgang des Tuschens fügen der Zeichner selbst oder ein eigener Inker anschließend Konturen, Schatten und Schattierungen, Texturen und Details hinzu. Danach kümmert sich der Künstler oder ein Kolorist um die Farbe, die ein eigenes Element des grafischen Erzählens darstellt. Um das ursprüngliche Artwork, ja, die originäre Vision und Intention des Zeichners zu erfassen, betrachtet man aber am besten das getuschte Artwork in ausdrucksstarkem Schwarz-Weiß.

In diesem Band unserer edlen Reihe BATMAN NOIR präsentieren wir zwei der berühmtesten Alternativwelt-Geschichten über den **Dunklen Ritter** in ihrer kontrastreichen zweifarbigen Fassung, die das wundervolle Artwork der Ausnahmekünstler **Mike Mignola** und **Eduardo Barreto** besonders zum Glänzen bringt und mehr denn je zum Studieren und Staunen einlädt. Die Geschichte **Blutige Schatten der Vergangenheit** war 1989 sogar die erste offizielle Veröffentlichung von DCs **Elseworlds**-Imprint, unter dessen Logo vor allem in den 1990ern viele grandiose, oftmals historische Spiegelwelt-Neuinterpretationen der DC-Ikonen herauskamen. 1991 folgte das Sequel **Der Herr der Zukunft**, und es ist uns ein großes Vergnügen, beide Storys von Autor **Brian Augustyn** über den Mitternachtsdetektiv einer **viktorianischen Alternativwelt** erstmals in einem Sammelband auf Deutsch zu veröffentlichen.

Mike Mignola, der kurz darauf seinen eigenen Helden **Hellboy** erfinden sollte (übrigens erschienen auch die Hellboy-Comics auf Deutsch lange in Schwarz-Weiß, was Mignola selbst immer schätzte), ist ein von Fans, Kritikern und Kollegen verehrter Meisterzeichner. Comic-Gott **Alan Moore** (Autor von WATCHMEN, BATMAN: THE KILLING JOKE und der **Jack the Ripper**-Meditation *From Hell*) lieferte wohl eines der berühmtesten Zitate, wenn es darum geht, Mignolas Kunst zu klassifizieren, die er als Mischung aus „**Jack Kirby** und **deutschem Expressionismus**" beschrieb. Diese Ausgabe mit **Blutige Schatten der Vergangenheit**, das inzwischen unter dem Originaltitel *Batman: Gotham by Gaslight* als Animationsfilm adaptiert wurde, betont Mignolas reichhaltigen Einsatz von Schwarzflächen und Schatten, den er mit einem wahnsinnig stimmungsvollen Symbolismus krönt, während seine nur auf den ersten Blick flache Figurendarstellung schon ans Ikonische grenzt und er in seinen Panels viel mehr eine unglaubliche Plastizität und Tiefe erreicht. Mignola – ein großer Fan von alten, explizit viktorianischen Gothic-Stoffen – war genau der Richtige, um ein Gotham zur Zeit von **Königin Victoria** zum Leben zu erwecken und den fiktiven finsteren Mythos von Batman mit der blutigen, aber realen Legende des Serienkillers **Jack the Ripper** verschmelzen zu lassen.

Eduardo Barreto wandelte indessen unübersehbar auf den Spuren der frühen Comic-Meister, die ihre abenteuerlichen Comic-Strips auf den großformatigen Seiten der Zeitungen in der Tradition klassischer Illustratoren umsetzten. Das drückt sich in einem überragenden Verständnis für Anatomie und Dynamik, aber auch einem beachtlichen Detailreichtum aus, den Barreto in seine Batman-Story über die viktorianische Epoche übertrug – ideal für den großen Auftritt eines retrofuturistischen, ach was, geradezu antifuturistischen Bösewichts, der keineswegs den Optimismus und die Vorfreude seiner Zeitgenossen hinsichtlich des 20. Jahrhunderts teilt, auf dessen Schwelle die zweite Elseworlds-Geschichte einsetzt. Man hat regelrecht das Gefühl, dass Augustyn diese Story samt ihres Schurken, der direkt einem alten Abenteuerstrip oder Mantel-und-Degen-Film entsprungen scheint, genau auf Barretos Vorlieben und Vorbilder zuschnitt.

Viel Vergnügen mit den beiden Alternativwelt-Klassikern aus der Vergangenheit des Dunklen Ritters – zum ersten Mal in passend stimmungsvollem Schwarz-Weiß und in einem Komplettband auf Deutsch!

Christian Endres

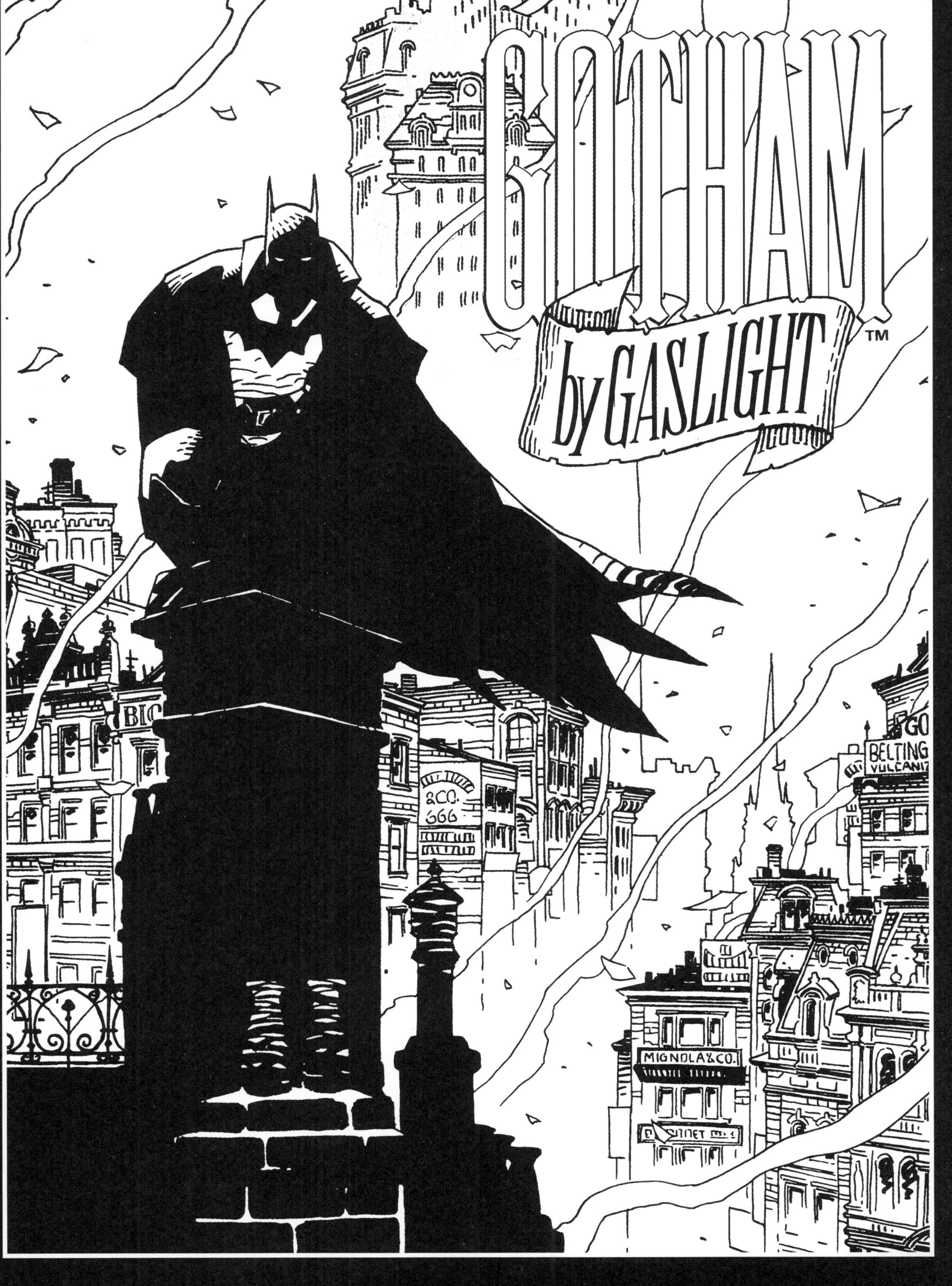
GOTHAM
by GASLIGHT™
BELTING
MIGNOLA&CO.

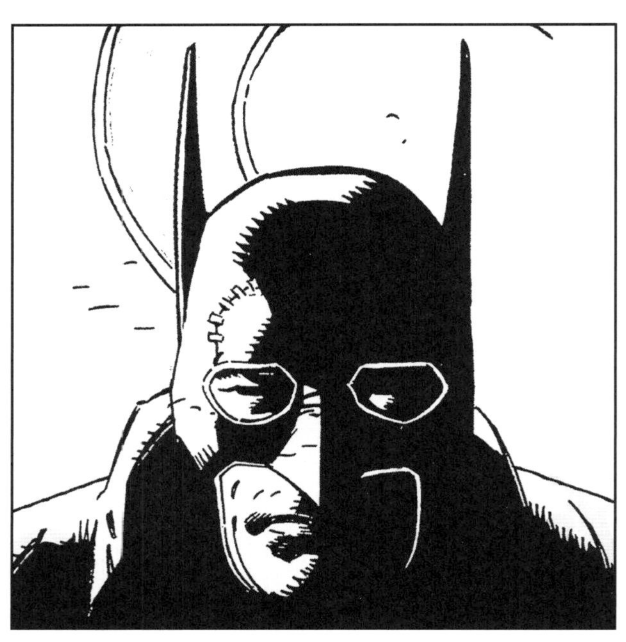

AUS DER HÖLLE

von Robert Bloch

Mein Name ist Jack.

So jedenfalls nannte ich mich in dem Brief und in der Karte an die Central News Agency. Als ich Mister Lusk vom Whitechapel Vigilance Committee schrieb, gab ich als meine Adresse "Aus der Hölle" an. Ich packte eine halbe Niere dazu, die ich einem Opfer entschnitten hatte, und teilte dem Herrn mit, die andere Hälfte gebraten und verspeist zu haben. Diesen Brief brauchte ich nicht zu unterzeichnen, denn inzwischen kannte ganz London meinen Namen.

Die ganze Welt kannte ihn.

Zwischen dem 31. August und dem 9. November 1888 durchschnitt ich die Kehlen von fünf Frauen – und nicht nur ihre Kehlen. Vier starben schnell auf der Straße, zwei von ihnen in der gleichen Nacht – innerhalb einer einzigen Stunde. Das fünfte Opfer kam in ihrem eigenen Zimmer unter mein Messer, und dort ließ ich mir alle Zeit der Welt.

Allerdings war die Polizei überall. Hunderte von Kriminalbeamten waren in Scotland Yards Auftrag unterwegs. Ja, die ganze Stadt hielt Ausschau – vier Millionen Augenpaare, die in den Schatten nach mir suchten.

Doch nach dem fünften Mord verschwand ich in eben diesen Schatten, und sie haben mich nie gefunden. Sie hatten nur einen Spitznamen, den ich ihnen gegeben hatte, als ich ganz spitz auf die Damen war.

Manche sagten, ich wäre ein Arzt, ein Medizinstudent, ein Schlachter, vielleicht ein Schuhmacher, der gut mit dem Messer umgehen konnte. Hebammen wurden misstrauisch beäugt, weil sie sich in den Straßen der Slums bewegen konnten, ohne Aufmerksamkeit zu erregen; aus dem gleichen Grund stand die Polizei unter Verdacht. Andere hielten mich für einen Anwalt namens Druitt, einen russischen Geheimagenten, einen Yankee, der Briefe in amerikanischem Slang schrieb, einen Mörder namens Dr. Neill Cream oder sogar den Leibarzt von Königin Victoria, Sir William Gull. Die Königin selbst hatte gar eine Theorie über ausländische Seeleute.

Falsch. Vollkommen daneben. Ich hatte ganz London genarrt. Und ich konnte sie überall narren, sogar in Gotham City, wenn ich dort an die Arbeit gehen wollte.

Batman?

Ja, den Namen kenne ich. Und vielleicht bekommt diese Fledermaus bald auch Post von mir, von Ihrem ergebenen

JACK THE RIPPER

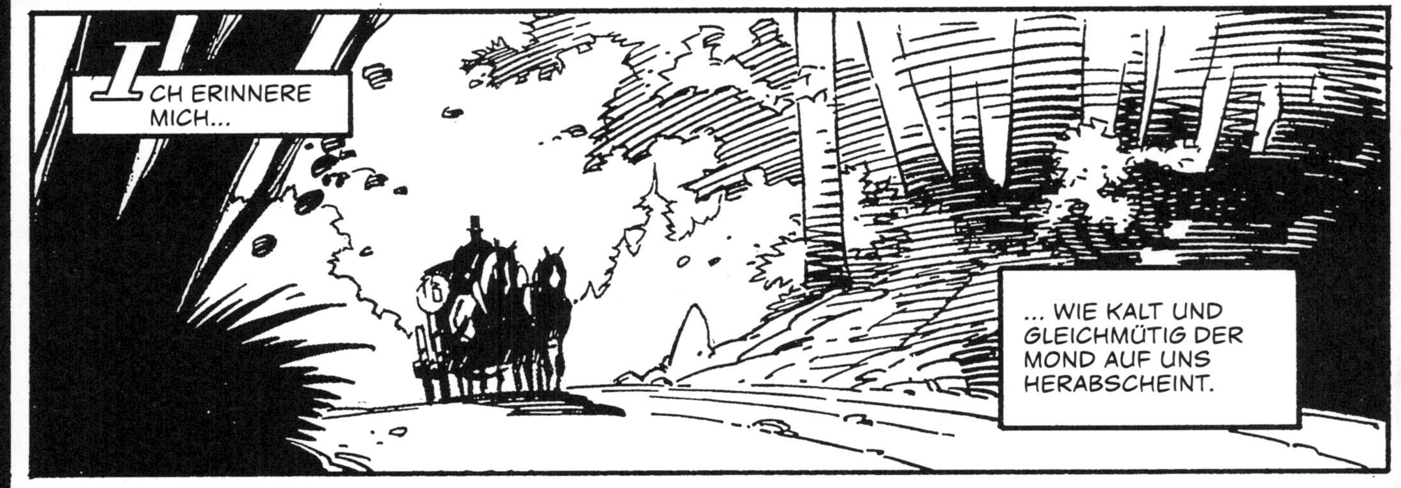
ICH ERINNERE MICH...
... WIE KALT UND GLEICHMÜTIG DER MOND AUF UNS HERABSCHEINT.

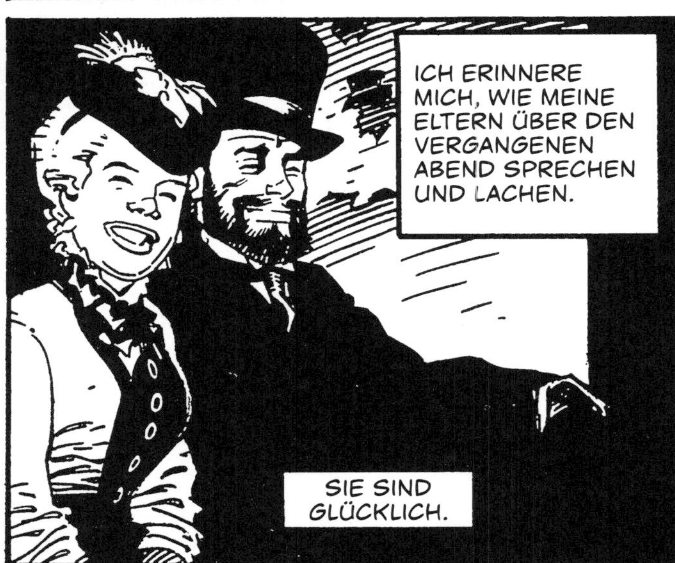
ICH ERINNERE MICH, WIE MEINE ELTERN ÜBER DEN VERGANGENEN ABEND SPRECHEN UND LACHEN.
SIE SIND GLÜCKLICH.

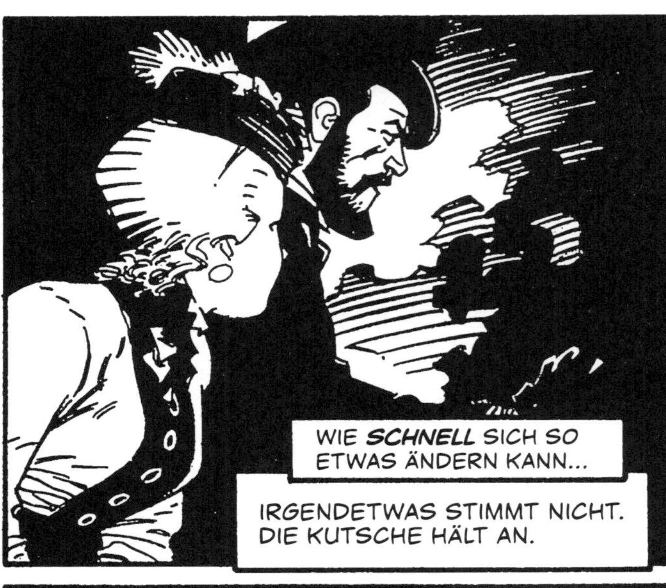
WIE SCHNELL SICH SO ETWAS ÄNDERN KANN...
IRGENDETWAS STIMMT NICHT. DIE KUTSCHE HÄLT AN.

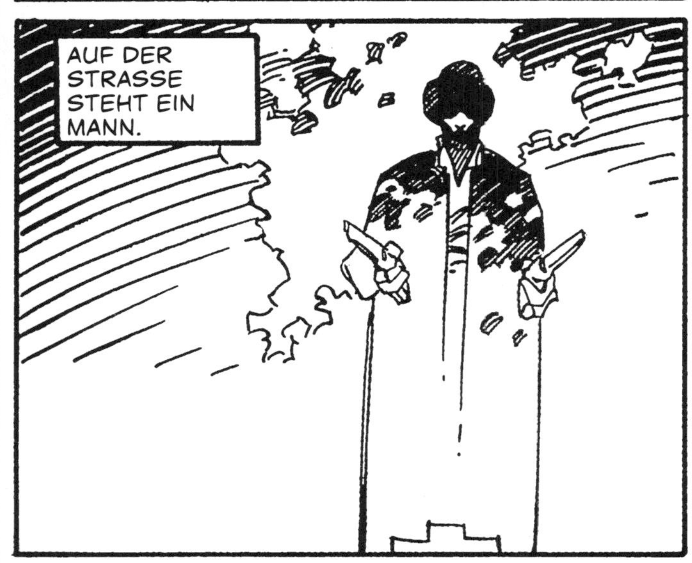
AUF DER STRASSE STEHT EIN MANN.

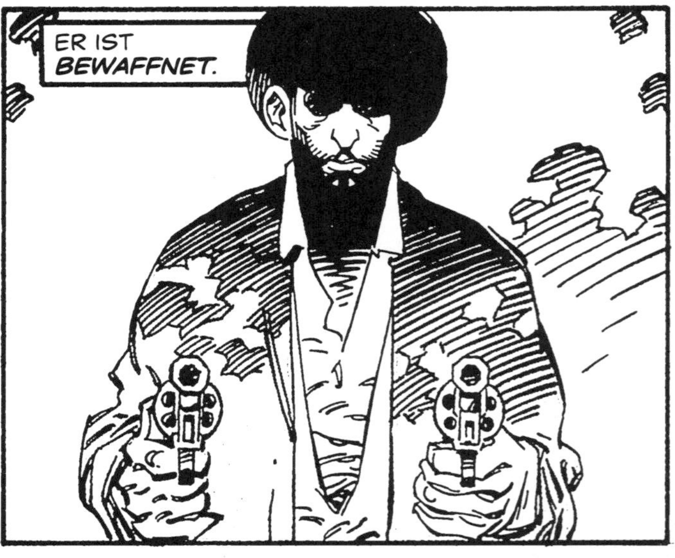
ER IST BEWAFFNET.

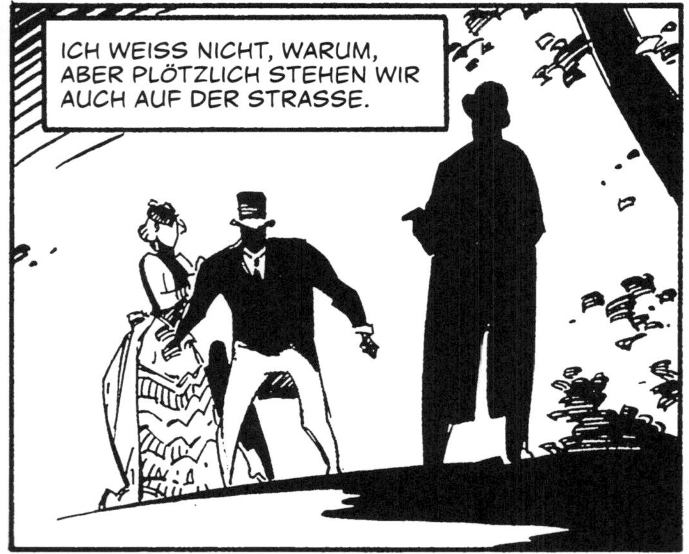
ICH WEISS NICHT, WARUM, ABER PLÖTZLICH STEHEN WIR AUCH AUF DER STRASSE.

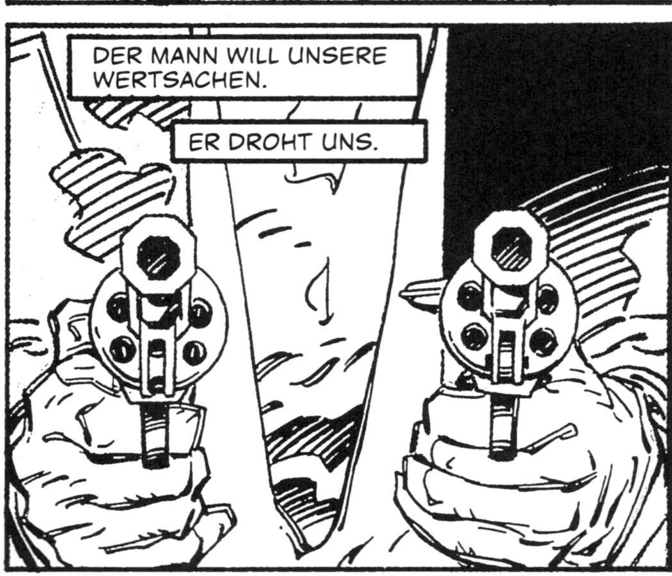
DER MANN WILL UNSERE WERTSACHEN.
ER DROHT UNS.

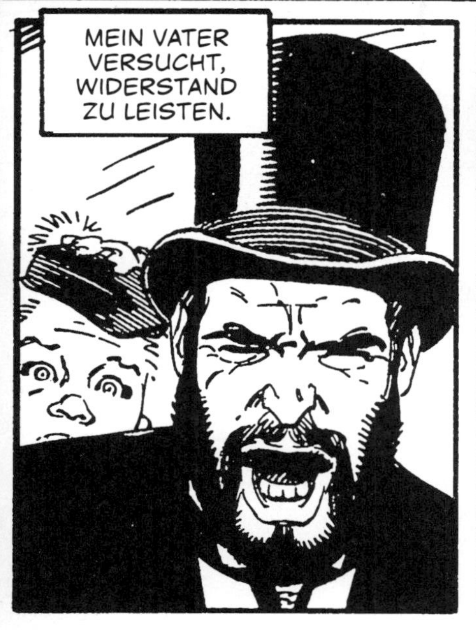
MEIN VATER VERSUCHT, WIDERSTAND ZU LEISTEN.

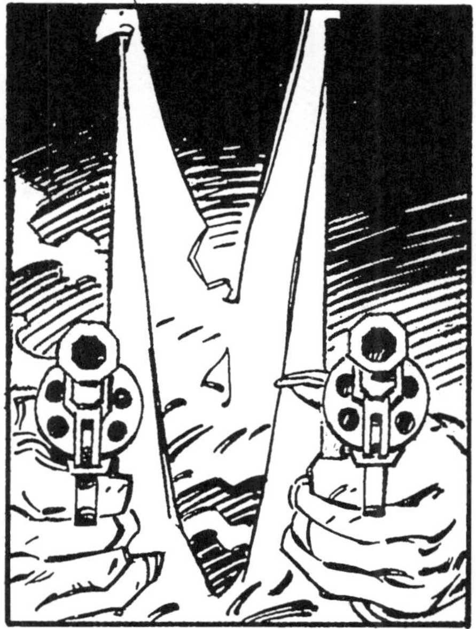

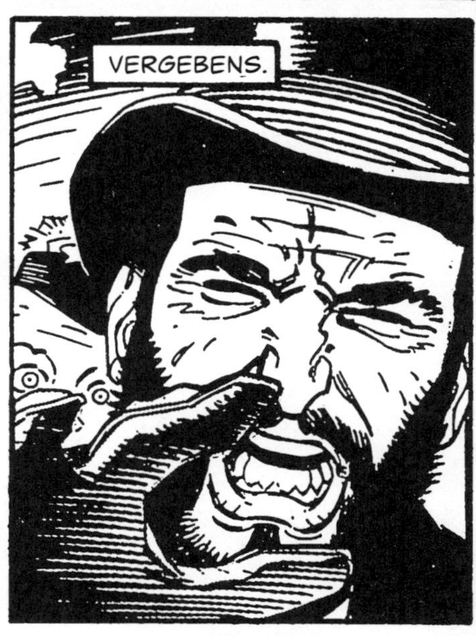
VERGEBENS.

EIN DONNERN ERFÜLLT DIE LUFT UND VERSCHLINGT *ALLES*. MEINEN VATER...

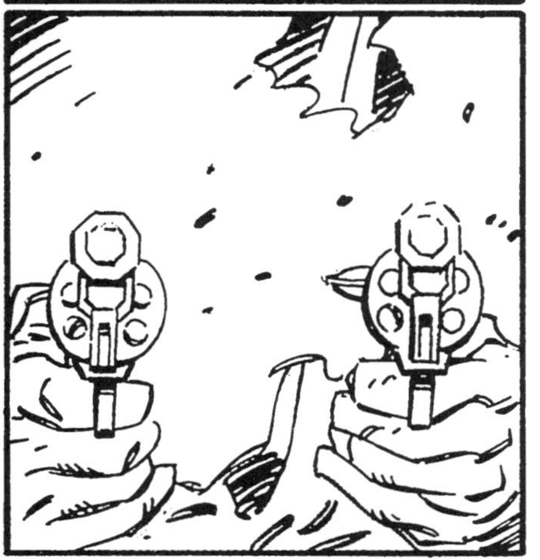

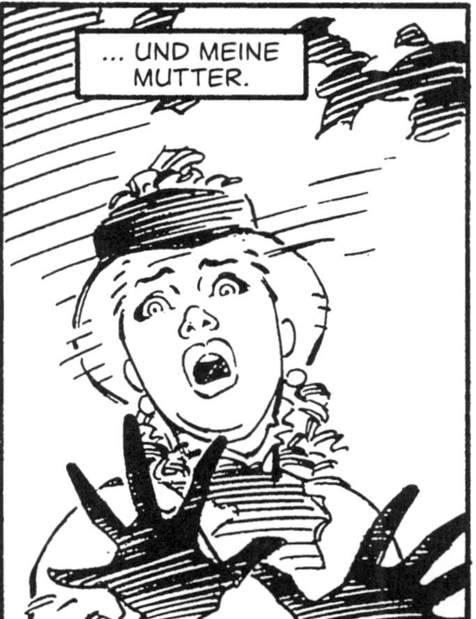
... UND MEINE MUTTER.

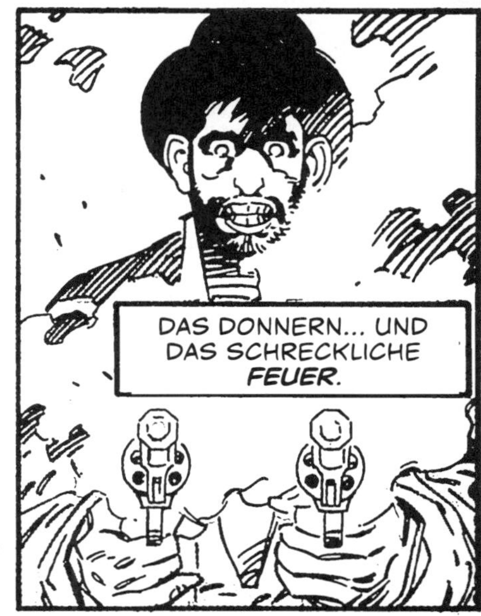
DAS DONNERN... UND DAS SCHRECKLICHE *FEUER*.

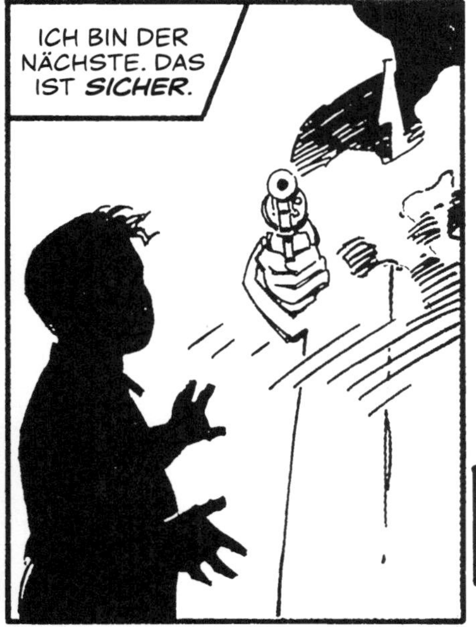
ICH BIN DER NÄCHSTE. DAS IST *SICHER*.

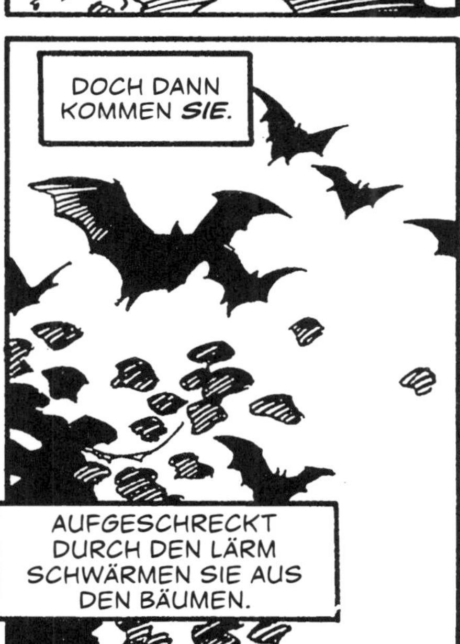
DOCH DANN KOMMEN *SIE*.
AUFGESCHRECKT DURCH DEN LÄRM SCHWÄRMEN SIE AUS DEN BÄUMEN.

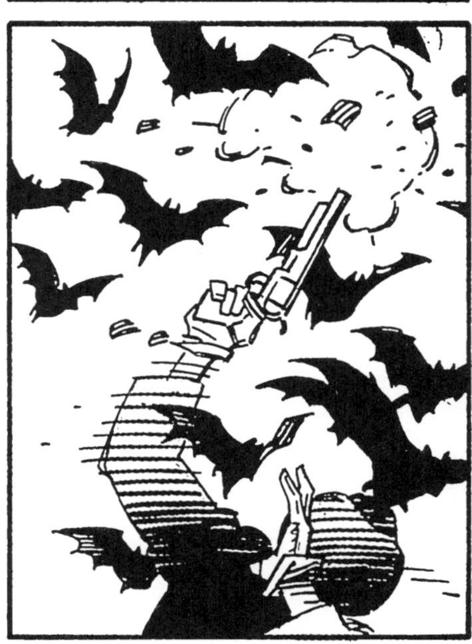

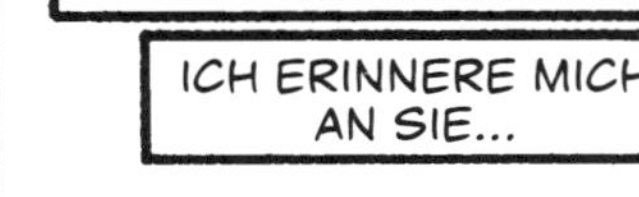
DIE *FLEDERMÄUSE*.
ICH ERINNERE MICH AN SIE...

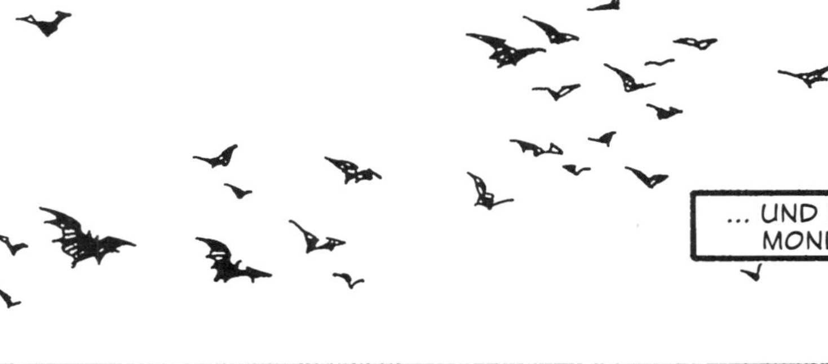
... UND DEN MOND.

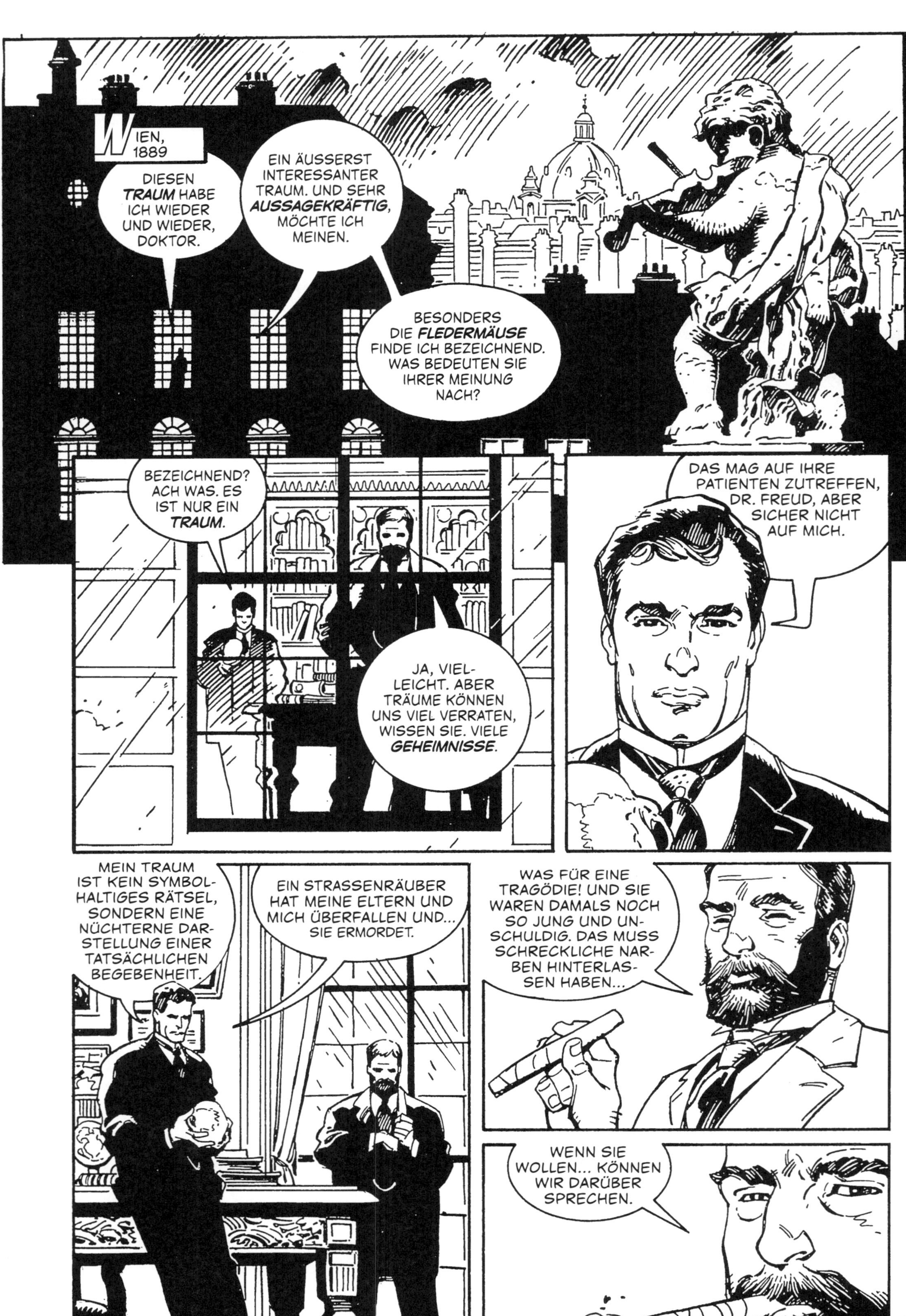
WIEN, 1889
DIESEN TRAUM HABE ICH WIEDER UND WIEDER, DOKTOR.
EIN ÄUSSERST INTERESSANTER TRAUM. UND SEHR AUSSAGEKRÄFTIG, MÖCHTE ICH MEINEN.
BESONDERS DIE FLEDERMÄUSE FINDE ICH BEZEICHNEND. WAS BEDEUTEN SIE IHRER MEINUNG NACH?
BEZEICHNEND? ACH WAS. ES IST NUR EIN TRAUM.
JA, VIEL-LEICHT. ABER TRÄUME KÖNNEN UNS VIEL VERRATEN, WISSEN SIE. VIELE GEHEIMNISSE.
DAS MAG AUF IHRE PATIENTEN ZUTREFFEN, DR. FREUD, ABER SICHER NICHT AUF MICH.
MEIN TRAUM IST KEIN SYMBOL-HALTIGES RÄTSEL, SONDERN EINE NÜCHTERNE DAR-STELLUNG EINER TATSÄCHLICHEN BEGEBENHEIT.
EIN STRASSENRÄUBER HAT MEINE ELTERN UND MICH ÜBERFALLEN UND... SIE ERMORDET.
WAS FÜR EINE TRAGÖDIE! UND SIE WAREN DAMALS NOCH SO JUNG UND UN-SCHULDIG. DAS MUSS SCHRECKLICHE NAR-BEN HINTERLAS-SEN HABEN...
WENN SIE WOLLEN... KÖNNEN WIR DARÜBER SPRECHEN.

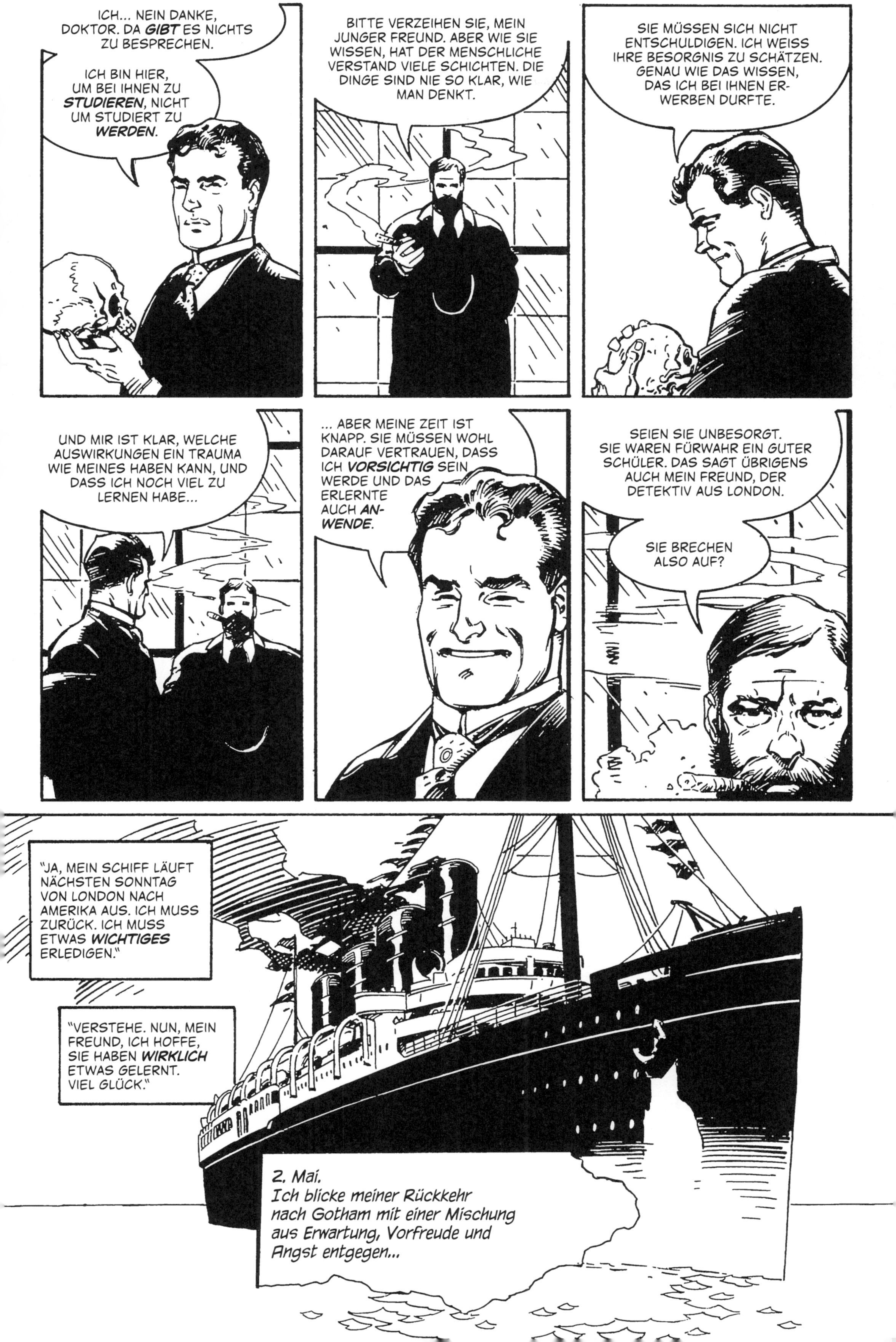

ICH... NEIN DANKE, DOKTOR. DA **GIBT** ES NICHTS ZU BESPRECHEN.

ICH BIN HIER, UM BEI IHNEN ZU **STUDIEREN**, NICHT UM STUDIERT ZU **WERDEN**.

BITTE VERZEIHEN SIE, MEIN JUNGER FREUND. ABER WIE SIE WISSEN, HAT DER MENSCHLICHE VERSTAND VIELE SCHICHTEN. DIE DINGE SIND NIE SO KLAR, WIE MAN DENKT.

SIE MÜSSEN SICH NICHT ENTSCHULDIGEN. ICH WEISS IHRE BESORGNIS ZU SCHÄTZEN. GENAU WIE DAS WISSEN, DAS ICH BEI IHNEN ERWERBEN DURFTE.

UND MIR IST KLAR, WELCHE AUSWIRKUNGEN EIN TRAUMA WIE MEINES HABEN KANN, UND DASS ICH NOCH VIEL ZU LERNEN HABE...

... ABER MEINE ZEIT IST KNAPP. SIE MÜSSEN WOHL DARAUF VERTRAUEN, DASS ICH **VORSICHTIG** SEIN WERDE UND DAS ERLERNTE AUCH **ANWENDE**.

SEIEN SIE UNBESORGT. SIE WAREN FÜRWAHR EIN GUTER SCHÜLER. DAS SAGT ÜBRIGENS AUCH MEIN FREUND, DER DETEKTIV AUS LONDON.

SIE BRECHEN ALSO AUF?

"JA, MEIN SCHIFF LÄUFT NÄCHSTEN SONNTAG VON LONDON NACH AMERIKA AUS. ICH MUSS ZURÜCK. ICH MUSS ETWAS **WICHTIGES** ERLEDIGEN."

"VERSTEHE. NUN, MEIN FREUND, ICH HOFFE, SIE HABEN **WIRKLICH** ETWAS GELERNT. VIEL GLÜCK."

2. Mai.
Ich blicke meiner Rückkehr nach Gotham mit einer Mischung aus Erwartung, Vorfreude und Angst entgegen...

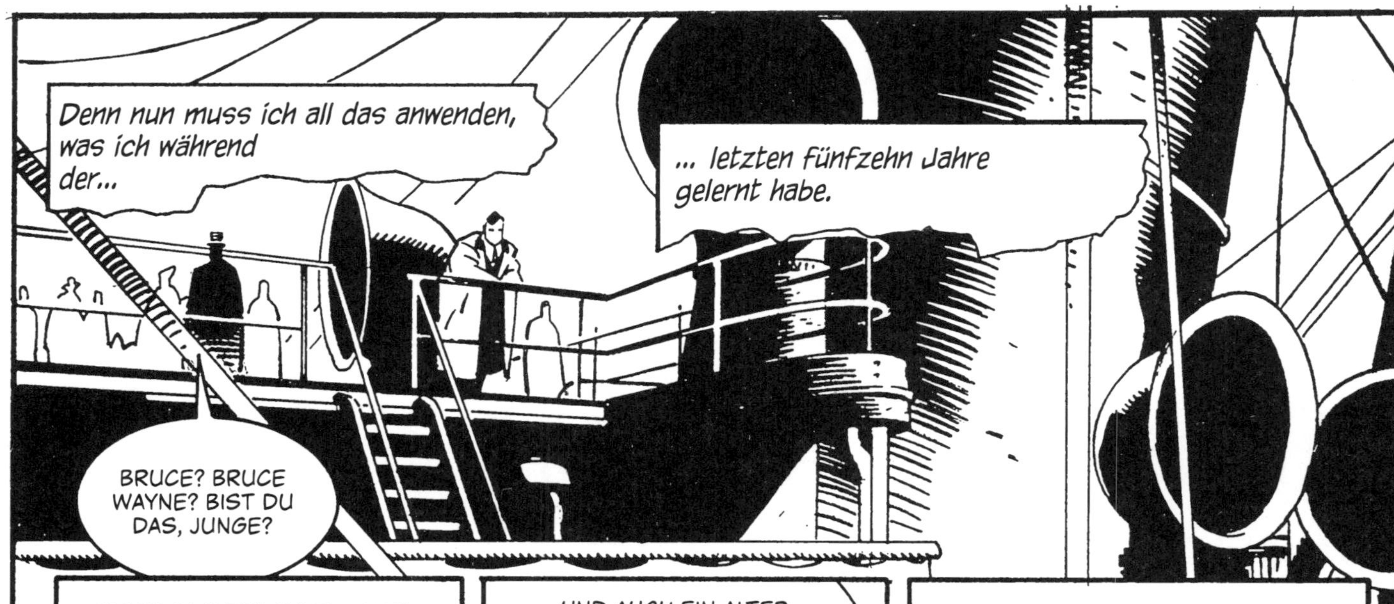

JACOB PACKER! ONKEL JAKE! WIE SCHÖN, DICH ZU SEHEN! FÄHRST DU AUCH NACH GOTHAM?

JA. DAS REISEN DURCH EUROPA WURDE ZU ERMÜDEND, BRUCE.

UND DAS HEIMWEH ZU STARK.

UND AUCH EIN ALTER RECHTSVERDREHER WIE ICH SOLLTE MAL NACH HAUSE, WENN DIE SCHICKEN AUSLÄNDISCHEN SPIELER IHN GENUG AUSGENOMMEN HABEN. ***HEH***!

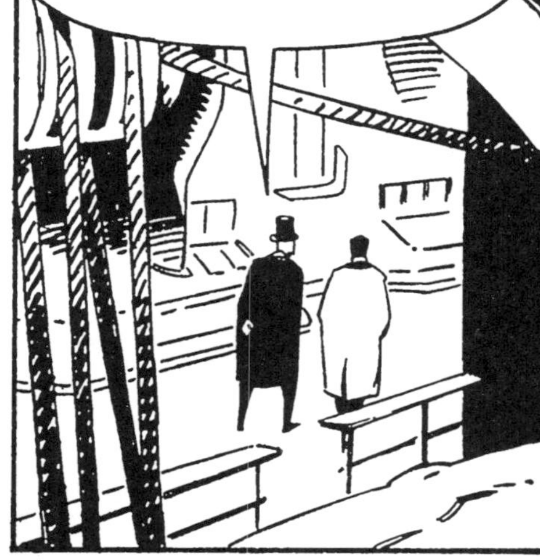

Jake zu treffen, war das Beste, was mir passieren konnte. In seiner Gesellschaft ist es fast unmöglich, düstere Gedanken zu hegen. Er ist Balsam für die Seele und...

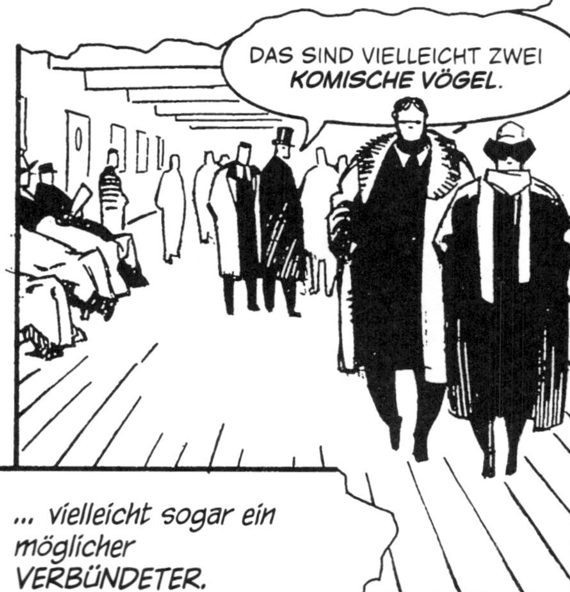

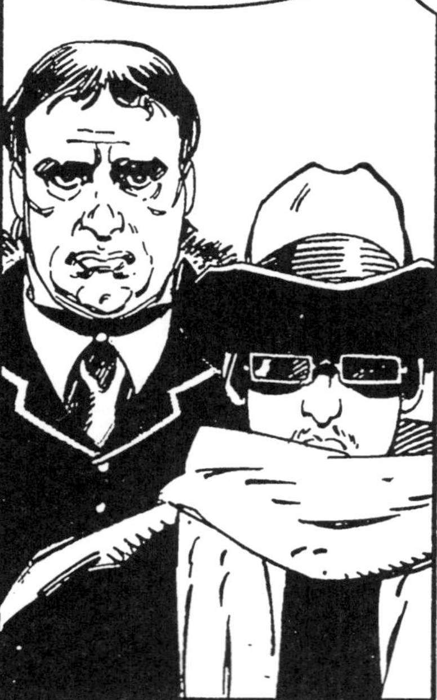

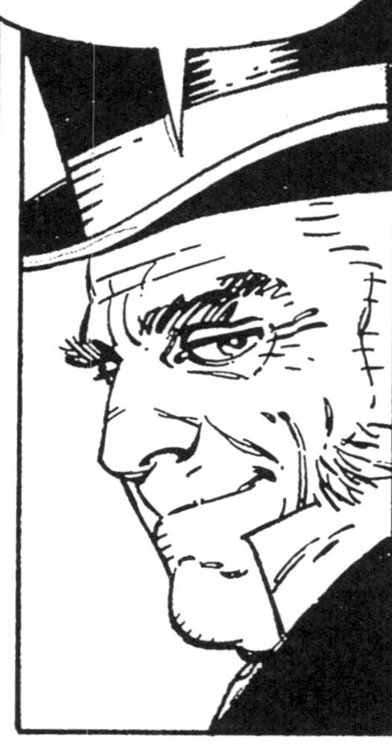

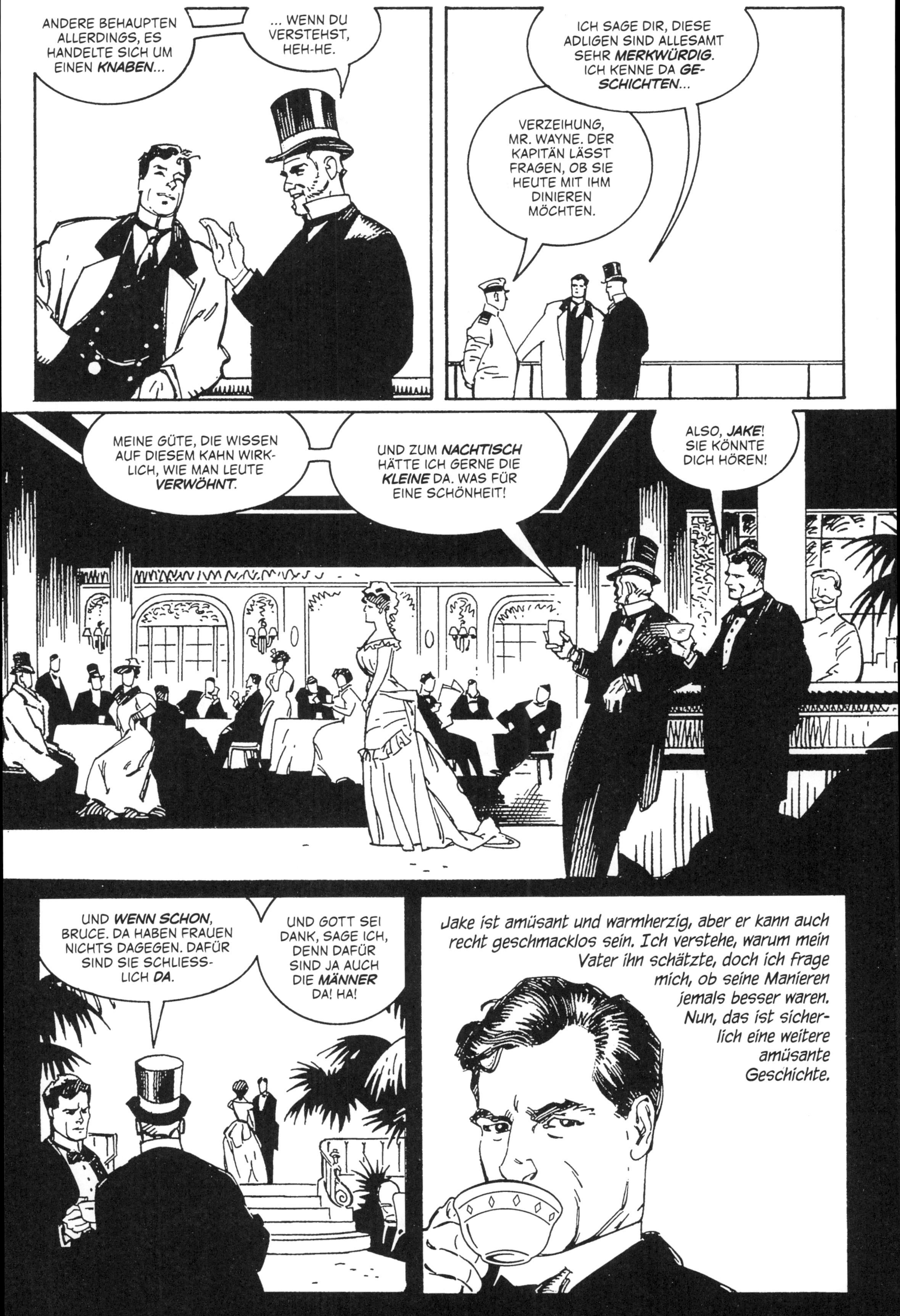

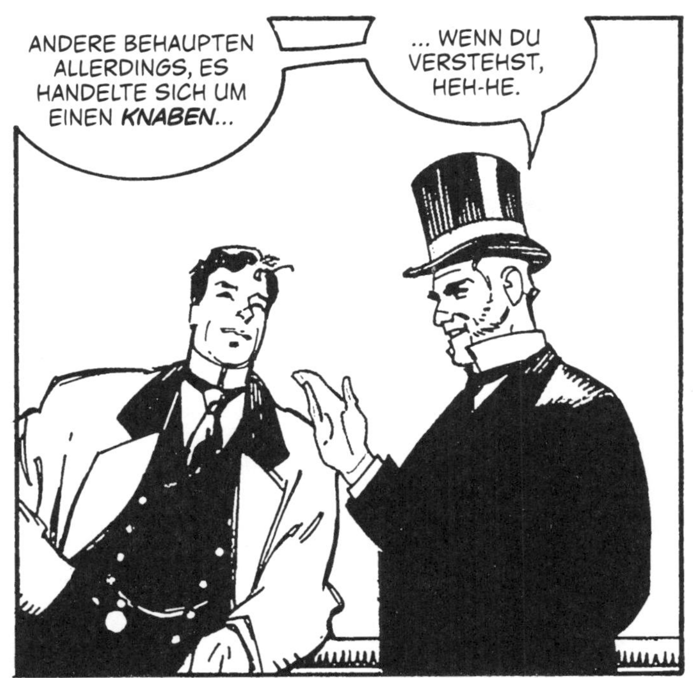

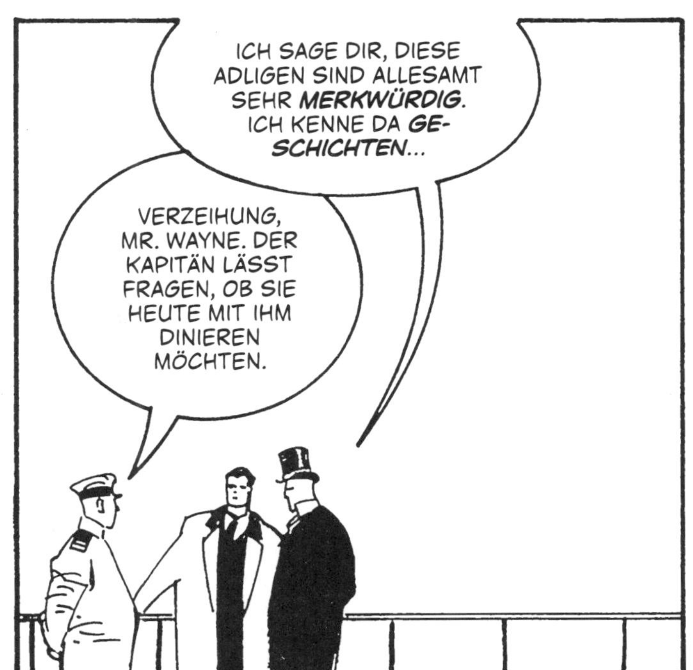

MEINE GÜTE, DIE WISSEN AUF DIESEM KAHN WIRK-LICH, WIE MAN LEUTE *VERWÖHNT*.

UND ZUM *NACHTISCH* HÄTTE ICH GERNE DIE *KLEINE* DA. WAS FÜR EINE SCHÖNHEIT!

ALSO, *JAKE*! SIE KÖNNTE DICH HÖREN!

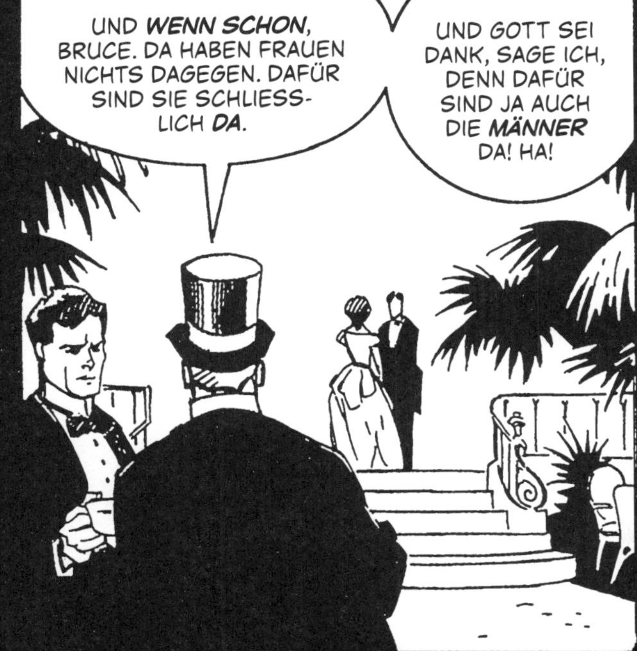

Jake ist amüsant und warmherzig, aber er kann auch recht geschmacklos sein. Ich verstehe, warum mein Vater ihn schätzte, doch ich frage mich, ob seine Manieren jemals besser waren. Nun, das ist sicherlich eine weitere amüsante Geschichte.

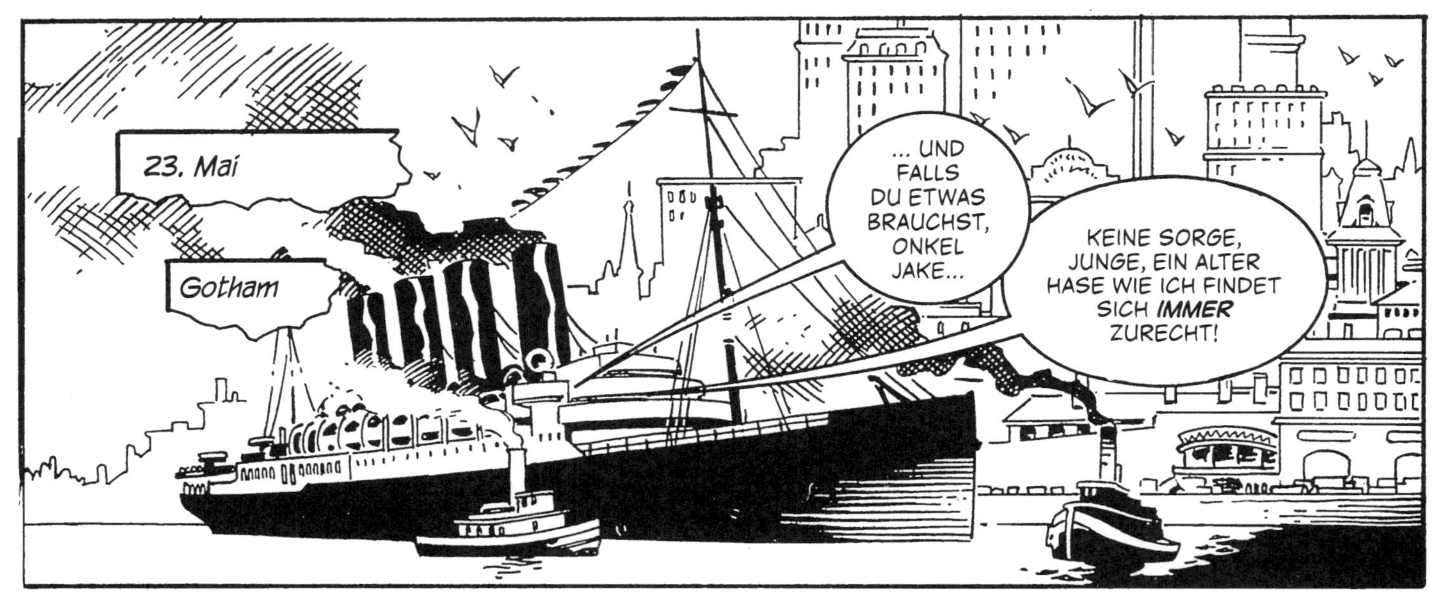
23. Mai
Gotham
... UND FALLS DU ETWAS BRAUCHST, ONKEL JAKE...
KEINE SORGE, JUNGE, EIN ALTER HASE WIE ICH FINDET SICH IMMER ZURECHT!

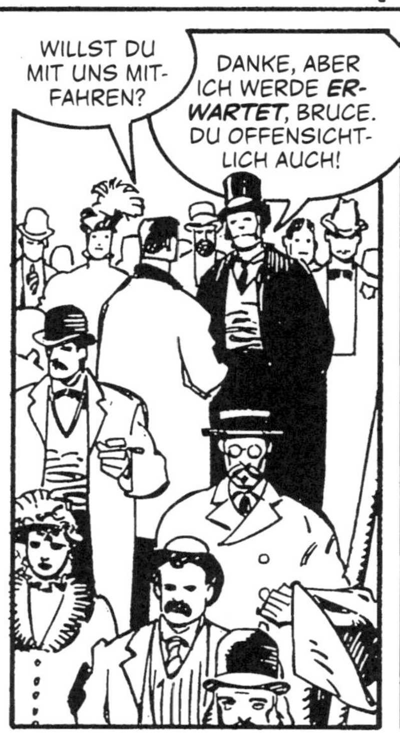
WILLST DU MIT UNS MITFAHREN?
DANKE, ABER ICH WERDE ERWARTET, BRUCE. DU OFFENSICHTLICH AUCH!
MAN SIEHT SICH!

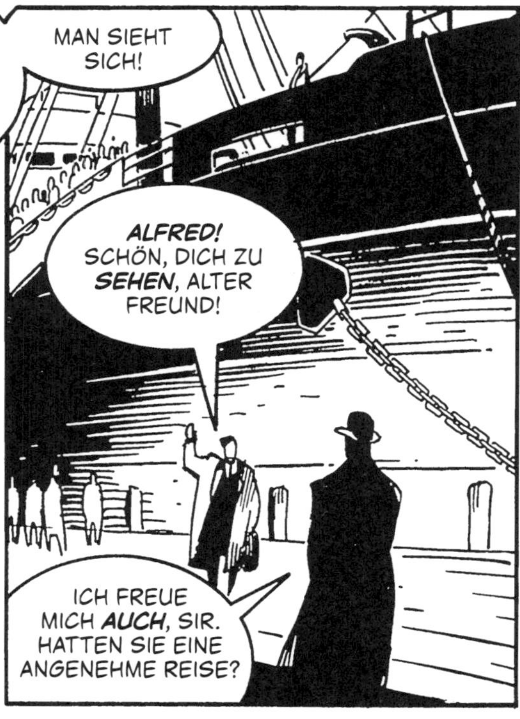
ALFRED! SCHÖN, DICH ZU SEHEN, ALTER FREUND!
ICH FREUE MICH AUCH, SIR. HATTEN SIE EINE ANGENEHME REISE?

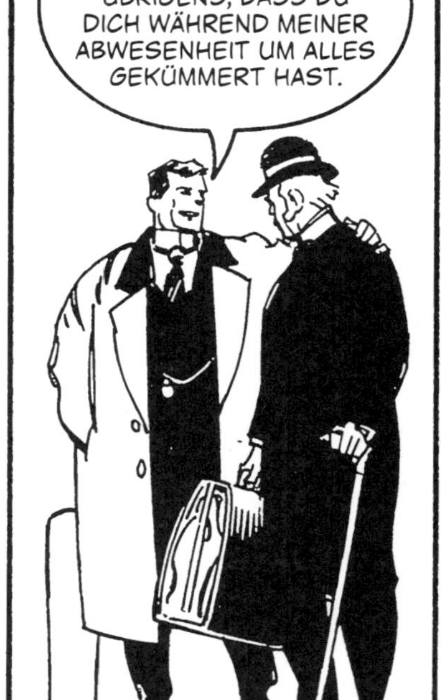
ALLERDINGS. DANKE ÜBRIGENS, DASS DU DICH WÄHREND MEINER ABWESENHEIT UM ALLES GEKÜMMERT HAST.

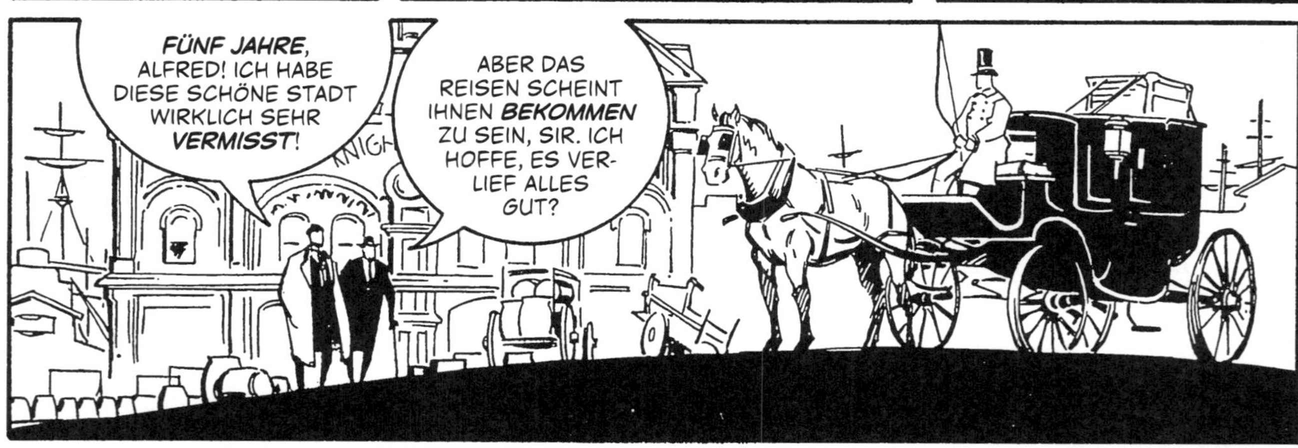
FÜNF JAHRE, ALFRED! ICH HABE DIESE SCHÖNE STADT WIRKLICH SEHR VERMISST!
ABER DAS REISEN SCHEINT IHNEN BEKOMMEN ZU SEIN, SIR. ICH HOFFE, ES VERLIEF ALLES GUT?

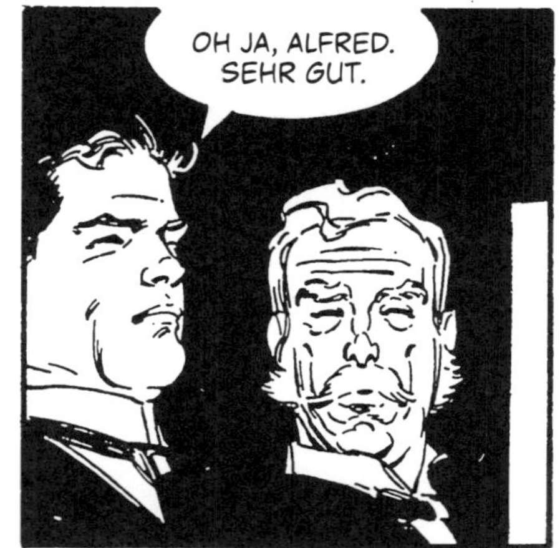
OH JA, ALFRED. SEHR GUT.

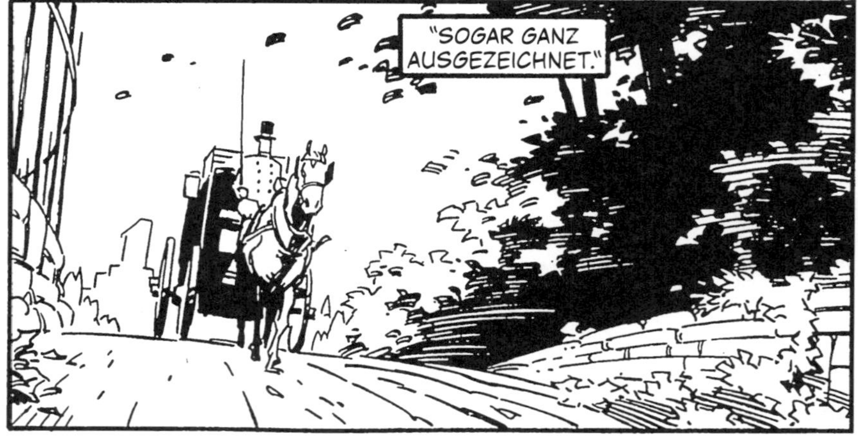
"SOGAR GANZ AUSGEZEICHNET."

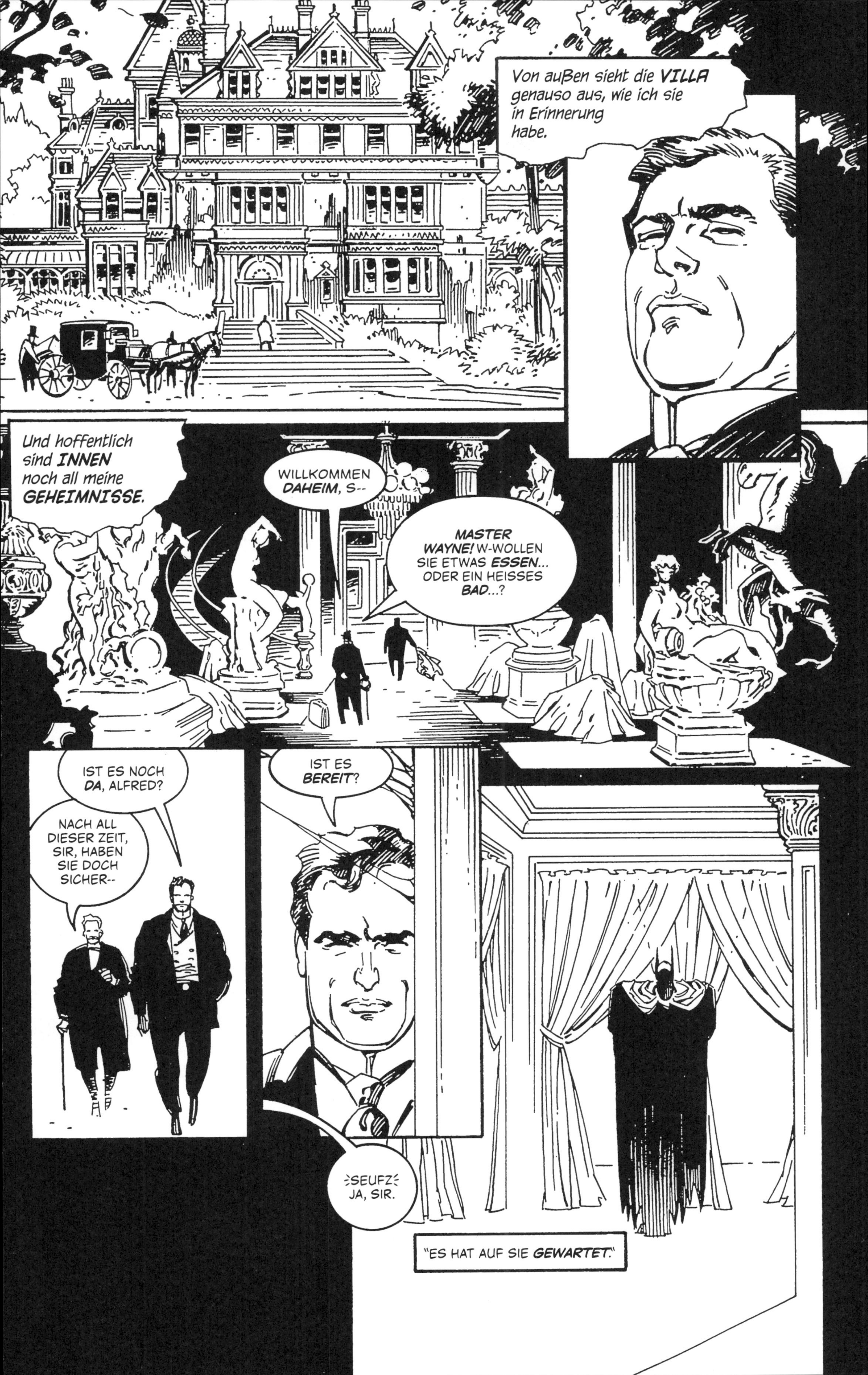
Von außen sieht die VILLA genauso aus, wie ich sie in Erinnerung habe.
Und hoffentlich sind INNEN noch all meine GEHEIMNISSE.
WILLKOMMEN DAHEIM, S--
MASTER WAYNE! W-WOLLEN SIE ETWAS ESSEN... ODER EIN HEISSES BAD...?
IST ES NOCH DA, ALFRED?
NACH ALL DIESER ZEIT, SIR, HABEN SIE DOCH SICHER--
IST ES BEREIT?
SEUFZ JA, SIR.
"ES HAT AUF SIE GEWARTET."

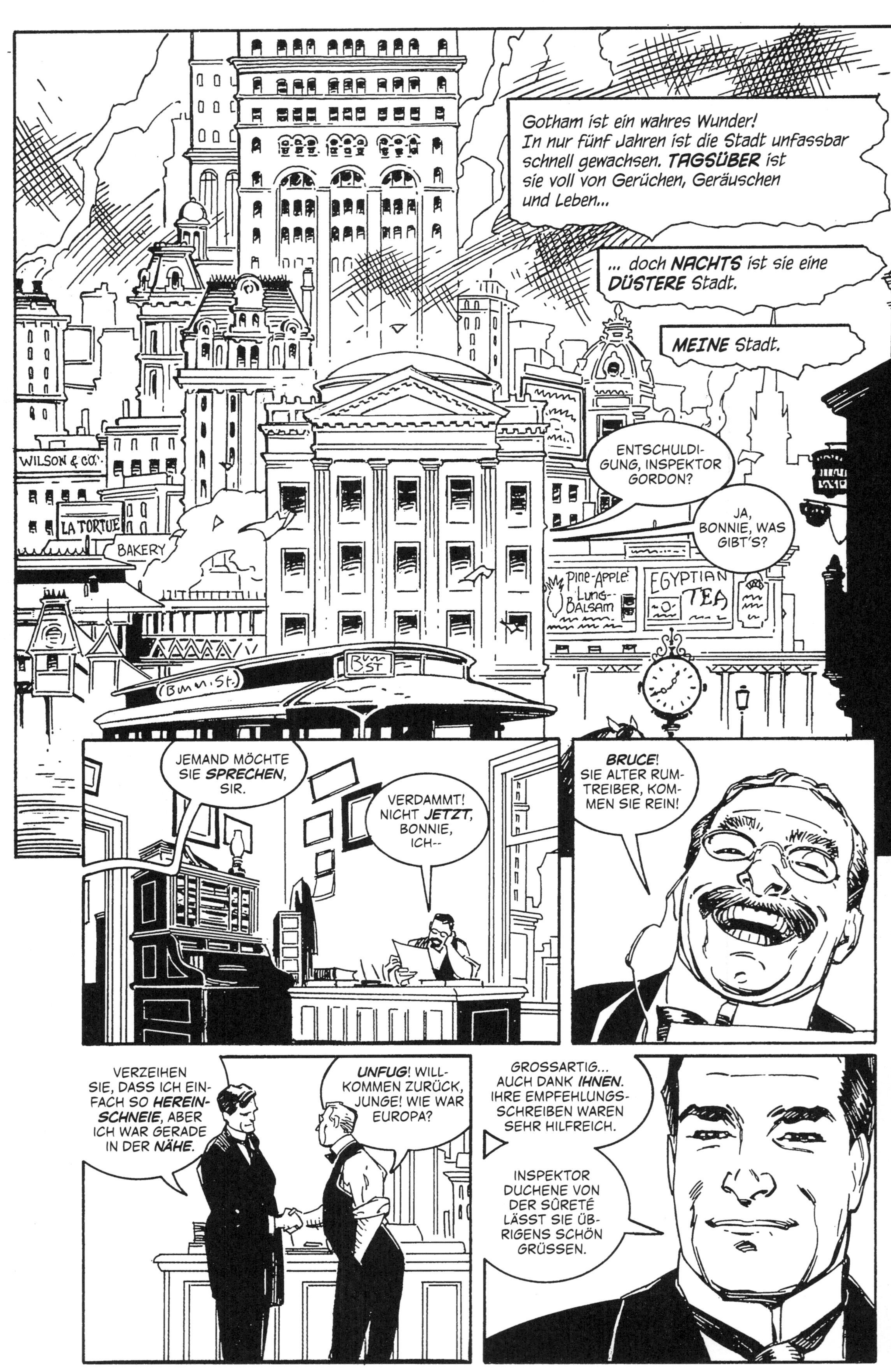
Gotham ist ein wahres Wunder! In nur fünf Jahren ist die Stadt unfassbar schnell gewachsen. TAGSÜBER ist sie voll von Gerüchen, Geräuschen und Leben...
... doch NACHTS ist sie eine DÜSTERE Stadt.
MEINE Stadt.
WILSON & CO.
LA TORTUE
BAKERY
Pine-Apple Lung-Balsam
EGYPTIAN TEA
ENTSCHULDIGUNG, INSPEKTOR GORDON?
JA, BONNIE, WAS GIBT'S?
JEMAND MÖCHTE SIE SPRECHEN, SIR.
VERDAMMT! NICHT JETZT, BONNIE, ICH--
BRUCE! SIE ALTER RUMTREIBER, KOMMEN SIE REIN!
VERZEIHEN SIE, DASS ICH EINFACH SO HEREINSCHNEIE, ABER ICH WAR GERADE IN DER NÄHE.
UNFUG! WILLKOMMEN ZURÜCK, JUNGE! WIE WAR EUROPA?
GROSSARTIG... AUCH DANK IHNEN. IHRE EMPFEHLUNGSSCHREIBEN WAREN SEHR HILFREICH.
INSPEKTOR DUCHENE VON DER SÛRETÉ LÄSST SIE ÜBRIGENS SCHÖN GRÜSSEN.

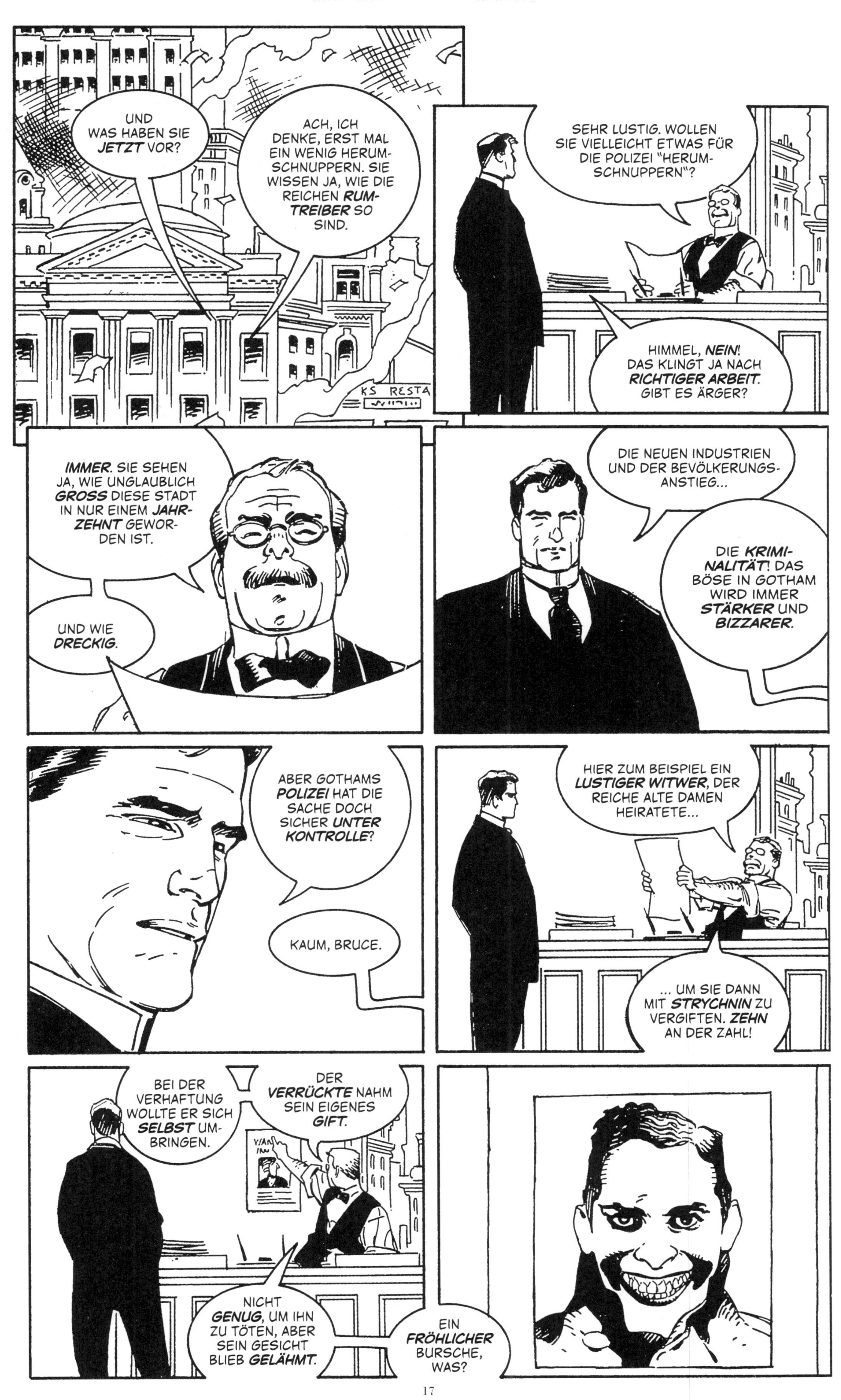
UND WAS HABEN SIE JETZT VOR?
ACH, ICH DENKE, ERST MAL EIN WENIG HERUMSCHNUPPERN. SIE WISSEN JA, WIE DIE REICHEN RUMTREIBER SO SIND.
KS RESTA
SEHR LUSTIG. WOLLEN SIE VIELLEICHT ETWAS FÜR DIE POLIZEI "HERUMSCHNUPPERN"?
HIMMEL, NEIN! DAS KLINGT JA NACH RICHTIGER ARBEIT. GIBT ES ÄRGER?
IMMER. SIE SEHEN JA, WIE UNGLAUBLICH GROSS DIESE STADT IN NUR EINEM JAHRZEHNT GEWORDEN IST.
UND WIE DRECKIG.
DIE NEUEN INDUSTRIEN UND DER BEVÖLKERUNGSANSTIEG...
DIE KRIMINALITÄT! DAS BÖSE IN GOTHAM WIRD IMMER STÄRKER UND BIZZARER.
ABER GOTHAMS POLIZEI HAT DIE SACHE DOCH SICHER UNTER KONTROLLE?
KAUM, BRUCE.
HIER ZUM BEISPIEL EIN LUSTIGER WITWER, DER REICHE ALTE DAMEN HEIRATETE...
... UM SIE DANN MIT STRYCHNIN ZU VERGIFTEN. ZEHN AN DER ZAHL!
BEI DER VERHAFTUNG WOLLTE ER SICH SELBST UMBRINGEN.
DER VERRÜCKTE NAHM SEIN EIGENES GIFT.
NICHT GENUG, UM IHN ZU TÖTEN, ABER SEIN GESICHT BLIEB GELÄHMT.
EIN FRÖHLICHER BURSCHE, WAS?

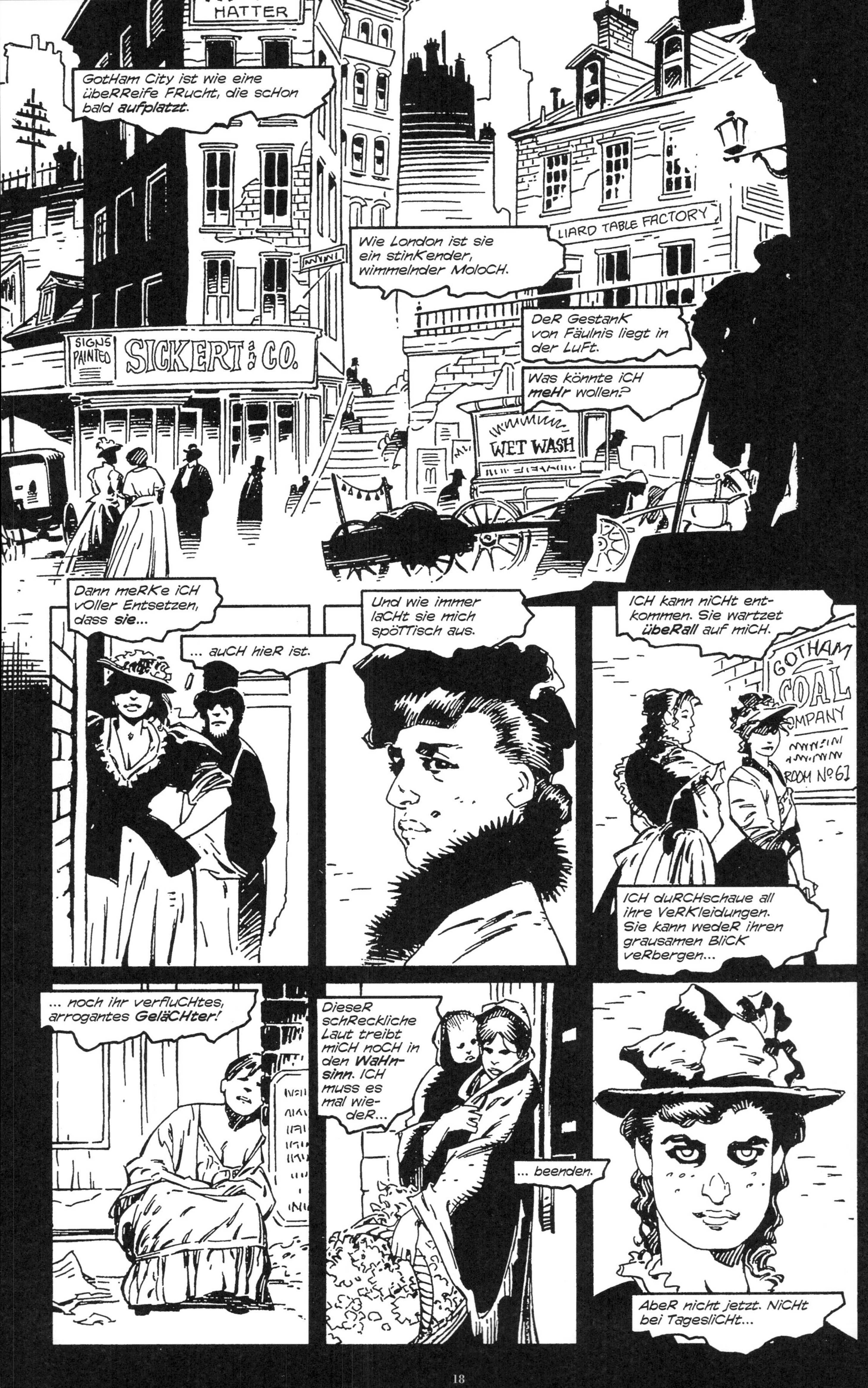

HATTER
GotHam City ist wie eine übeRReife FRucht, die scHon bald **aufplatzt**.
Wie London ist sie ein stinKender, wimmelnder MoloCH.
LIARD TABLE FACTORY
DeR GestanK von Fäulnis liegt in der LuFt.
Was könnte iCH **meHr** wollen?
SIGNS PAINTED
SICKERT & CO.
WET WASH
Dann meRKe iCH vOller Entsetzen, dass **sie**...
... auCH hieR ist.
Und wie immer laCHt sie mich spöTTisch aus.
ICH kann niCHt entkommen. Sie wartzet **übeRall** auf miCH.
GOTHAM COAL COMPANY
ROOM No 61
ICH duRCHschaue all ihre VeRKleidungen. Sie kann wedeR ihren grausamen BliCK veRbergen...
... noch ihr verfluCHtes, arrogantes **GeläCHter**!
DieseR schReckliche Laut treibt miCH noCH in den **WaHnsinn**. ICH muss es mal wiedeR...
... beenden.
AbeR nicht jetzt. NiCHt bei TagesliCHt...

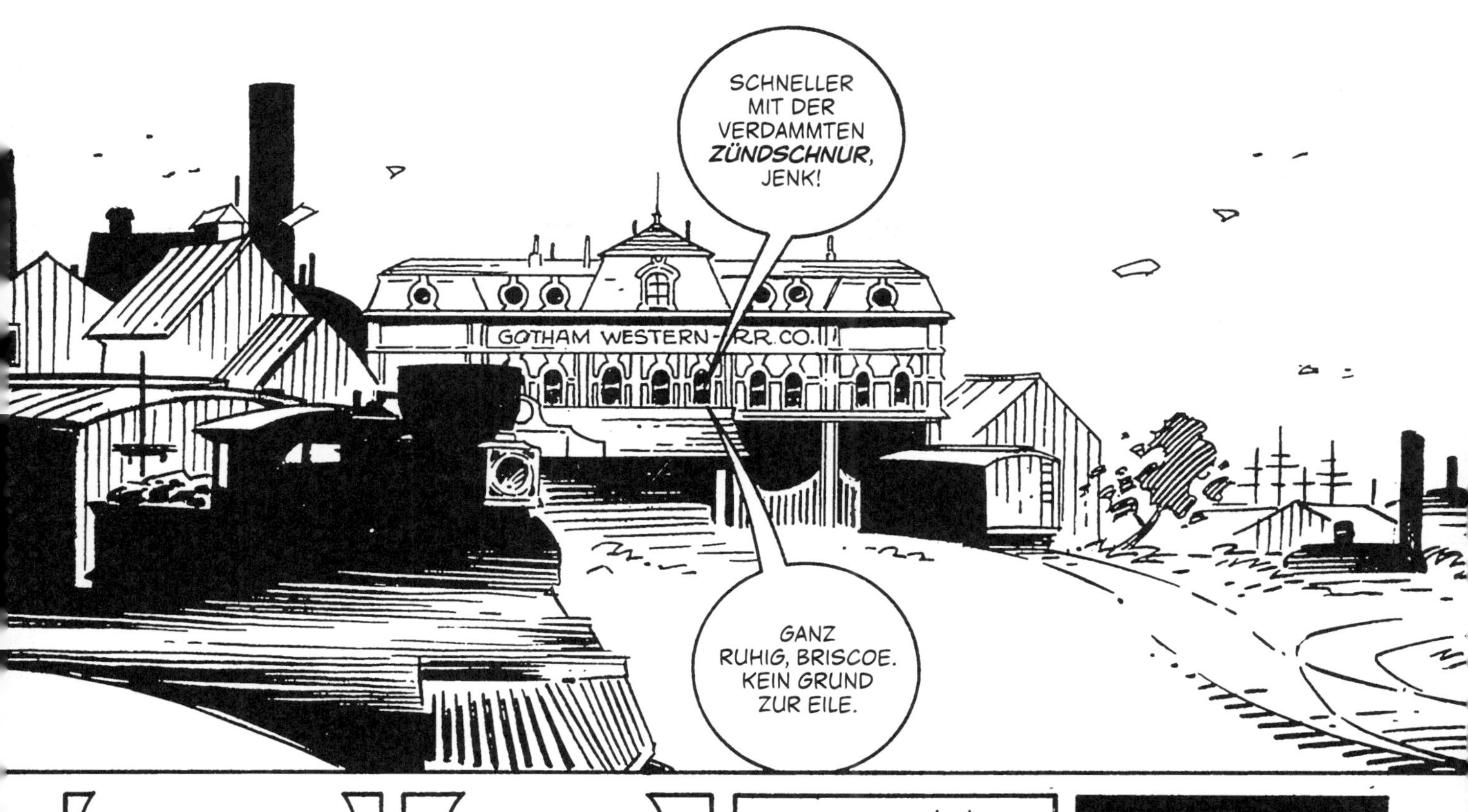
SCHNELLER MIT DER VERDAMMTEN ZÜNDSCHNUR, JENK!
GOTHAM WESTERN-RR.CO.
GANZ RUHIG, BRISCOE. KEIN GRUND ZUR EILE.

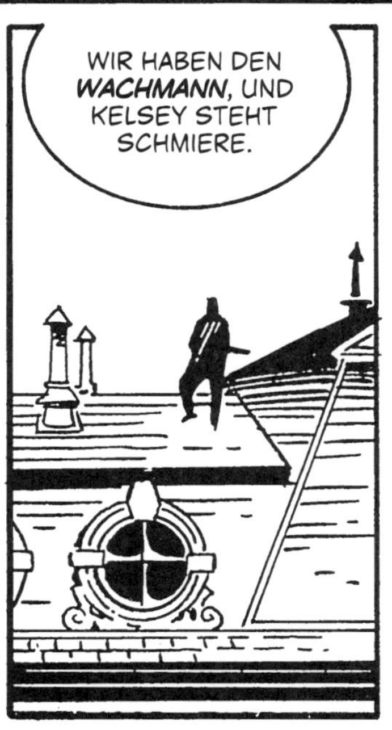
WIR HABEN DEN WACHMANN, UND KELSEY STEHT SCHMIERE.

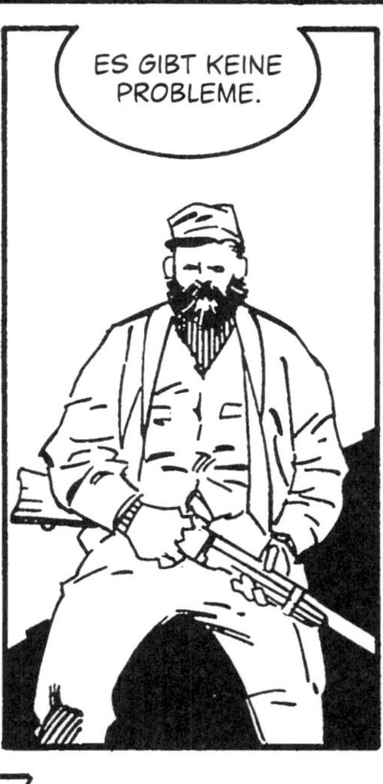
ES GIBT KEINE PROBLEME.

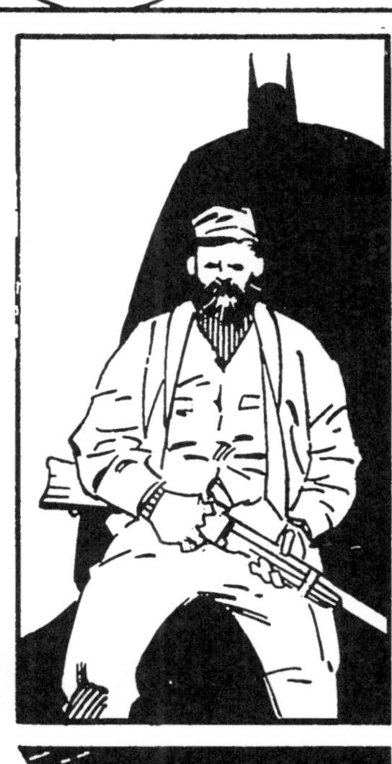

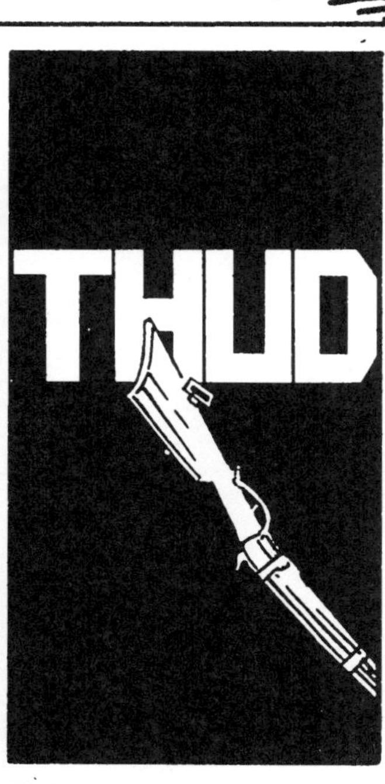
THUD

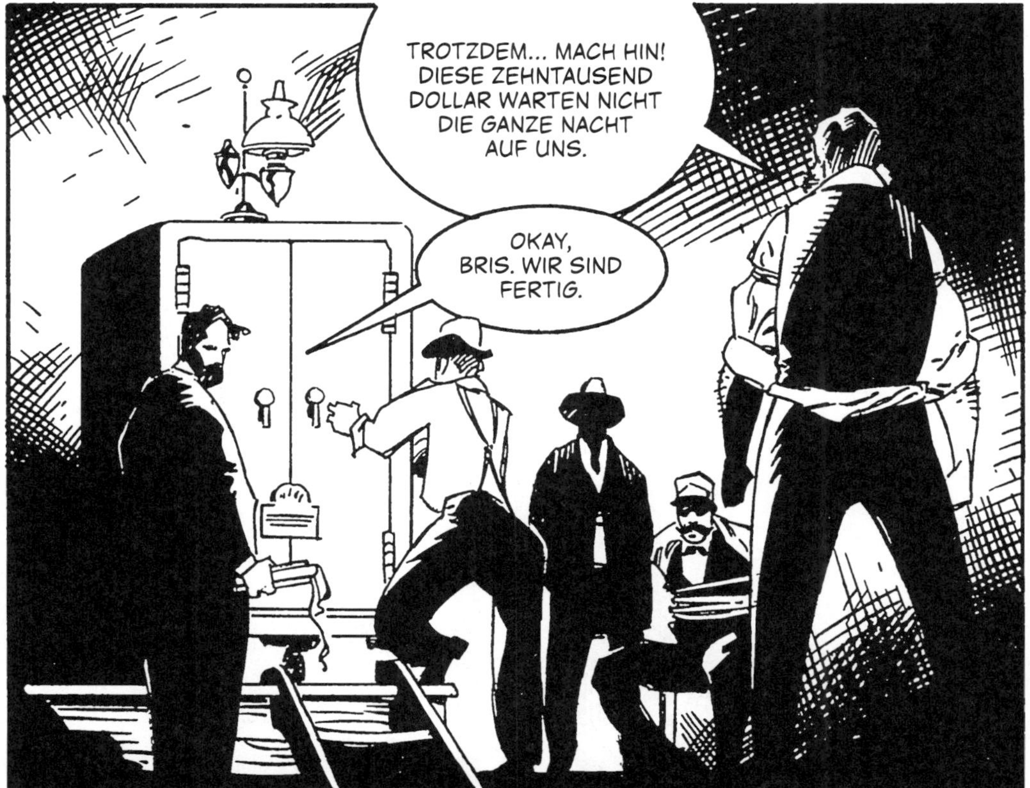
TROTZDEM... MACH HIN! DIESE ZEHNTAUSEND DOLLAR WARTEN NICHT DIE GANZE NACHT AUF UNS.
OKAY, BRIS. WIR SIND FERTIG.

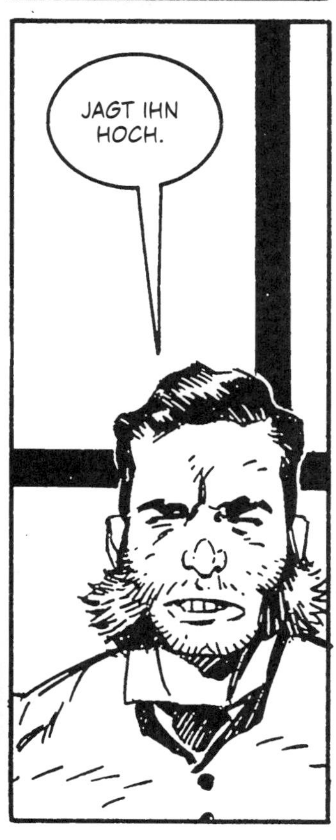
JAGT IHN HOCH.

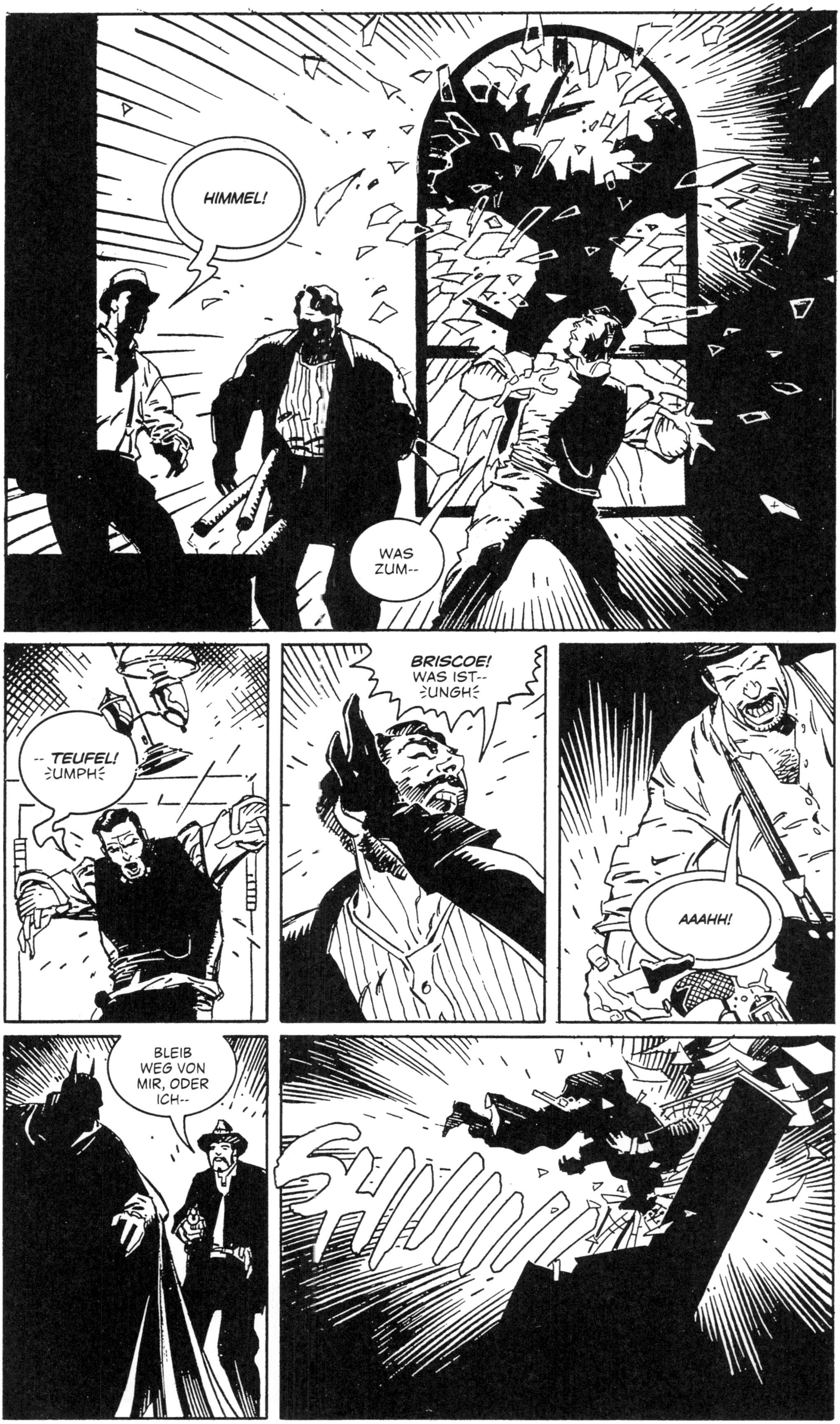

HIMMEL!
WAS ZUM--

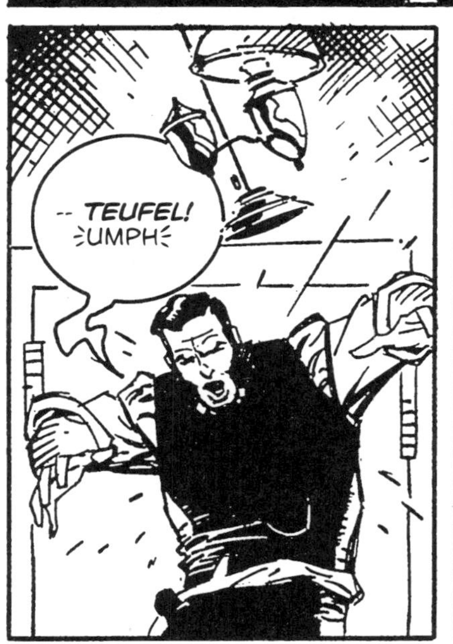
-- TEUFEL! UMPH

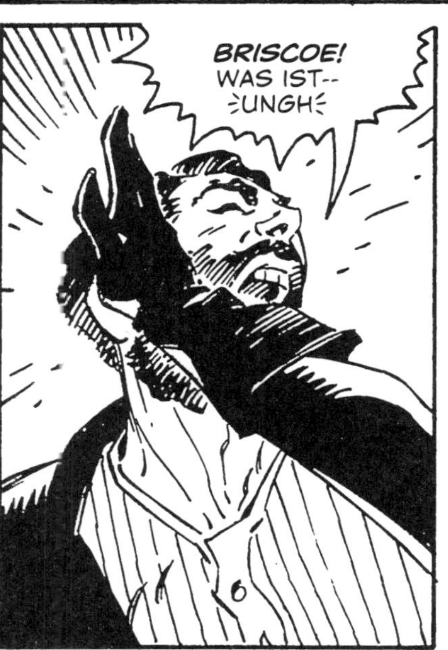
BRISCOE! WAS IST-- UNGH

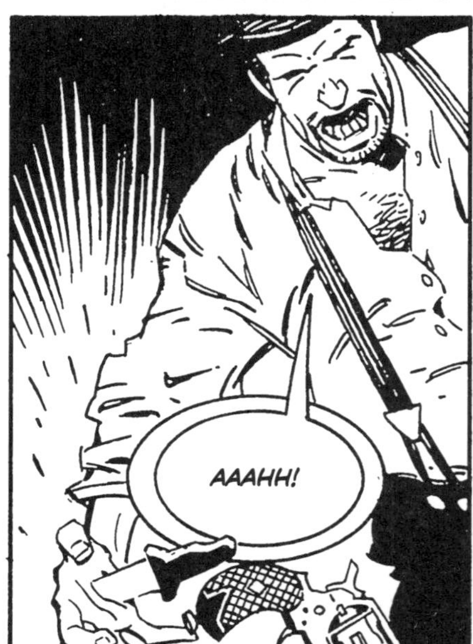
AAAHH!

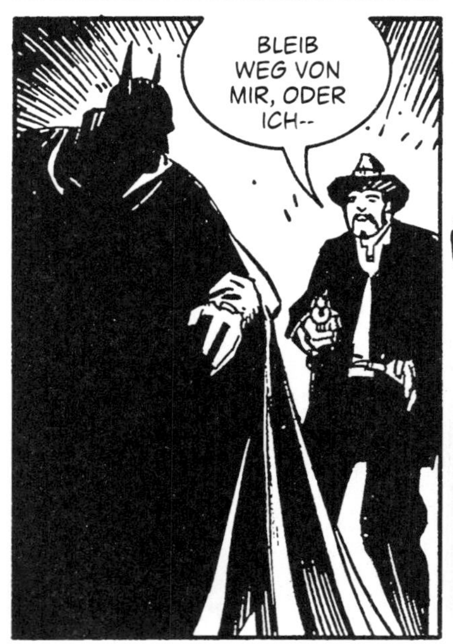
BLEIB WEG VON MIR, ODER ICH--

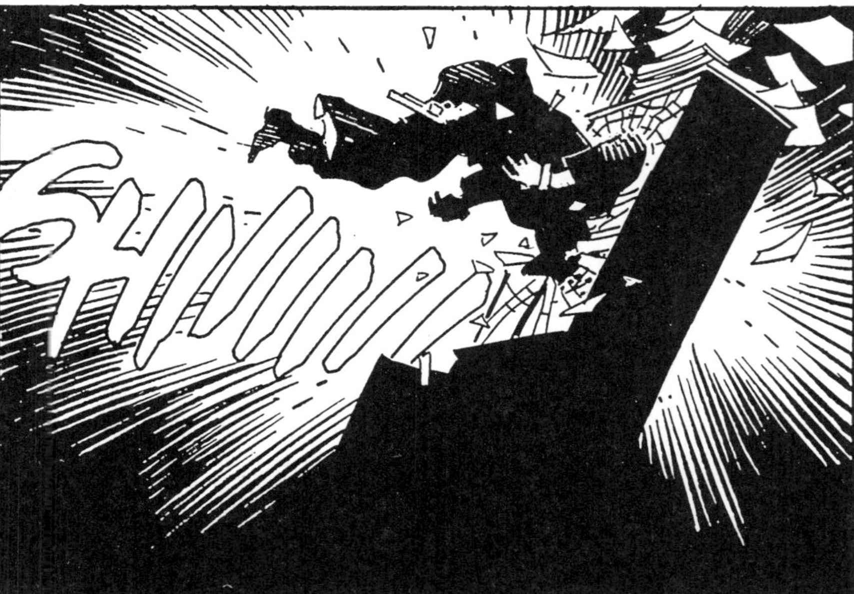

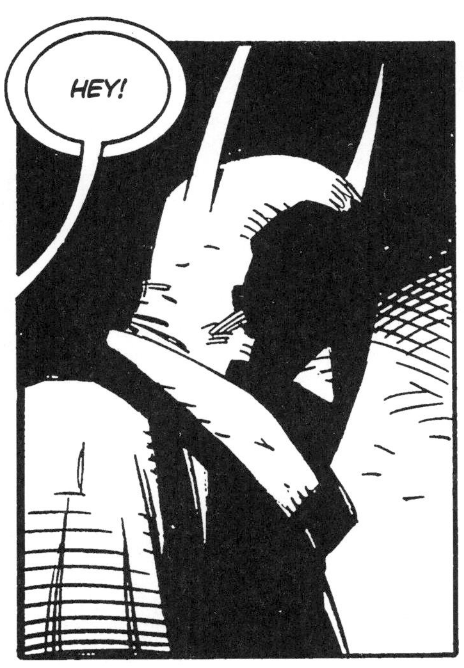
HEY!

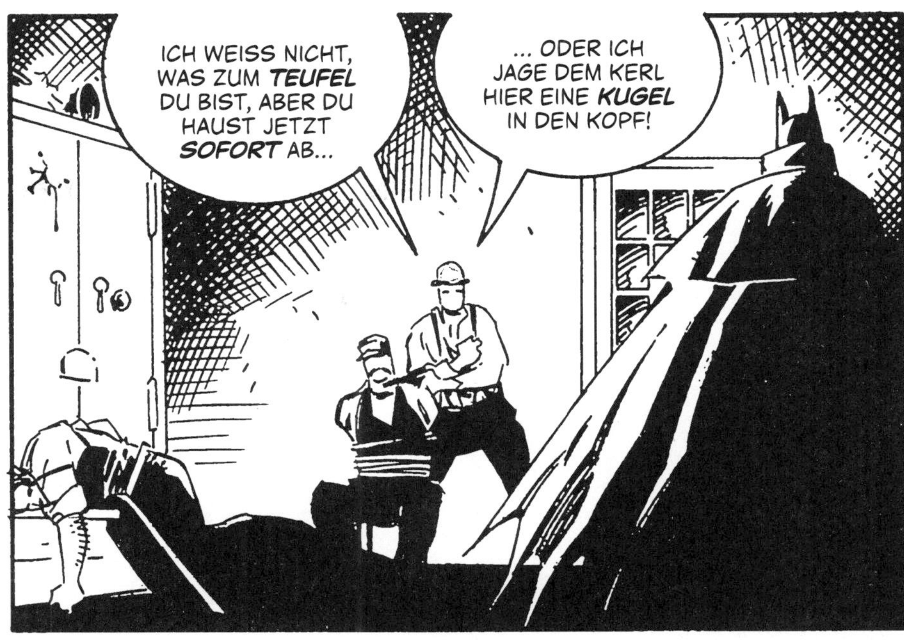
ICH WEISS NICHT, WAS ZUM TEUFEL DU BIST, ABER DU HAUST JETZT SOFORT AB...
... ODER ICH JAGE DEM KERL HIER EINE KUGEL IN DEN KOPF!

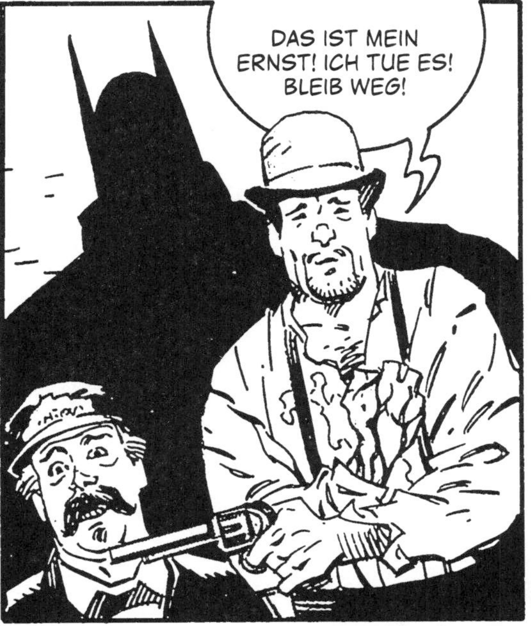
DAS IST MEIN ERNST! ICH TUE ES! BLEIB WEG!

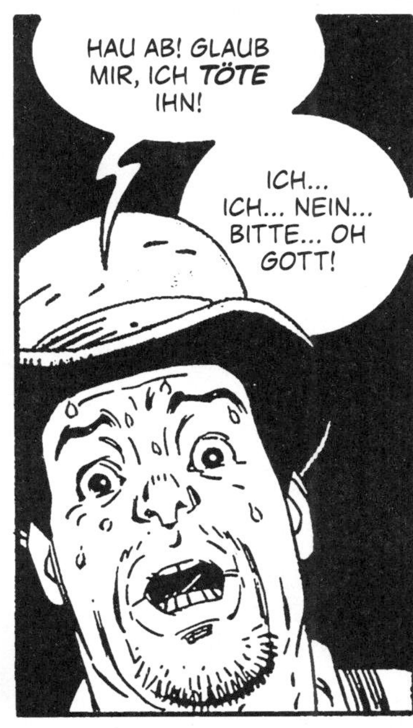
HAU AB! GLAUB MIR, ICH TÖTE IHN!
ICH... ICH... NEIN... BITTE... OH GOTT!

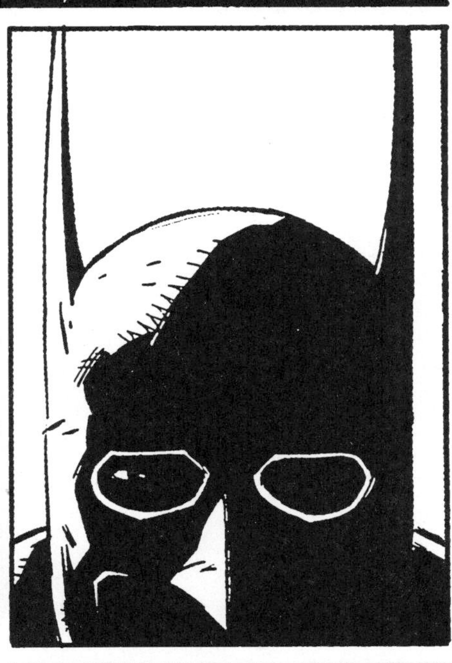

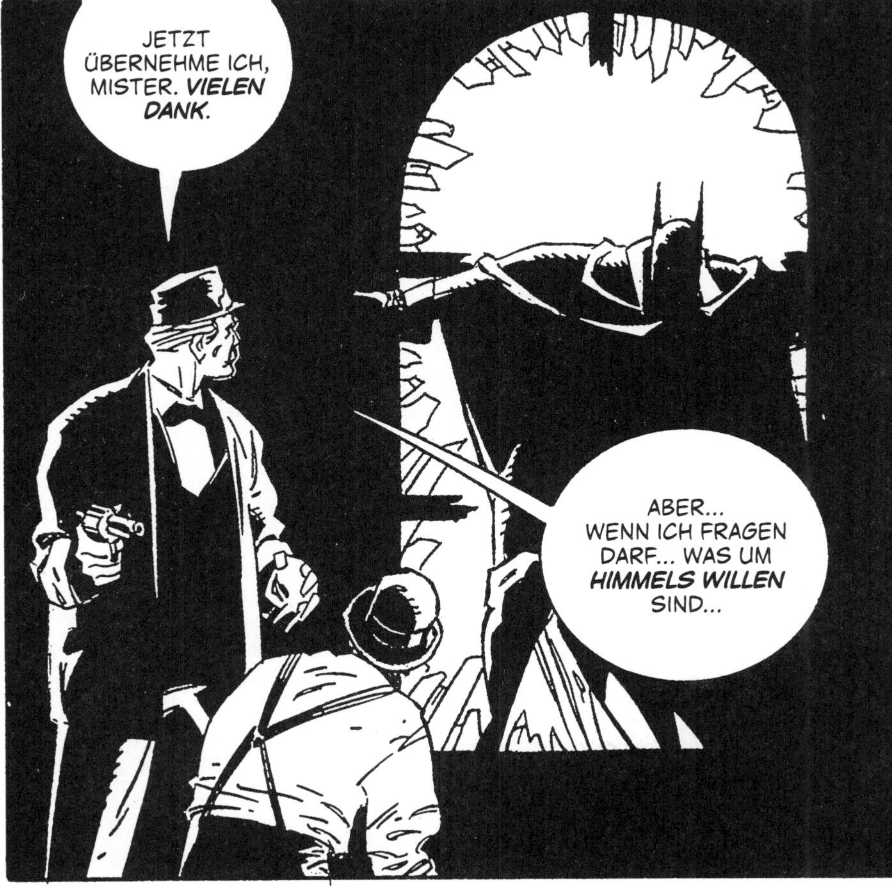
JETZT ÜBERNEHME ICH, MISTER. VIELEN DANK.
ABER... WENN ICH FRAGEN DARF... WAS UM HIMMELS WILLEN SIND...

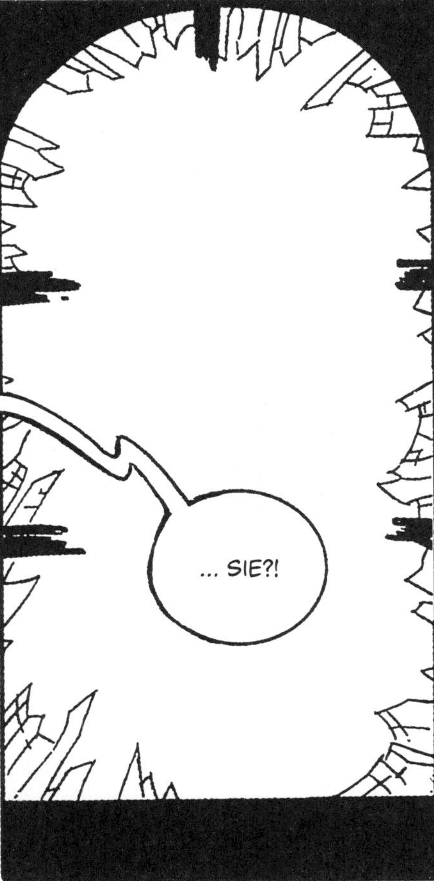
... SIE?!

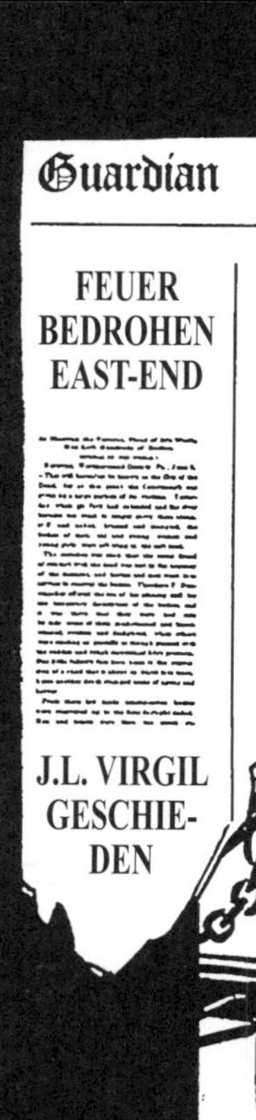

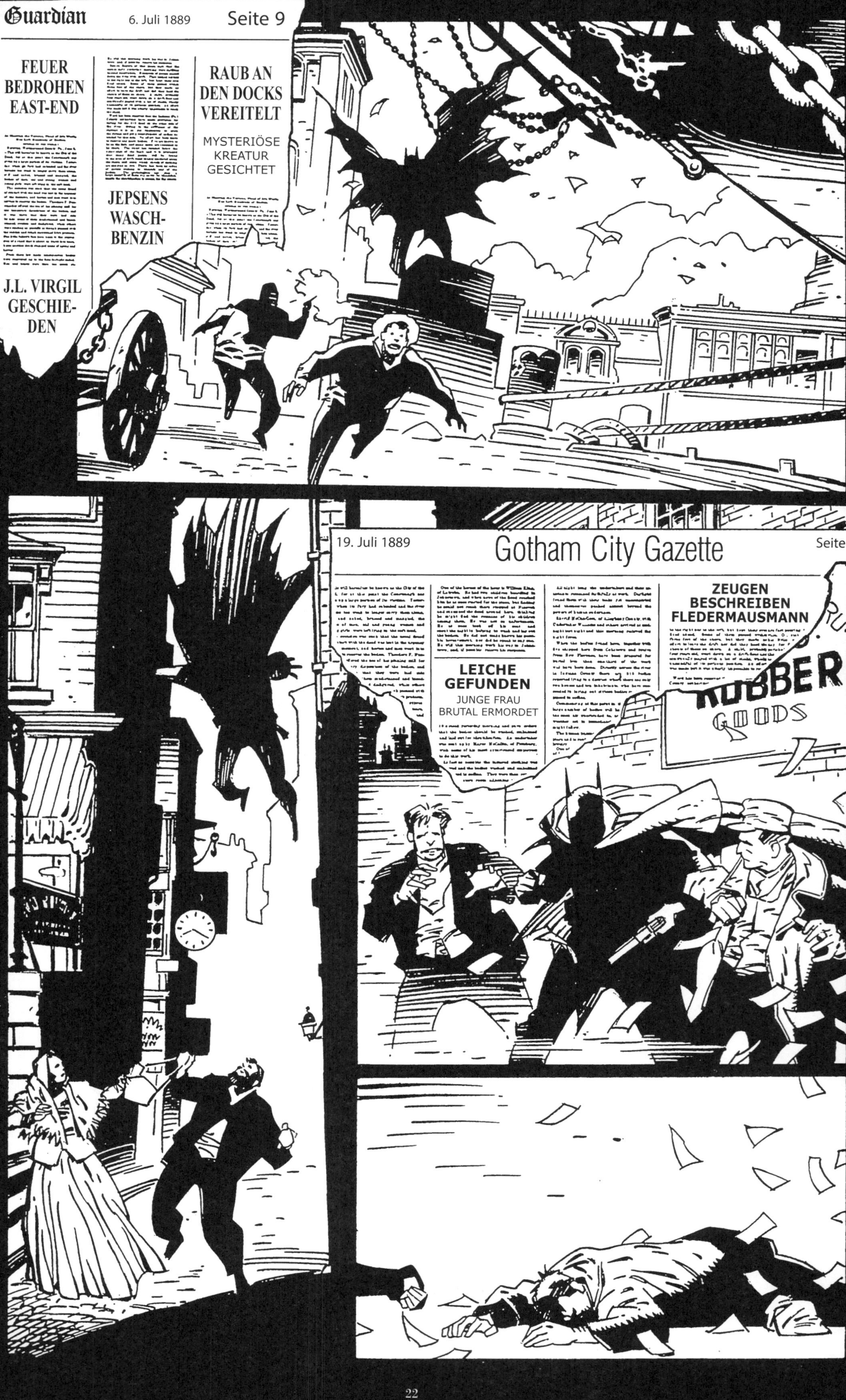

Guardian 6. Juli 1889 Seite 9

FEUER BEDROHEN EAST-END

RAUB AN DEN DOCKS VEREITELT

MYSTERIÖSE KREATUR GESICHTET

JEPSENS WASCH-BENZIN

J.L. VIRGIL GESCHIE-DEN

19. Juli 1889 Gotham City Gazette Seite

ZEUGEN BESCHREIBEN FLEDERMAUSMANN

LEICHE GEFUNDEN

JUNGE FRAU BRUTAL ERMORDET

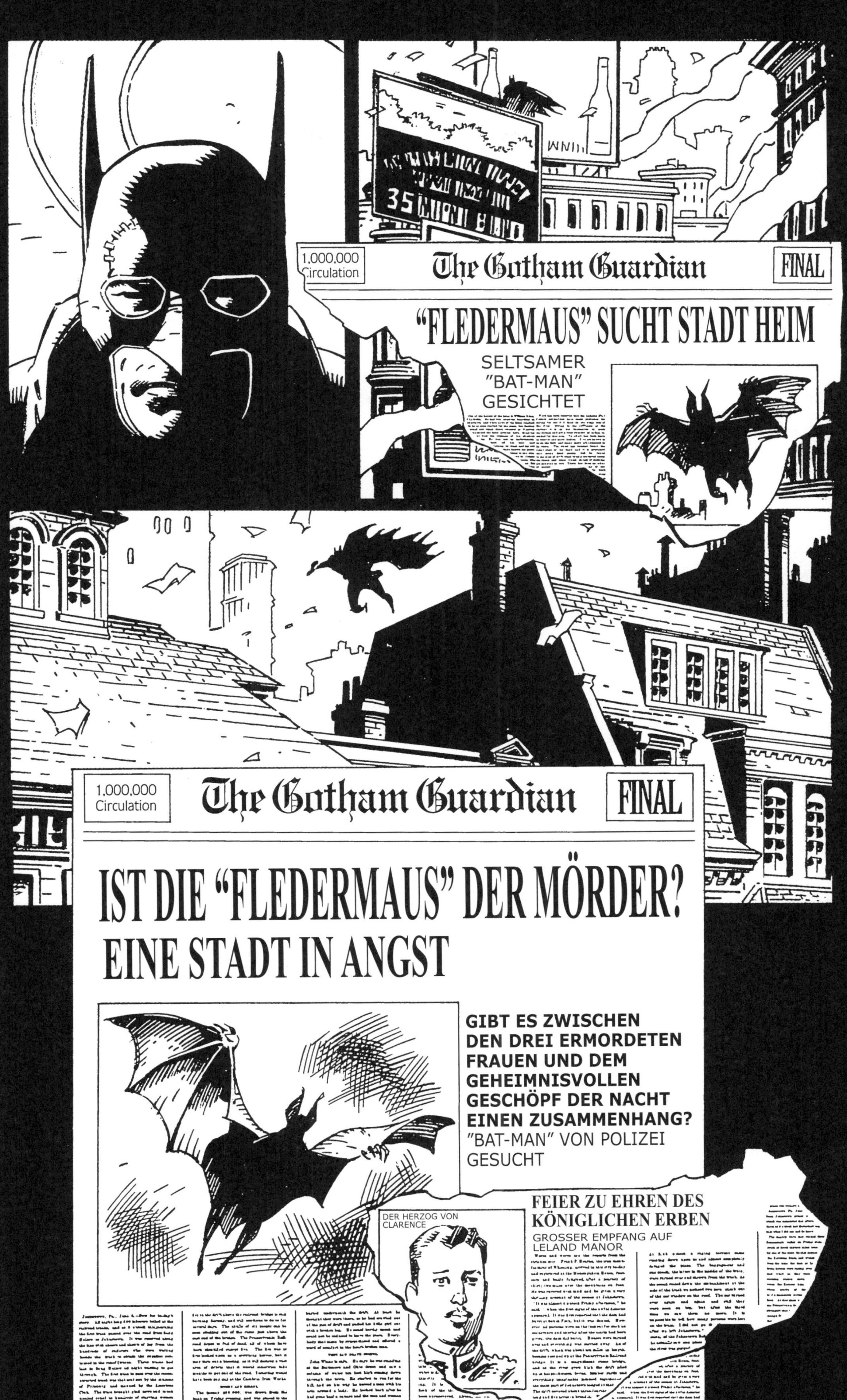
1,000,000 Circulation
The Gotham Guardian
FINAL
"FLEDERMAUS" SUCHT STADT HEIM
SELTSAMER "BAT-MAN" GESICHTET
1,000,000 Circulation
The Gotham Guardian
FINAL
IST DIE "FLEDERMAUS" DER MÖRDER?
EINE STADT IN ANGST
GIBT ES ZWISCHEN DEN DREI ERMORDETEN FRAUEN UND DEM GEHEIMNISVOLLEN GESCHÖPF DER NACHT EINEN ZUSAMMENHANG?
"BAT-MAN" VON POLIZEI GESUCHT
DER HERZOG VON CLARENCE
FEIER ZU EHREN DES KÖNIGLICHEN ERBEN
GROSSER EMPFANG AUF LELAND MANOR

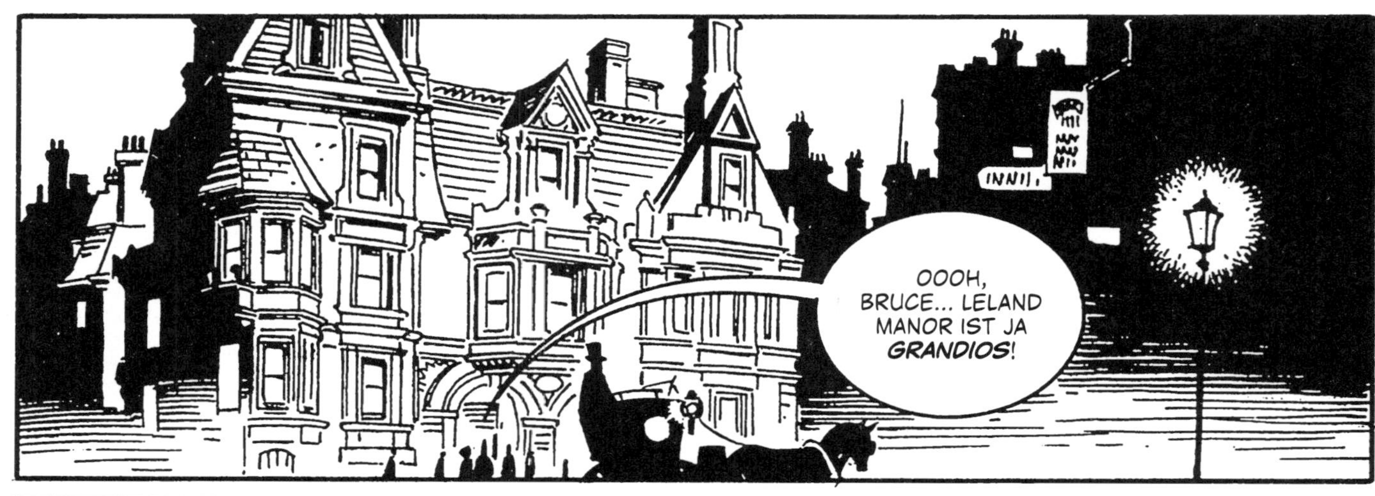
OOOH, BRUCE... LELAND MANOR IST JA GRANDIOS!

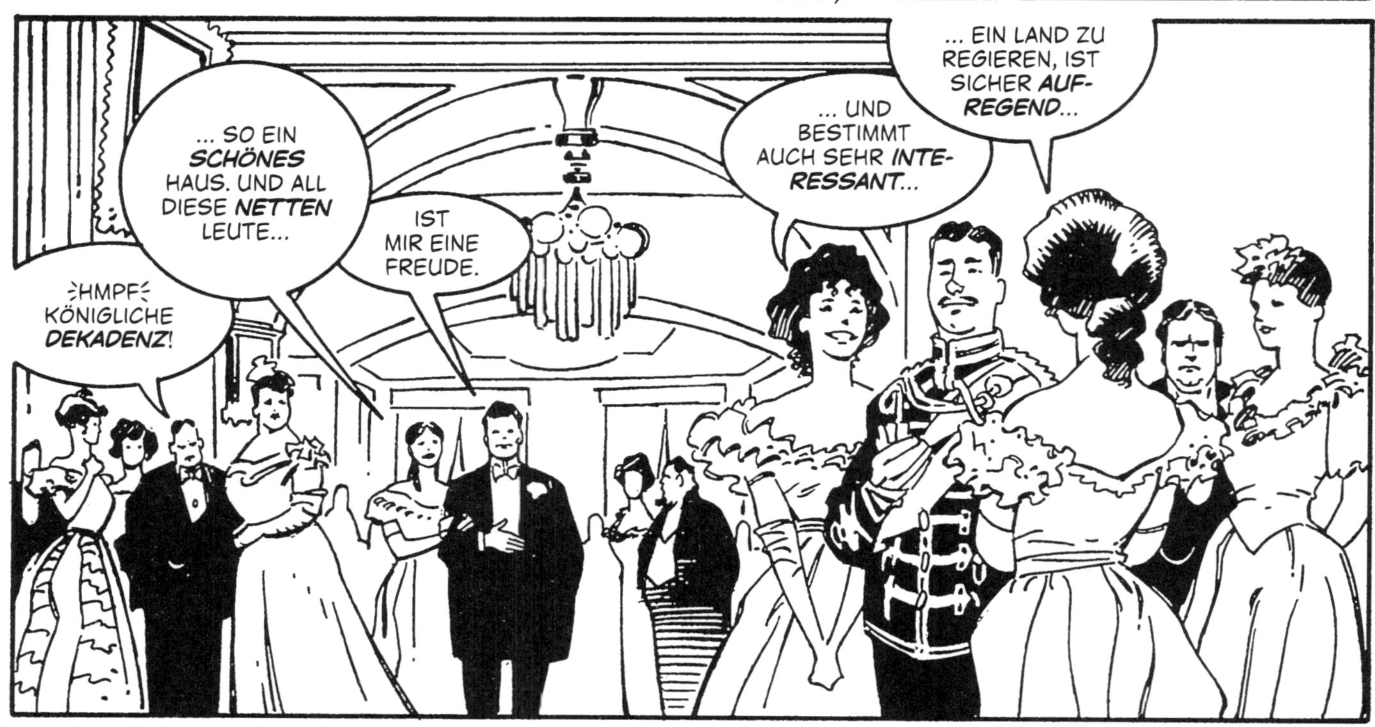
... EIN LAND ZU REGIEREN, IST SICHER AUFREGEND...
... UND BESTIMMT AUCH SEHR INTERESSANT...
... SO EIN SCHÖNES HAUS. UND ALL DIESE NETTEN LEUTE...
IST MIR EINE FREUDE.
HMPF KÖNIGLICHE DEKADENZ!

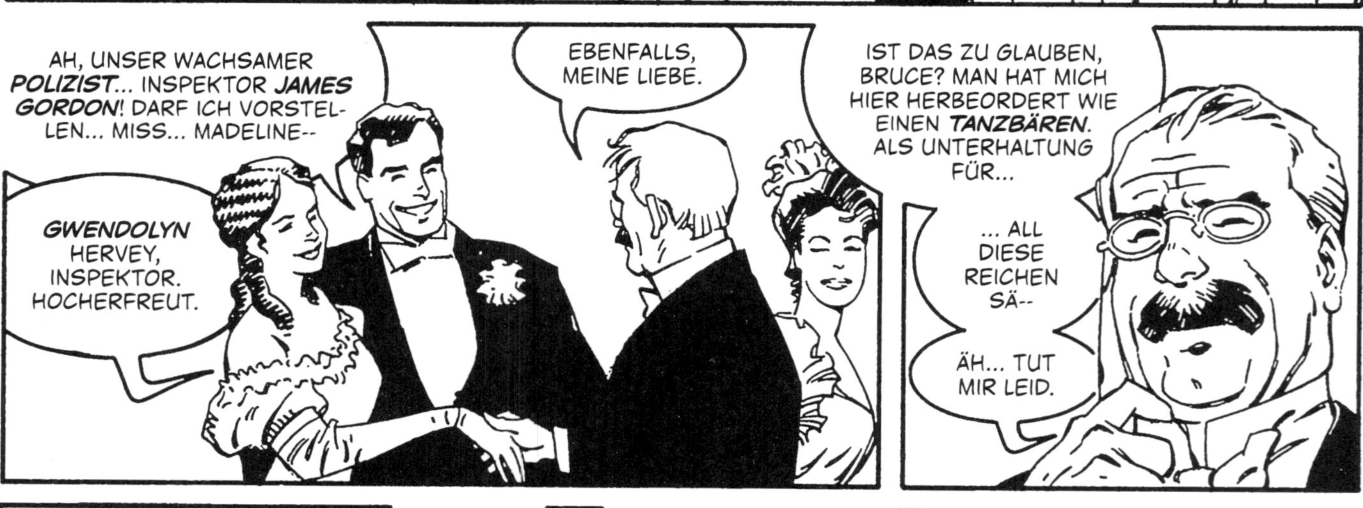
AH, UNSER WACHSAMER POLIZIST... INSPEKTOR JAMES GORDON! DARF ICH VORSTELLEN... MISS... MADELINE--
GWENDOLYN HERVEY, INSPEKTOR. HOCHERFREUT.
EBENFALLS, MEINE LIEBE.
IST DAS ZU GLAUBEN, BRUCE? MAN HAT MICH HIER HERBEORDERT WIE EINEN TANZBÄREN. ALS UNTERHALTUNG FÜR...
... ALL DIESE REICHEN SÄ--
ÄH... TUT MIR LEID.

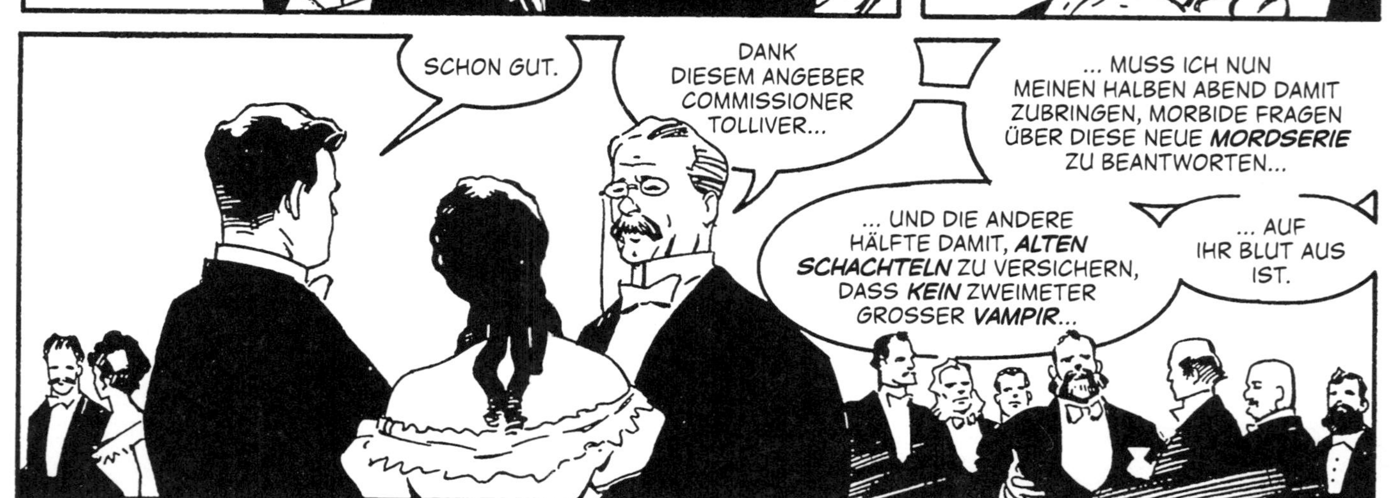
SCHON GUT.
DANK DIESEM ANGEBER COMMISSIONER TOLLIVER...
... MUSS ICH NUN MEINEN HALBEN ABEND DAMIT ZUBRINGEN, MORBIDE FRAGEN ÜBER DIESE NEUE MORDSERIE ZU BEANTWORTEN...
... UND DIE ANDERE HÄLFTE DAMIT, ALTEN SCHACHTELN ZU VERSICHERN, DASS KEIN ZWEIMETER GROSSER VAMPIR...
... AUF IHR BLUT AUS IST.

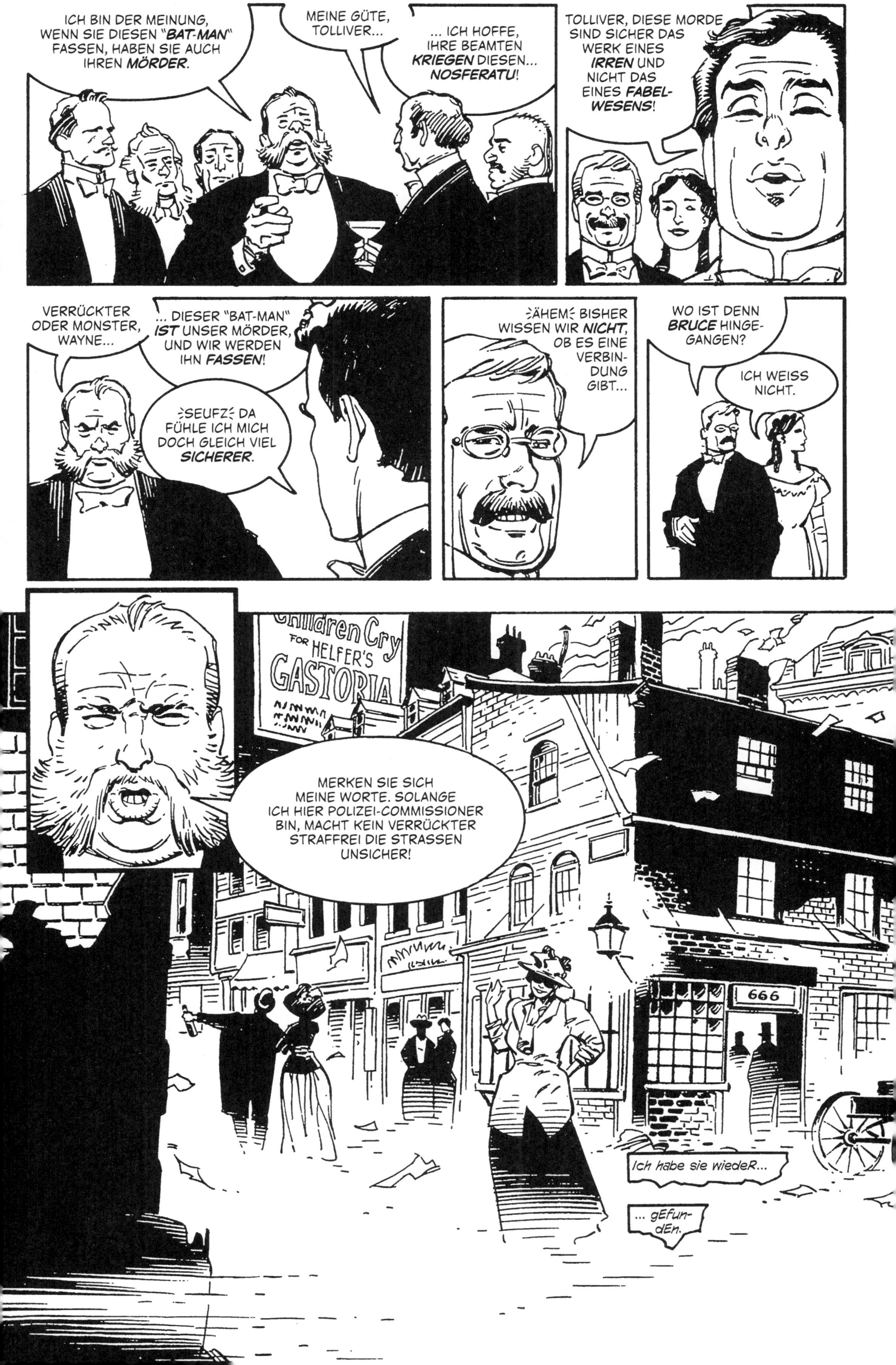

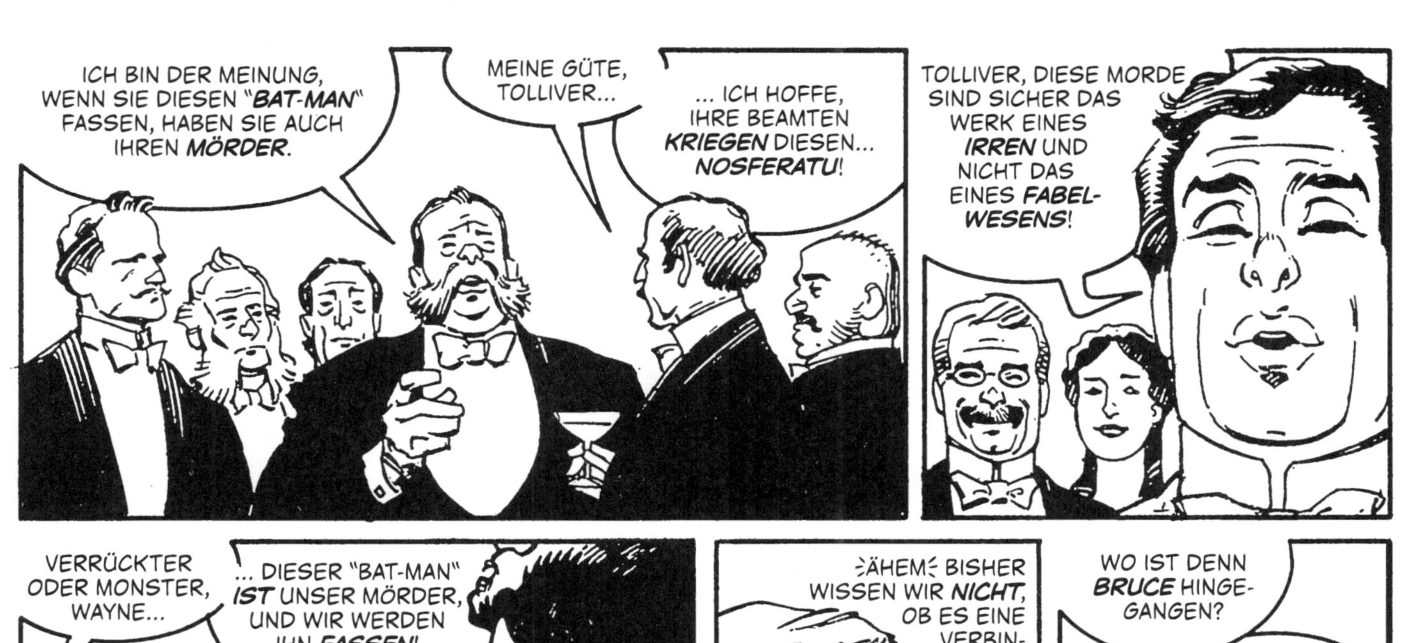

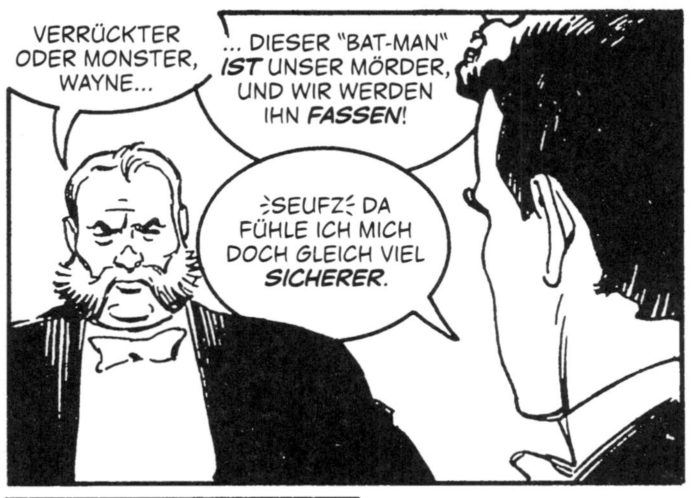

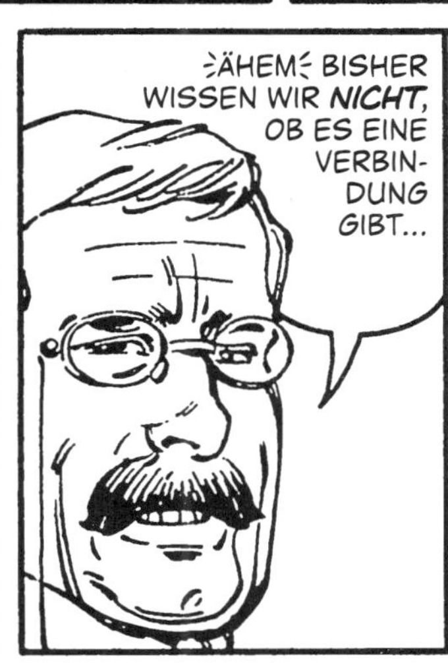

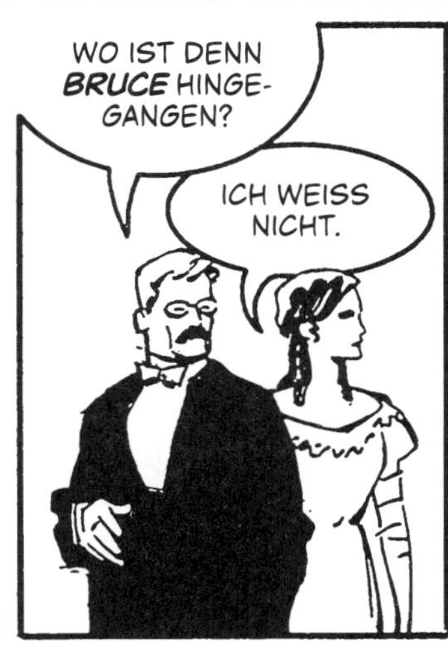

Children Cry FOR HELFER'S GASTORIA

MERKEN SIE SICH MEINE WORTE. SOLANGE ICH HIER POLIZEI-COMMISSIONER BIN, MACHT KEIN VERRÜCKTER STRAFFREI DIE STRASSEN UNSICHER!

666

Ich habe sie wiedeR...

... gEfun-dEn.

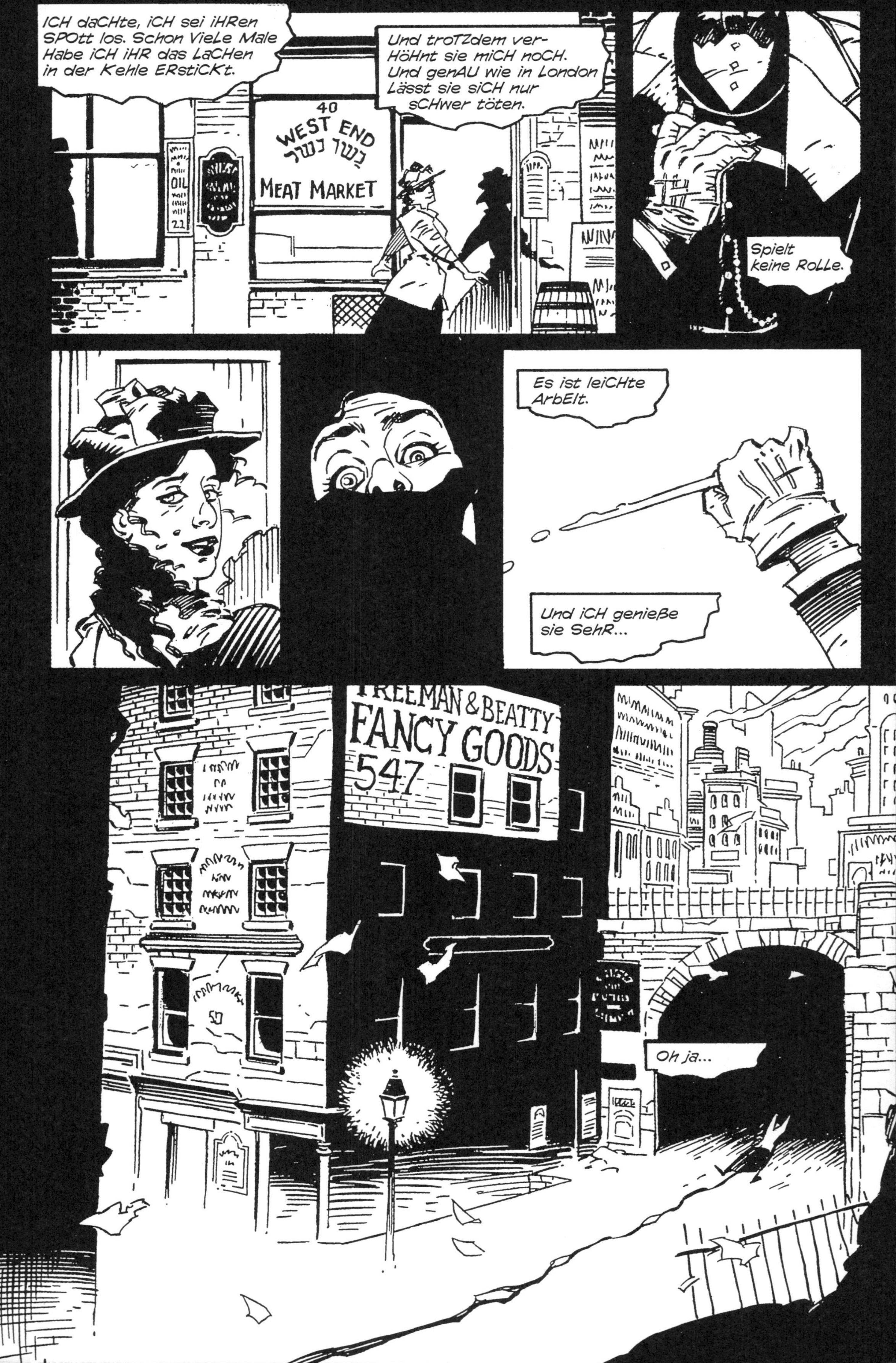
ICH daCHte, iCH sei iHRen SPOtt los. Schon VieLe Male Habe iCH iHR das LaCHen in der Kehle ERstiCKt.
Und troTZdem ver-HöHnt sie miCH noCH. Und genAU wie in London Lässt sie siCH nur sCHwer töten.
40 WEST END
כשר כשר
MEAT MARKET
OIL
Spielt keine RoLLe.
Es ist leiCHte ArbEIt.
Und iCH genieße sie SehR...
FREEMAN & BEATTY
FANCY GOODS
547
Oh ja...

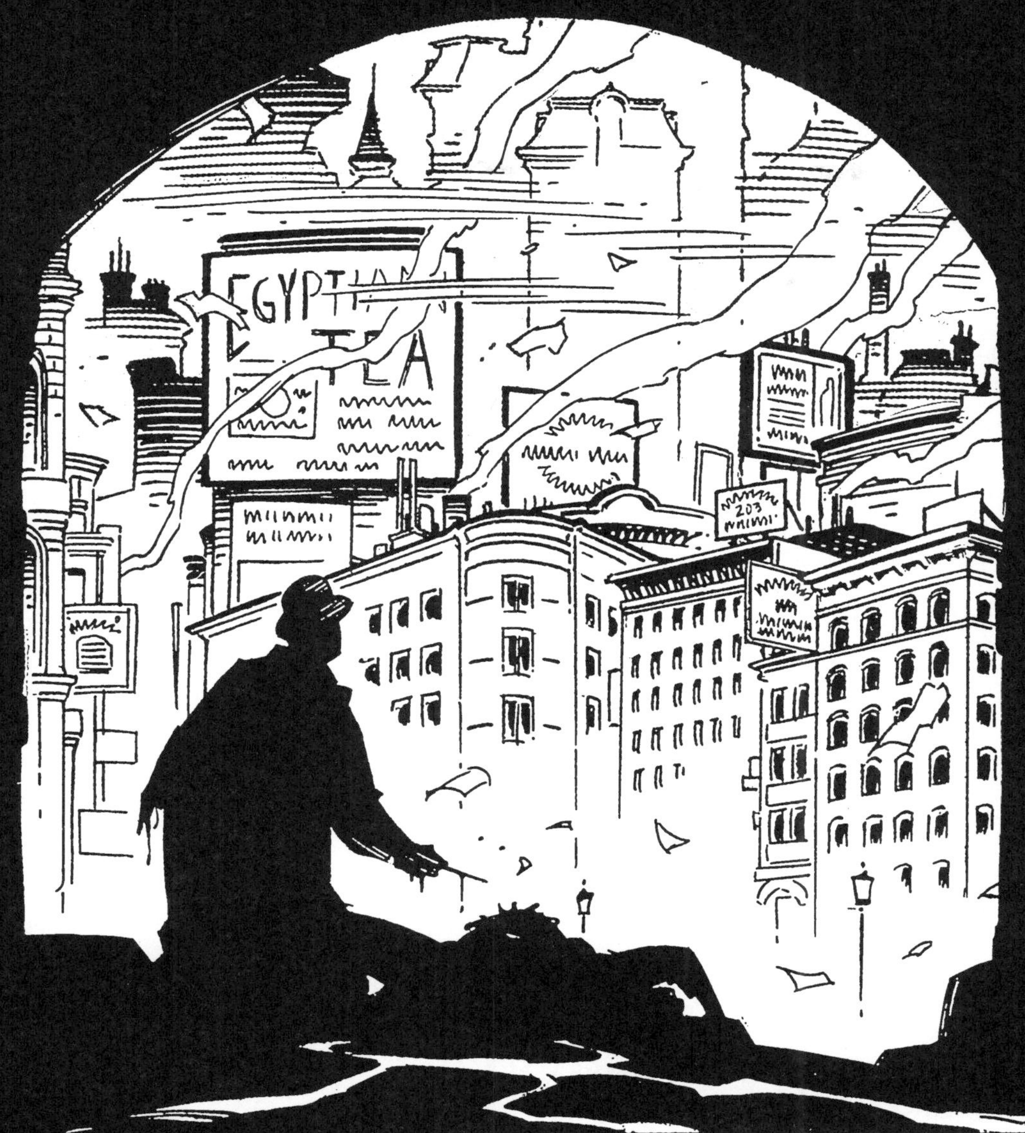

1,000,000 Circulation

The Gotham Guardian

FINAL

JACK THE RIPPER IN GOTHAM?

FURCHTBARE MORDE WIE IN LONDON!

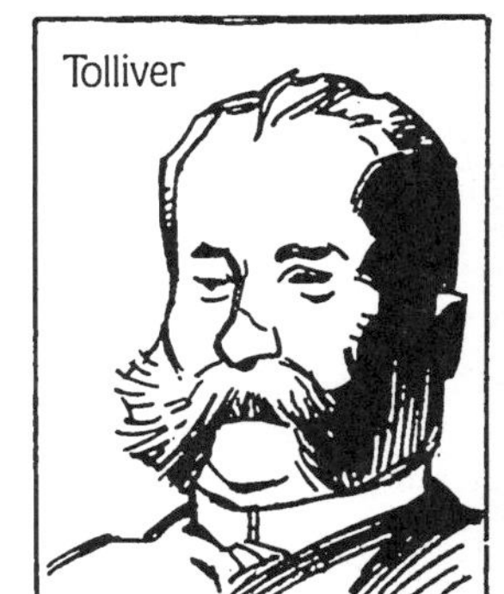

COMMISSIONER TOLLIVER SAGT,
DER RIPPER KÖNNTE NOCH FÜR MINDESTENS
DREI ZUSÄTZLICHE MORDE IN DEN LETZTEN
ZWEI MONATEN VERANTWORTLICH SEIN.

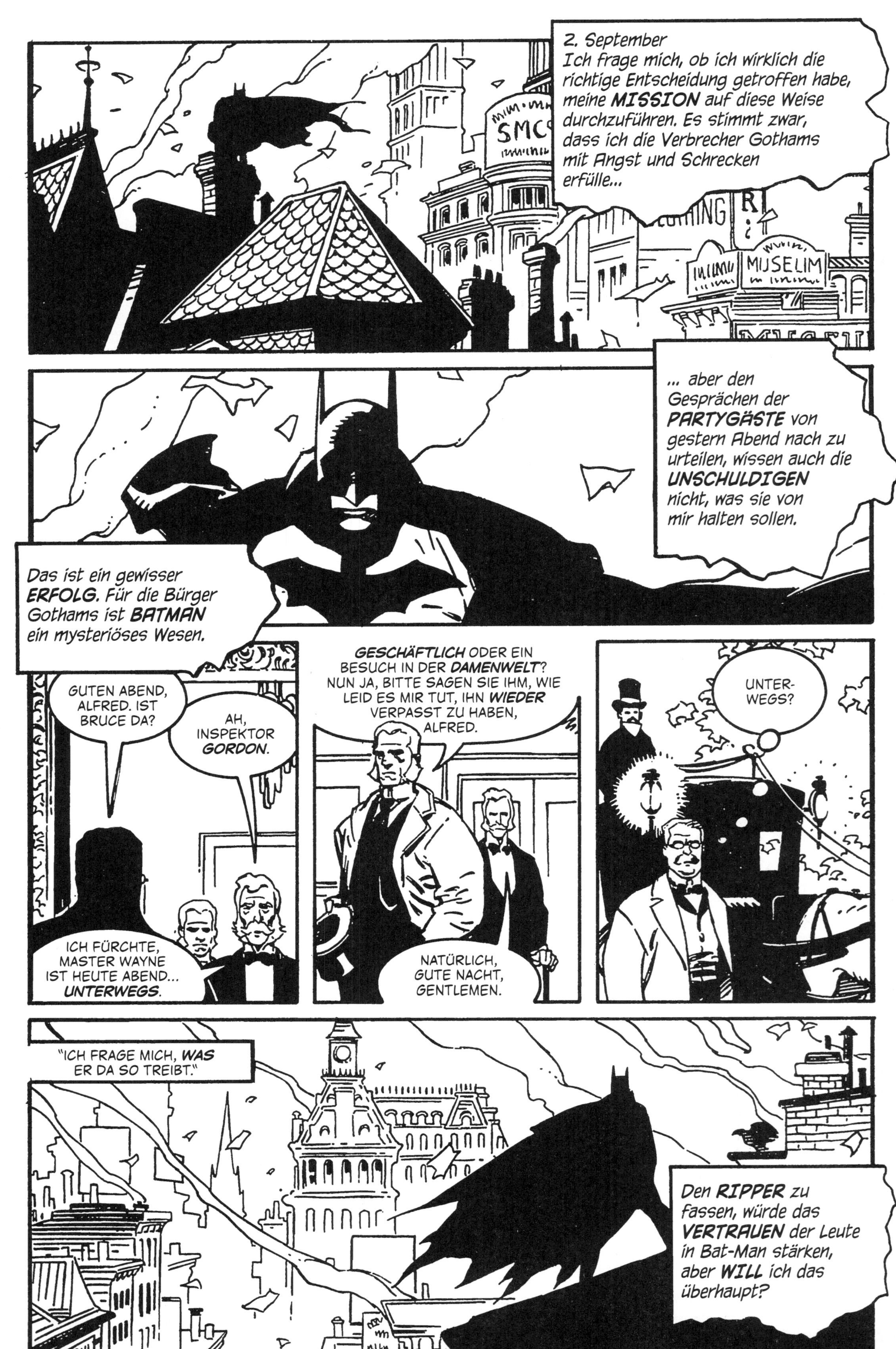
2. September
Ich frage mich, ob ich wirklich die richtige Entscheidung getroffen habe, meine MISSION auf diese Weise durchzuführen. Es stimmt zwar, dass ich die Verbrecher Gothams mit Angst und Schrecken erfülle...
SMC
MUSEUM
... aber den Gesprächen der PARTYGÄSTE von gestern Abend nach zu urteilen, wissen auch die UNSCHULDIGEN nicht, was sie von mir halten sollen.
Das ist ein gewisser ERFOLG. Für die Bürger Gothams ist BATMAN ein mysteriöses Wesen.
GUTEN ABEND, ALFRED. IST BRUCE DA?
AH, INSPEKTOR GORDON.
ICH FÜRCHTE, MASTER WAYNE IST HEUTE ABEND... UNTERWEGS.
GESCHÄFTLICH ODER EIN BESUCH IN DER DAMENWELT? NUN JA, BITTE SAGEN SIE IHM, WIE LEID ES MIR TUT, IHN WIEDER VERPASST ZU HABEN, ALFRED.
NATÜRLICH, GUTE NACHT, GENTLEMEN.
UNTERWEGS?
"ICH FRAGE MICH, WAS ER DA SO TREIBT."
Den RIPPER zu fassen, würde das VERTRAUEN der Leute in Bat-Man stärken, aber WILL ich das überhaupt?

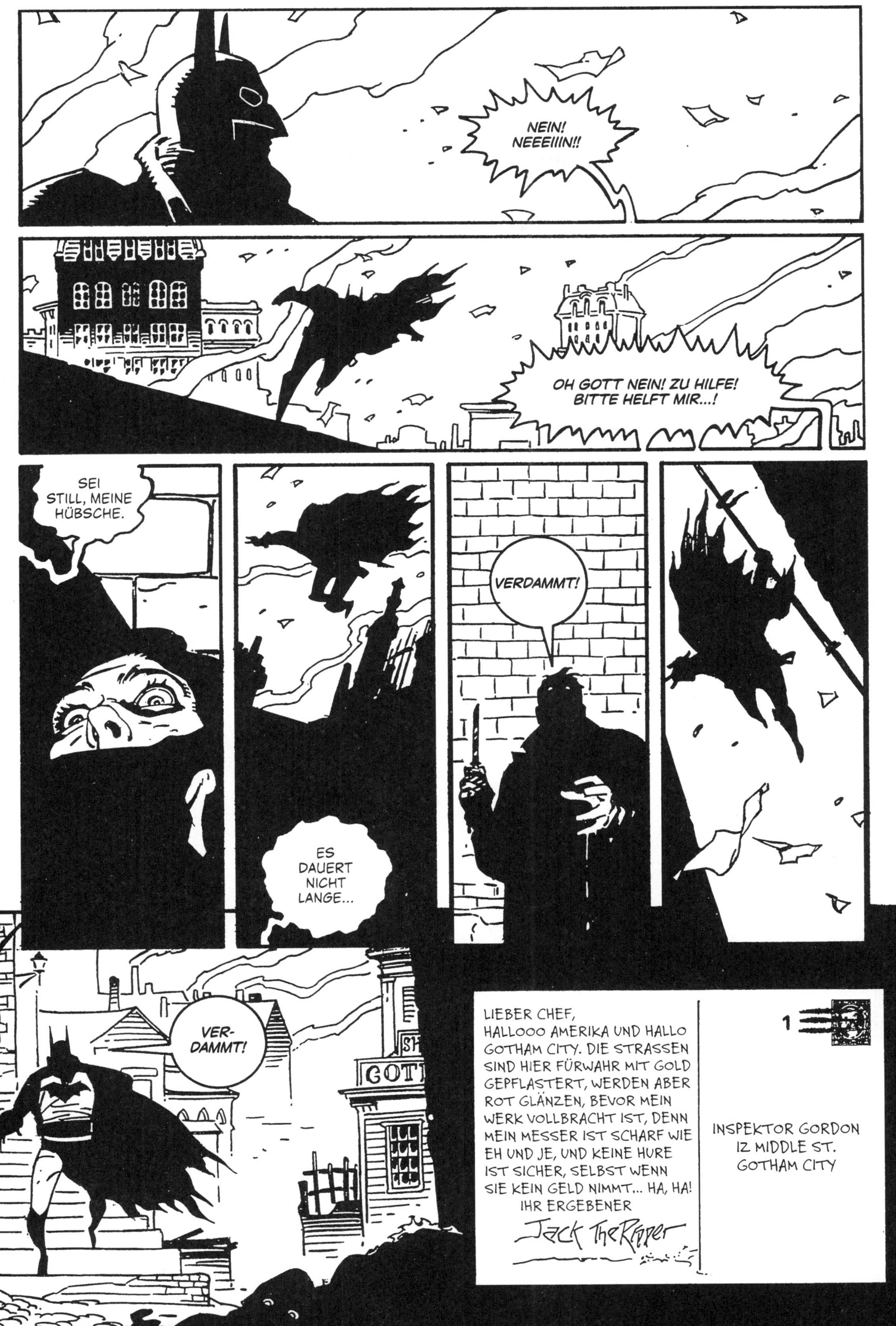
NEIN! NEEEIIIN!!
OH GOTT NEIN! ZU HILFE! BITTE HELFT MIR...!
SEI STILL, MEINE HÜBSCHE.
ES DAUERT NICHT LANGE...
VERDAMMT!
VER-DAMMT!
LIEBER CHEF,
HALLOOO AMERIKA UND HALLO GOTHAM CITY. DIE STRASSEN SIND HIER FÜRWAHR MIT GOLD GEPFLASTERT, WERDEN ABER ROT GLÄNZEN, BEVOR MEIN WERK VOLLBRACHT IST, DENN MEIN MESSER IST SCHARF WIE EH UND JE, UND KEINE HURE IST SICHER, SELBST WENN SIE KEIN GELD NIMMT... HA, HA!
IHR ERGEBENER
Jack The Ripper
1
INSPEKTOR GORDON
12 MIDDLE ST.
GOTHAM CITY

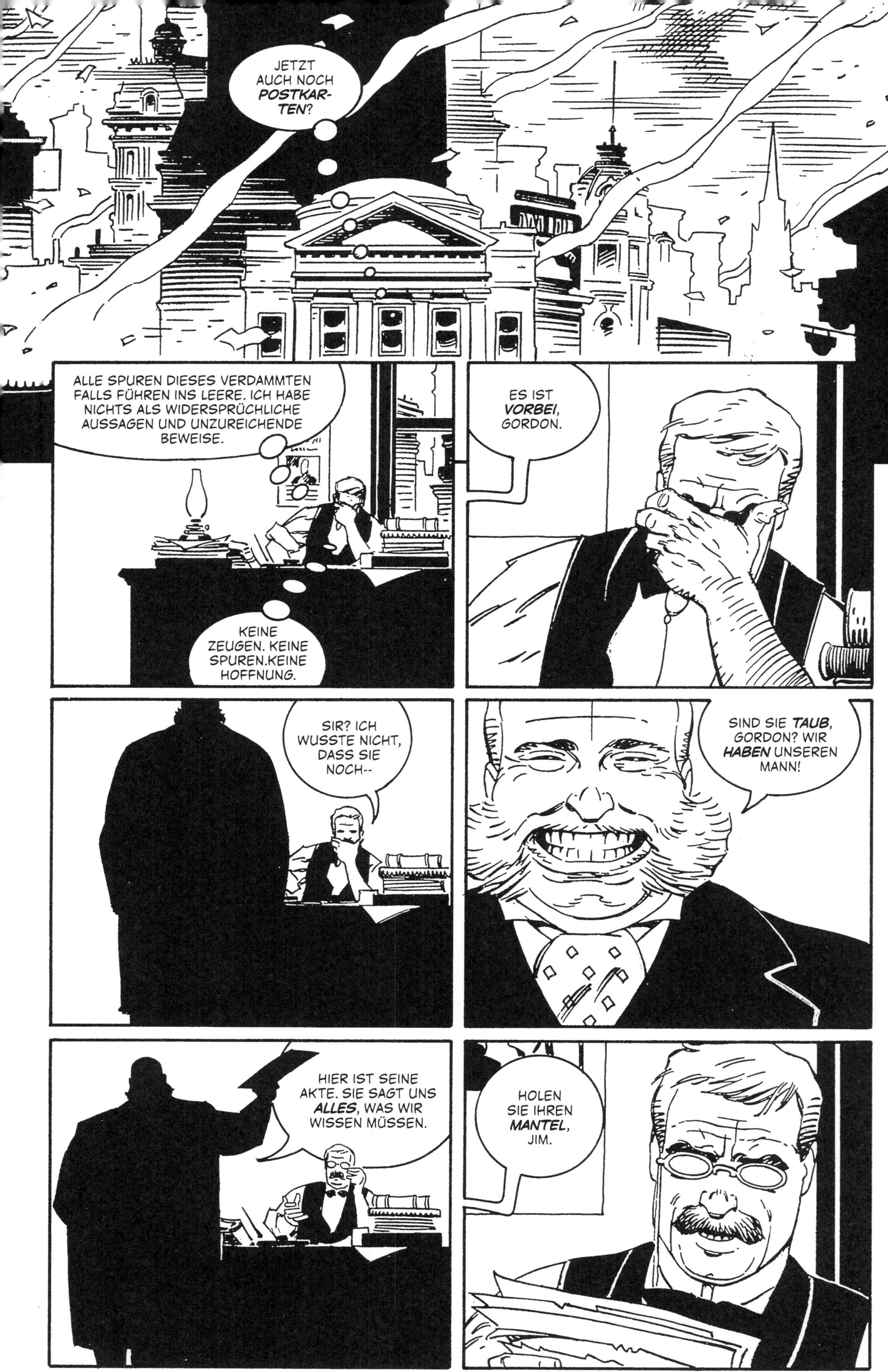
JETZT AUCH NOCH POSTKARTEN?
ALLE SPUREN DIESES VERDAMMTEN FALLS FÜHREN INS LEERE. ICH HABE NICHTS ALS WIDERSPRÜCHLICHE AUSSAGEN UND UNZUREICHENDE BEWEISE.
KEINE ZEUGEN. KEINE SPUREN.KEINE HOFFNUNG.
ES IST VORBEI, GORDON.
SIR? ICH WUSSTE NICHT, DASS SIE NOCH--
SIND SIE TAUB, GORDON? WIR HABEN UNSEREN MANN!
HIER IST SEINE AKTE. SIE SAGT UNS ALLES, WAS WIR WISSEN MÜSSEN.
HOLEN SIE IHREN MANTEL, JIM.

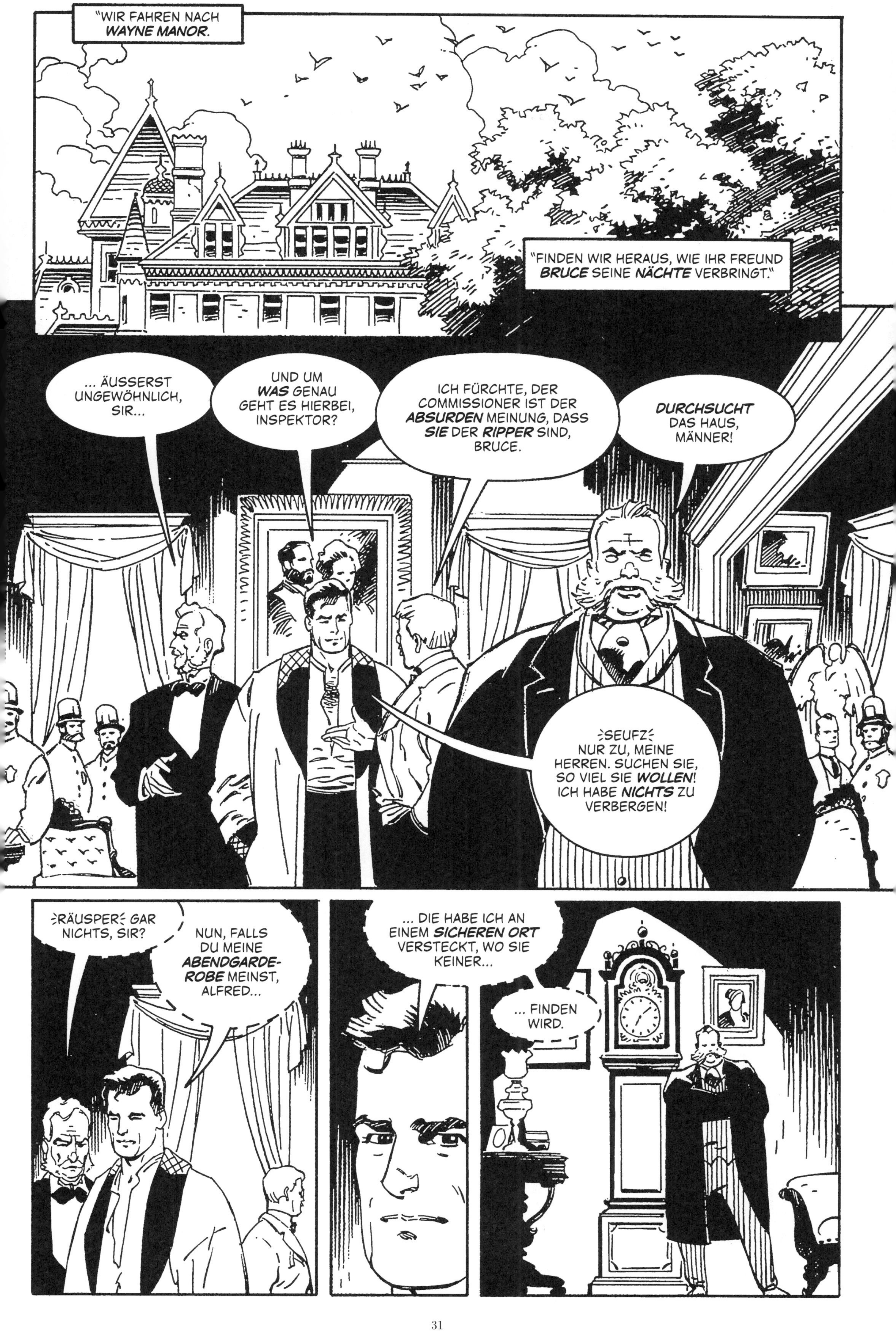

"WIR FAHREN NACH **WAYNE MANOR**.

"FINDEN WIR HERAUS, WIE IHR FREUND **BRUCE** SEINE **NÄCHTE** VERBRINGT."

... ÄUSSERST UNGEWÖHNLICH, SIR...

UND UM **WAS** GENAU GEHT ES HIERBEI, INSPEKTOR?

ICH FÜRCHTE, DER COMMISSIONER IST DER **ABSURDEN** MEINUNG, DASS **SIE** DER **RIPPER** SIND, BRUCE.

DURCHSUCHT DAS HAUS, MÄNNER!

SEUFZ NUR ZU, MEINE HERREN. SUCHEN SIE, SO VIEL SIE **WOLLEN**! ICH HABE **NICHTS** ZU VERBERGEN!

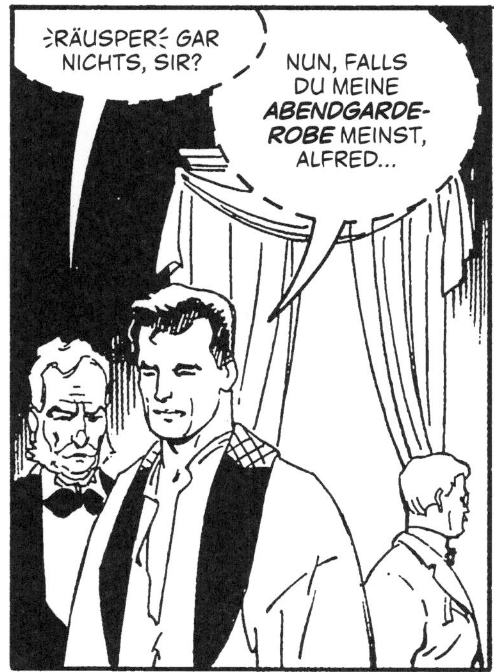

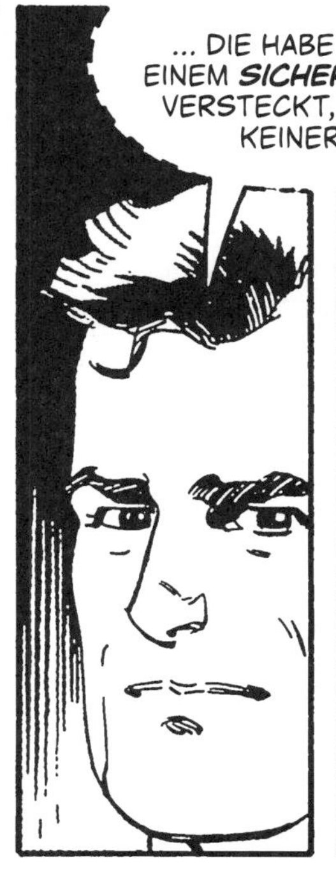

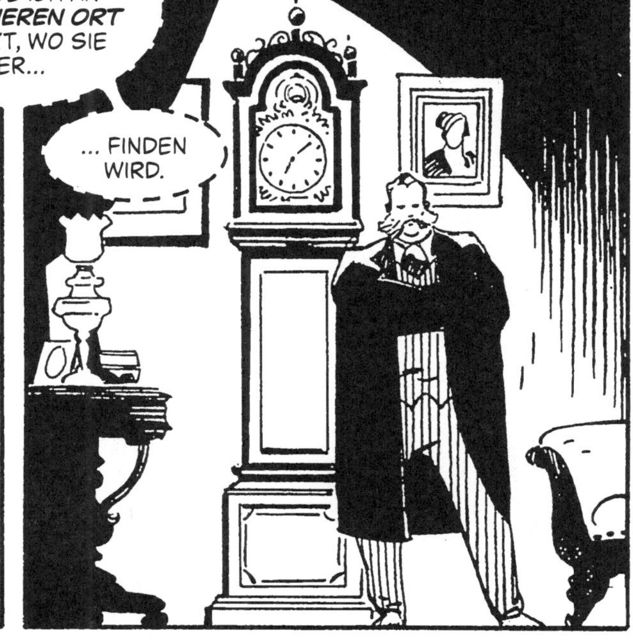

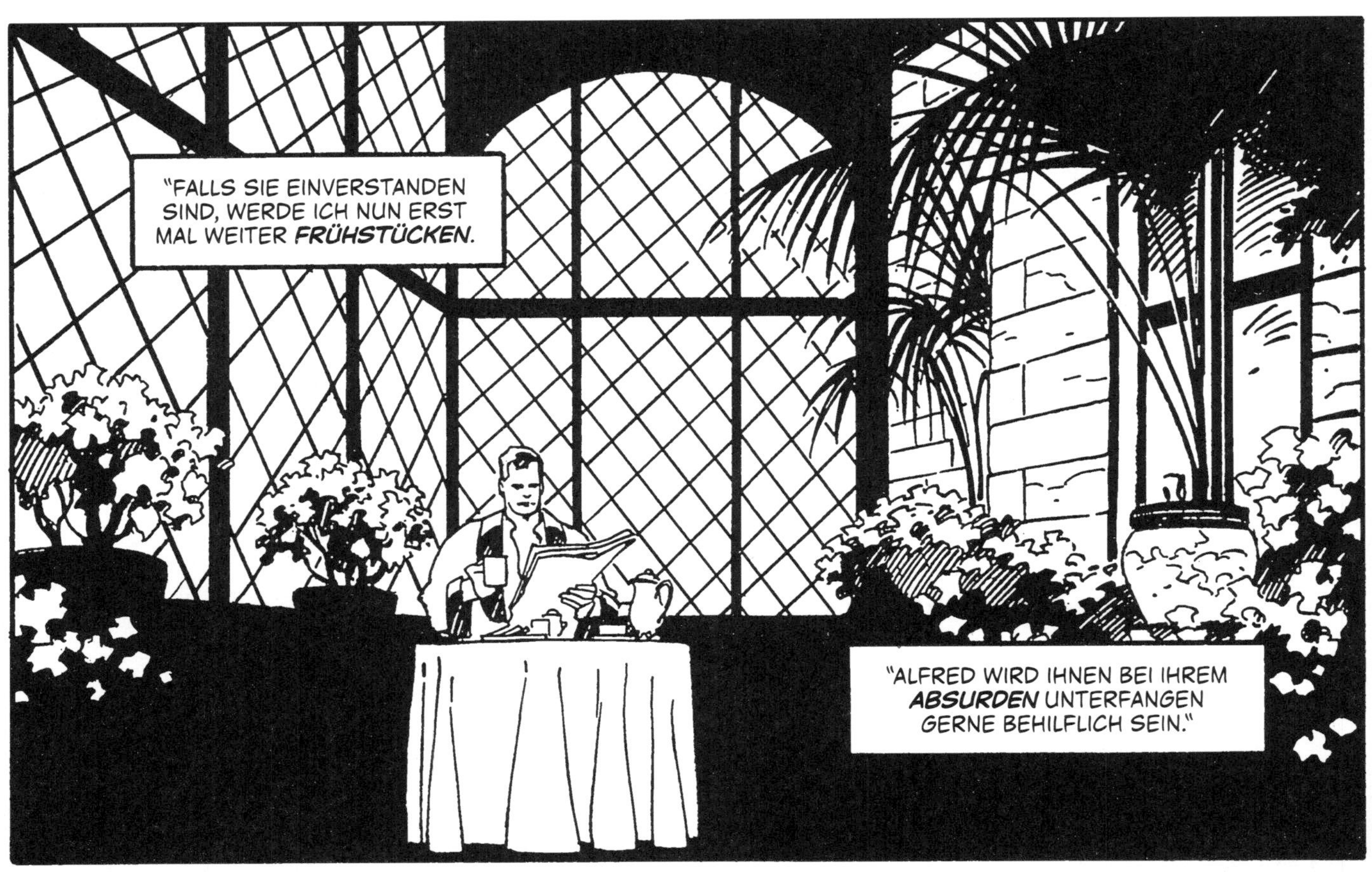
"FALLS SIE EINVERSTANDEN SIND, WERDE ICH NUN ERST MAL WEITER FRÜHSTÜCKEN.
"ALFRED WIRD IHNEN BEI IHREM ABSURDEN UNTERFANGEN GERNE BEHILFLICH SEIN."

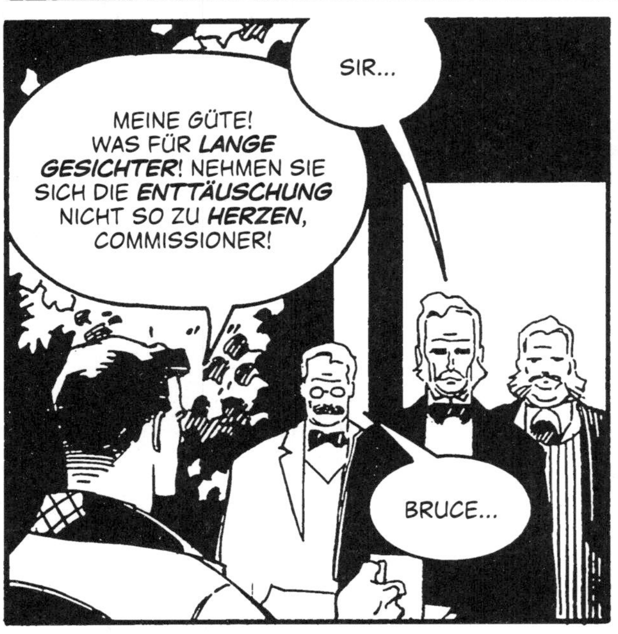
MEINE GÜTE! WAS FÜR LANGE GESICHTER! NEHMEN SIE SICH DIE ENTTÄUSCHUNG NICHT SO ZU HERZEN, COMMISSIONER!
SIR...
BRUCE...

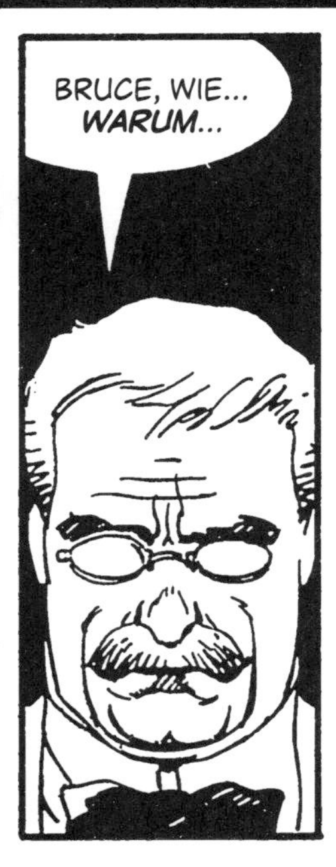
BRUCE, WIE... WARUM...

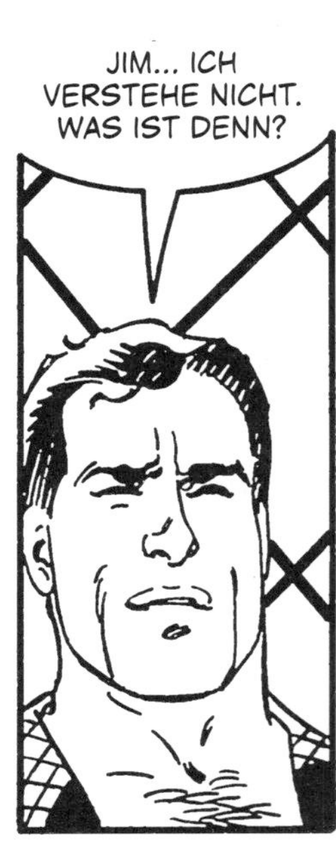
JIM... ICH VERSTEHE NICHT. WAS IST DENN?

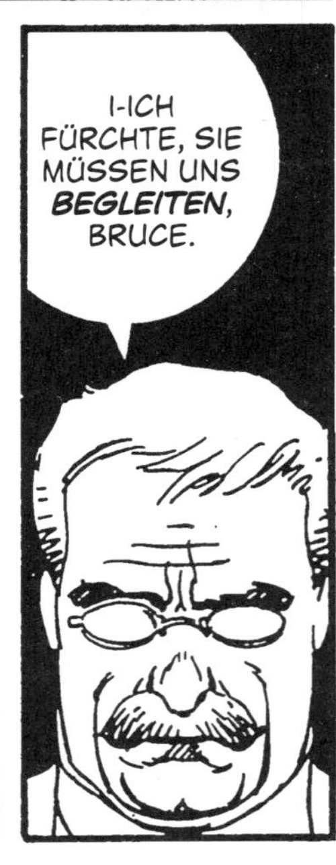
I-ICH FÜRCHTE, SIE MÜSSEN UNS BEGLEITEN, BRUCE.

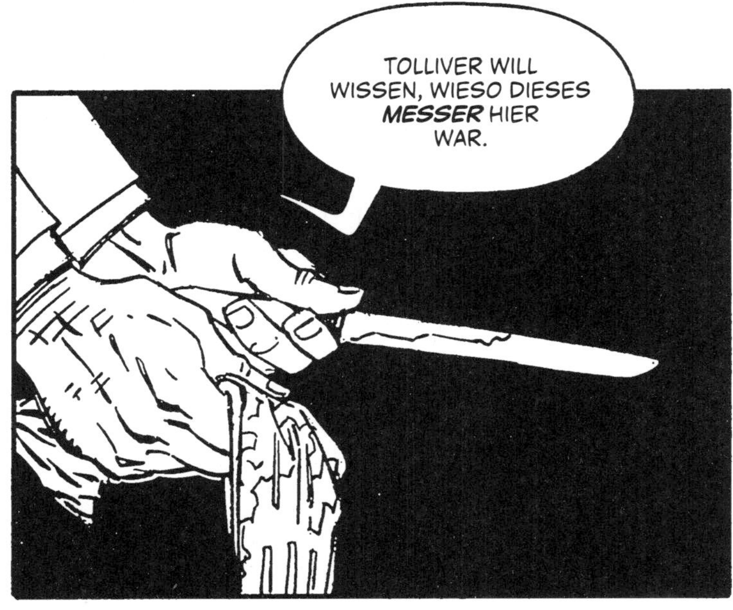
TOLLIVER WILL WISSEN, WIESO DIESES MESSER HIER WAR.

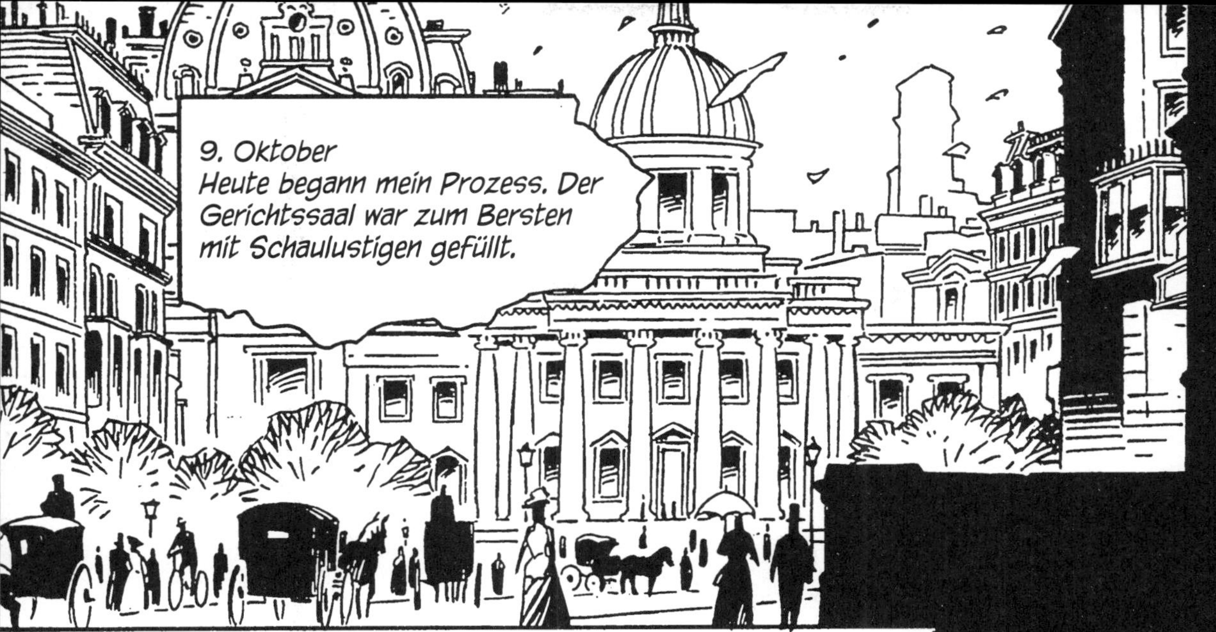

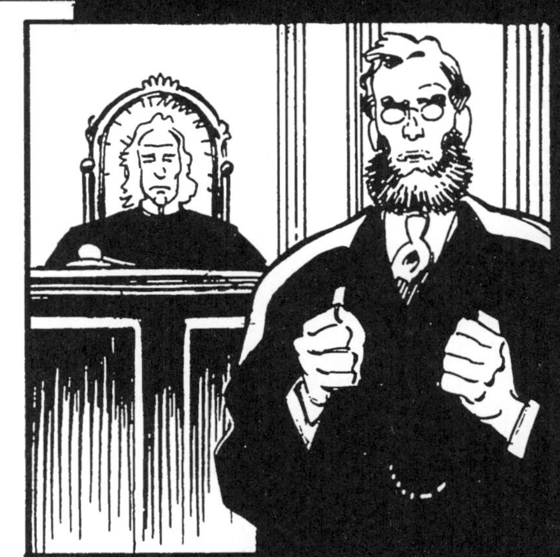

In der Anklageschrift wurde ich des Mordes an den Frauen bezichtigt. Jake, der als mein Rechtsvertreter fungierte, versicherte mir, dass die Anklage einen schweren Stand hätte und dass ich bald freigelassen werden würde.

In der Eröffnungsrede von Gothams geschätztem Bezirksstaatsanwalt wurde ich innerhalb von zehn Minuten viermal als "mordlüsternes Monster" und zweimal als "blutrünstiger Wahnsinniger" bezeichnet. Und ich dachte, Harvey und ich wären **FREUNDE**.

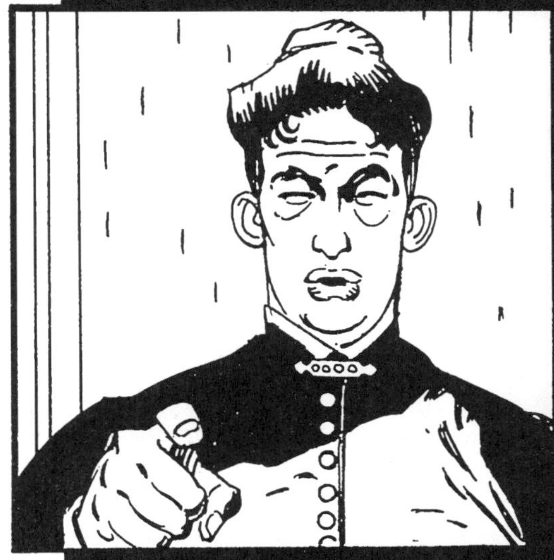

12. Oktober
Die Staatsanwaltschaft vernahm ein paar weitere "Zeugen". Eine Frau behauptete sogar, **GESEHEN** zu haben, wie ich mich mit einem Messer vom Tatort entfernte. Es ist offensichtlich, dass die Frau übermäßig viel trinkt und ihr Blick vom Rum vernebelt ist.

Gothams und Tollivers verzweifelte Mission, einen Sündenbock zu finden, bereitet mir langsam Sorgen. Nach meiner Freilassung muss ich den Ripper **SCHNELLSTMÖGLICH** aufspüren.

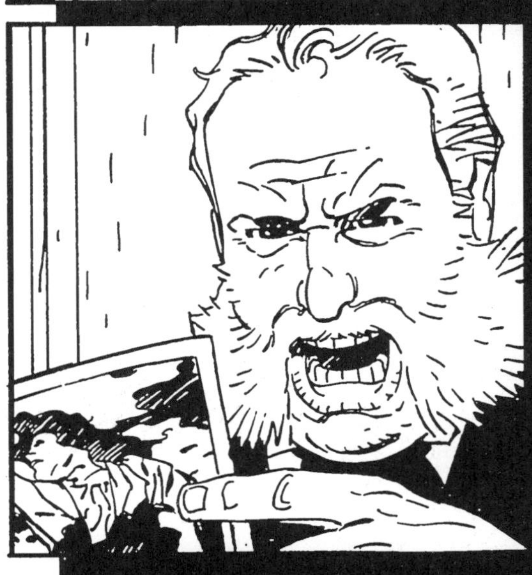

15. Oktober
Tolliver betrat den Zeugenstand, um über die Morde des Rippers in London zu berichten und auf die Überschneidungen hinzuweisen. Obwohl selbst ein Einfaltspinsel wie Tolliver erkennen sollte, dass die Morde vom **SELBEN** Täter begangen wurden, wird meine "Schuld" dadurch "begründet", dass ich zur gleichen Zeit in London war, als der Ripper dort sein Unwesen trieb, und ich für meine Nächte kein Alibi habe.

Der Ripper hat vermutlich eine medizinische Ausbildung. Dadurch kommt es ihnen auch sehr gelegen, dass mein Vater **ARZT** war.

17. Oktober

Heute endete die Beweisführung der Staatsanwaltschaft und der Verteidigung. Dent beschwor die Mitglieder der Jury, mich ***SCHULDIG*** *zu sprechen. Onkel Jake wies dagegen nachdrücklich darauf hin, dass es keinerlei handfeste Beweise gegen mich gäbe, und die offensichtliche* ***HEXENJAGD*** *von Tolliver allein auf Zufällen und Widersprüchlichkeiten fußt.*

Er gab mir neue Hoffnung.

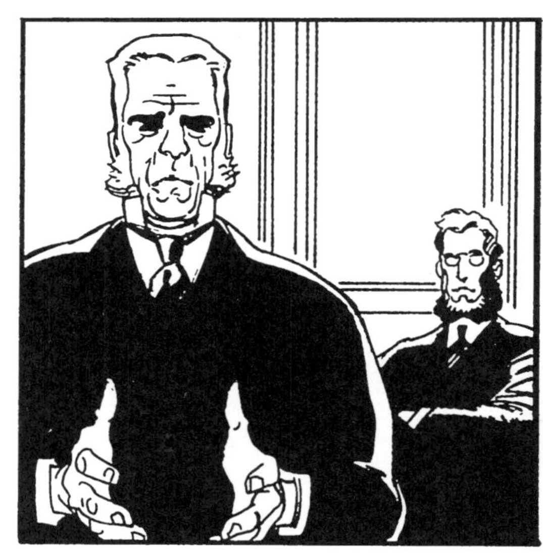

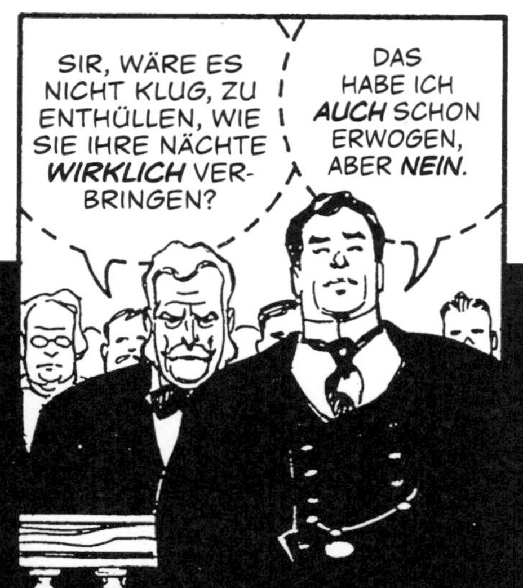

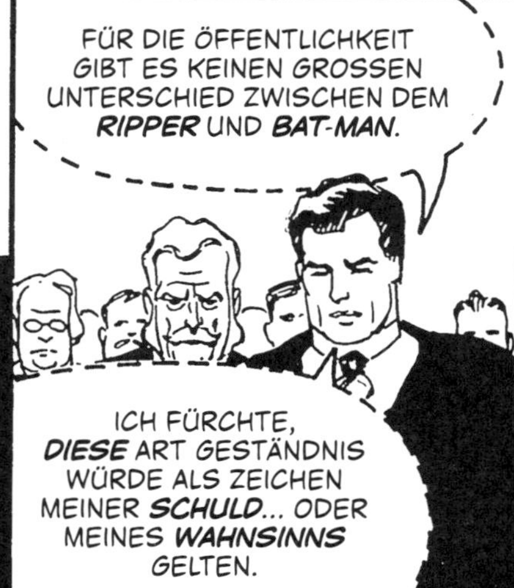

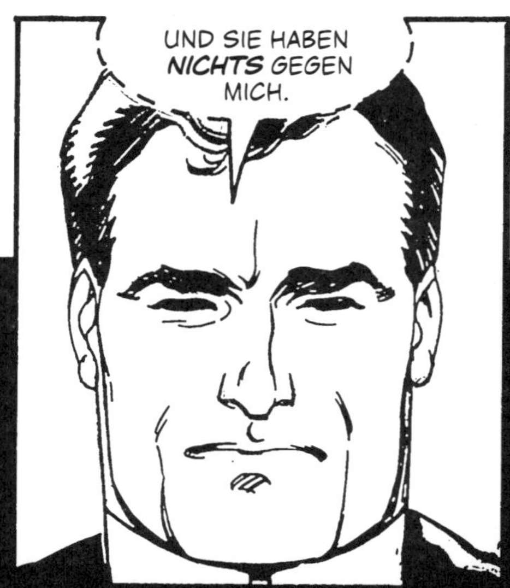

1,000,000 Circulation | The Gotham Guardian | FINAL

BRUCE WAYNE IST JACK THE RIPPER!

MILLIONÄR ZUM TOD DURCH DEN GALGEN VERURTEILT

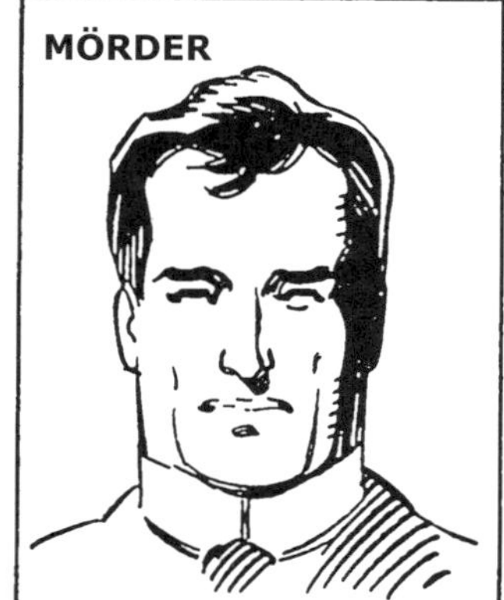

GESCHWORENE SPRECHEN SALONLÖWEN SCHON NACH KURZER BERATUNG SCHULDIG

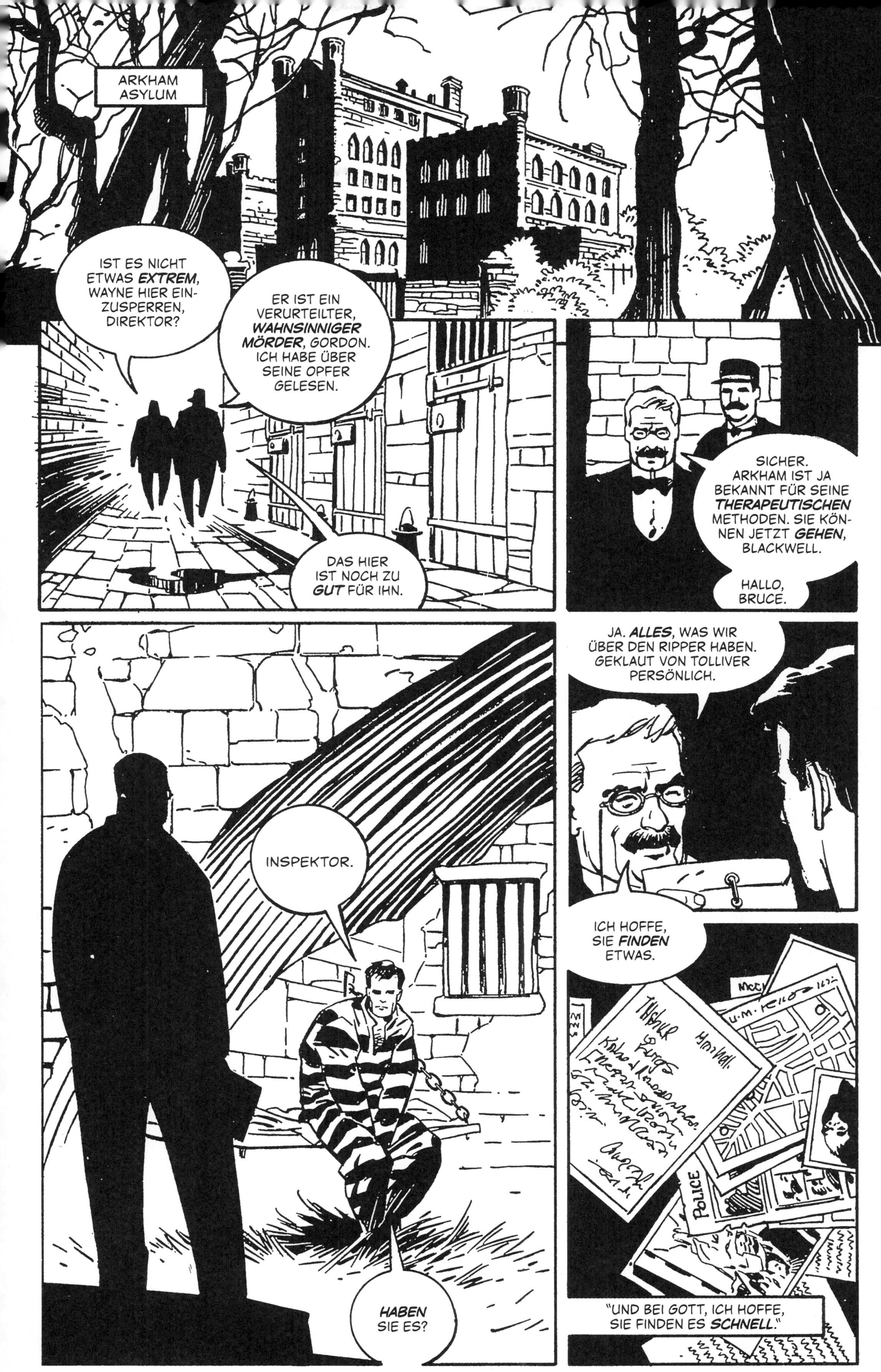
ARKHAM ASYLUM
IST ES NICHT ETWAS EXTREM, WAYNE HIER EINZUSPERREN, DIREKTOR?
ER IST EIN VERURTEILTER, WAHNSINNIGER MÖRDER, GORDON. ICH HABE ÜBER SEINE OPFER GELESEN.
DAS HIER IST NOCH ZU GUT FÜR IHN.
SICHER. ARKHAM IST JA BEKANNT FÜR SEINE THERAPEUTISCHEN METHODEN. SIE KÖNNEN JETZT GEHEN, BLACKWELL.
HALLO, BRUCE.
INSPEKTOR.
HABEN SIE ES?
JA. ALLES, WAS WIR ÜBER DEN RIPPER HABEN. GEKLAUT VON TOLLIVER PERSÖNLICH.
ICH HOFFE, SIE FINDEN ETWAS.
POLICE
"UND BEI GOTT, ICH HOFFE, SIE FINDEN ES SCHNELL."

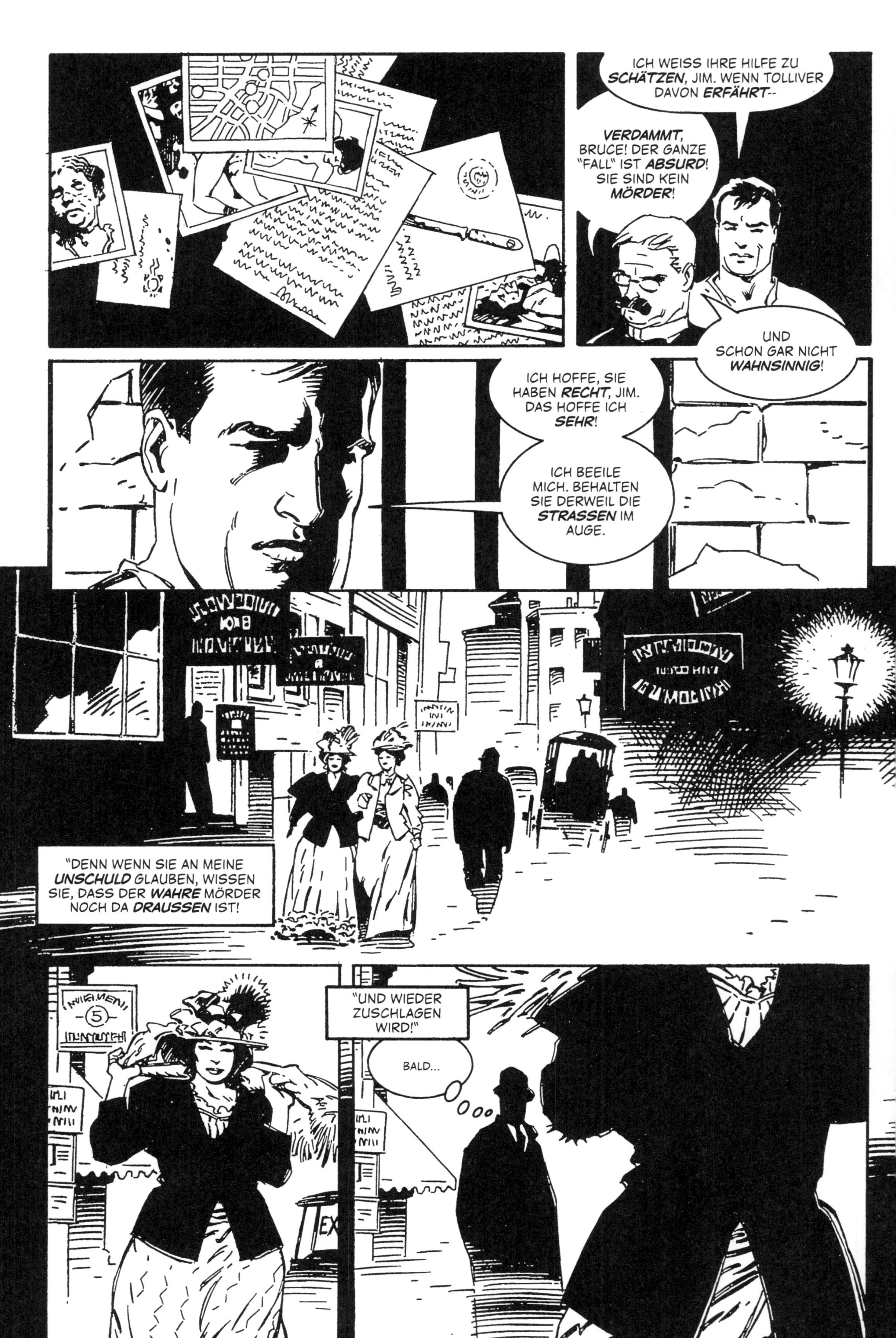
ICH WEISS IHRE HILFE ZU SCHÄTZEN, JIM. WENN TOLLIVER DAVON ERFÄHRT--
VERDAMMT, BRUCE! DER GANZE "FALL" IST ABSURD! SIE SIND KEIN MÖRDER!
UND SCHON GAR NICHT WAHNSINNIG!
ICH HOFFE, SIE HABEN RECHT, JIM. DAS HOFFE ICH SEHR!
ICH BEEILE MICH. BEHALTEN SIE DERWEIL DIE STRASSEN IM AUGE.
"DENN WENN SIE AN MEINE UNSCHULD GLAUBEN, WISSEN SIE, DASS DER WAHRE MÖRDER NOCH DA DRAUSSEN IST!
5
"UND WIEDER ZUSCHLAGEN WIRD!"
BALD...

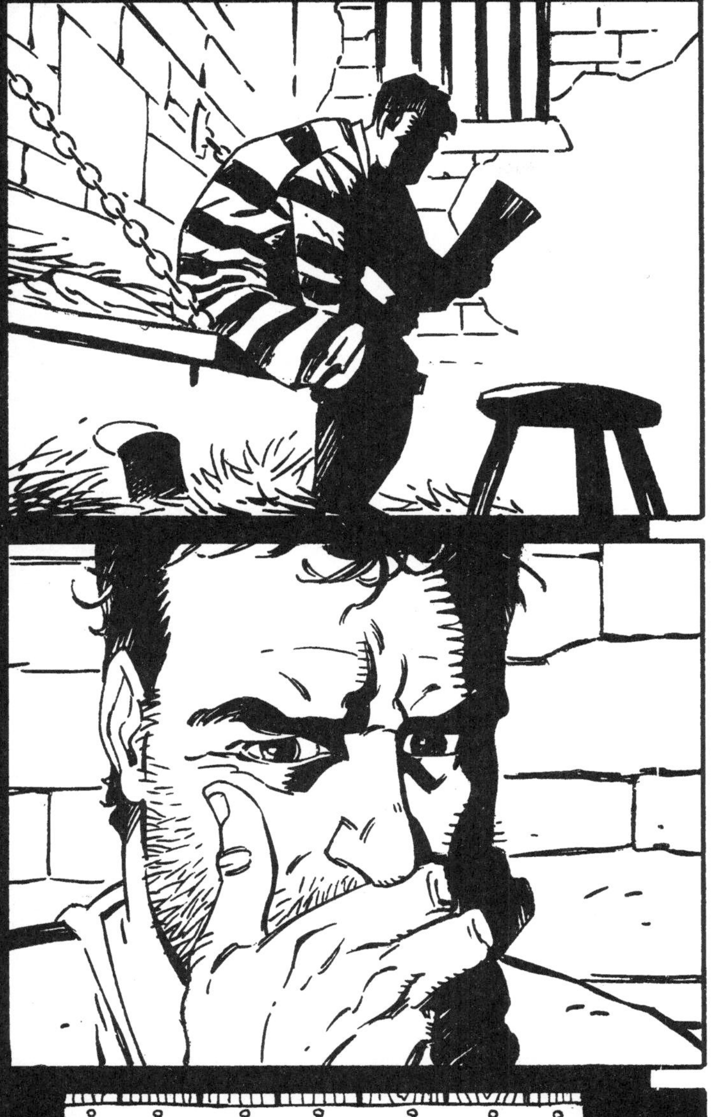

21. Oktober

Meine einzige Hoffnung auf Überleben ist, von einer Zelle aus einen Fall zu lösen, den zwei Polizeitruppen nicht aufklären konnten. Um mich herum liegen alle Beweisstücke von beiden Seiten des Atlantiks. Dazu Zeitungsberichte und einige alte Medizinbücher meines Vaters, damit ich Rippers Vorgehensweise besser verstehen kann.

Ich **MUSS** eine Antwort finden.

23. Oktober

Es ist ein Puzzle mit Millionen von Teilen. Und kein Hinweis darauf, wie das fertige Bild aussieht. Ich halte mich für einen guten Detektiv. Ich habe von den schlauesten Köpfen meiner Zeit gelernt und muss nun all mein Wissen anwenden, um eine Lösung zu finden.

Entweder das... oder der **GALGEN.**

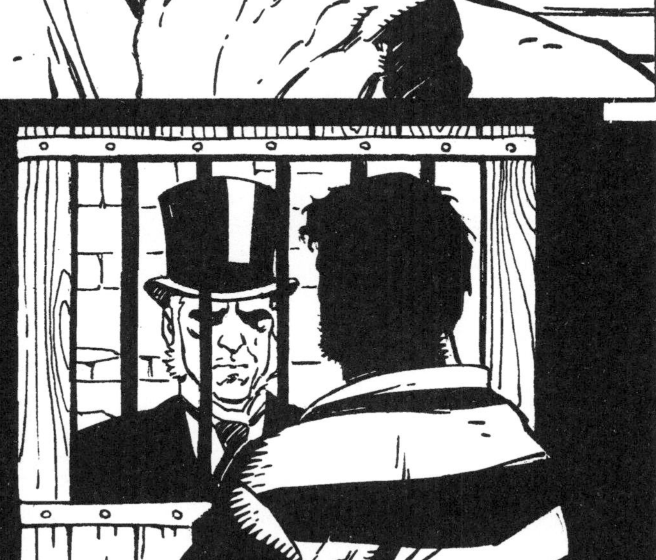

26. Oktober

Jake brachte schreckliche Neuigkeiten. Mein Antrag auf Bewährung wurde abgelehnt. Die Entscheidungsträger wollen diese Misere schnellstmöglich hinter sich lassen und sind überzeugt, ihren Mörder **GEFUNDEN** zu haben.

Jake ist am Boden zerstört. Er hatte sich solche Mühe gegeben. Ich muss meine Anstrengungen verdoppeln, wenn ich nicht in fünf Tagen hängen will.

Die Morde von Gotham sind Spiegelbilder der Morde von Whitechapel vor einem Jahr. Die Vorgehensweise ist identisch, und der Mörder geht mit dem Geschick eines Chirurgen vor. Die spöttischen Briefe, die der Ripper an die britische Polizei schickte, entsprechen denen, die Gordon erhielt, bis aufs I-Tüpfelchen. Das ist ganz klar das Werk desselben Mannes... aber **WER** ist er? Und warum **MIR** das Verbrechen anhängen? Ich weiß es nicht.

Ich weiß es nicht.

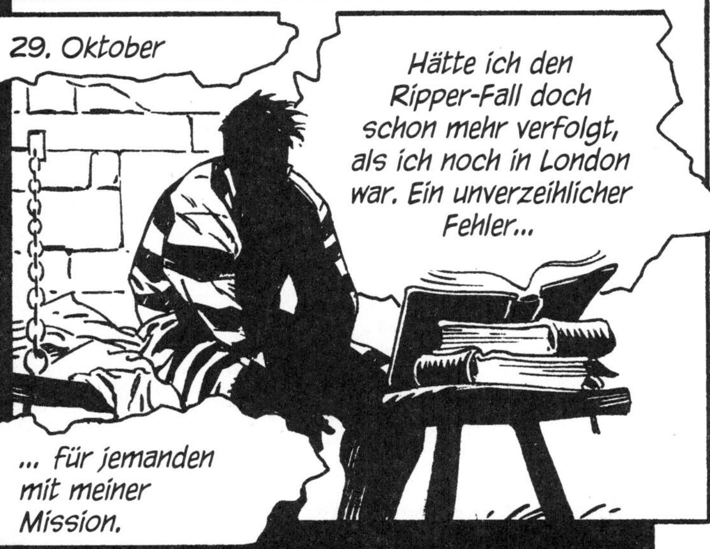

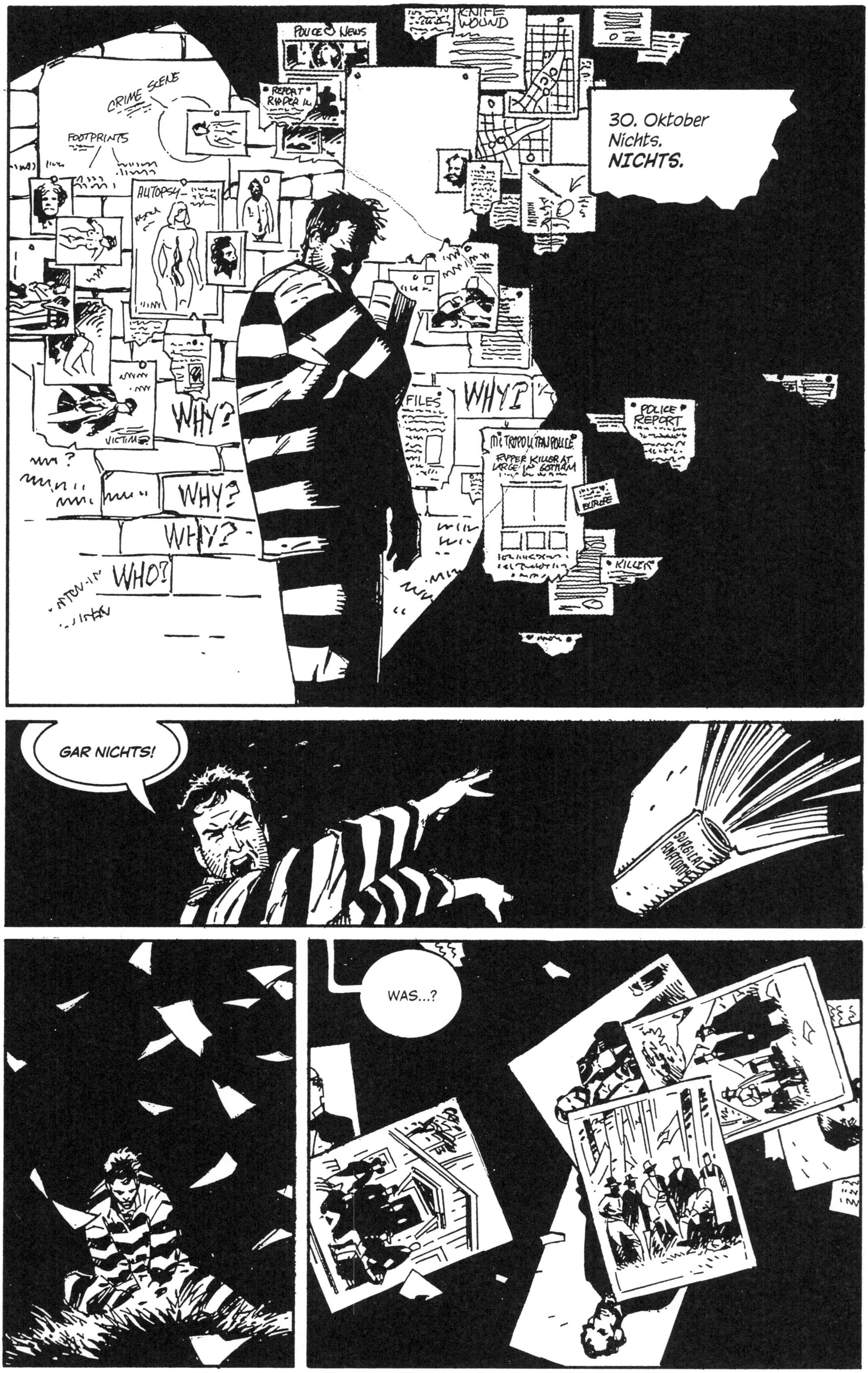

30. Oktober
Nichts.
NICHTS.

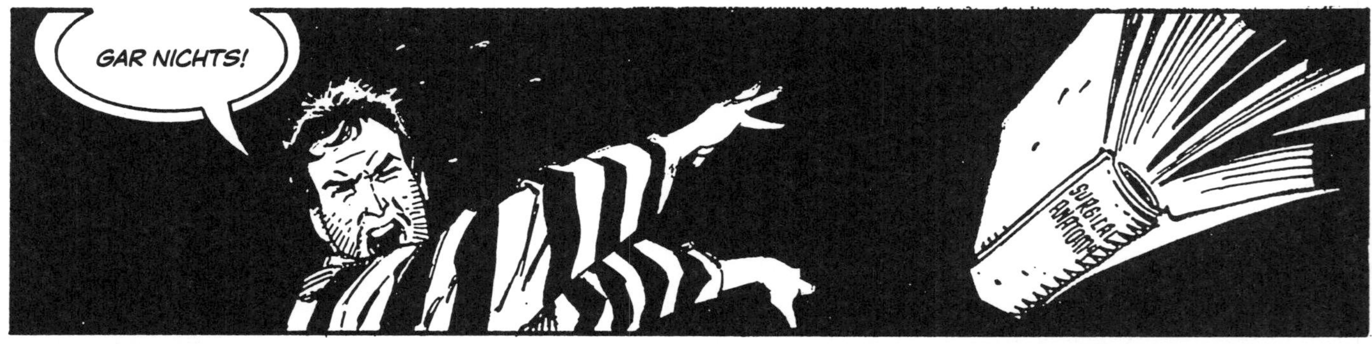

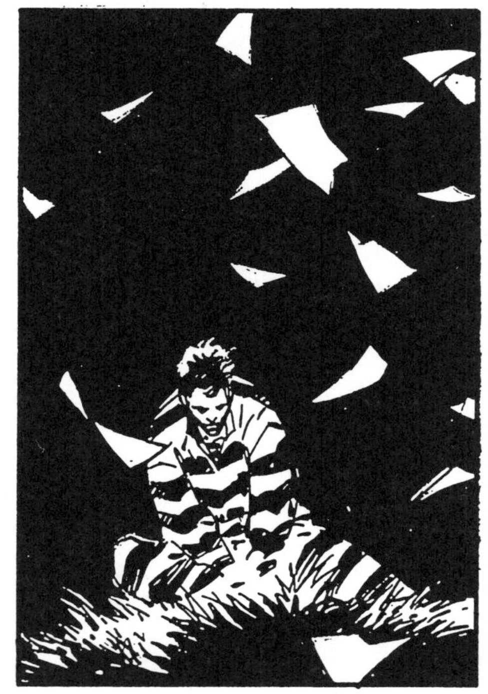

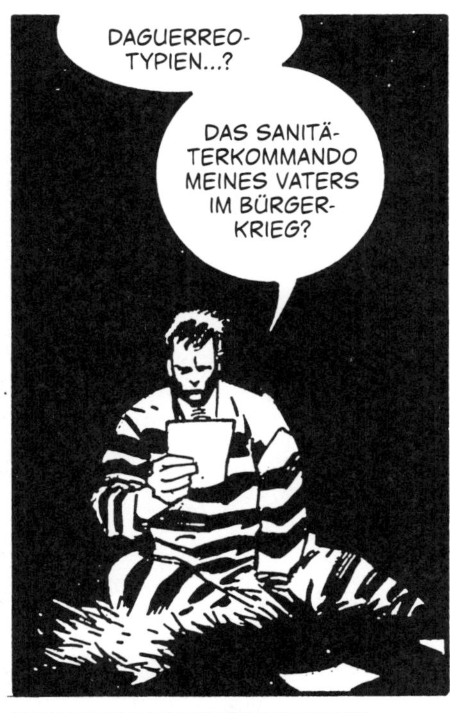
DAGUERREO-TYPIEN...?
DAS SANITÄTERKOMMANDO MEINES VATERS IM BÜRGERKRIEG?

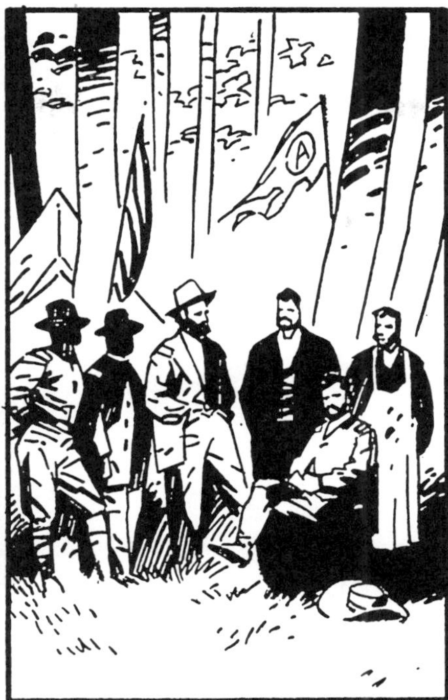

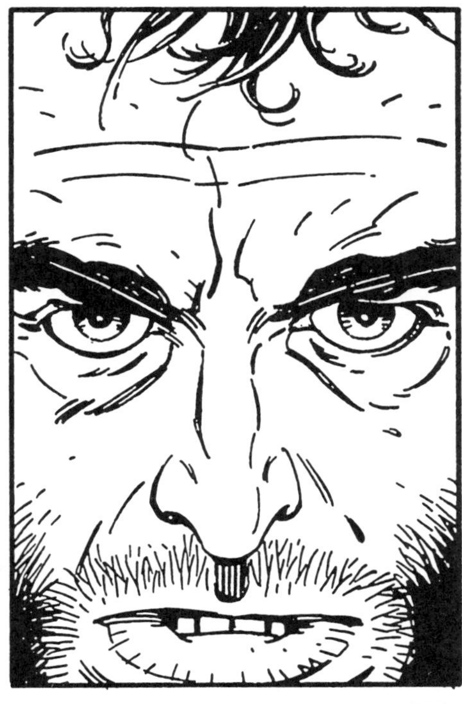

DIE REGIMENTSFLAGGE...
DAS *GLEICHE* SYMBOL WIE AUF DER *MORDWAFFE*.

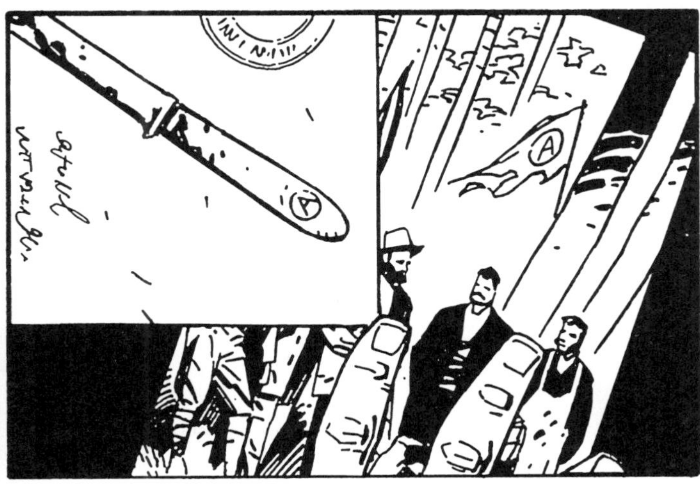

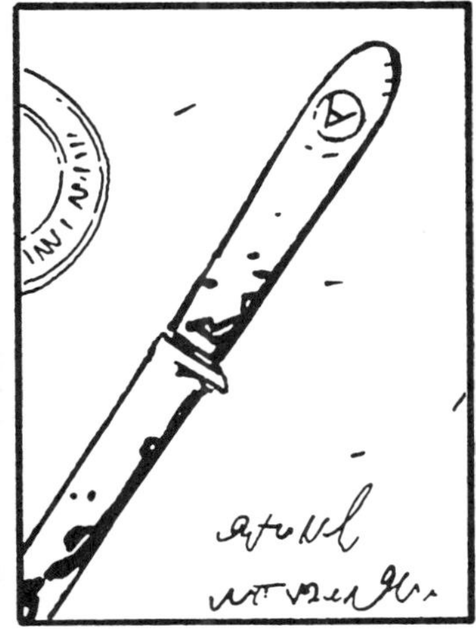

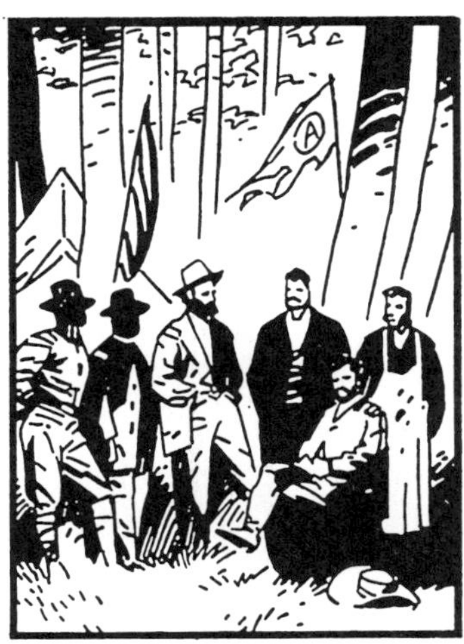

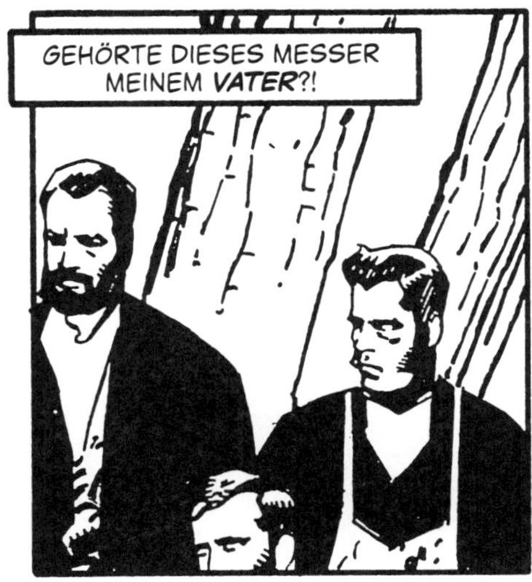
GEHÖRTE DIESES MESSER MEINEM *VATER*?!

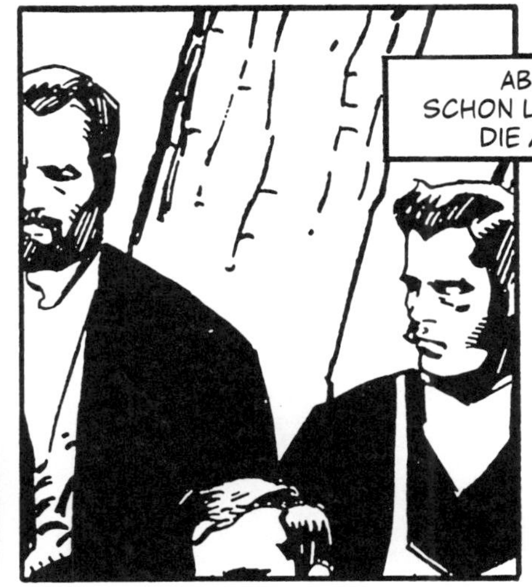

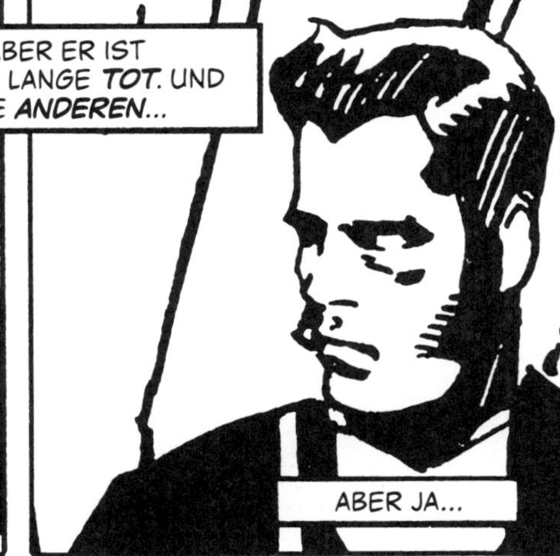
ABER ER IST SCHON LANGE *TOT*. UND DIE *ANDEREN*...
ABER JA...

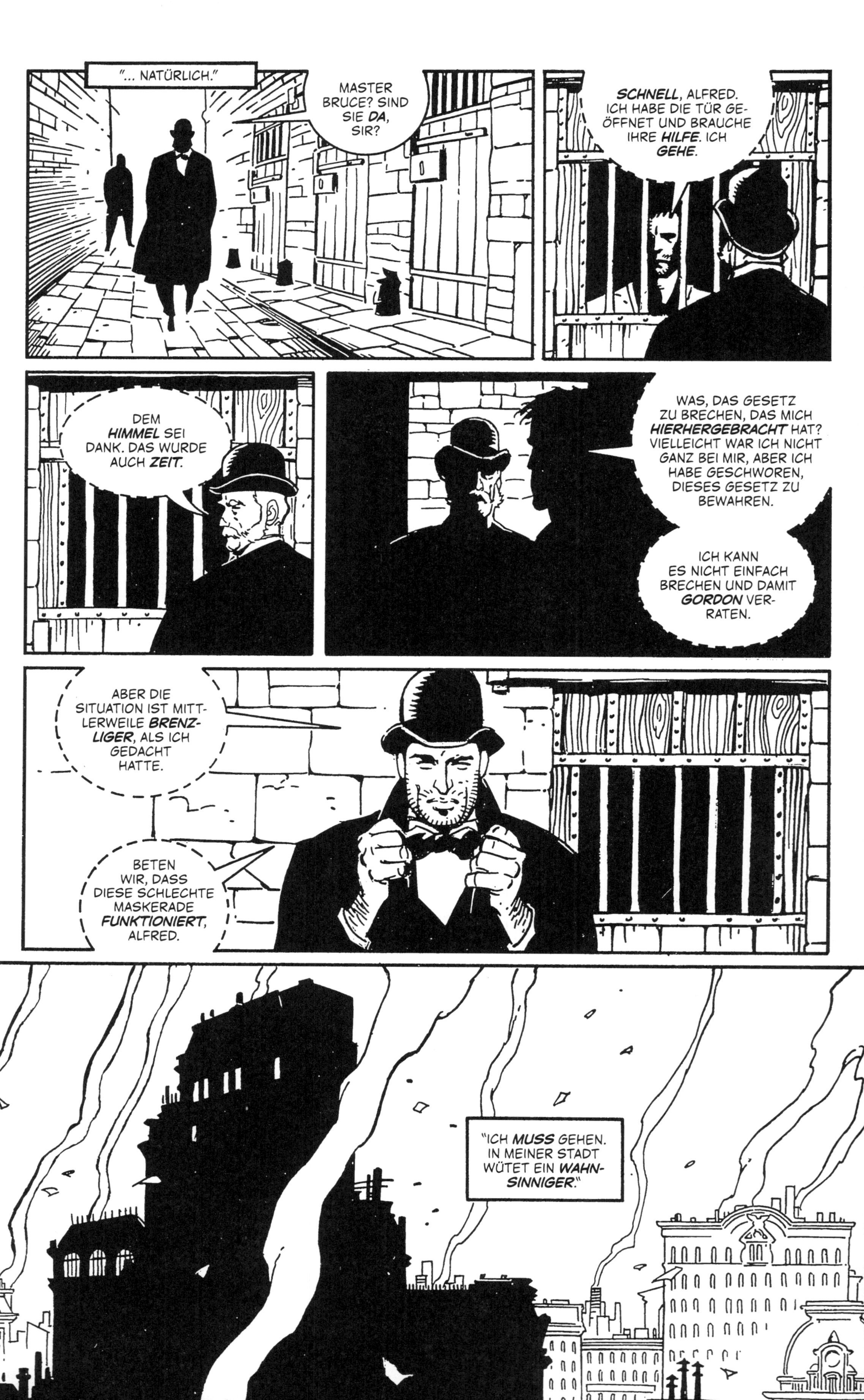
"... NATÜRLICH."
MASTER BRUCE? SIND SIE DA, SIR?
SCHNELL, ALFRED. ICH HABE DIE TÜR GEÖFFNET UND BRAUCHE IHRE HILFE. ICH GEHE.
DEM HIMMEL SEI DANK. DAS WURDE AUCH ZEIT.
WAS, DAS GESETZ ZU BRECHEN, DAS MICH HIERHERGEBRACHT HAT? VIELLEICHT WAR ICH NICHT GANZ BEI MIR, ABER ICH HABE GESCHWOREN, DIESES GESETZ ZU BEWAHREN.
ICH KANN ES NICHT EINFACH BRECHEN UND DAMIT GORDON VERRATEN.
ABER DIE SITUATION IST MITTLERWEILE BRENZLIGER, ALS ICH GEDACHT HATTE.
BETEN WIR, DASS DIESE SCHLECHTE MASKERADE FUNKTIONIERT, ALFRED.
"ICH MUSS GEHEN. IN MEINER STADT WÜTET EIN WAHNSINNIGER."

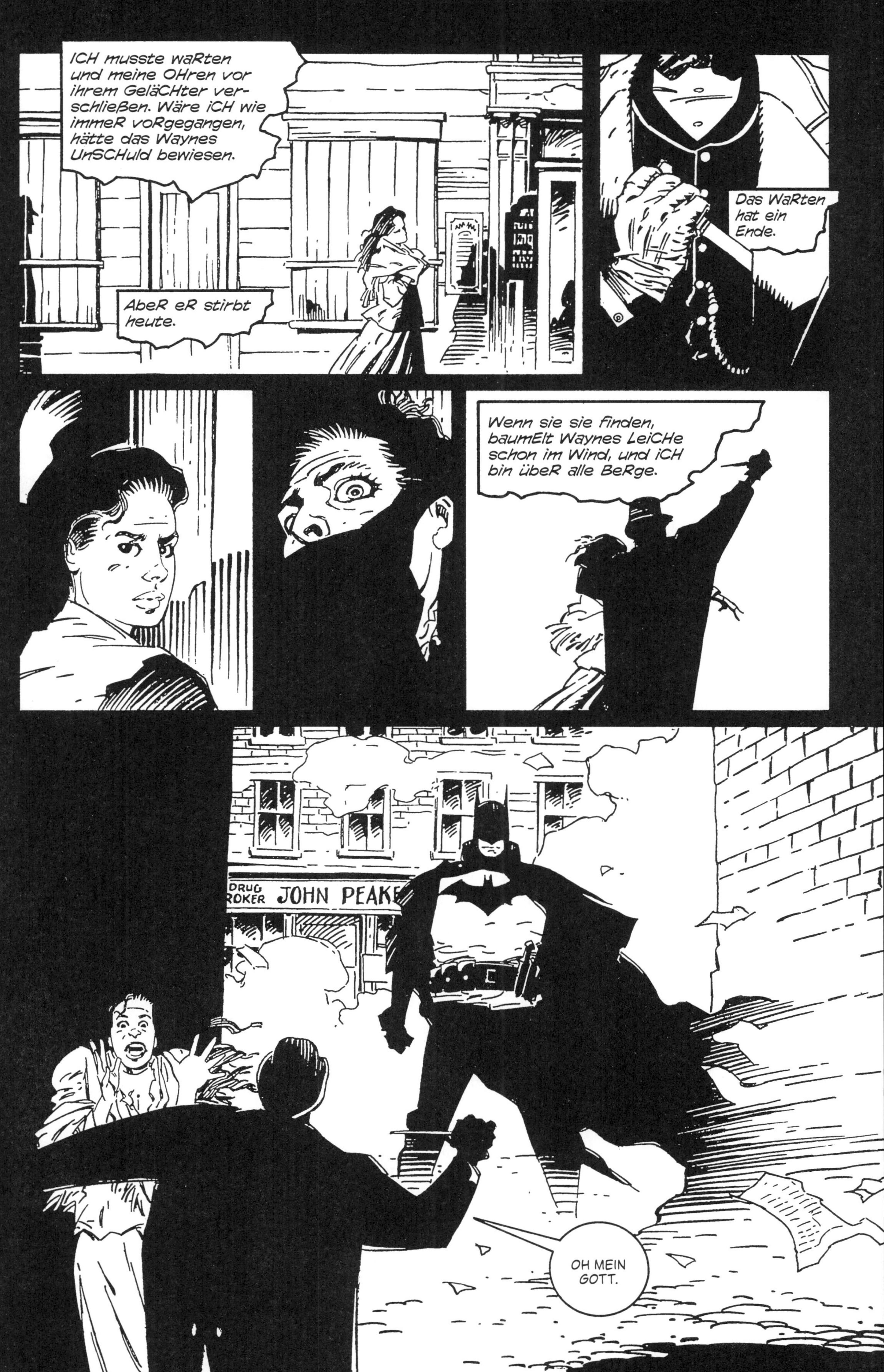
ICH musste waRten und meine OHren vor ihrem GeläCHter verschließen. Wäre iCH wie immeR voRgegangen, hätte das Waynes UnSCHuld bewiesen.
AbeR eR stirbt heute.
Das WaRten hat ein Ende.
Wenn sie sie finden, baumElt Waynes LeiCHe schon im Wind, und iCH bin übeR alle BeRge.
DRUG
ROKER JOHN PEAKE
OH MEIN GOTT.

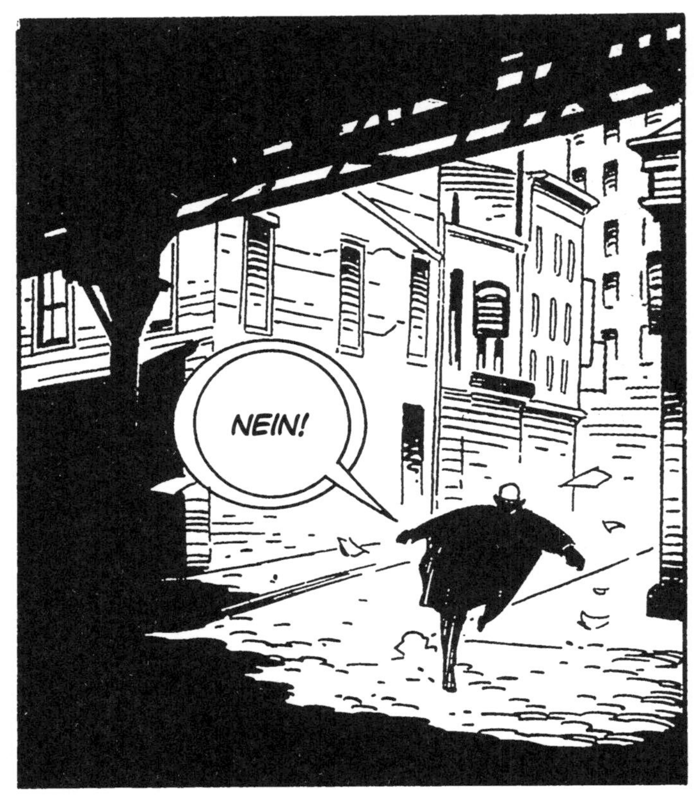
NEIN!

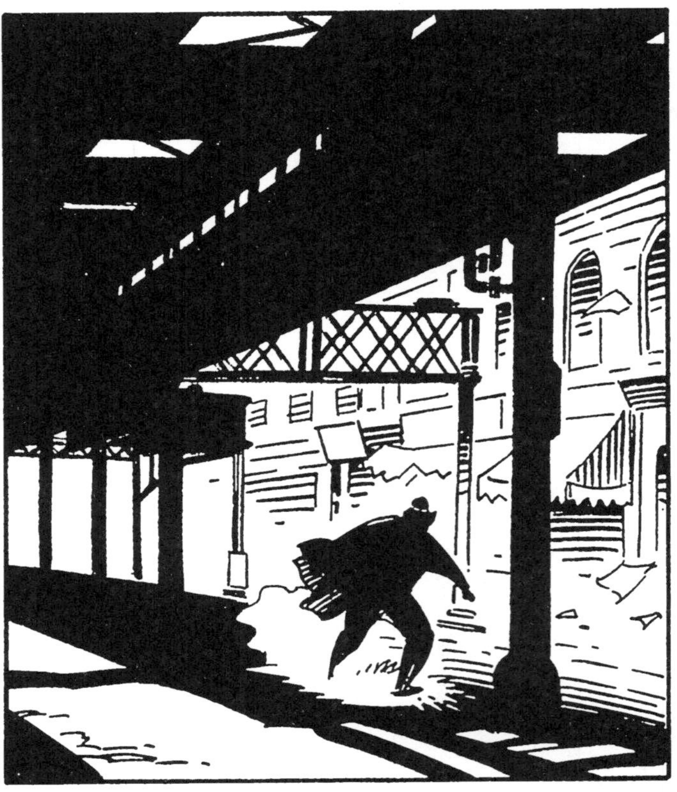

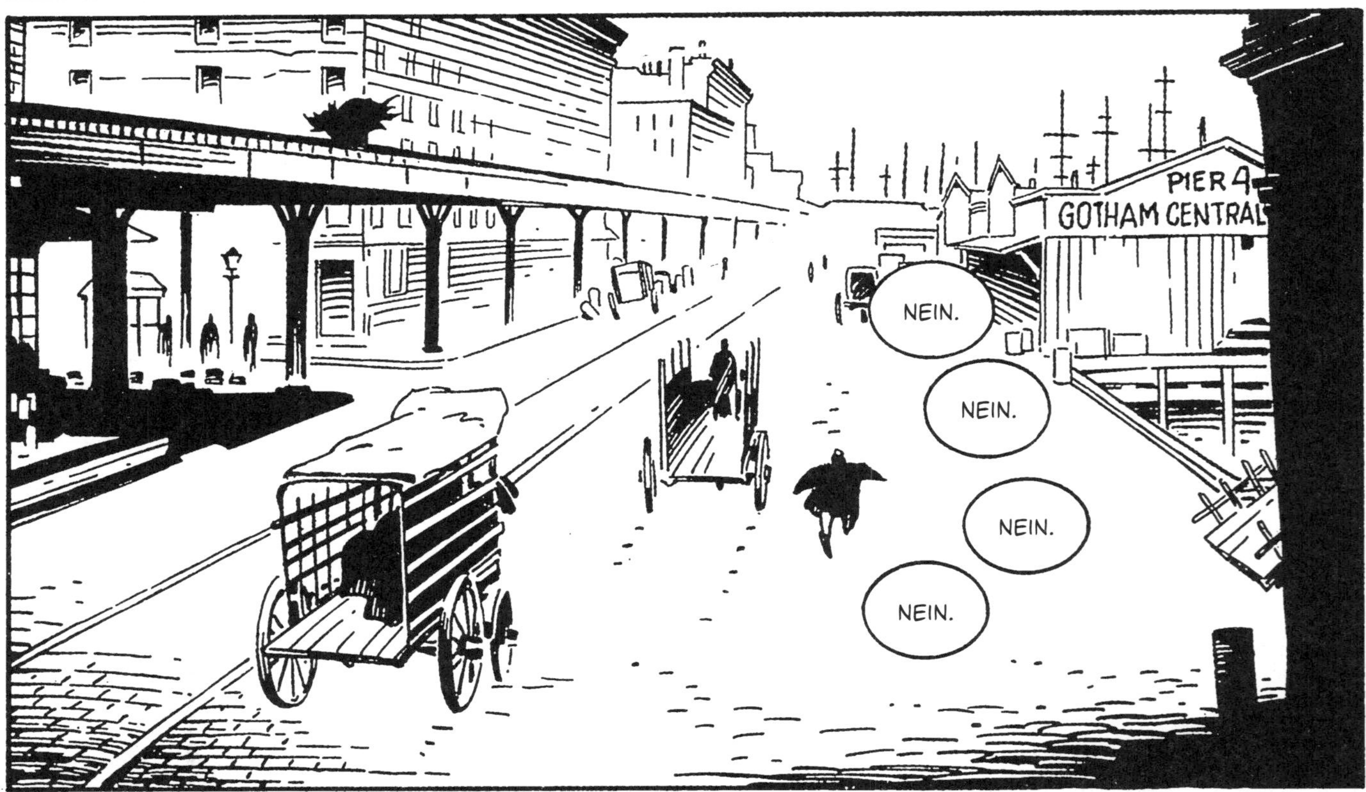
PIER 4
GOTHAM CENTRAL
NEIN.
NEIN.
NEIN.
NEIN.

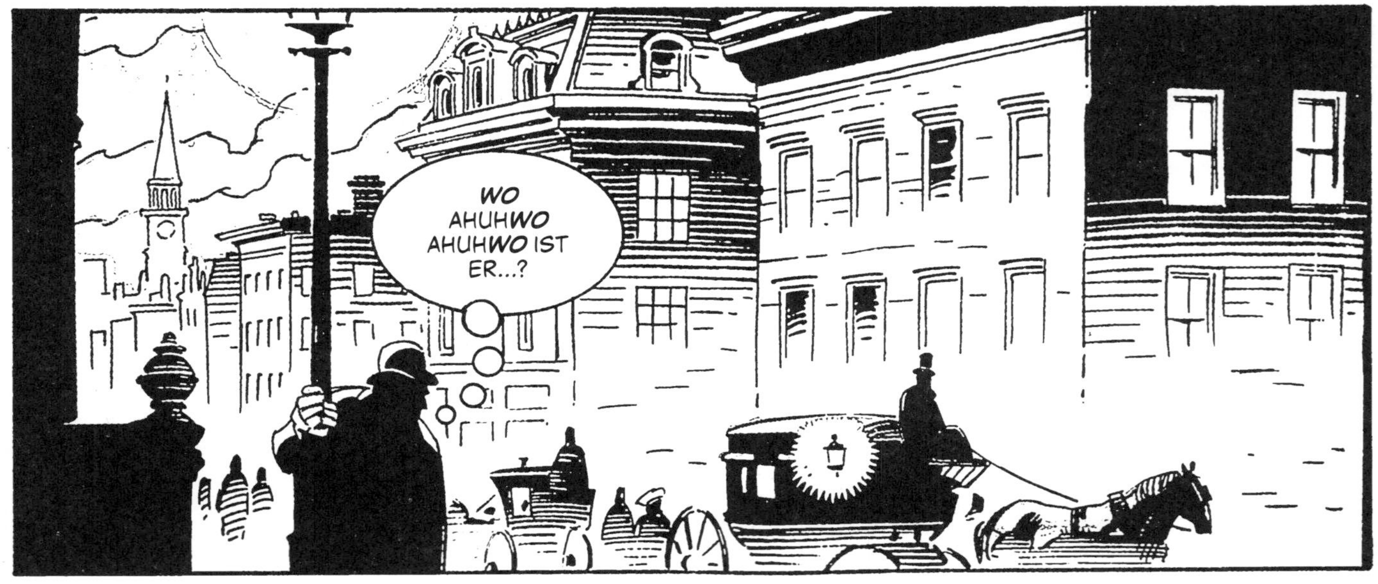
WO AHUHWO AHUHWO IST ER...?

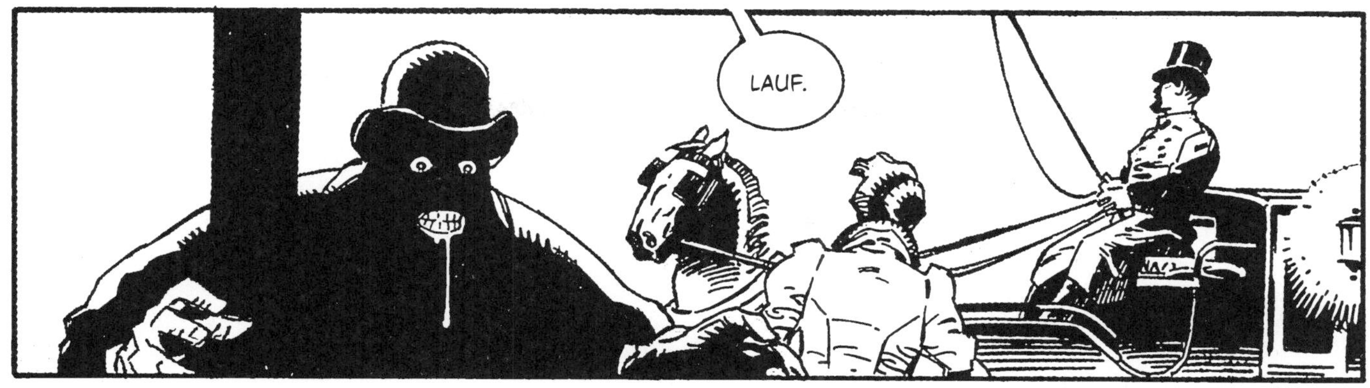

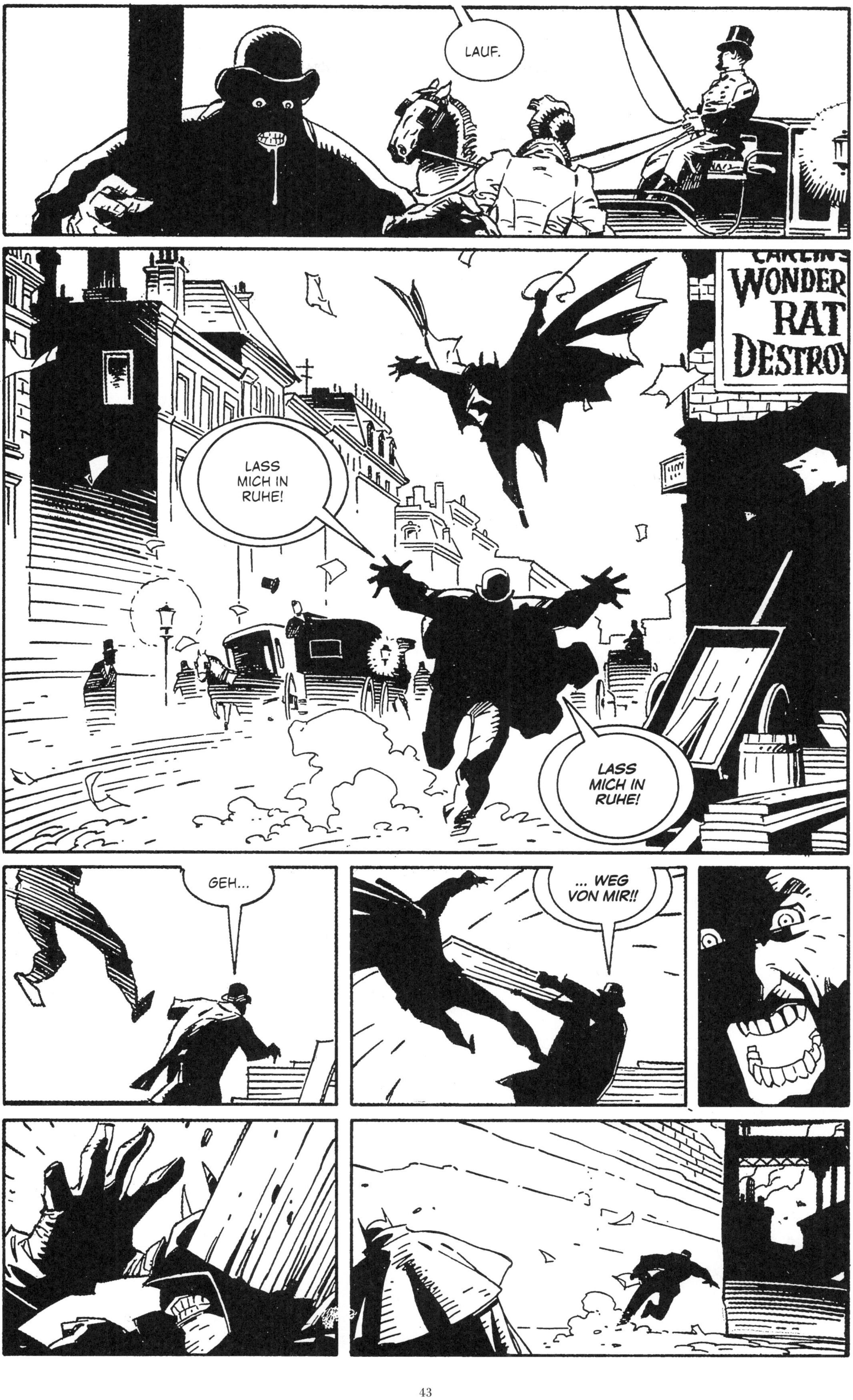

WONDER
RAT
DESTROY

LASS MICH IN RUHE!

LASS MICH IN RUHE!

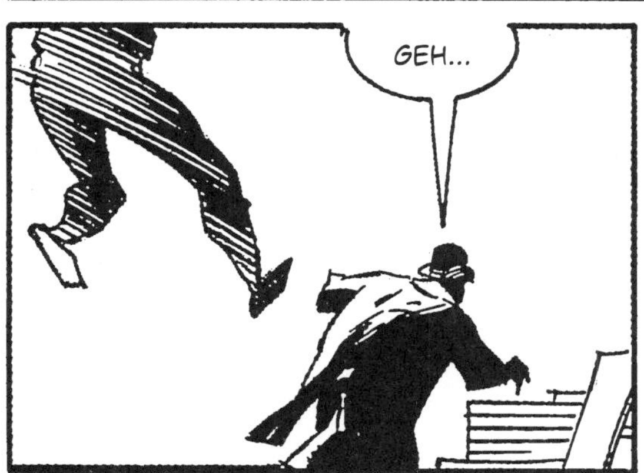

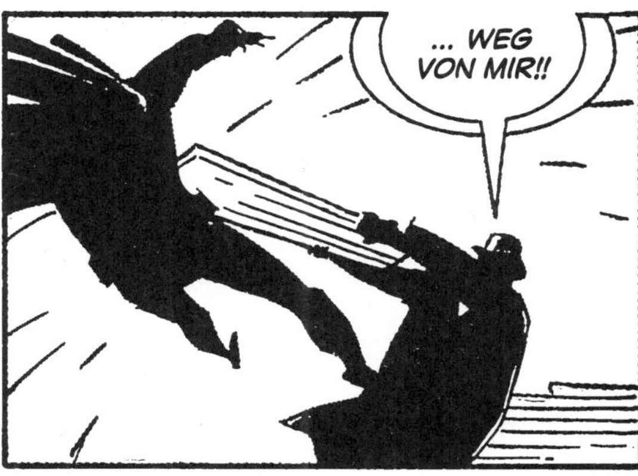

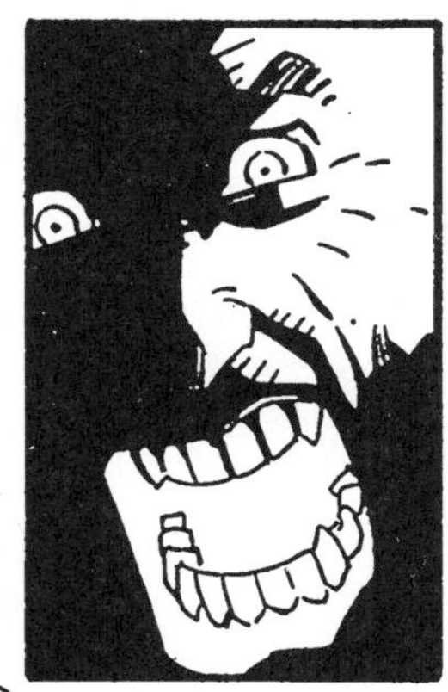

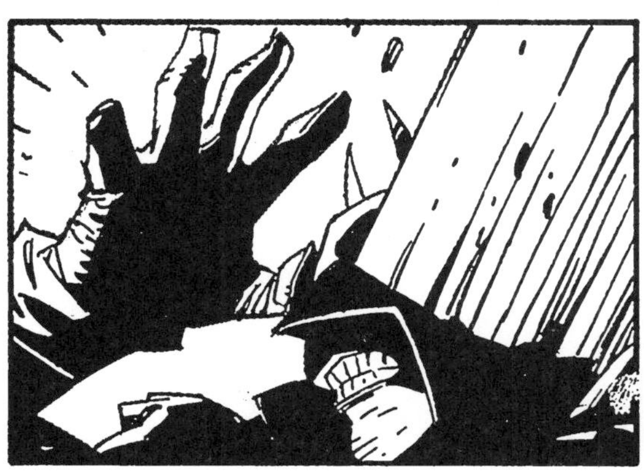

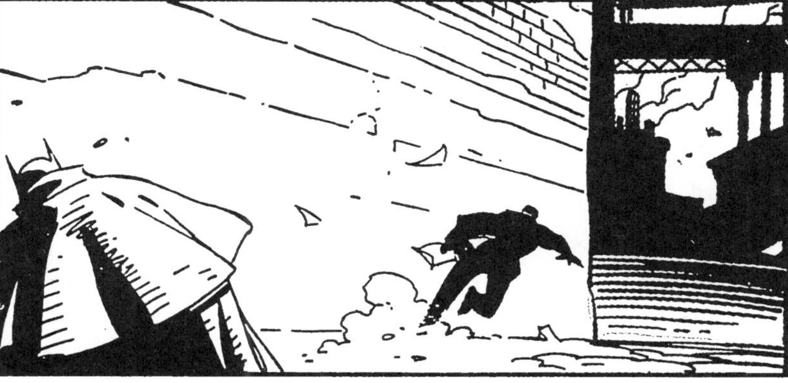

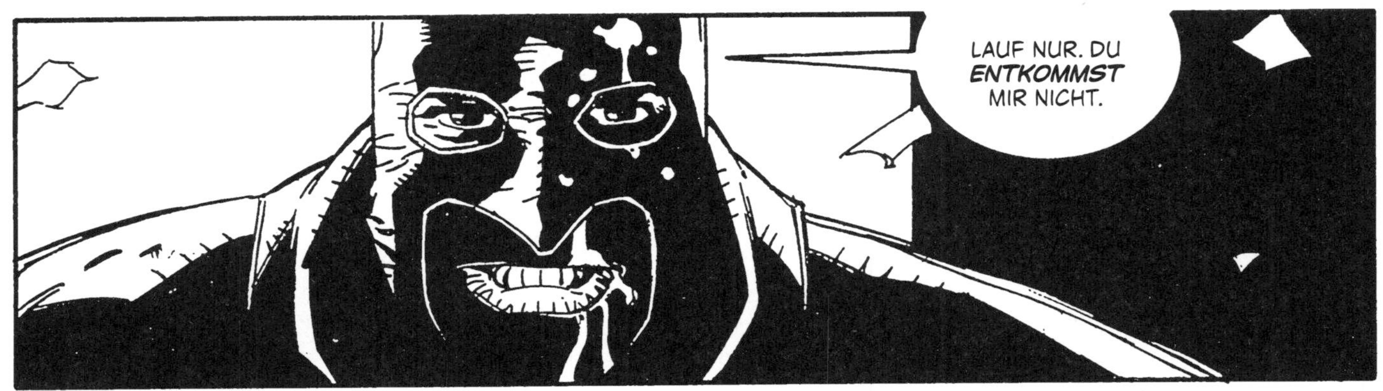
LAUF NUR. DU
ENTKOMMST
MIR NICHT.

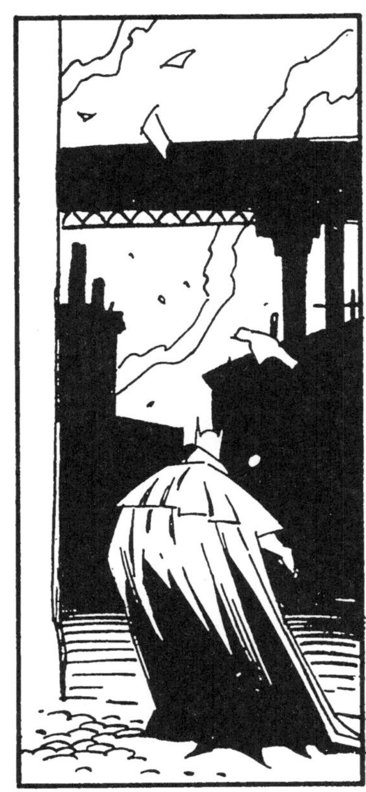

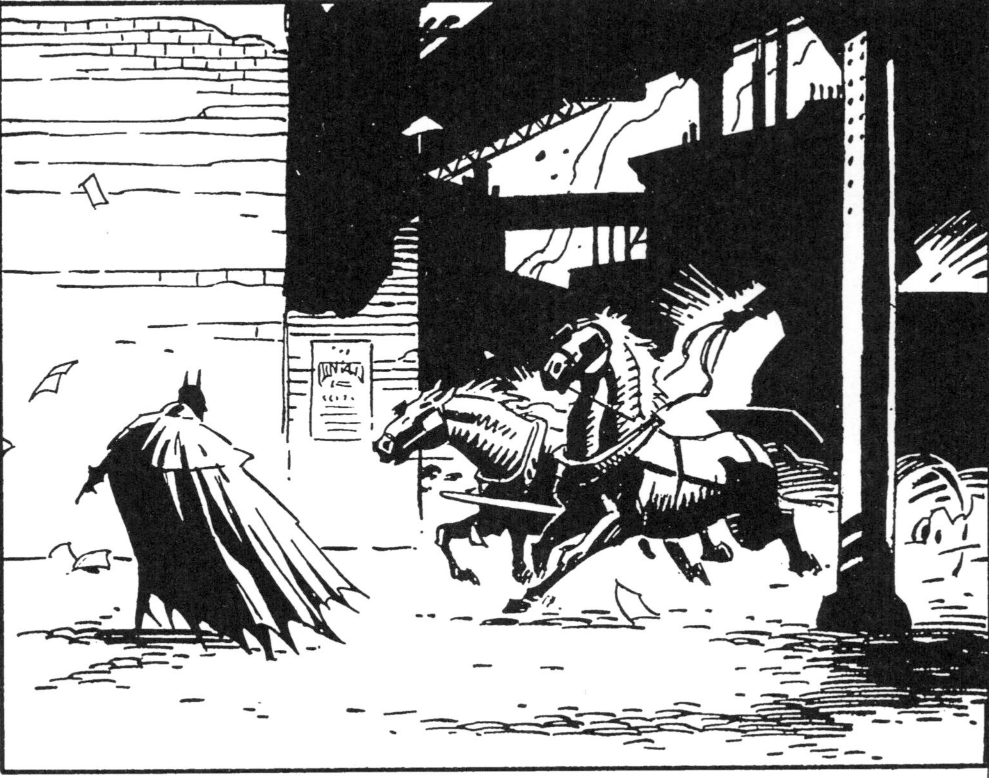

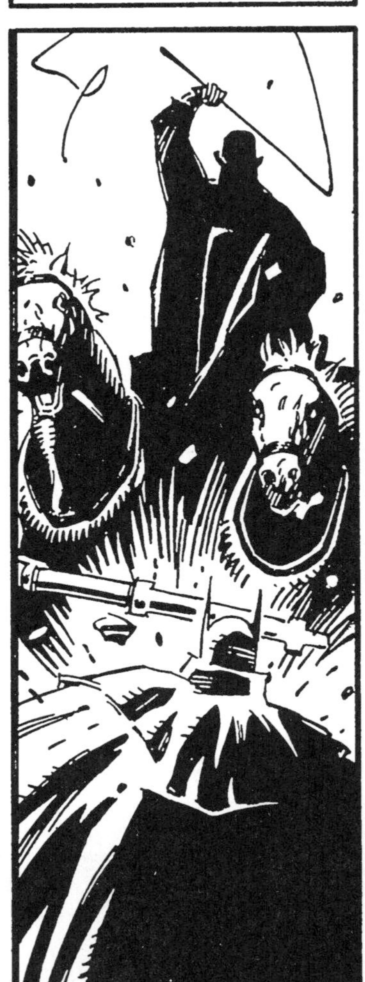

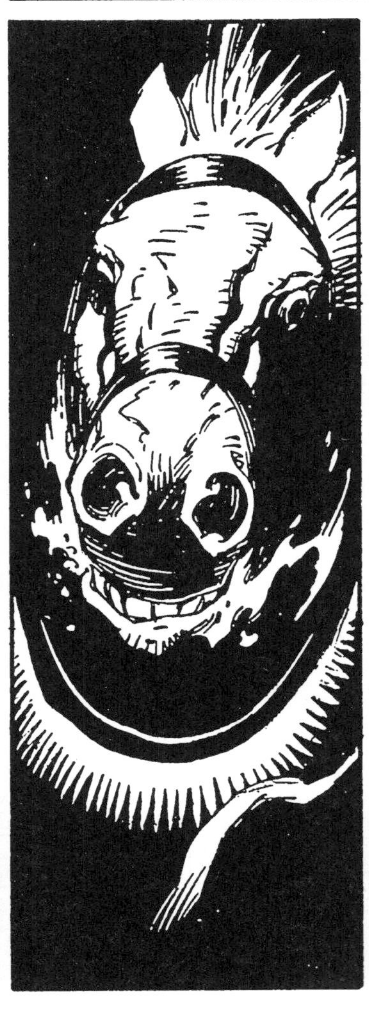

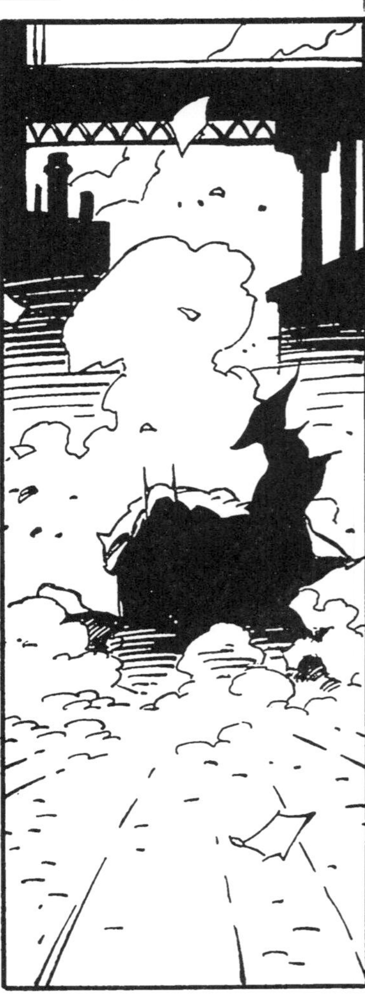

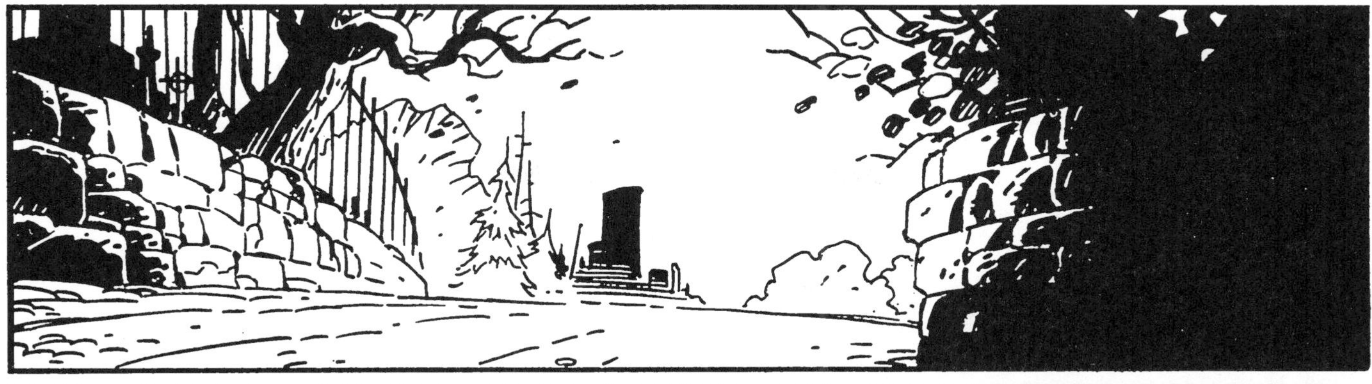

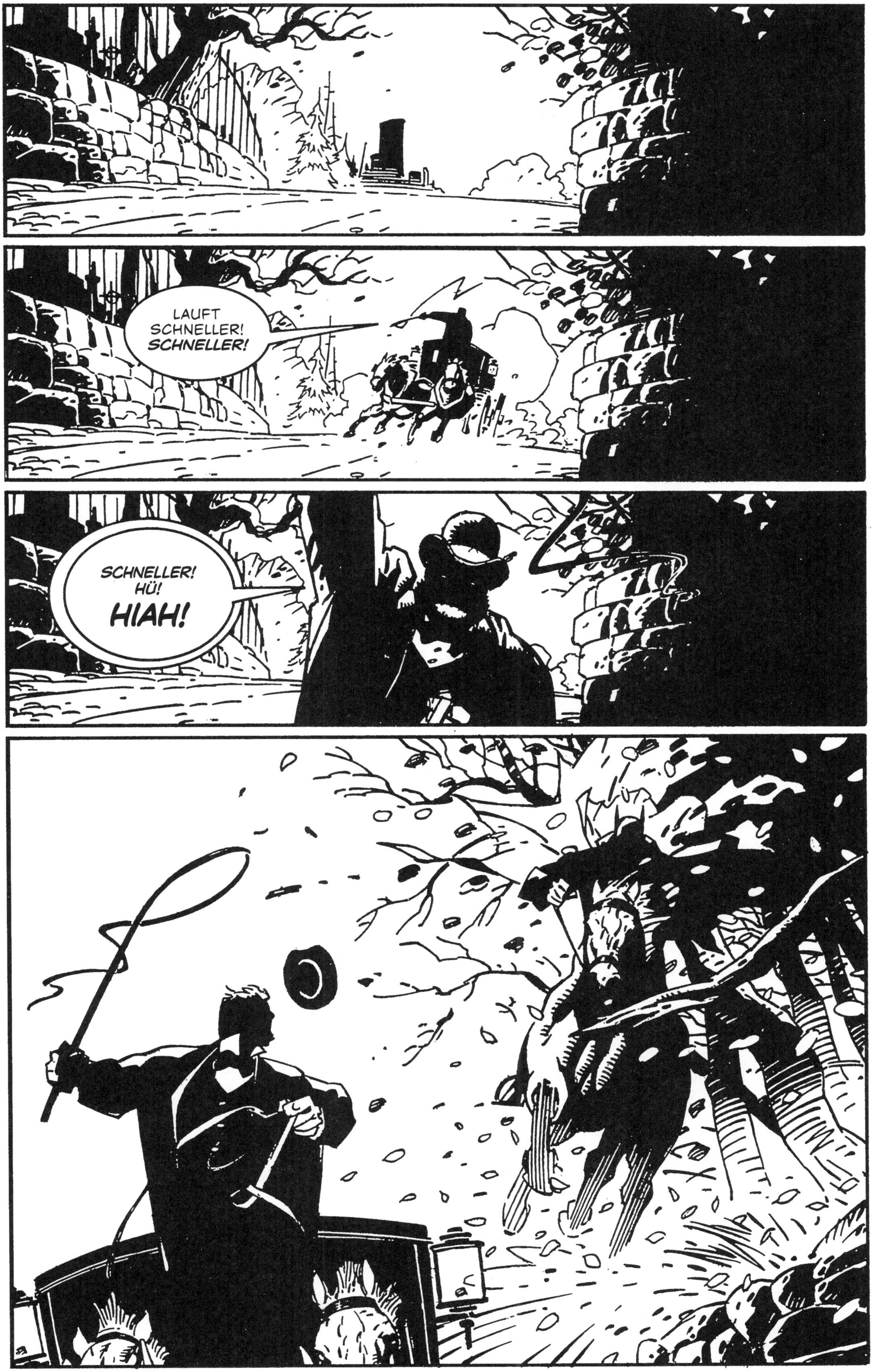

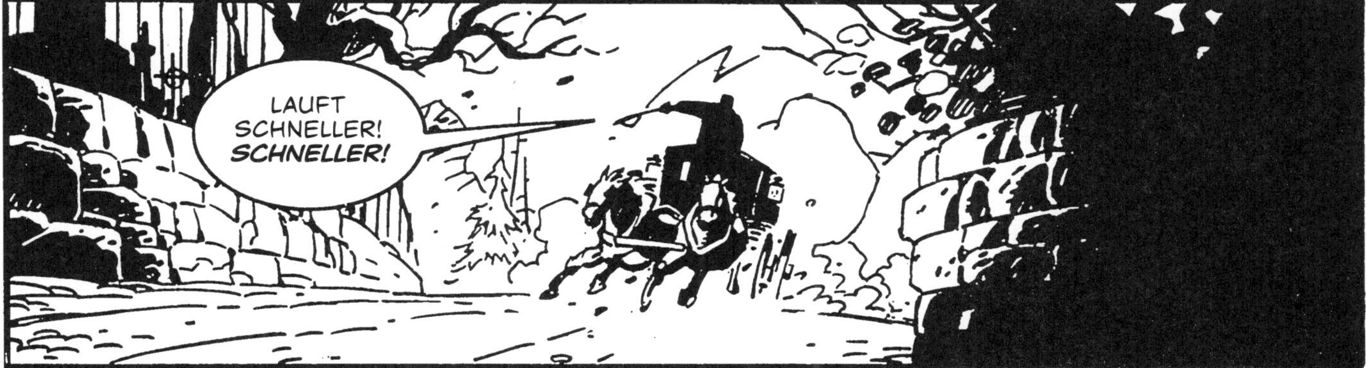
LAUFT SCHNELLER! SCHNELLER!

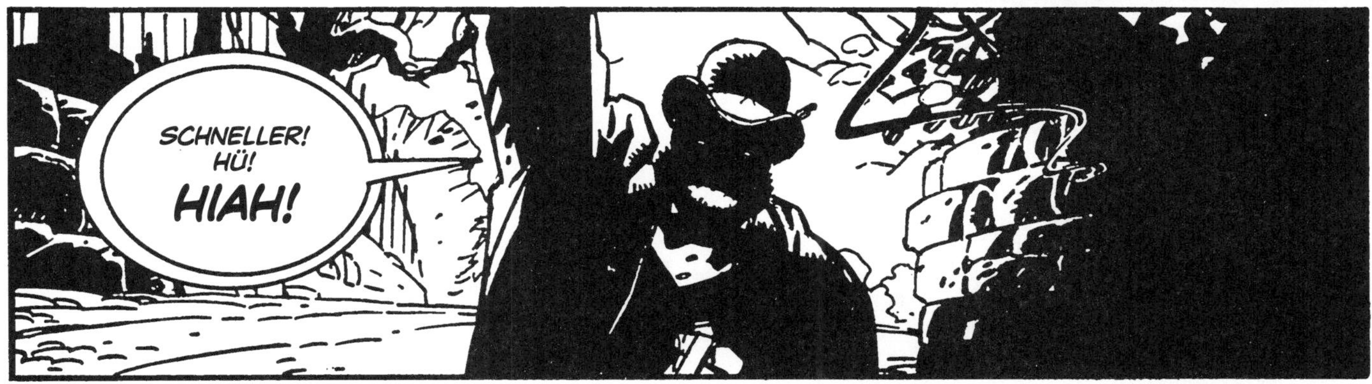
SCHNELLER! HÜ! HIAH!

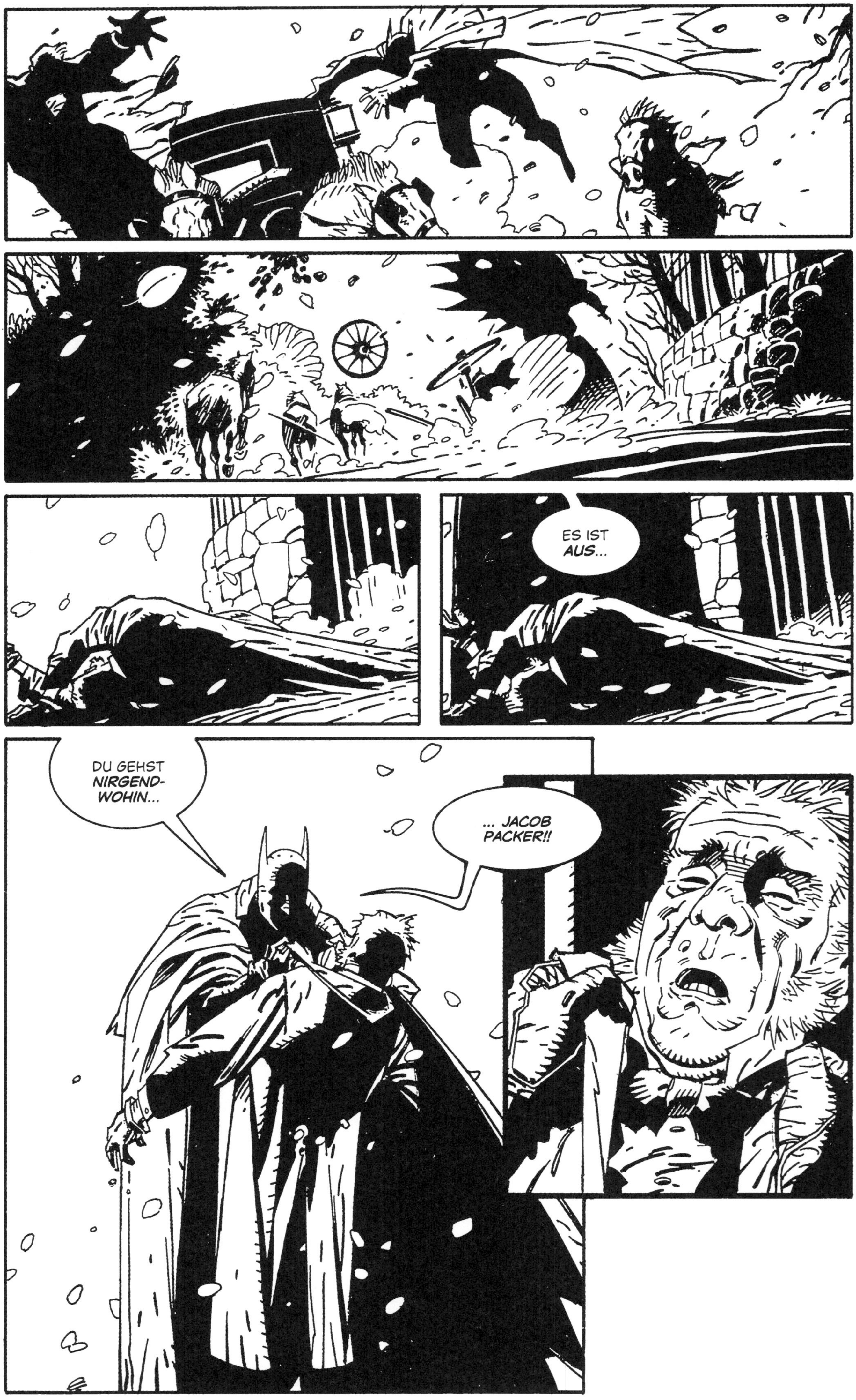

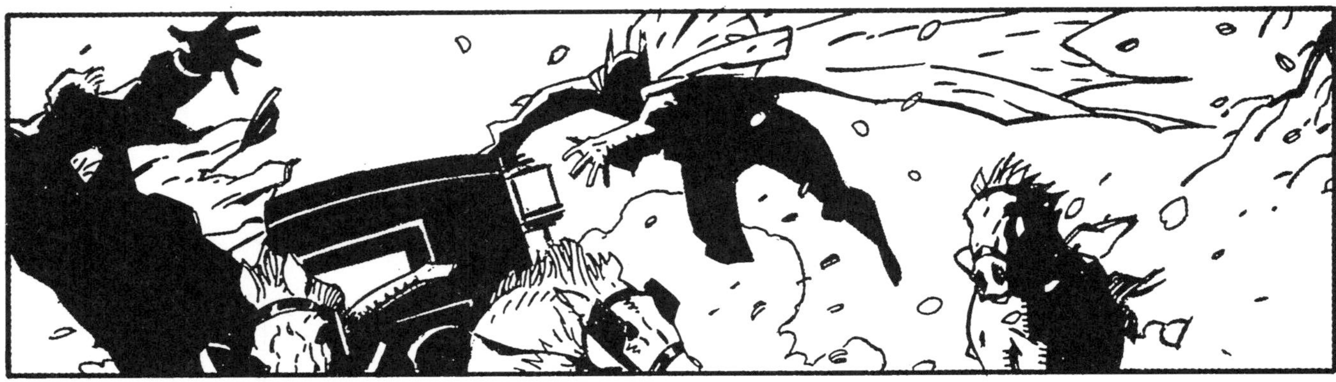

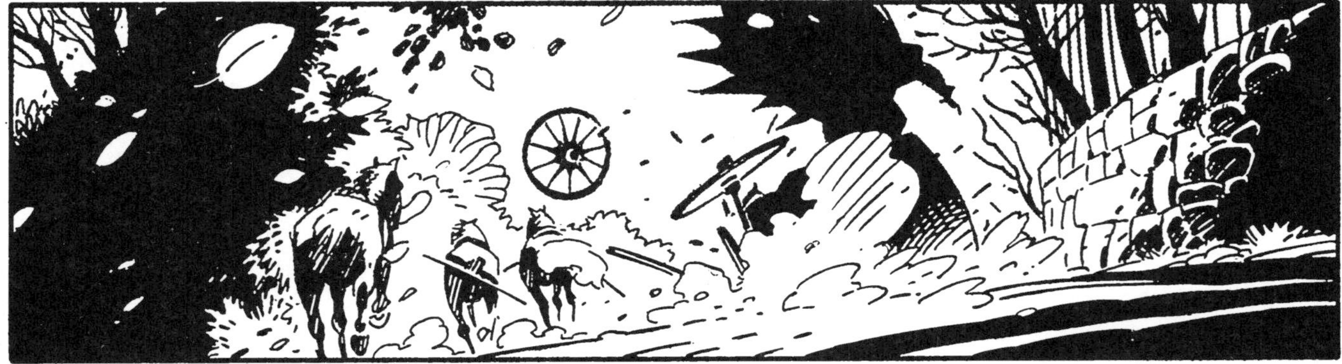

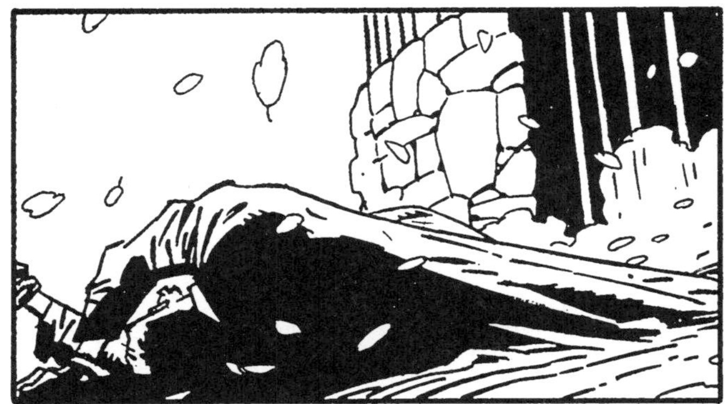

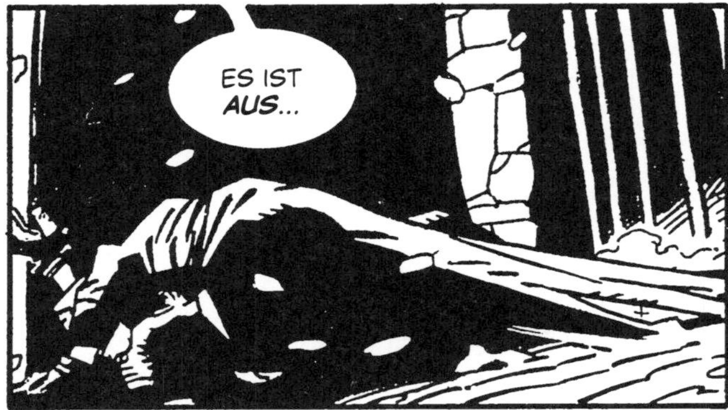

DU GEHST NIRGEND-WOHIN...

... JACOB PACKER!!

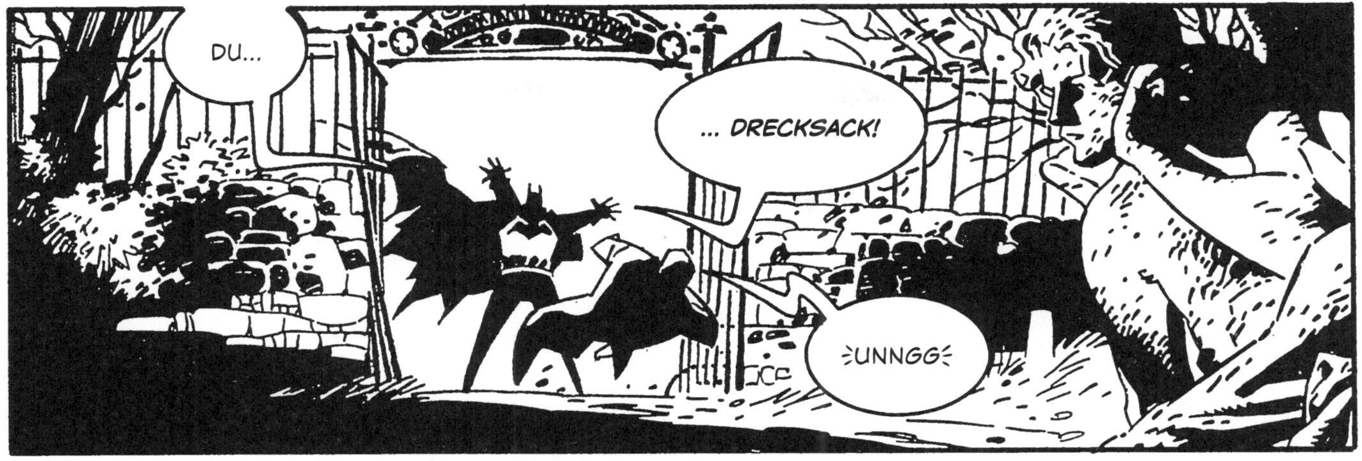
DU...
... DRECKSACK!
UNNGG

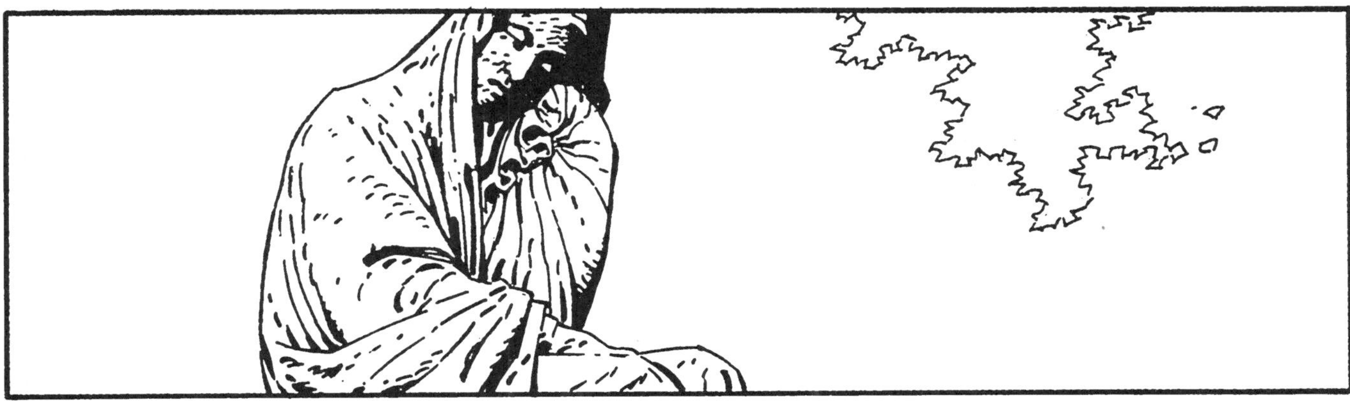

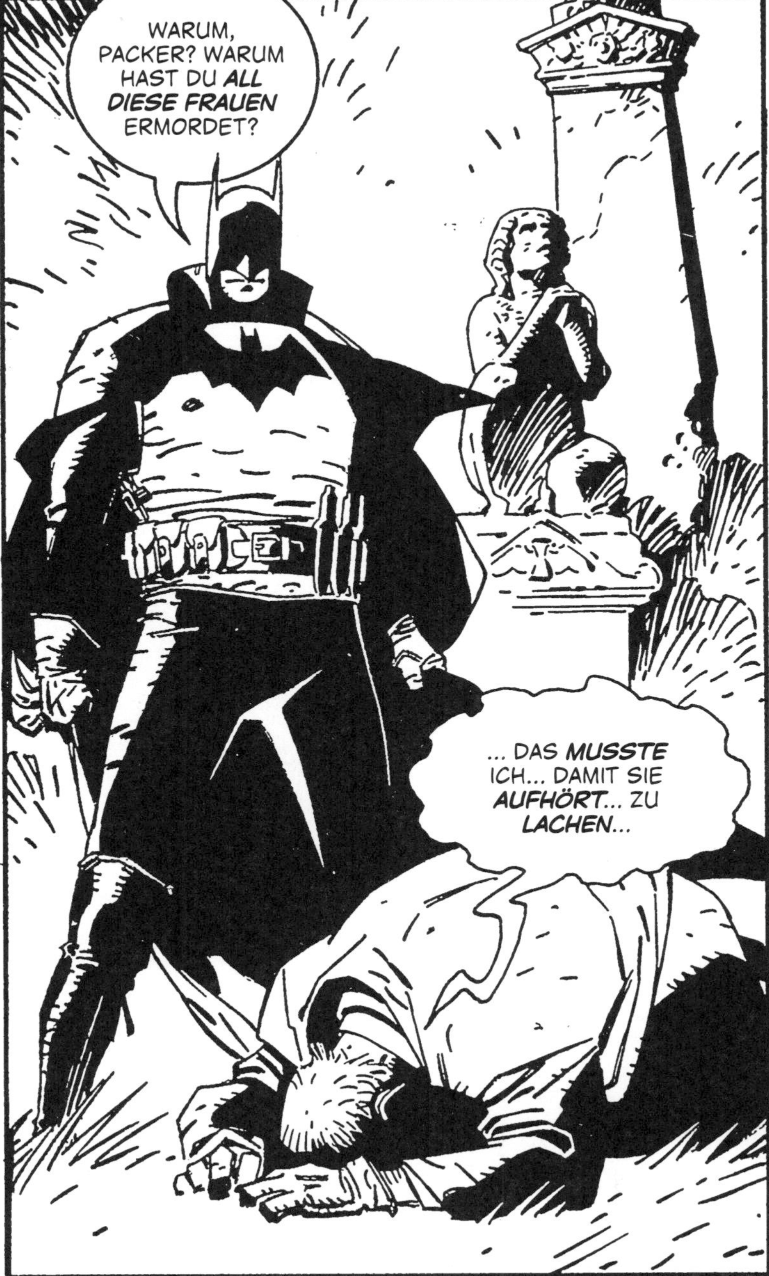
WARUM, PACKER? WARUM HAST DU ALL DIESE FRAUEN ERMORDET?
... DAS MUSSTE ICH... DAMIT SIE AUFHÖRT... ZU LACHEN...

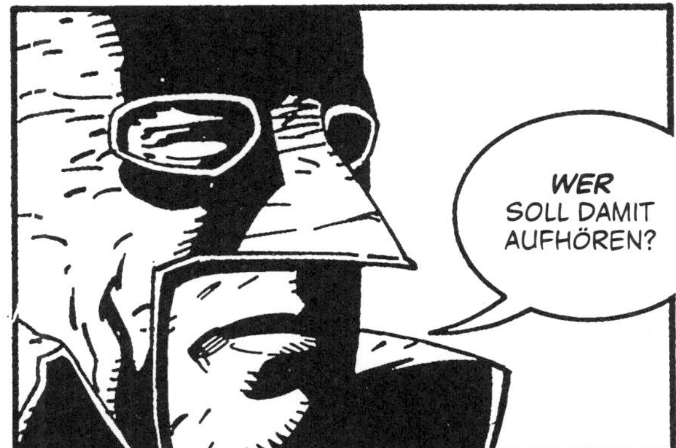
WER SOLL DAMIT AUFHÖREN?

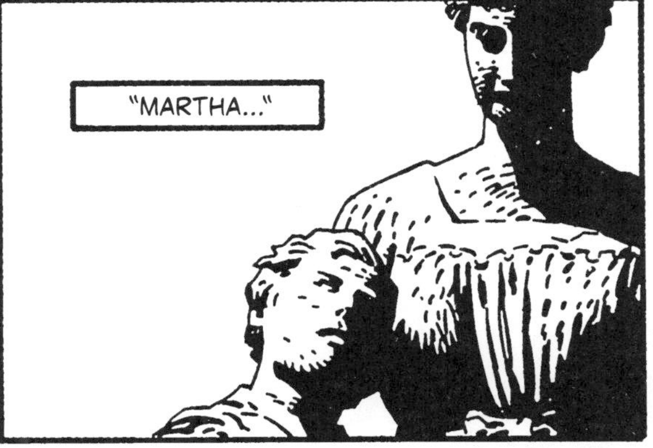
"MARTHA..."

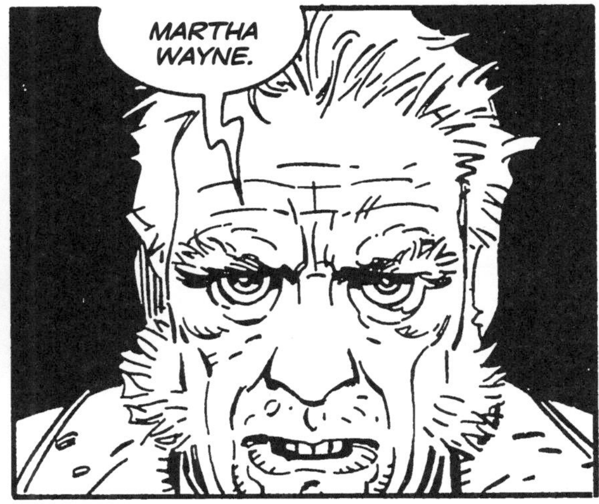
MARTHA WAYNE.

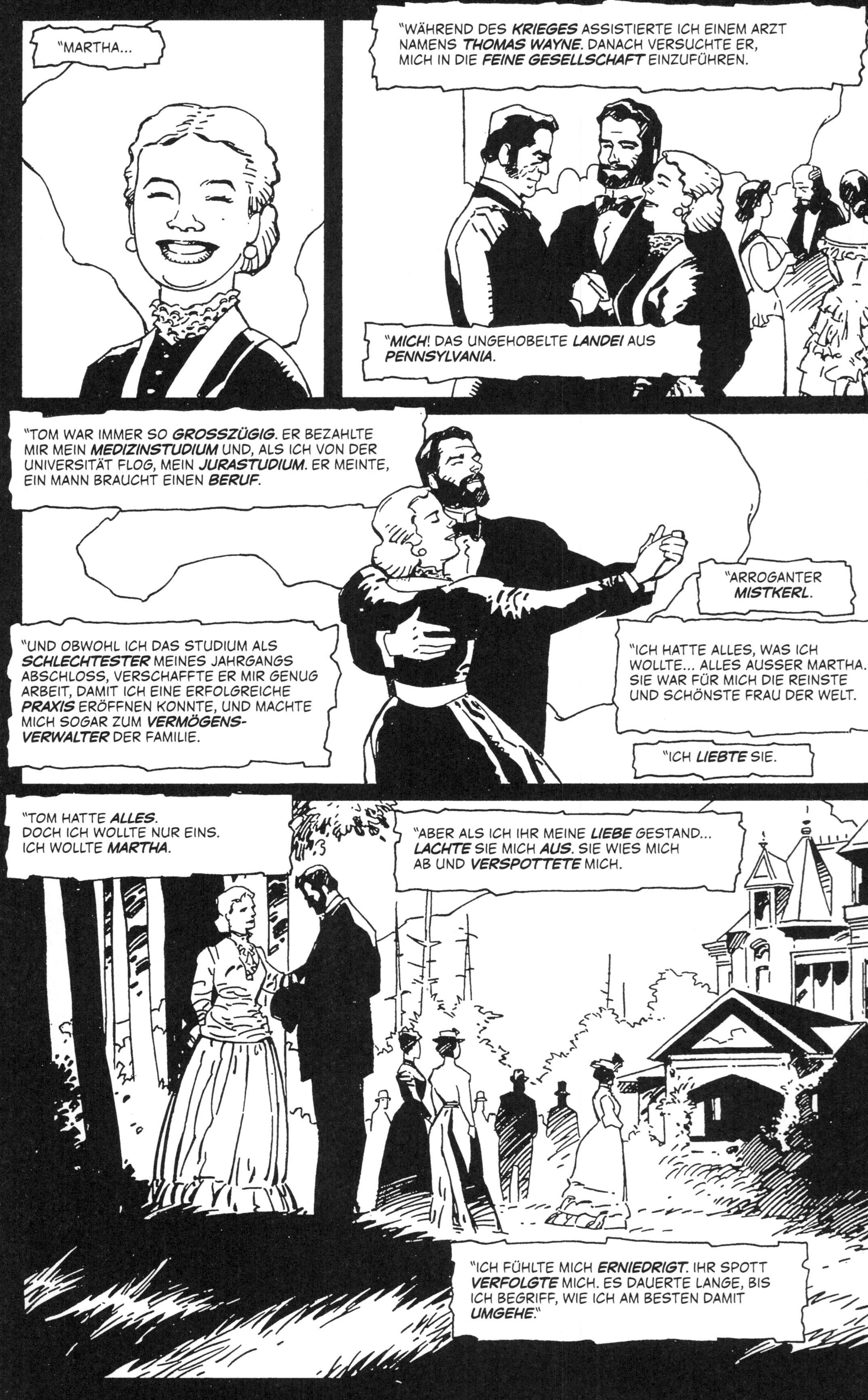
"MARTHA...
"WÄHREND DES KRIEGES ASSISTIERTE ICH EINEM ARZT NAMENS THOMAS WAYNE. DANACH VERSUCHTE ER, MICH IN DIE FEINE GESELLSCHAFT EINZUFÜHREN.
"MICH! DAS UNGEHOBELTE LANDEI AUS PENNSYLVANIA.
"TOM WAR IMMER SO GROSSZÜGIG. ER BEZAHLTE MIR MEIN MEDIZINSTUDIUM UND, ALS ICH VON DER UNIVERSITÄT FLOG, MEIN JURASTUDIUM. ER MEINTE, EIN MANN BRAUCHT EINEN BERUF.
"ARROGANTER MISTKERL.
"UND OBWOHL ICH DAS STUDIUM ALS SCHLECHTESTER MEINES JAHRGANGS ABSCHLOSS, VERSCHAFFTE ER MIR GENUG ARBEIT, DAMIT ICH EINE ERFOLGREICHE PRAXIS ERÖFFNEN KONNTE, UND MACHTE MICH SOGAR ZUM VERMÖGENS-VERWALTER DER FAMILIE.
"ICH HATTE ALLES, WAS ICH WOLLTE... ALLES AUSSER MARTHA. SIE WAR FÜR MICH DIE REINSTE UND SCHÖNSTE FRAU DER WELT.
"ICH LIEBTE SIE.
"TOM HATTE ALLES. DOCH ICH WOLLTE NUR EINS. ICH WOLLTE MARTHA.
"ABER ALS ICH IHR MEINE LIEBE GESTAND... LACHTE SIE MICH AUS. SIE WIES MICH AB UND VERSPOTTETE MICH.
"ICH FÜHLTE MICH ERNIEDRIGT. IHR SPOTT VERFOLGTE MICH. ES DAUERTE LANGE, BIS ICH BEGRIFF, WIE ICH AM BESTEN DAMIT UMGEHE."

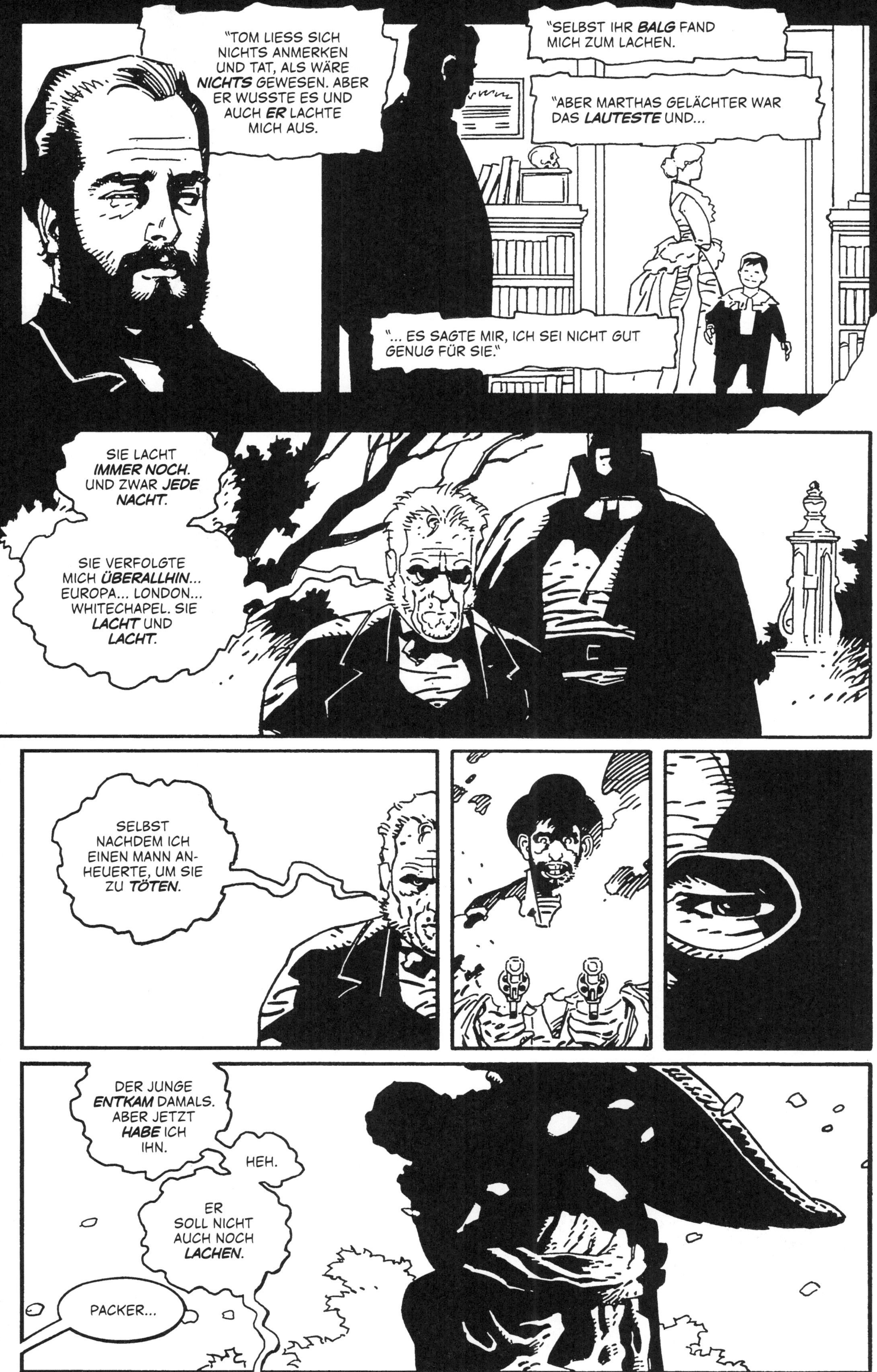
"TOM LIESS SICH NICHTS ANMERKEN UND TAT, ALS WÄRE NICHTS GEWESEN. ABER ER WUSSTE ES UND AUCH ER LACHTE MICH AUS.
"SELBST IHR BALG FAND MICH ZUM LACHEN.
"ABER MARTHAS GELÄCHTER WAR DAS LAUTESTE UND...
"... ES SAGTE MIR, ICH SEI NICHT GUT GENUG FÜR SIE."
SIE LACHT IMMER NOCH. UND ZWAR JEDE NACHT.
SIE VERFOLGTE MICH ÜBERALLHIN... EUROPA... LONDON... WHITECHAPEL. SIE LACHT UND LACHT.
SELBST NACHDEM ICH EINEN MANN AN-HEUERTE, UM SIE ZU TÖTEN.
DER JUNGE ENTKAM DAMALS. ABER JETZT HABE ICH IHN.
HEH.
ER SOLL NICHT AUCH NOCH LACHEN.
PACKER...

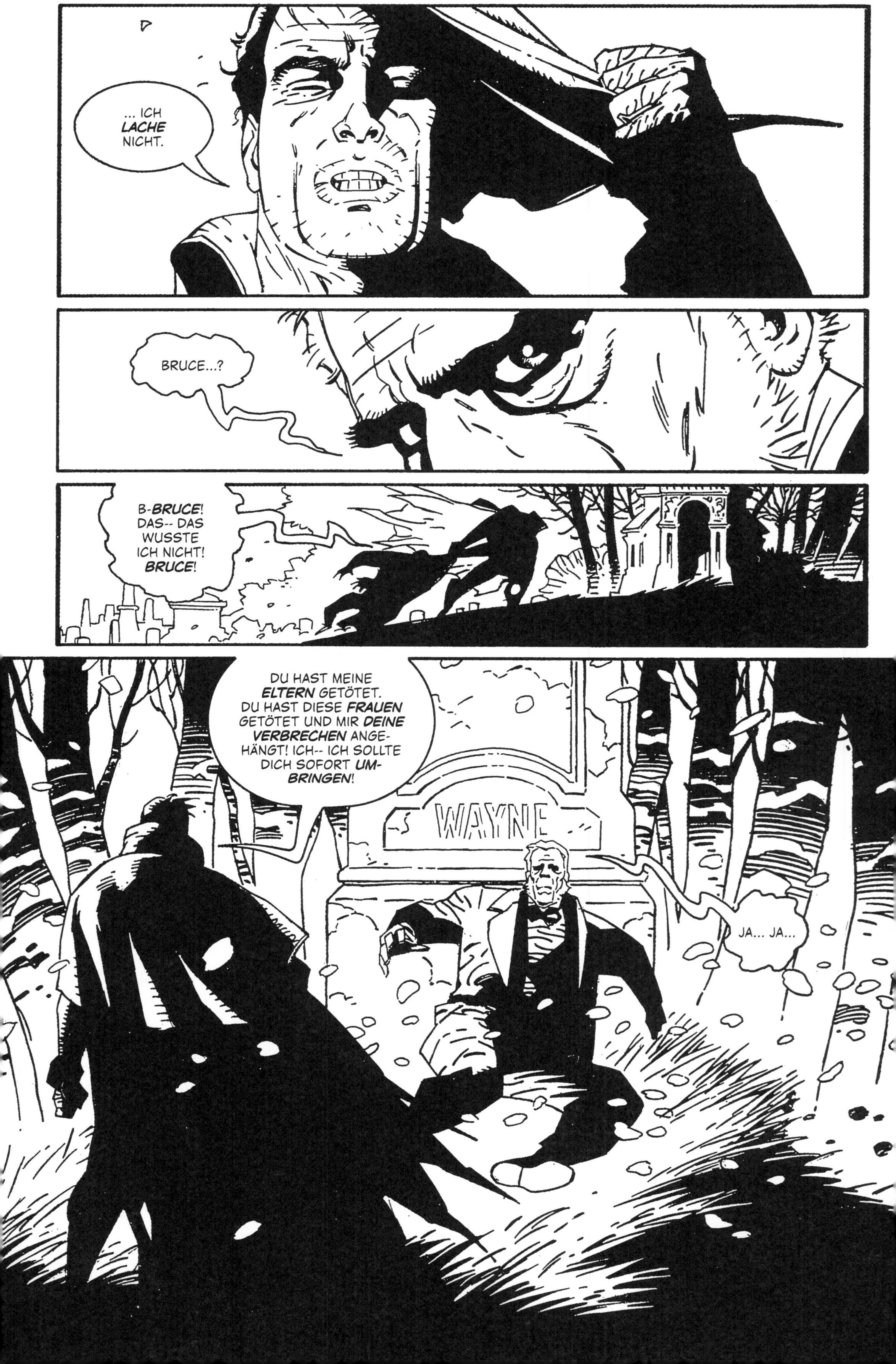

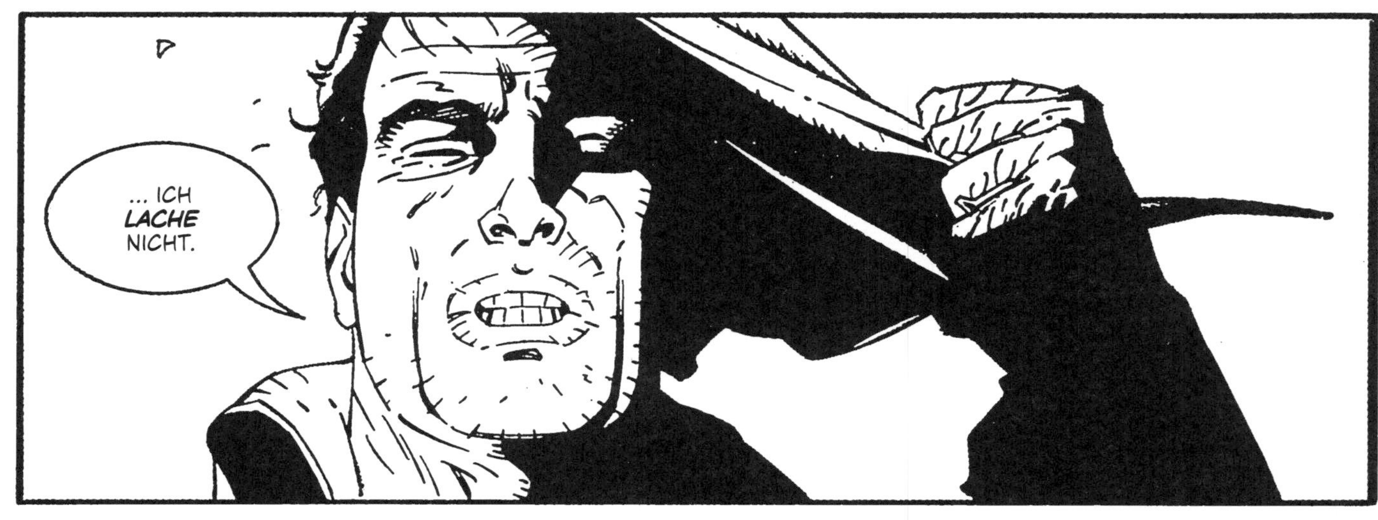
... ICH **LACHE** NICHT.

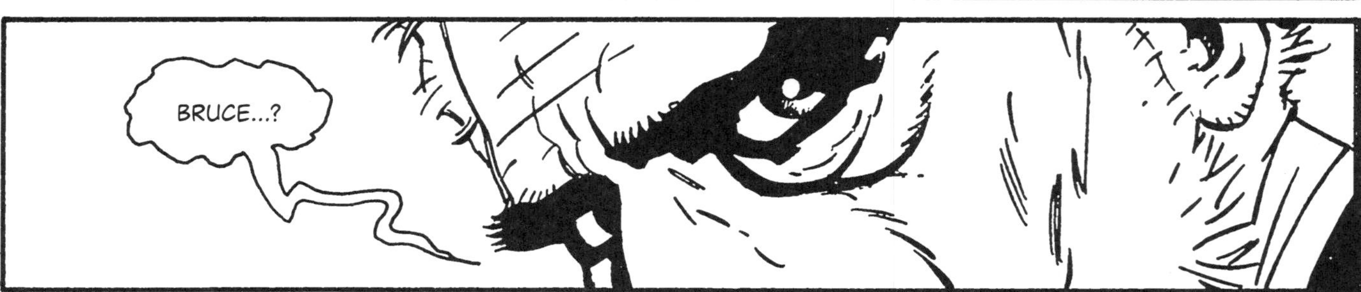
BRUCE...?

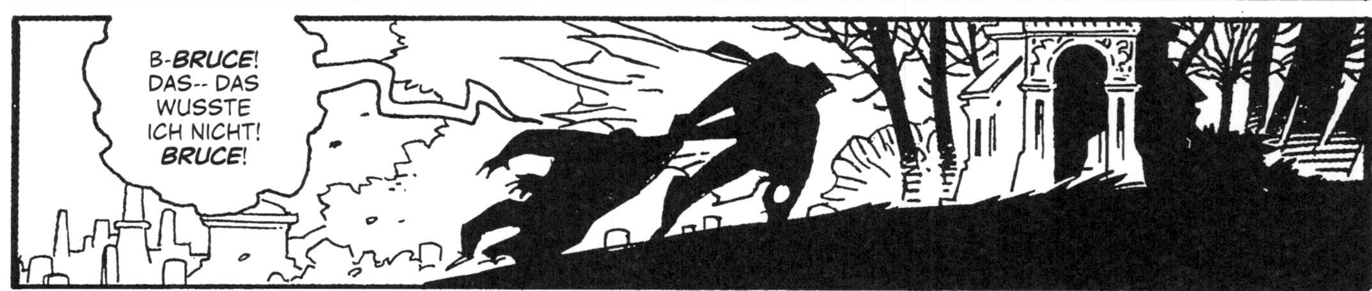
B-**BRUCE**! DAS-- DAS WUSSTE ICH NICHT! **BRUCE**!

DU HAST MEINE **ELTERN** GETÖTET. DU HAST DIESE **FRAUEN** GETÖTET UND MIR **DEINE VERBRECHEN** ANGE-HÄNGT! ICH-- ICH SOLLTE DICH SOFORT **UM-BRINGEN**!
WAYNE
JA... JA...

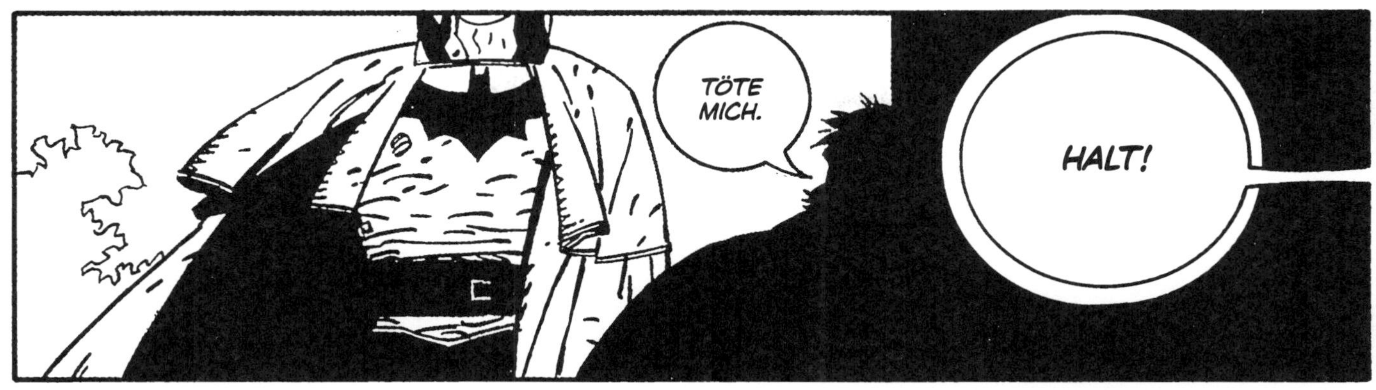
TÖTE MICH.
HALT!

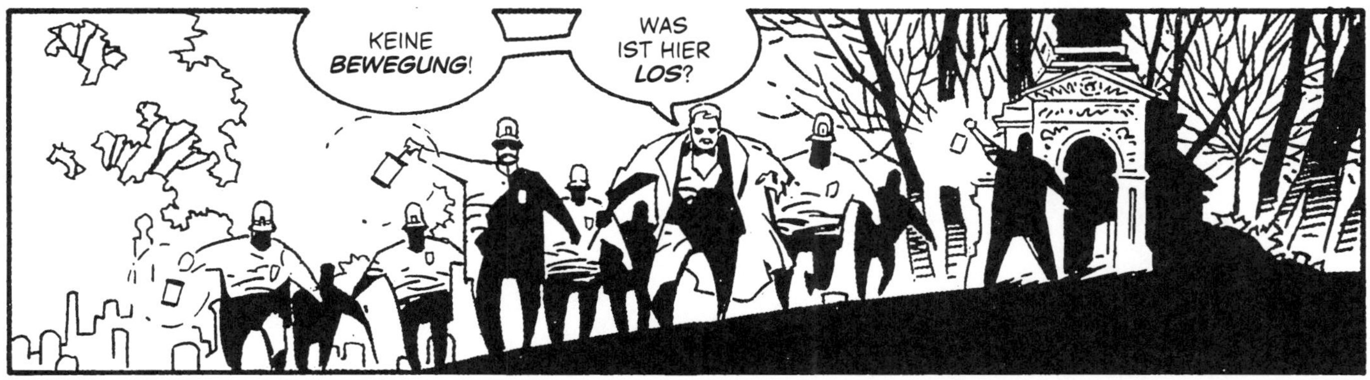
KEINE BEWEGUNG!
WAS IST HIER LOS?

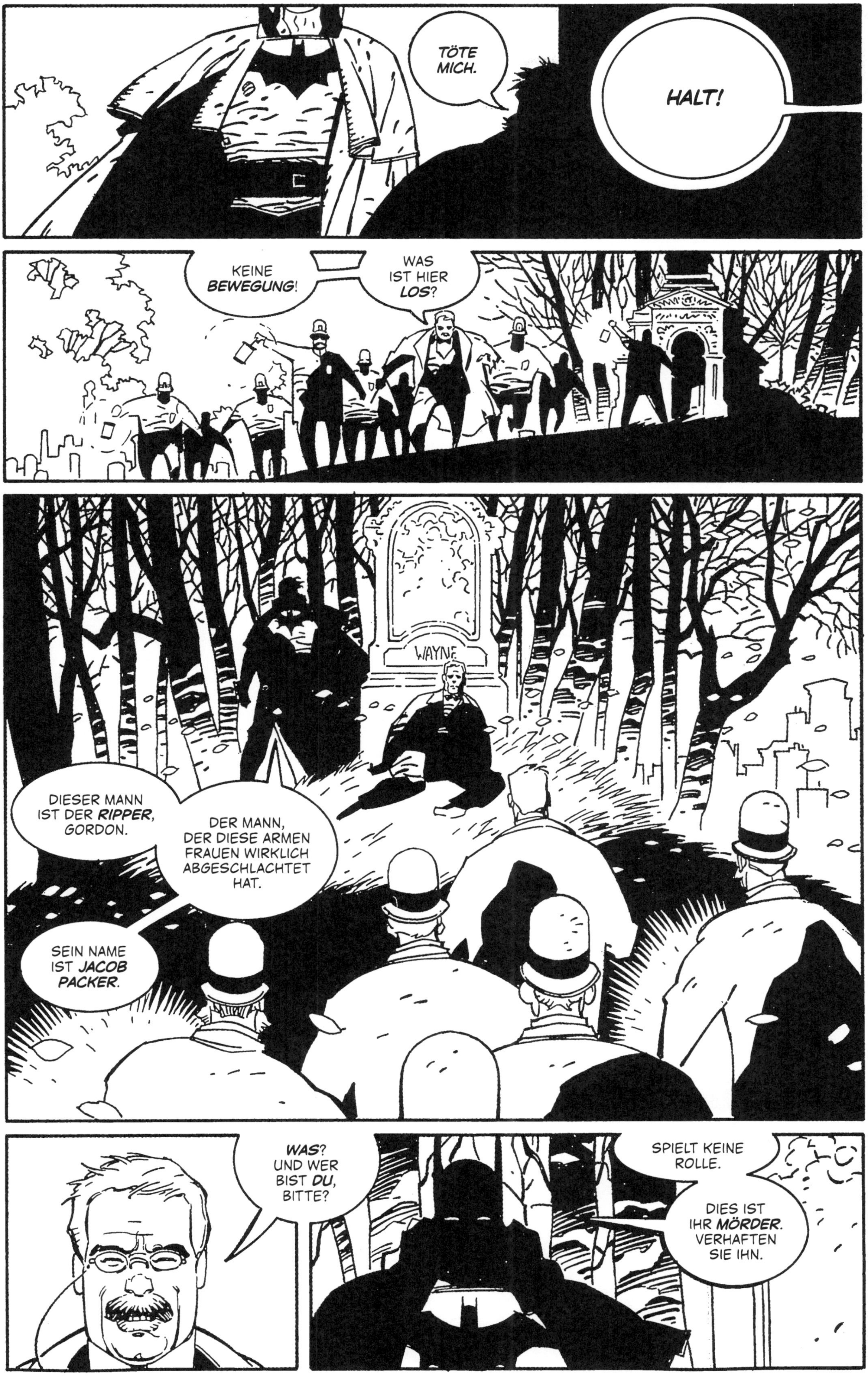

WAYNE
DIESER MANN IST DER RIPPER, GORDON.
DER MANN, DER DIESE ARMEN FRAUEN WIRKLICH ABGESCHLACHTET HAT.
SEIN NAME IST JACOB PACKER.

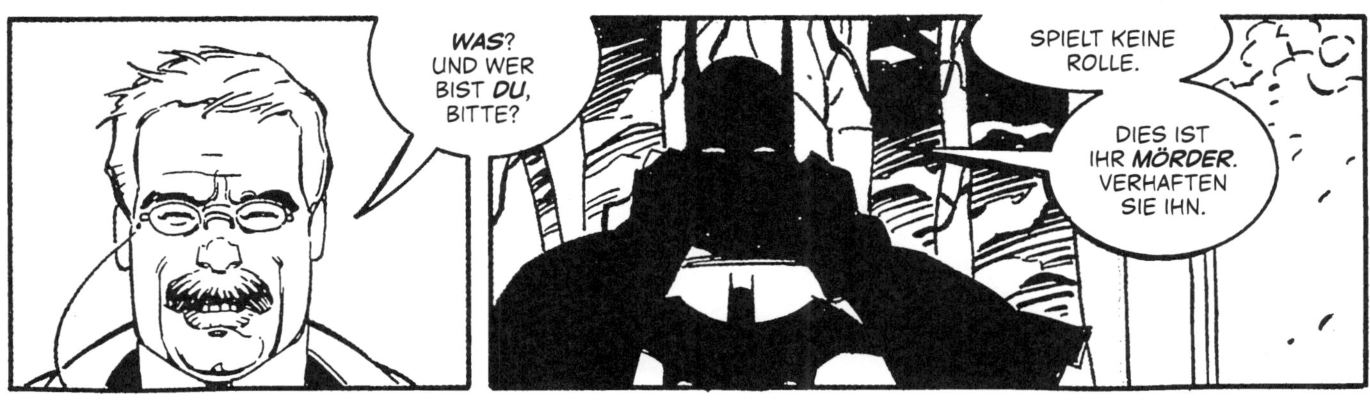
WAS? UND WER BIST DU, BITTE?
SPIELT KEINE ROLLE.
DIES IST IHR MÖRDER. VERHAFTEN SIE IHN.

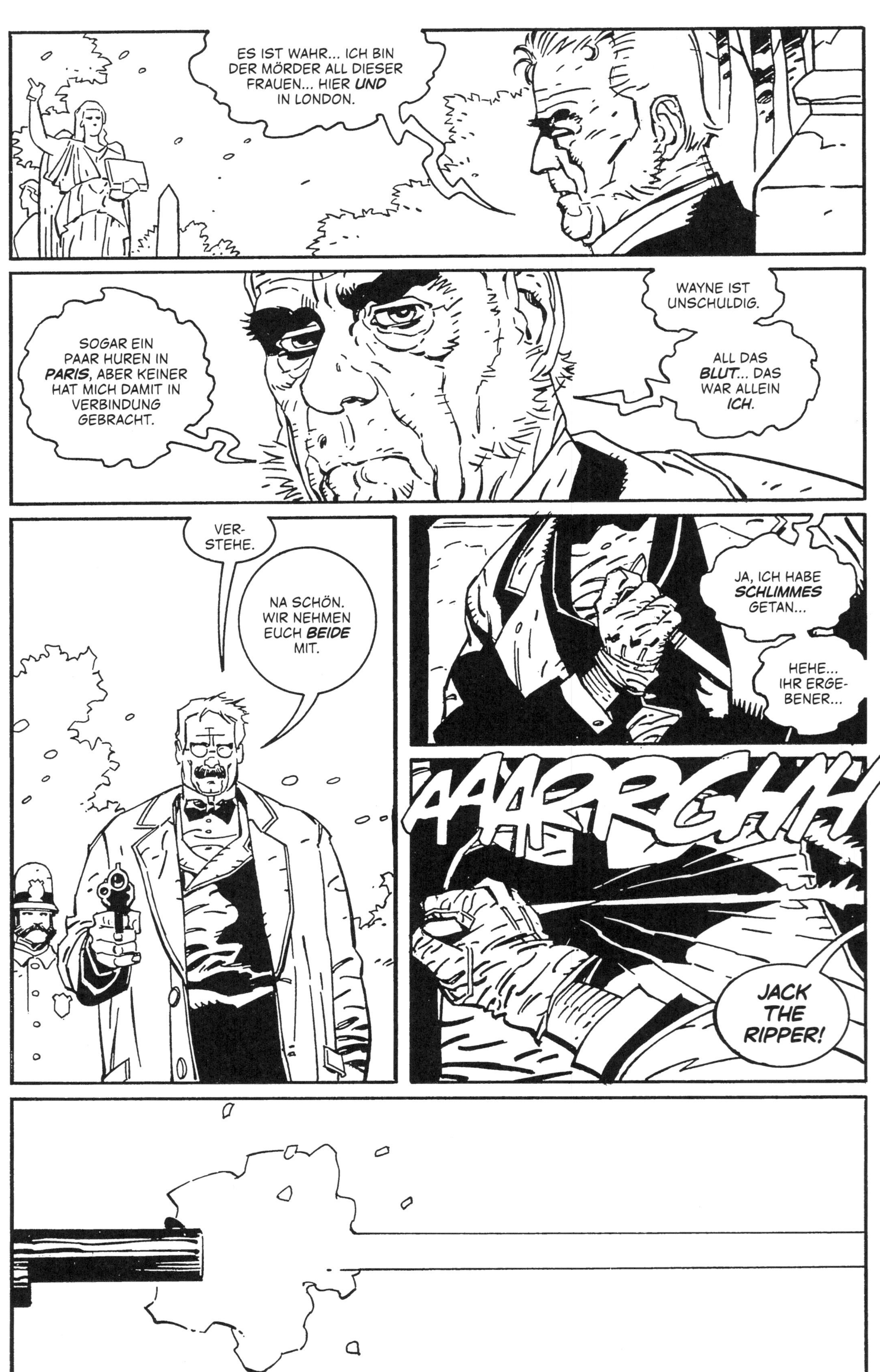
ES IST WAHR... ICH BIN DER MÖRDER ALL DIESER FRAUEN... HIER UND IN LONDON.
SOGAR EIN PAAR HUREN IN PARIS, ABER KEINER HAT MICH DAMIT IN VERBINDUNG GEBRACHT.
WAYNE IST UNSCHULDIG.
ALL DAS BLUT... DAS WAR ALLEIN ICH.
VER-STEHE.
NA SCHÖN. WIR NEHMEN EUCH BEIDE MIT.
JA, ICH HABE SCHLIMMES GETAN...
HEHE... IHR ERGE-BENER...
AAARRGHH
JACK THE RIPPER!

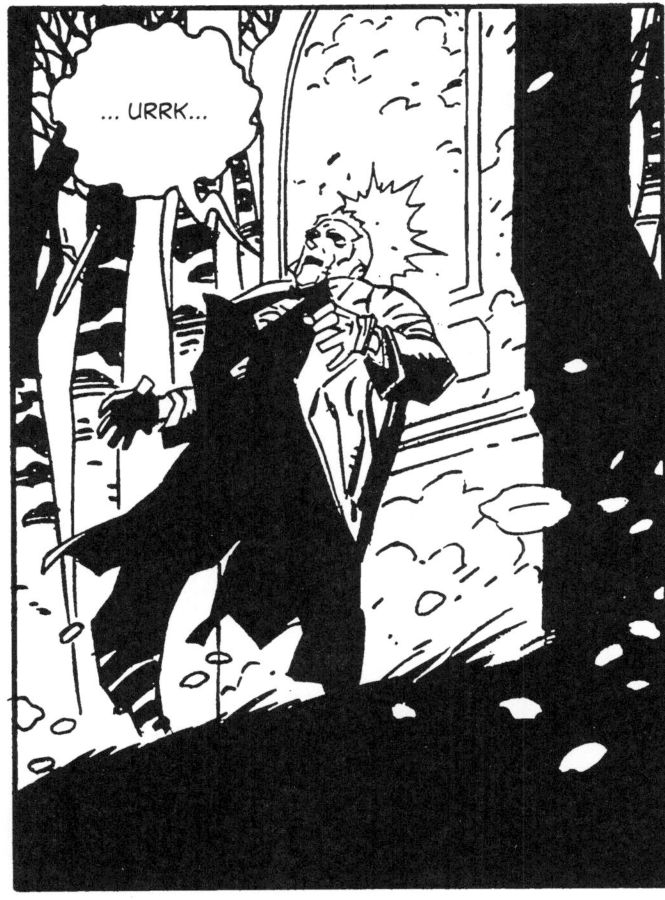
... URRK...

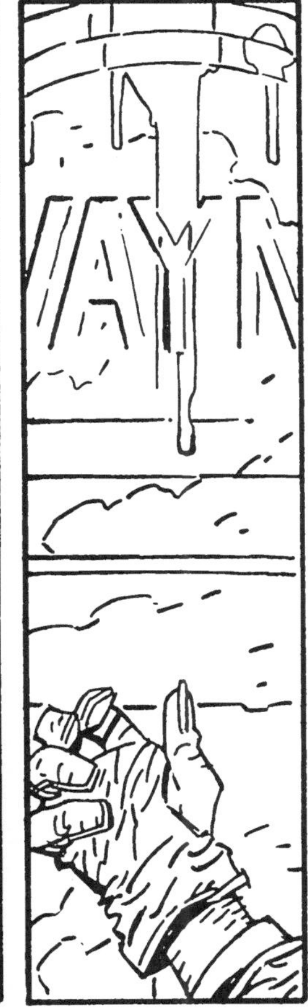

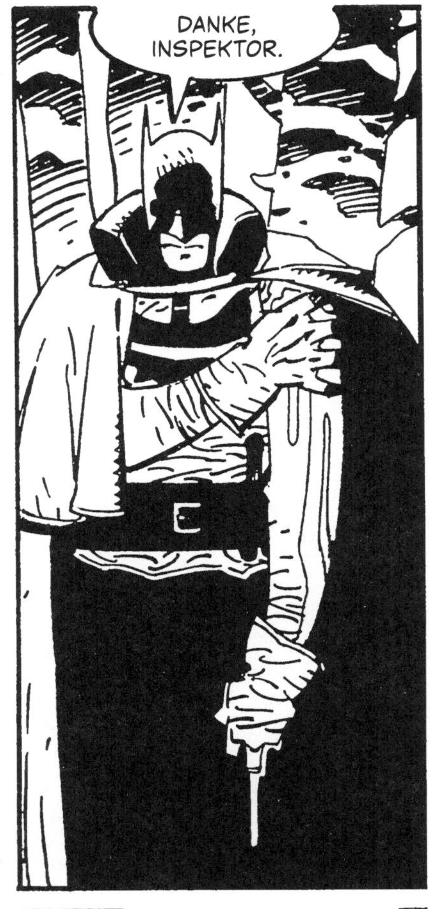
DANKE, INSPEKTOR.

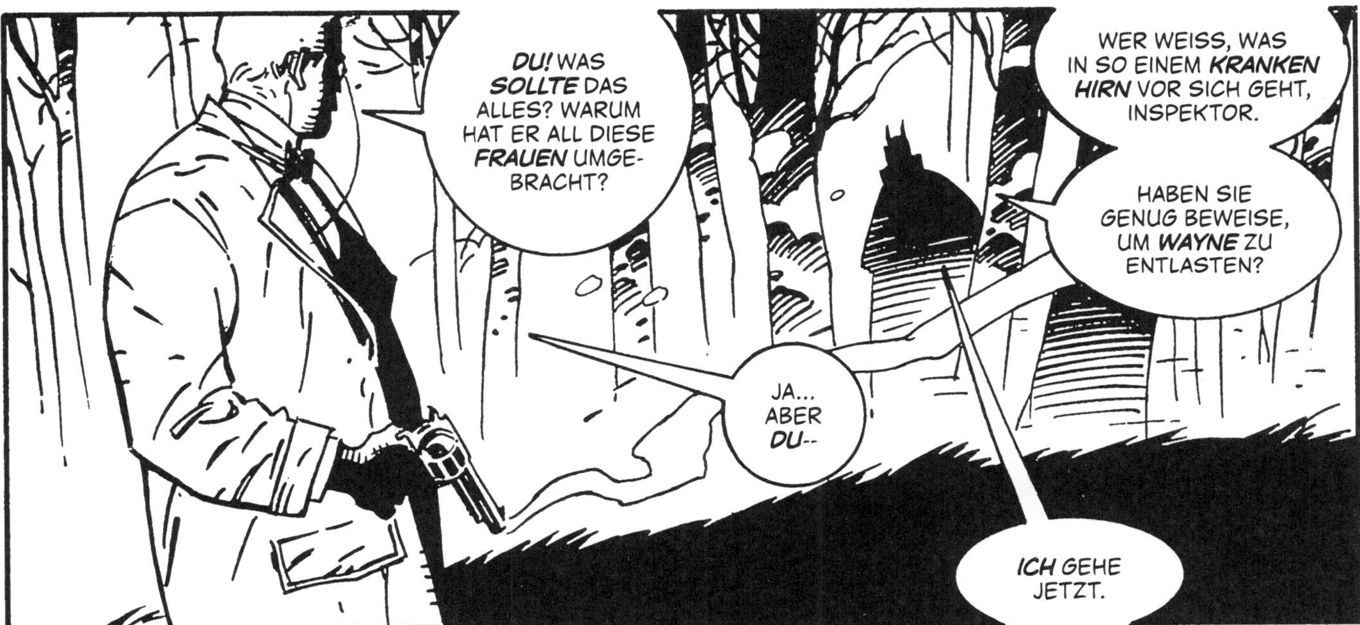
DU! WAS SOLLTE DAS ALLES? WARUM HAT ER ALL DIESE FRAUEN UMGEBRACHT?
WER WEISS, WAS IN SO EINEM KRANKEN HIRN VOR SICH GEHT, INSPEKTOR.
HABEN SIE GENUG BEWEISE, UM WAYNE ZU ENTLASTEN?
JA... ABER DU--
ICH GEHE JETZT.

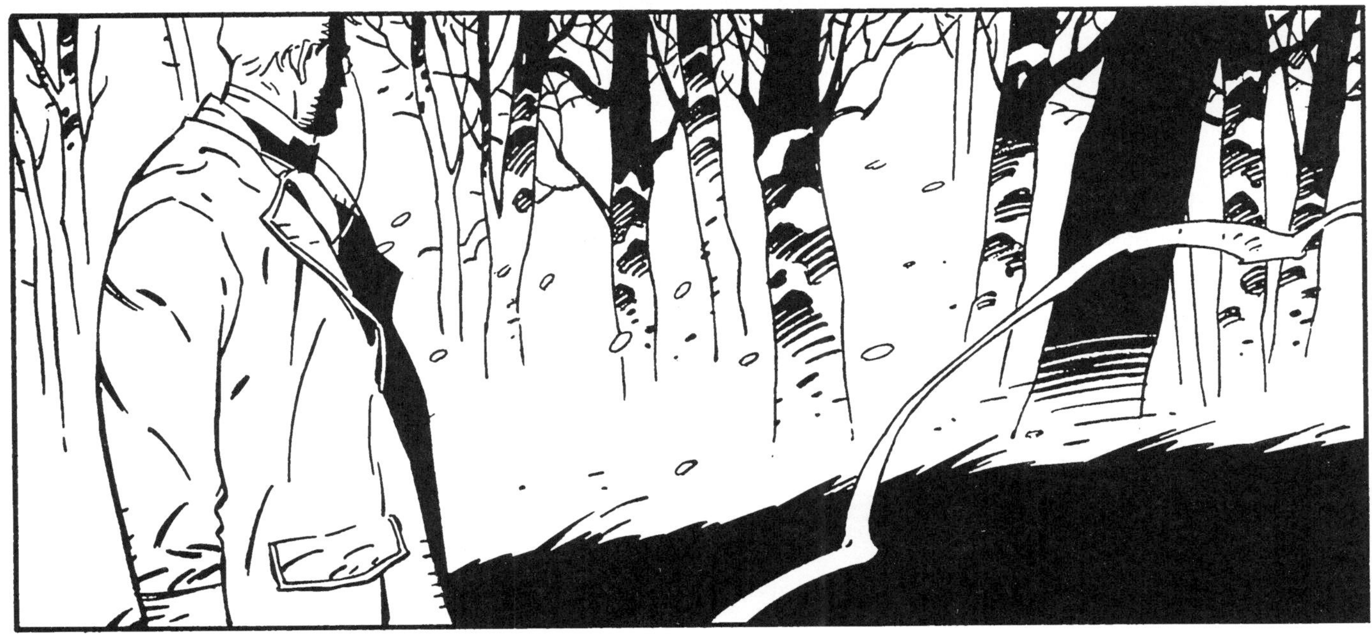

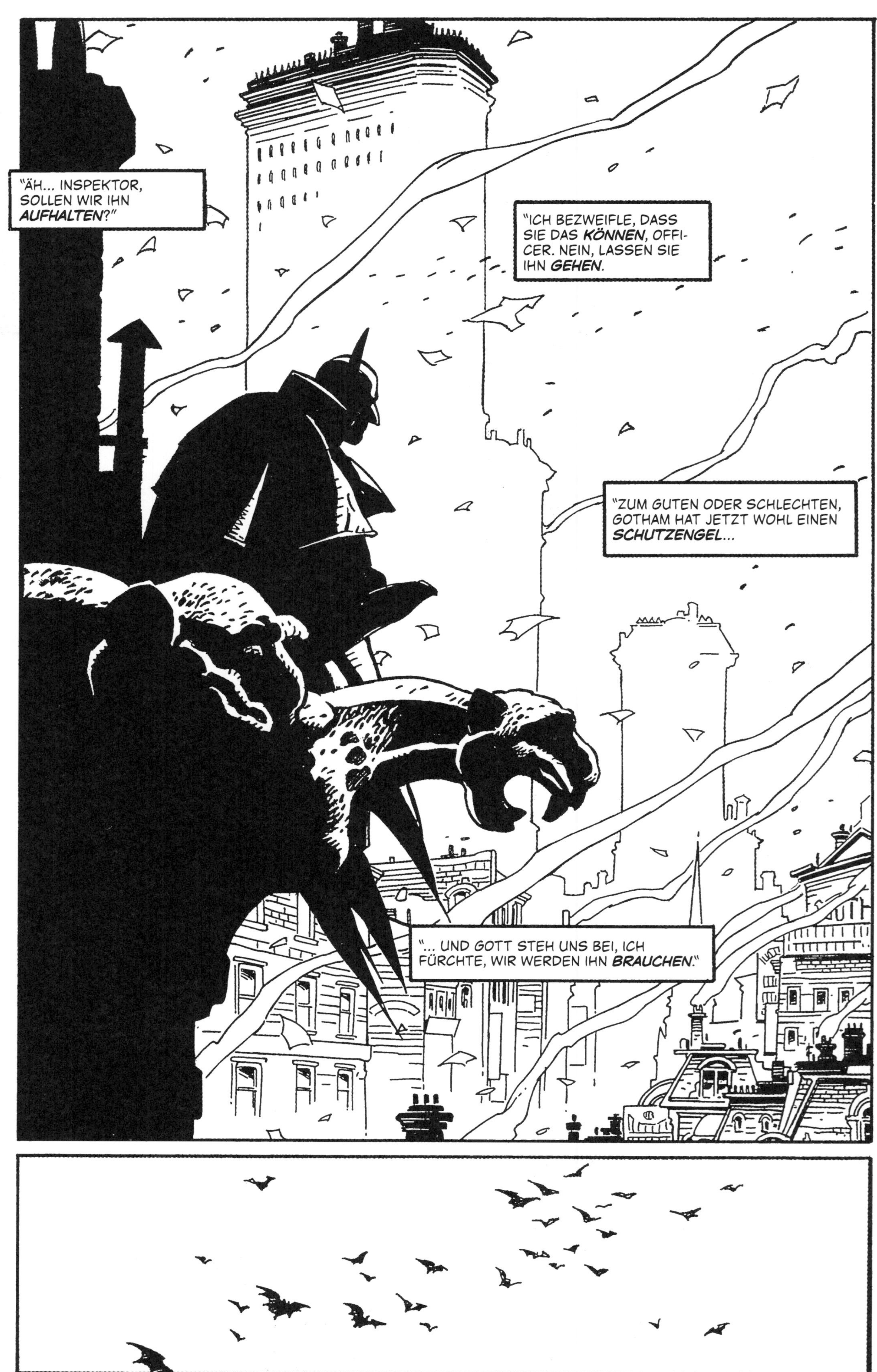
"ÄH... INSPEKTOR, SOLLEN WIR IHN **AUFHALTEN**?"
"ICH BEZWEIFLE, DASS SIE DAS **KÖNNEN**, OFFI-CER. NEIN, LASSEN SIE IHN **GEHEN**.
"ZUM GUTEN ODER SCHLECHTEN, GOTHAM HAT JETZT WOHL EINEN **SCHUTZENGEL**...
"... UND GOTT STEH UNS BEI, ICH FÜRCHTE, WIR WERDEN IHN **BRAUCHEN**."

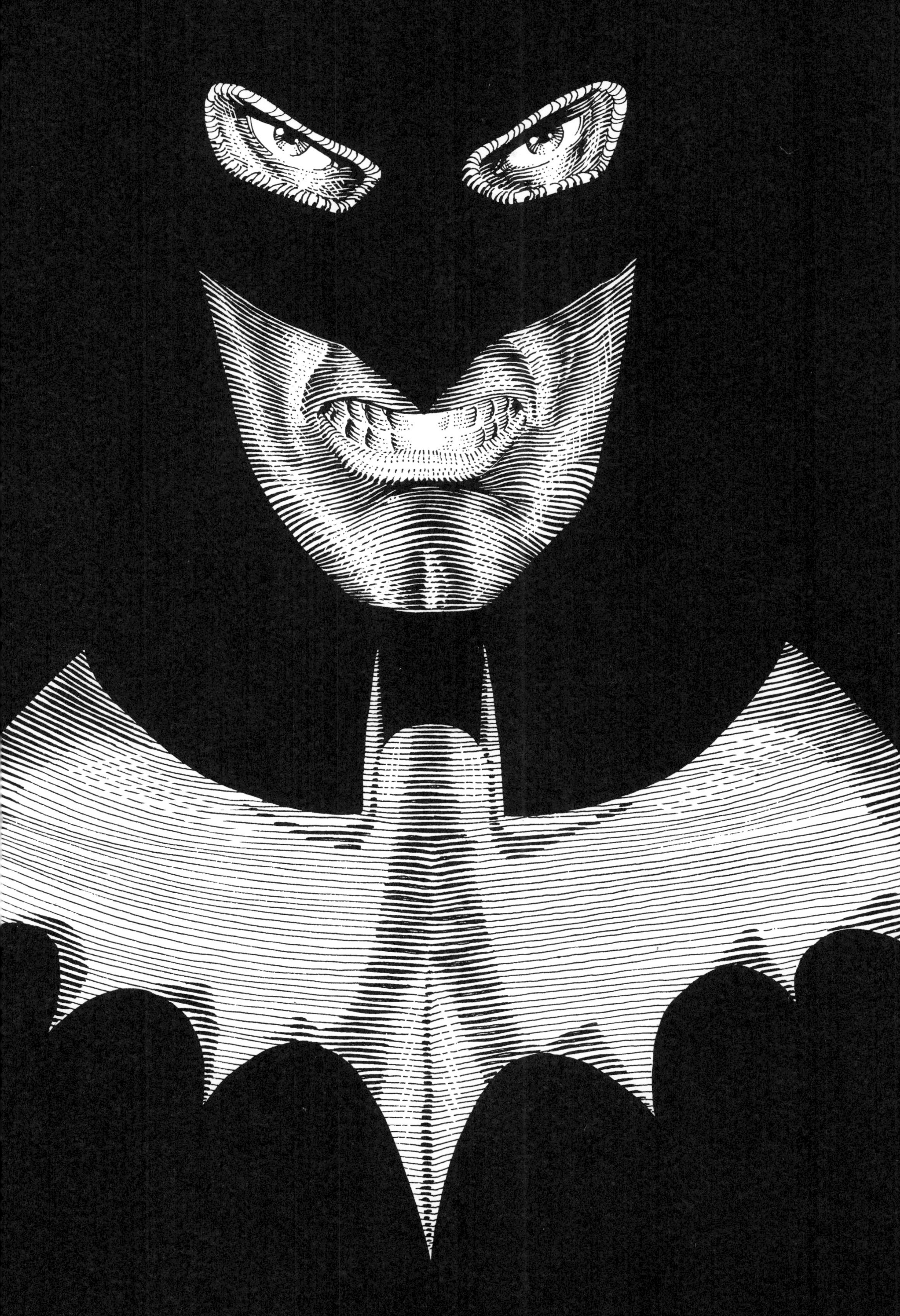

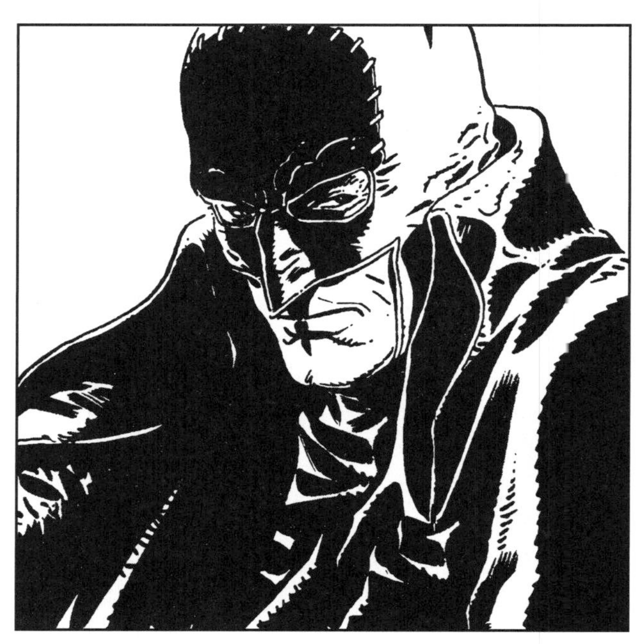

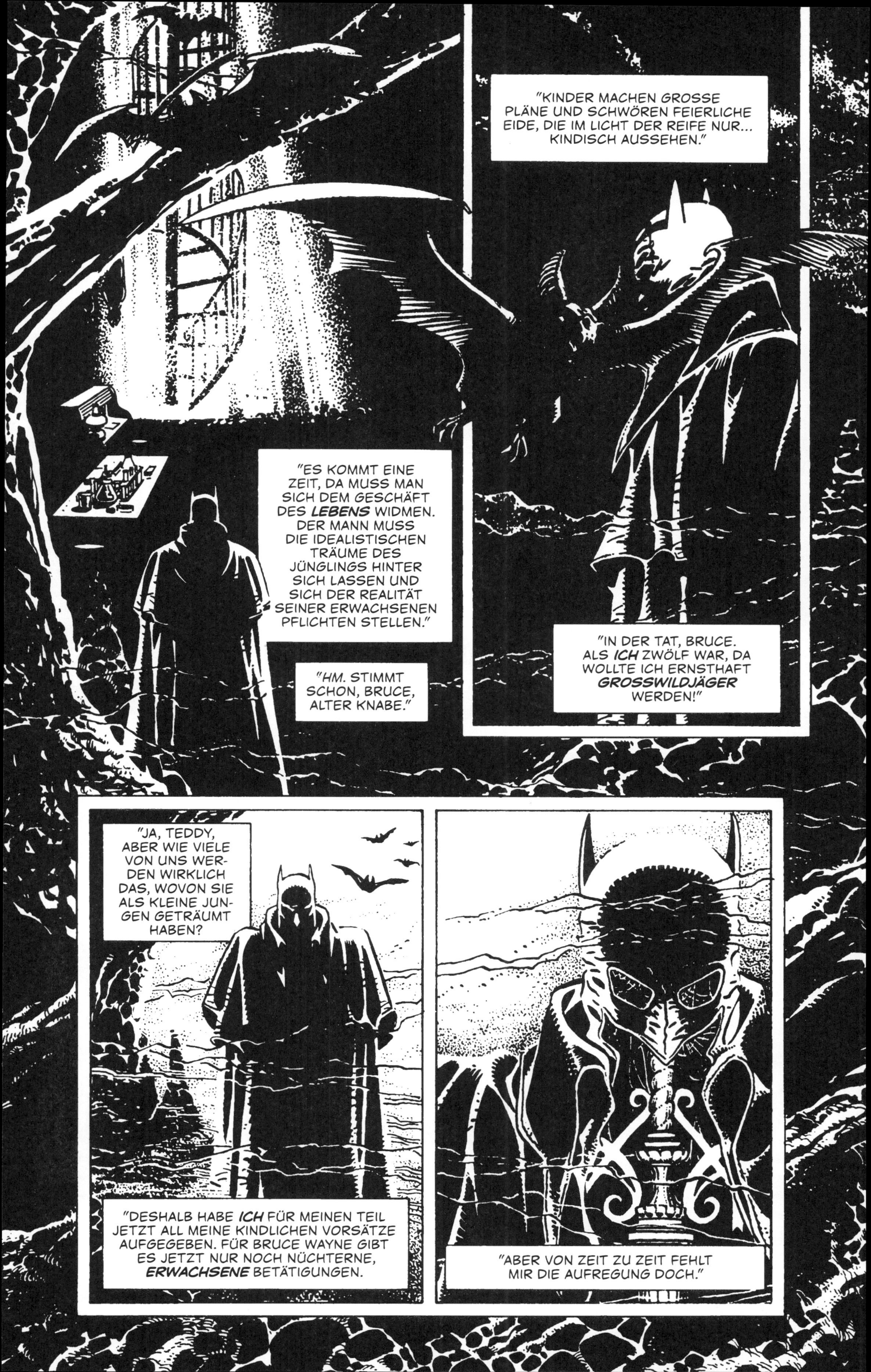

"KINDER MACHEN GROSSE PLÄNE UND SCHWÖREN FEIERLICHE EIDE, DIE IM LICHT DER REIFE NUR... KINDISCH AUSSEHEN."

"ES KOMMT EINE ZEIT, DA MUSS MAN SICH DEM GESCHÄFT DES ***LEBENS*** WIDMEN. DER MANN MUSS DIE IDEALISTISCHEN TRÄUME DES JÜNGLINGS HINTER SICH LASSEN UND SICH DER REALITÄT SEINER ERWACHSENEN PFLICHTEN STELLEN."

"*HM*. STIMMT SCHON, BRUCE, ALTER KNABE."

"IN DER TAT, BRUCE. ALS ***ICH*** ZWÖLF WAR, DA WOLLTE ICH ERNSTHAFT ***GROSSWILDJÄGER*** WERDEN!"

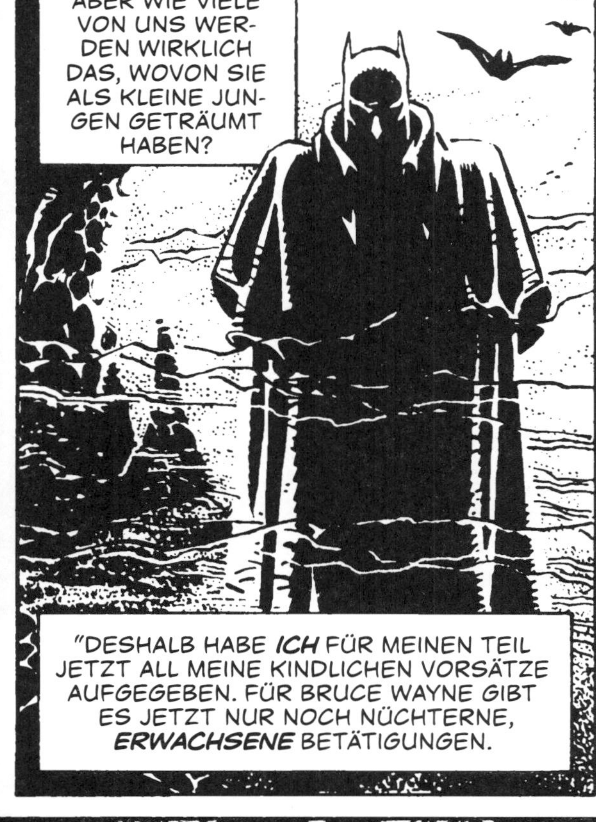

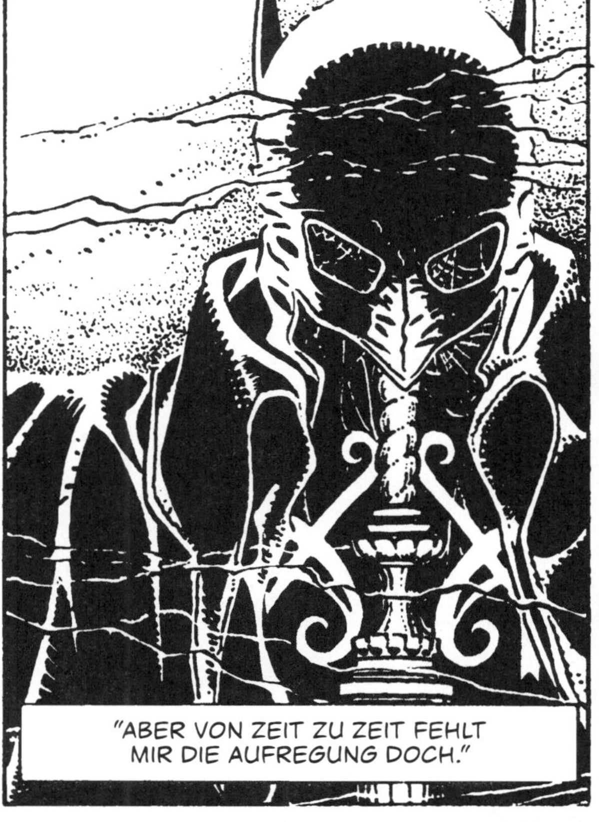

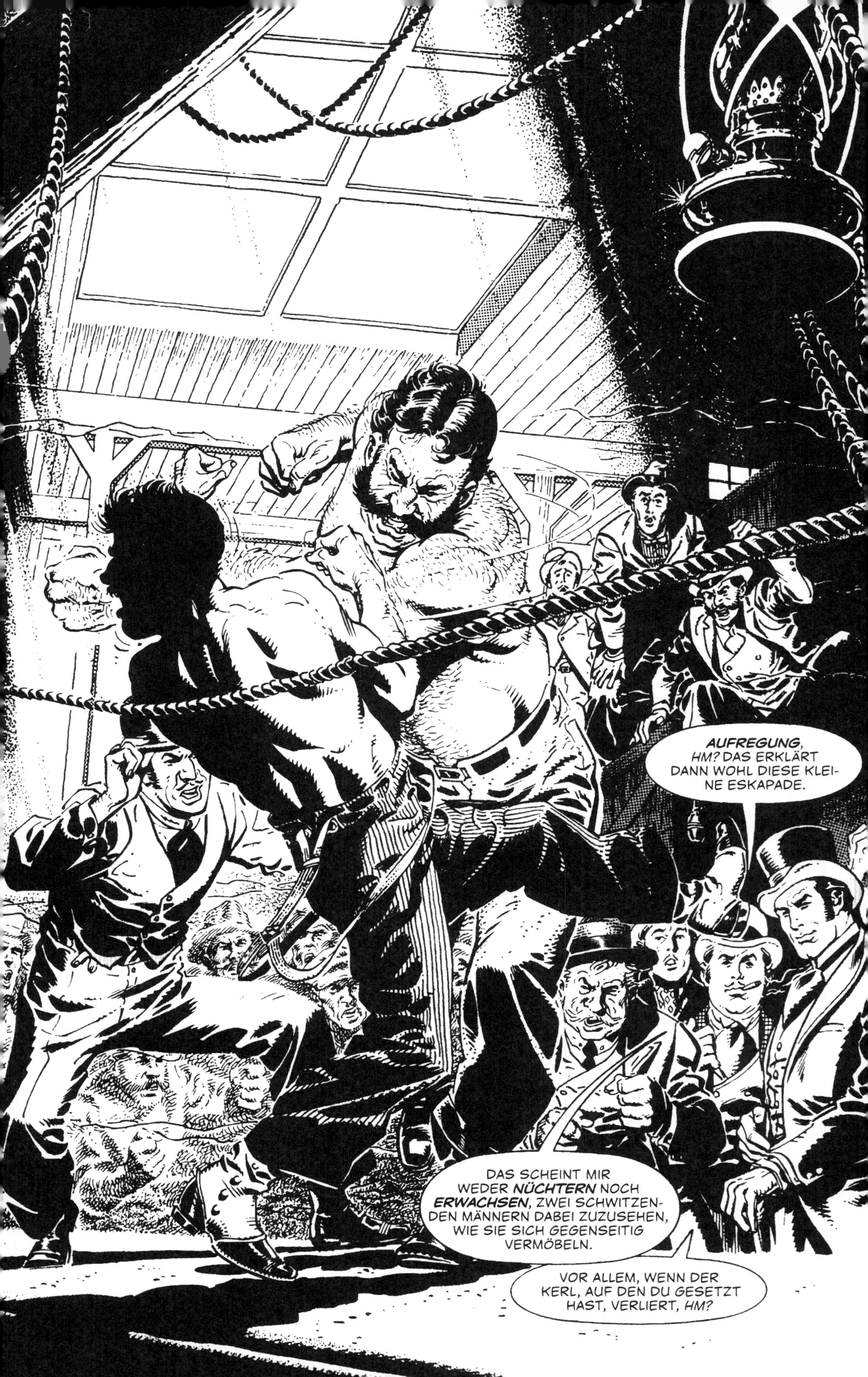
AUFREGUNG, HM? DAS ERKLÄRT DANN WOHL DIESE KLEINE ESKAPADE.
DAS SCHEINT MIR WEDER NÜCHTERN NOCH ERWACHSEN, ZWEI SCHWITZENDEN MÄNNERN DABEI ZUZUSEHEN, WIE SIE SICH GEGENSEITIG VERMÖBELN.
VOR ALLEM, WENN DER KERL, AUF DEN DU GESETZT HAST, VERLIERT, HM?

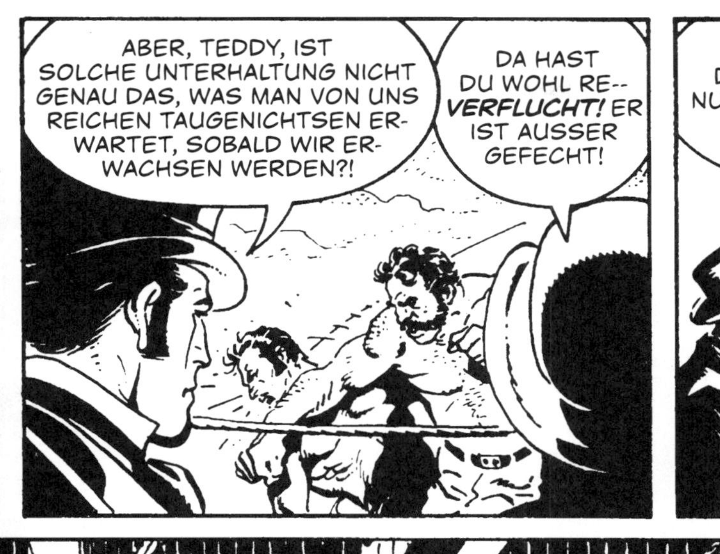
ABER, TEDDY, IST SOLCHE UNTERHALTUNG NICHT GENAU DAS, WAS MAN VON UNS REICHEN TAUGENICHTSEN ERWARTET, SOBALD WIR ERWACHSEN WERDEN?!
DA HAST DU WOHL RE-- *VERFLUCHT!* ER IST AUSSER GEFECHT!

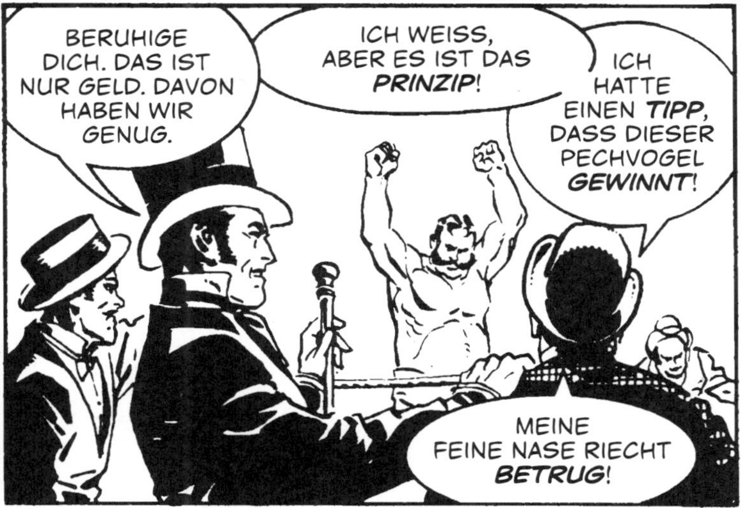
BERUHIGE DICH. DAS IST NUR GELD. DAVON HABEN WIR GENUG.
ICH WEISS, ABER ES IST DAS *PRINZIP*!
ICH HATTE EINEN *TIPP*, DASS DIESER PECHVOGEL *GEWINNT*!
MEINE FEINE NASE RIECHT *BETRUG*!

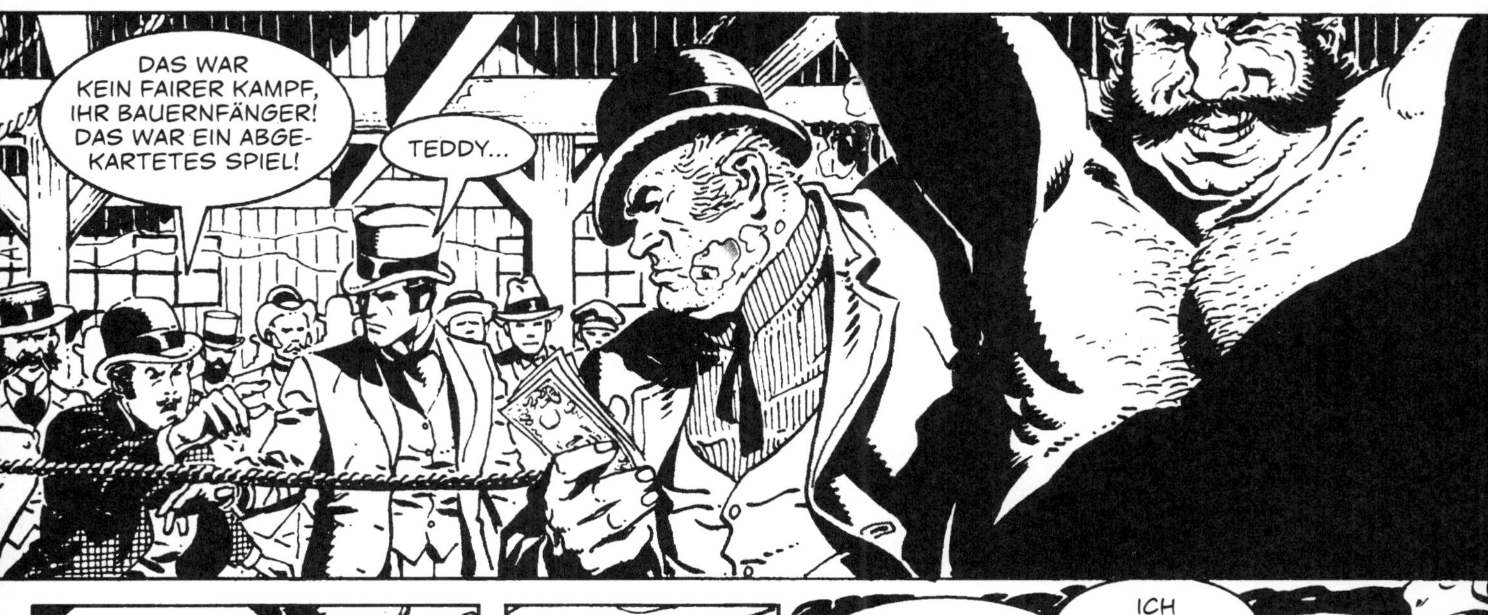
DAS WAR KEIN FAIRER KAMPF, IHR BAUERNFÄNGER! DAS WAR EIN ABGEKARTETES SPIEL!
TEDDY...

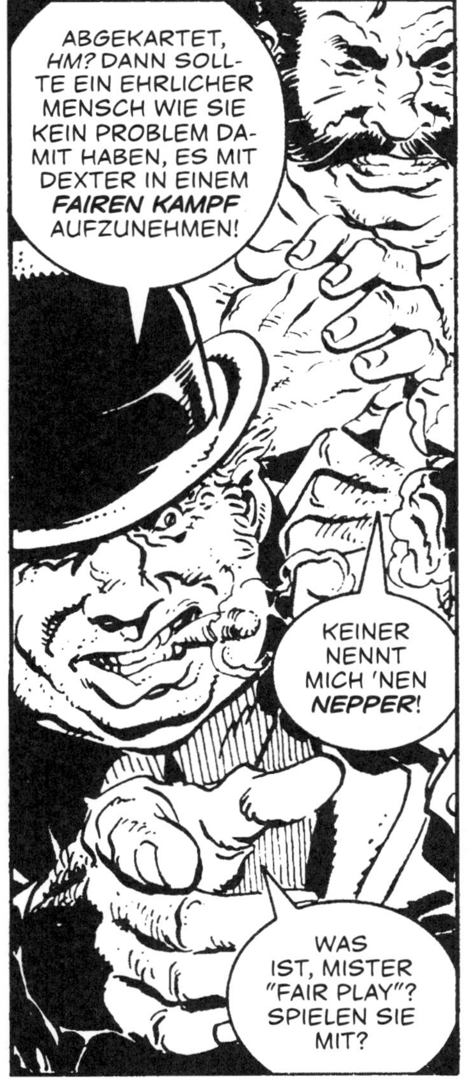
ABGEKARTET, *HM?* DANN SOLLTE EIN EHRLICHER MENSCH WIE SIE KEIN PROBLEM DAMIT HABEN, ES MIT DEXTER IN EINEM *FAIREN KAMPF* AUFZUNEHMEN!
KEINER NENNT MICH 'NEN *NEPPER*!
WAS IST, MISTER "FAIR PLAY"? SPIELEN SIE MIT?

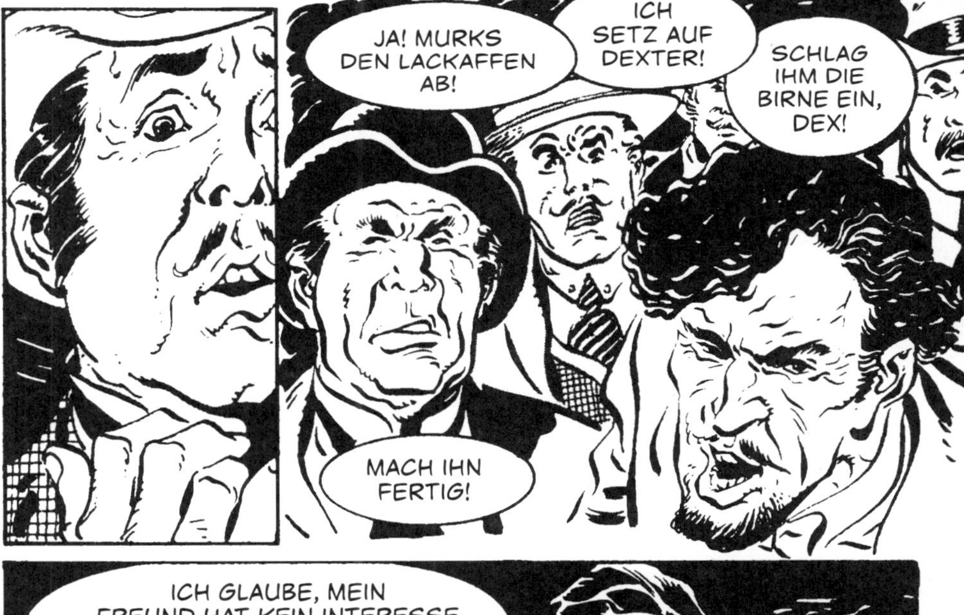
JA! MURKS DEN LACKAFFEN AB!
ICH SETZ AUF DEXTER!
SCHLAG IHM DIE BIRNE EIN, DEX!
MACH IHN FERTIG!

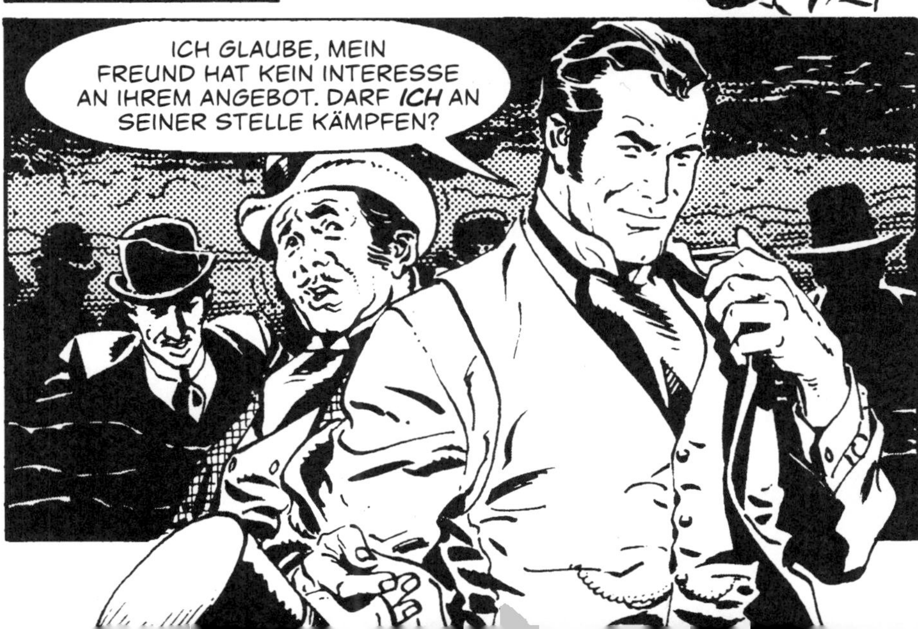
ICH GLAUBE, MEIN FREUND HAT KEIN INTERESSE AN IHREM ANGEBOT. DARF *ICH* AN SEINER STELLE KÄMPFEN?

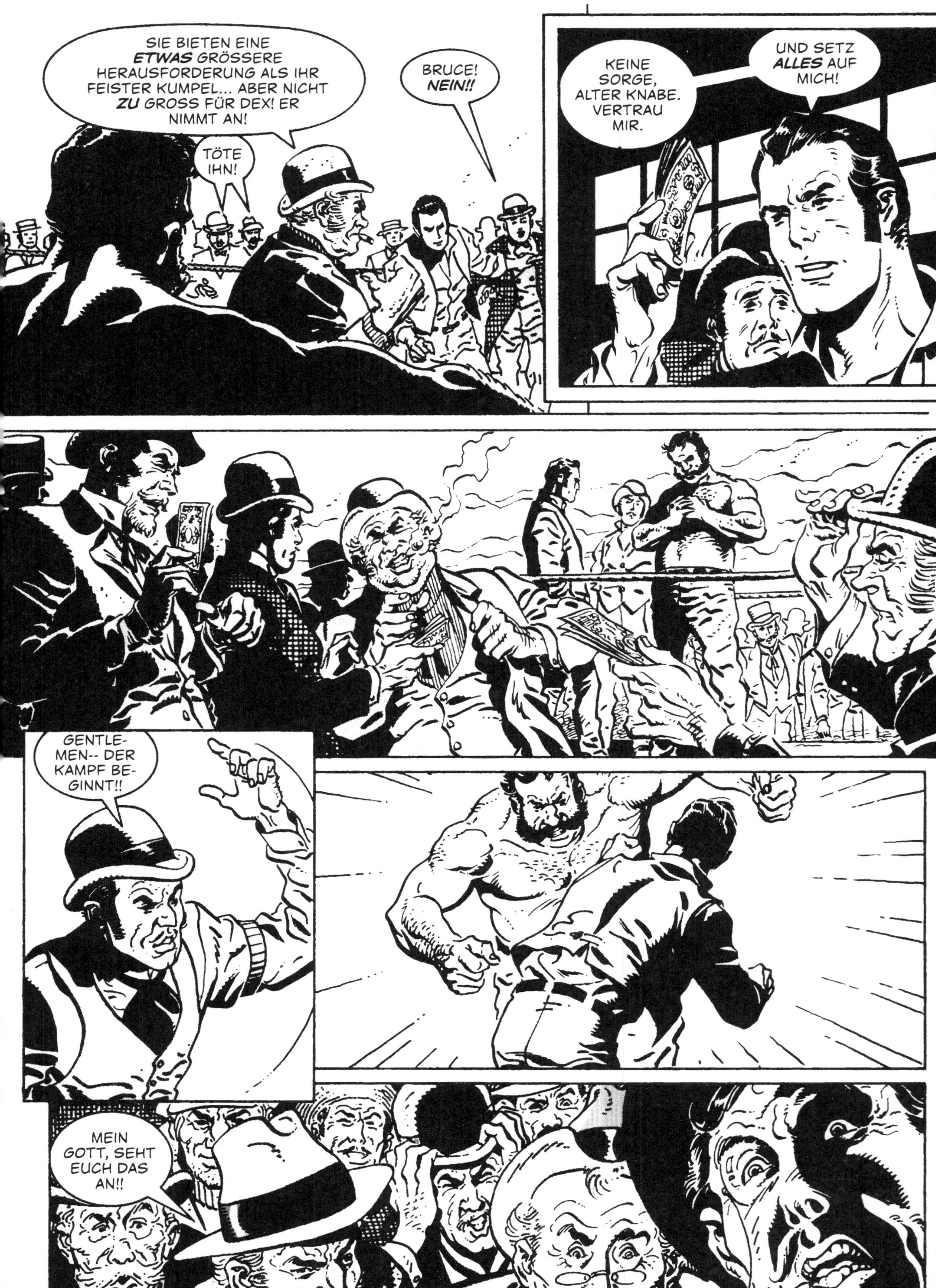
SIE BIETEN EINE ETWAS GRÖSSERE HERAUSFORDERUNG ALS IHR FEISTER KUMPEL... ABER NICHT ZU GROSS FÜR DEX! ER NIMMT AN!
TÖTE IHN!
BRUCE! NEIN!!
KEINE SORGE, ALTER KNABE. VERTRAU MIR.
UND SETZ ALLES AUF MICH!
GENTLE-MEN-- DER KAMPF BE-GINNT!!
MEIN GOTT, SEHT EUCH DAS AN!!

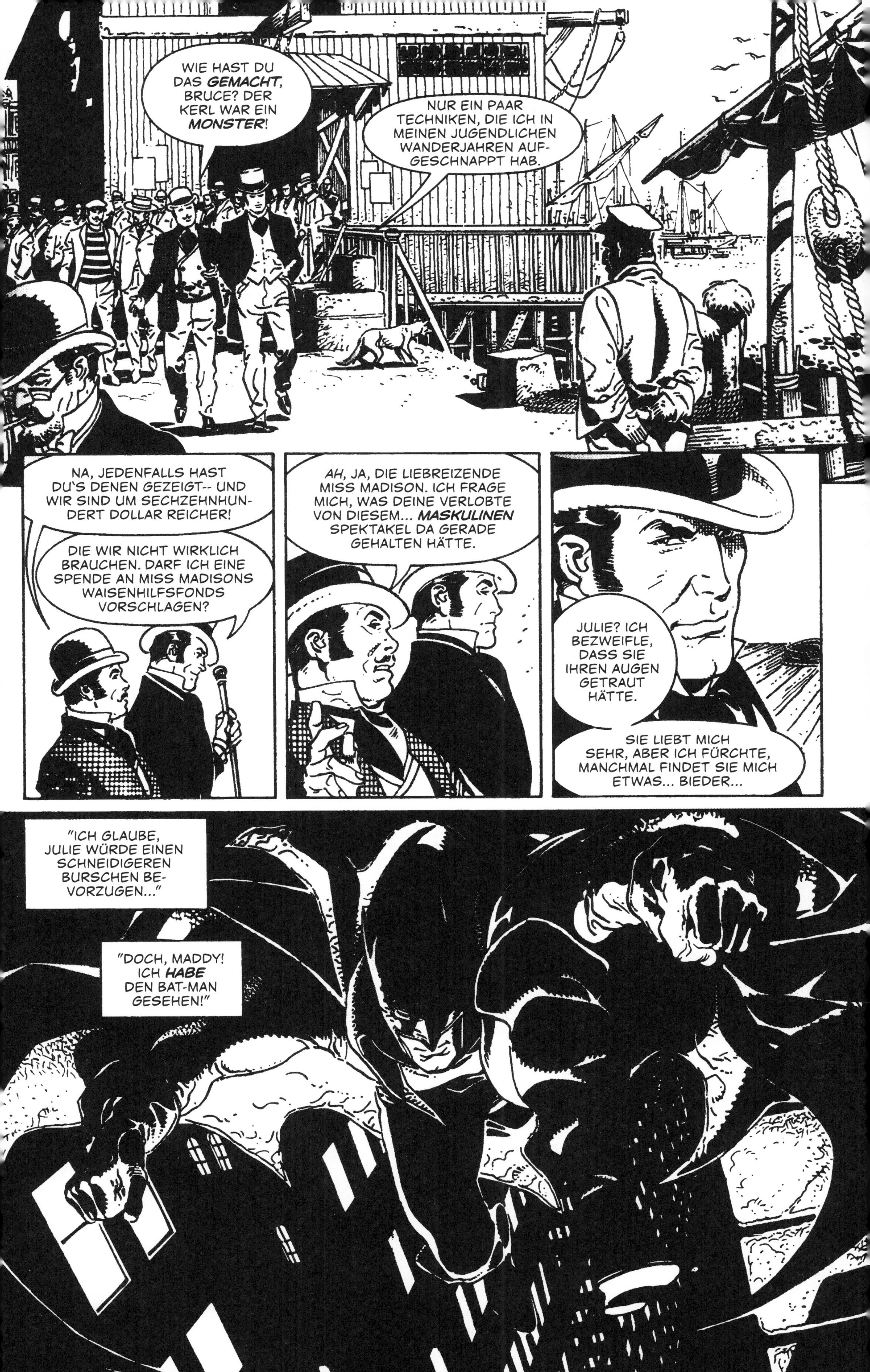
WIE HAST DU DAS *GEMACHT*, BRUCE? DER KERL WAR EIN *MONSTER*!
NUR EIN PAAR TECHNIKEN, DIE ICH IN MEINEN JUGENDLICHEN WANDERJAHREN AUF-GESCHNAPPT HAB.
NA, JEDENFALLS HAST DU'S DENEN GEZEIGT-- UND WIR SIND UM SECHZEHNHUN-DERT DOLLAR REICHER!
DIE WIR NICHT WIRKLICH BRAUCHEN. DARF ICH EINE SPENDE AN MISS MADISONS WAISENHILFSFONDS VORSCHLAGEN?
AH, JA, DIE LIEBREIZENDE MISS MADISON. ICH FRAGE MICH, WAS DEINE VERLOBTE VON DIESEM... *MASKULINEN* SPEKTAKEL DA GERADE GEHALTEN HÄTTE.
JULIE? ICH BEZWEIFLE, DASS SIE IHREN AUGEN GETRAUT HÄTTE.
SIE LIEBT MICH SEHR, ABER ICH FÜRCHTE, MANCHMAL FINDET SIE MICH ETWAS... BIEDER...
"ICH GLAUBE, JULIE WÜRDE EINEN SCHNEIDIGEREN BURSCHEN BE-VORZUGEN..."
"DOCH, MADDY! ICH *HABE* DEN BAT-MAN GESEHEN!"

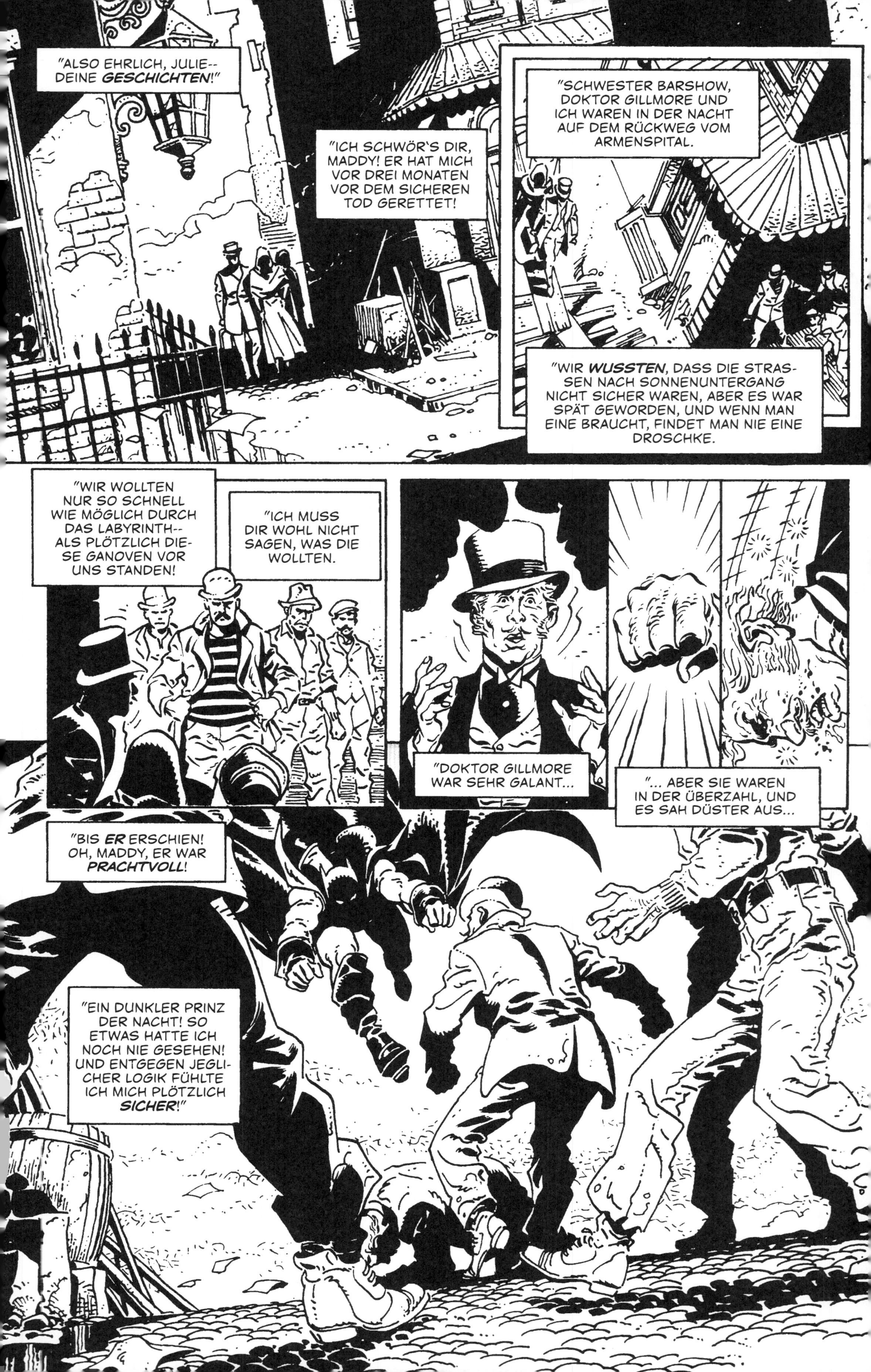
"ALSO EHRLICH, JULIE-- DEINE GESCHICHTEN!"
"ICH SCHWÖR'S DIR, MADDY! ER HAT MICH VOR DREI MONATEN VOR DEM SICHEREN TOD GERETTET!
"SCHWESTER BARSHOW, DOKTOR GILLMORE UND ICH WAREN IN DER NACHT AUF DEM RÜCKWEG VOM ARMENSPITAL.
"WIR WUSSTEN, DASS DIE STRASSEN NACH SONNENUNTERGANG NICHT SICHER WAREN, ABER ES WAR SPÄT GEWORDEN, UND WENN MAN EINE BRAUCHT, FINDET MAN NIE EINE DROSCHKE.
"WIR WOLLTEN NUR SO SCHNELL WIE MÖGLICH DURCH DAS LABYRINTH-- ALS PLÖTZLICH DIESE GANOVEN VOR UNS STANDEN!
"ICH MUSS DIR WOHL NICHT SAGEN, WAS DIE WOLLTEN.
"DOKTOR GILLMORE WAR SEHR GALANT...
"... ABER SIE WAREN IN DER ÜBERZAHL, UND ES SAH DÜSTER AUS...
"BIS ER ERSCHIEN! OH, MADDY, ER WAR PRACHTVOLL!
"EIN DUNKLER PRINZ DER NACHT! SO ETWAS HATTE ICH NOCH NIE GESEHEN! UND ENTGEGEN JEGLICHER LOGIK FÜHLTE ICH MICH PLÖTZLICH SICHER!"

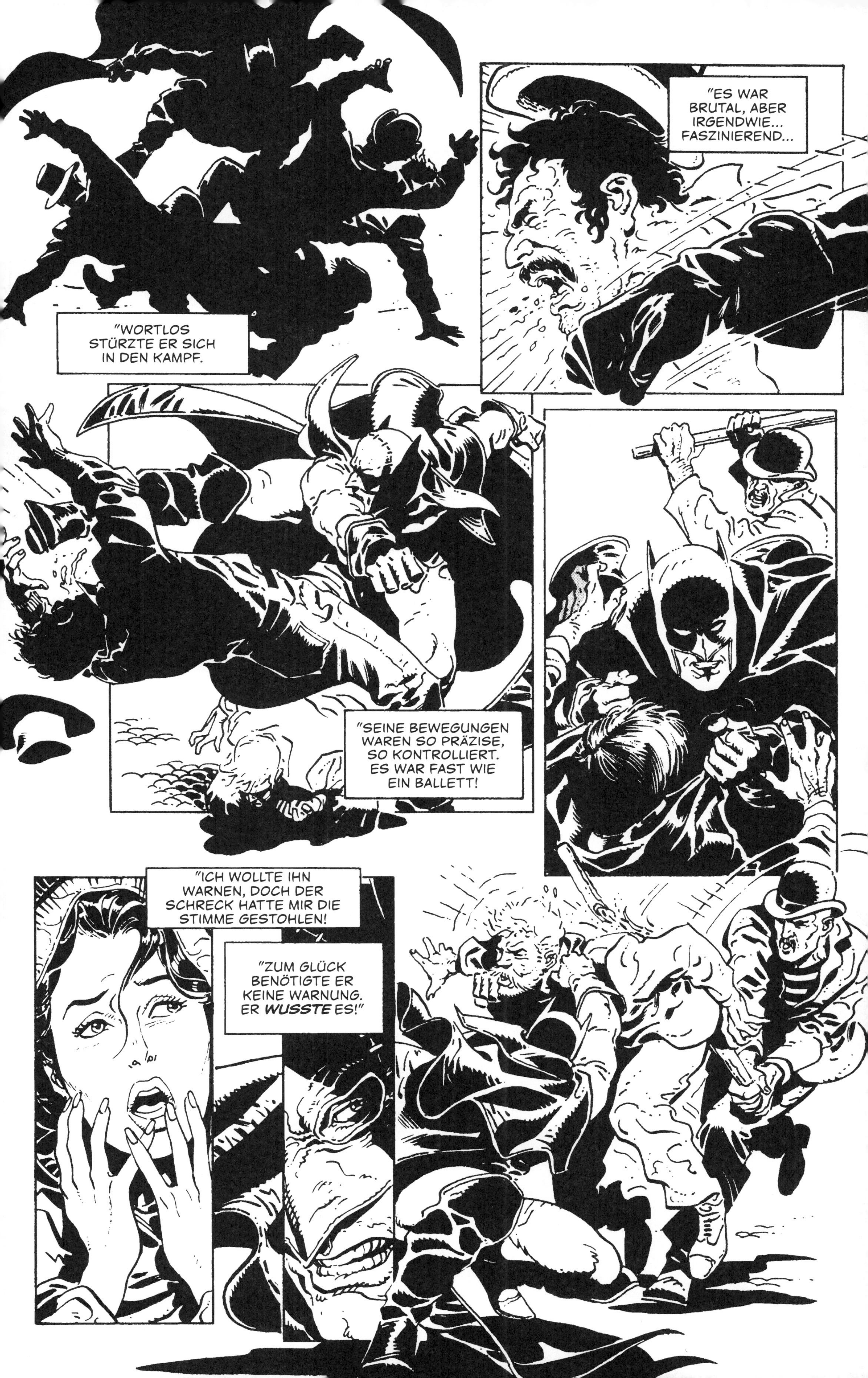
"WORTLOS STÜRZTE ER SICH IN DEN KAMPF.
"ES WAR BRUTAL, ABER IRGENDWIE... FASZINIEREND...
"SEINE BEWEGUNGEN WAREN SO PRÄZISE, SO KONTROLLIERT. ES WAR FAST WIE EIN BALLETT!
"ICH WOLLTE IHN WARNEN, DOCH DER SCHRECK HATTE MIR DIE STIMME GESTOHLEN!
"ZUM GLÜCK BENÖTIGTE ER KEINE WARNUNG. ER *WUSSTE* ES!"

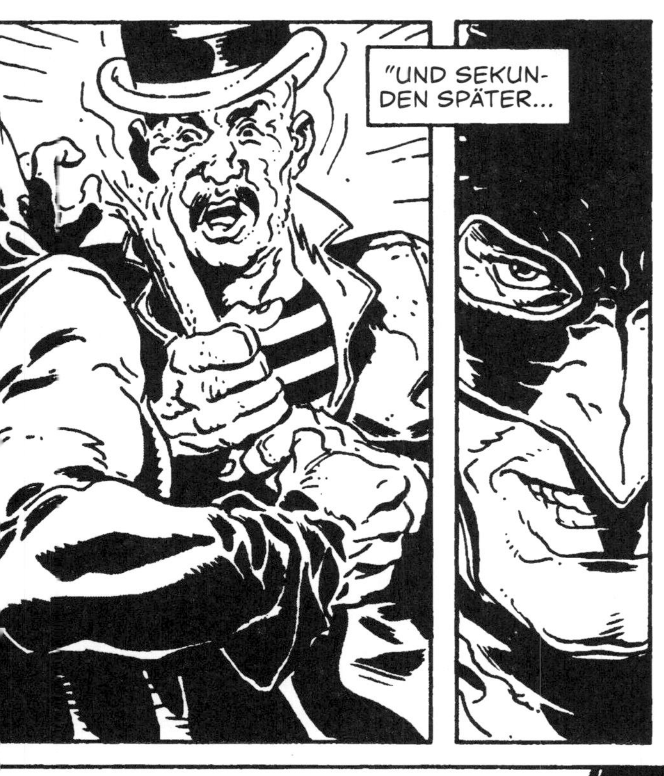

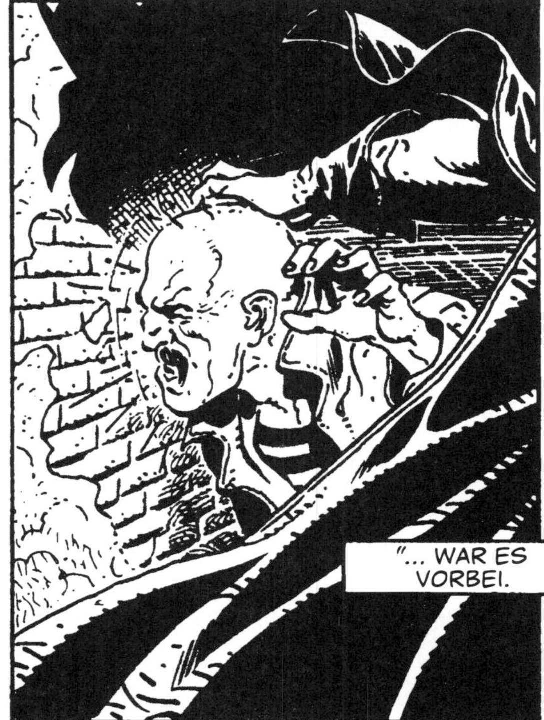
"UND SEKUNDEN SPÄTER...
"... WAR ES VORBEI.

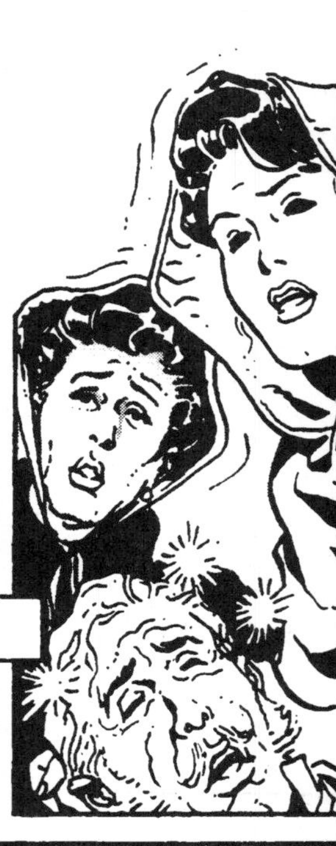

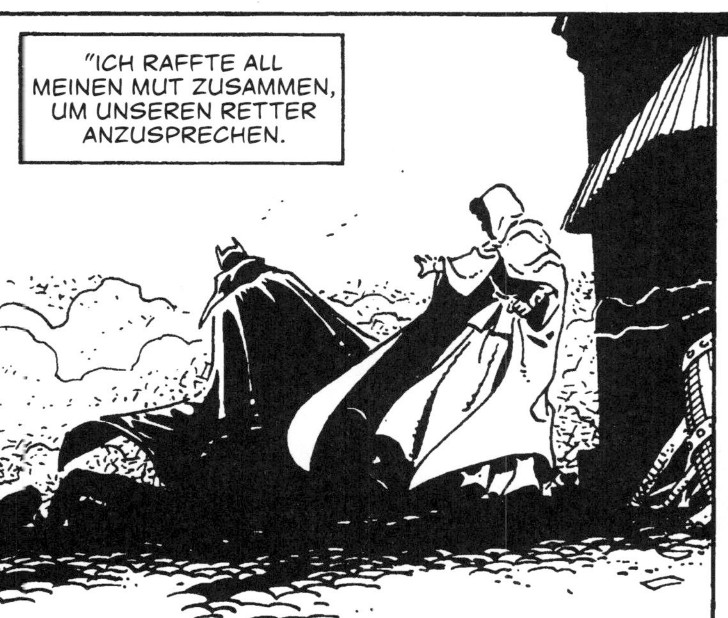
"ICH RAFFTE ALL MEINEN MUT ZUSAMMEN, UM UNSEREN RETTER ANZUSPRECHEN.

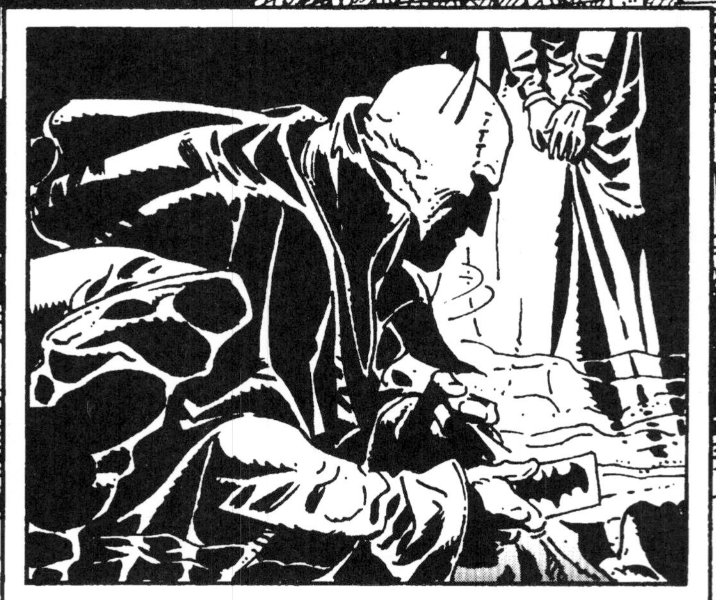

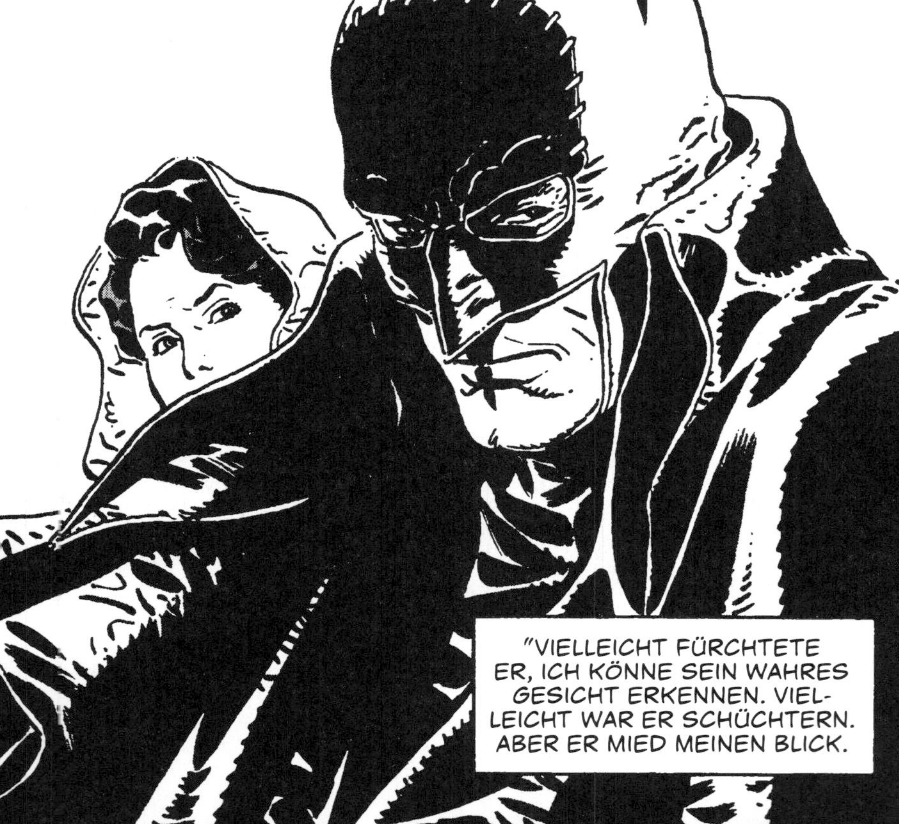
"VIELLEICHT FÜRCHTETE ER, ICH KÖNNE SEIN WAHRES GESICHT ERKENNEN. VIELLEICHT WAR ER SCHÜCHTERN. ABER ER MIED MEINEN BLICK.

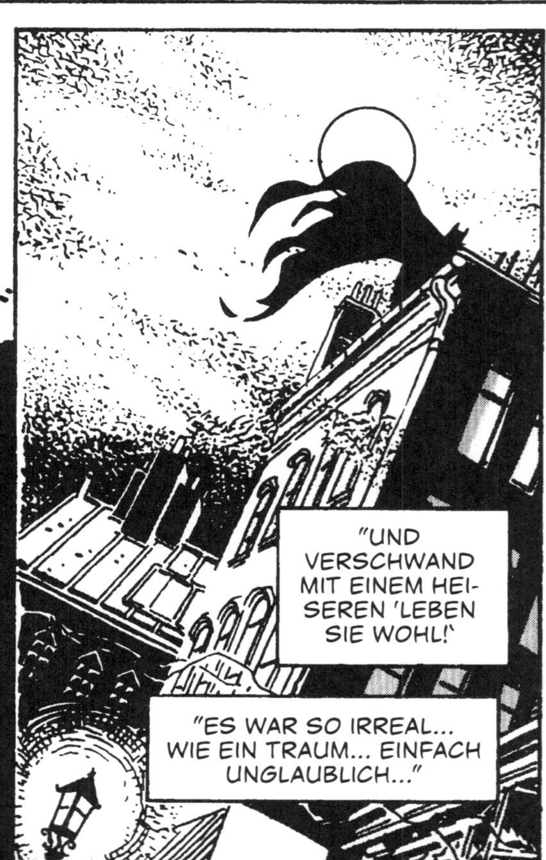
"UND VERSCHWAND MIT EINEM HEISEREN 'LEBEN SIE WOHL!'
"ES WAR SO IRREAL... WIE EIN TRAUM... EINFACH UNGLAUBLICH..."

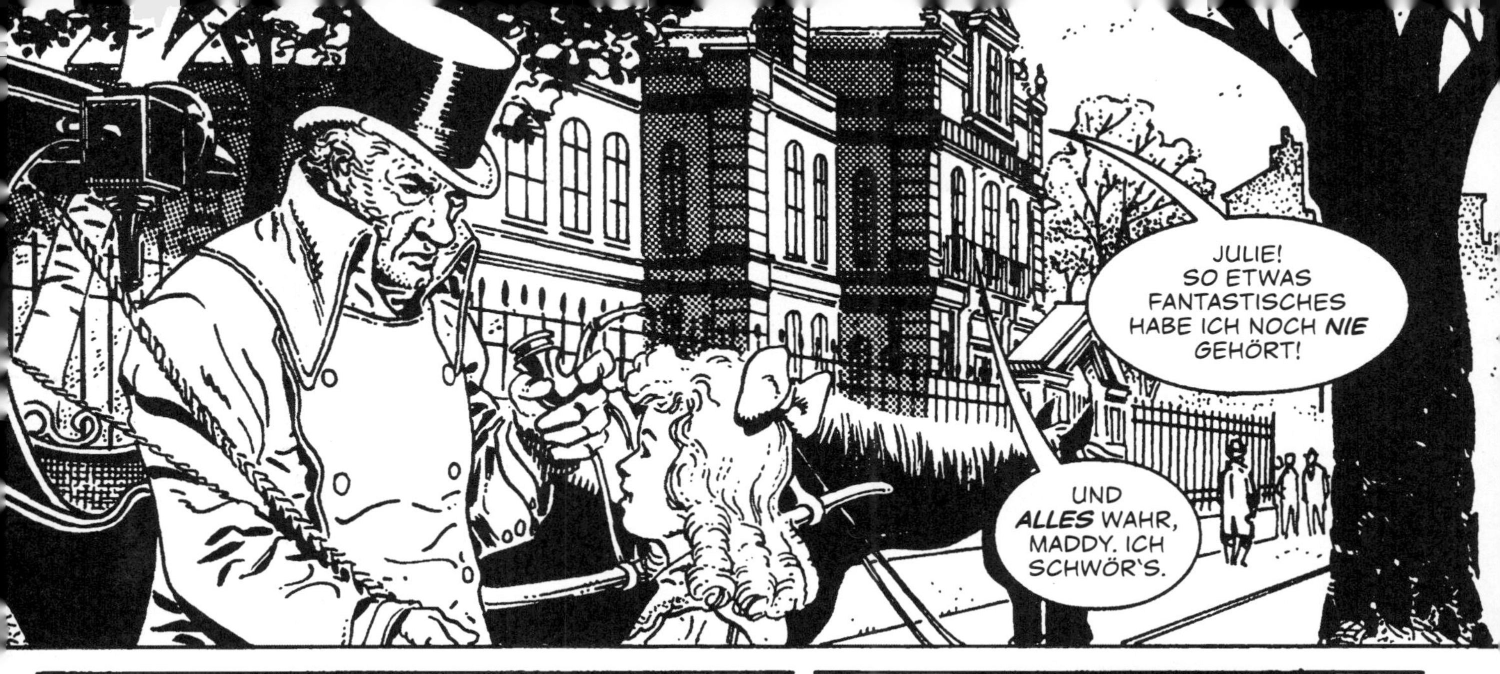
JULIE! SO ETWAS FANTASTISCHES HABE ICH NOCH NIE GEHÖRT!
UND ALLES WAHR, MADDY. ICH SCHWÖR'S.

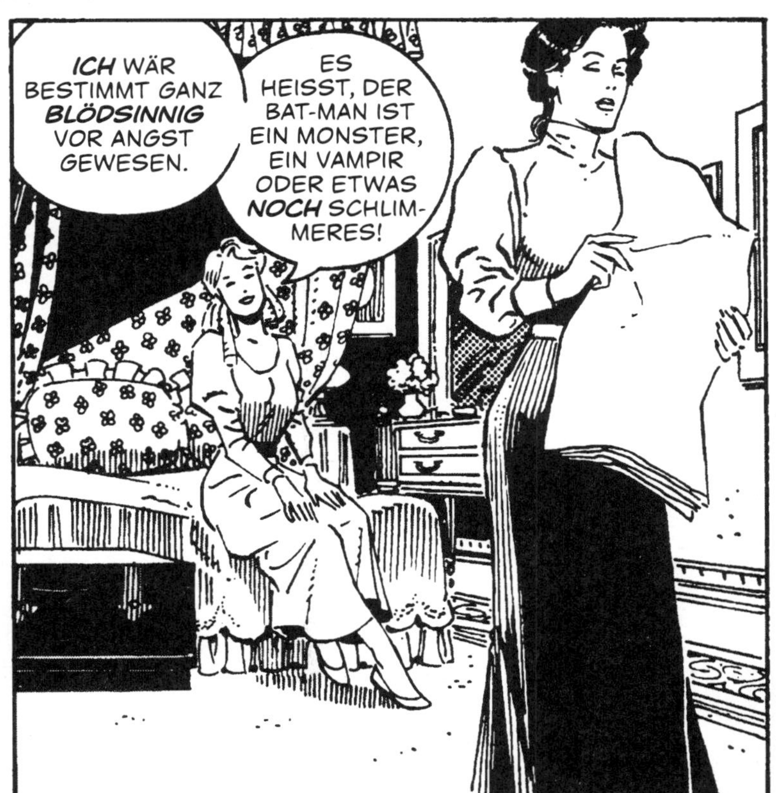
ICH WÄR BESTIMMT GANZ BLÖDSINNIG VOR ANGST GEWESEN.
ES HEISST, DER BAT-MAN IST EIN MONSTER, EIN VAMPIR ODER ETWAS NOCH SCHLIMMERES!

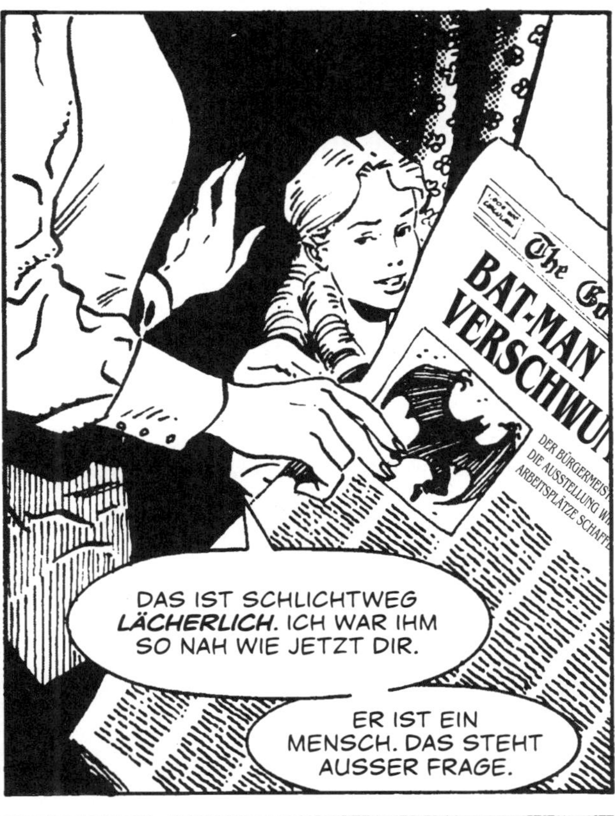
BAT-MAN VERSCHWU
DAS IST SCHLICHTWEG LÄCHERLICH. ICH WAR IHM SO NAH WIE JETZT DIR.
ER IST EIN MENSCH. DAS STEHT AUSSER FRAGE.

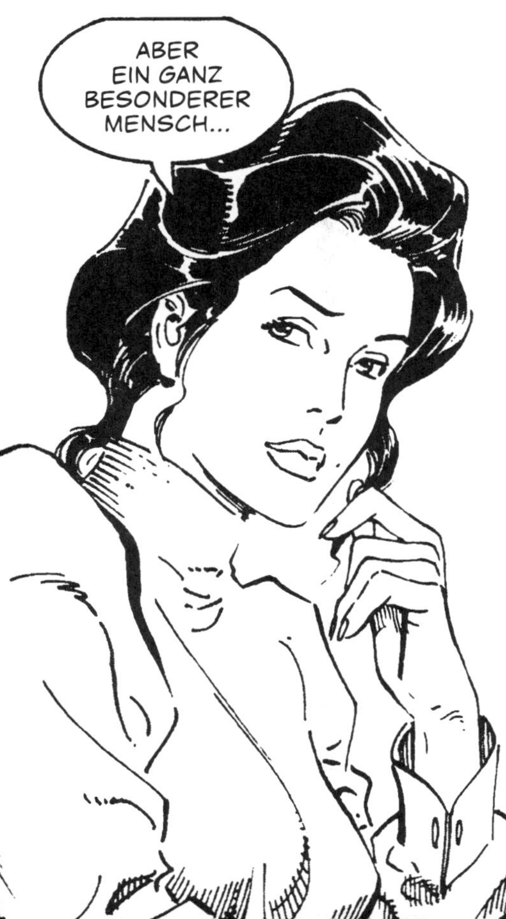
ABER EIN GANZ BESONDERER MENSCH...

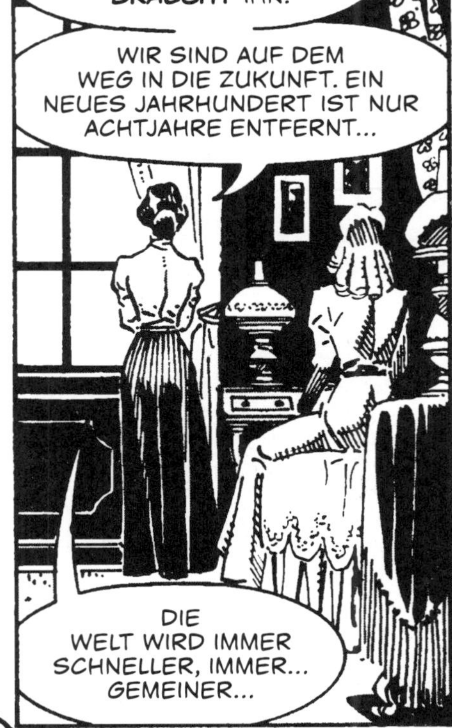
UND ICH GLAUBE, UNSERE STADT BRAUCHT IHN.
WIR SIND AUF DEM WEG IN DIE ZUKUNFT. EIN NEUES JAHRHUNDERT IST NUR ACHTJAHRE ENTFERNT...
DIE WELT WIRD IMMER SCHNELLER, IMMER... GEMEINER...

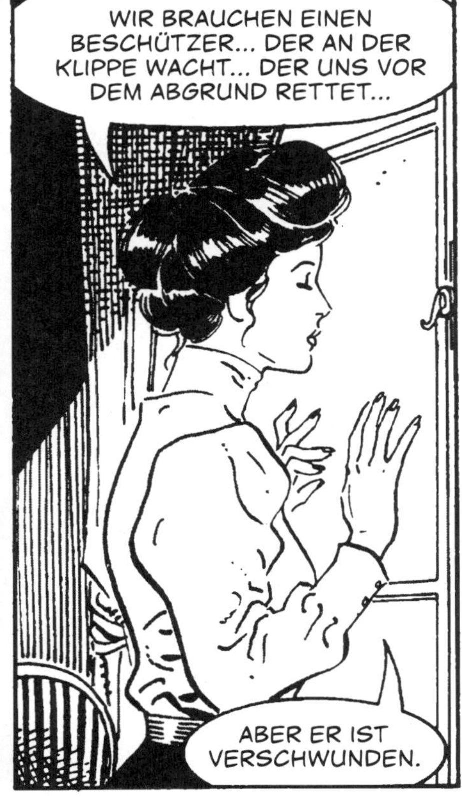
WIR BRAUCHEN EINEN BESCHÜTZER... DER AN DER KLIPPE WACHT... DER UNS VOR DEM ABGRUND RETTET...
ABER ER IST VERSCHWUNDEN.

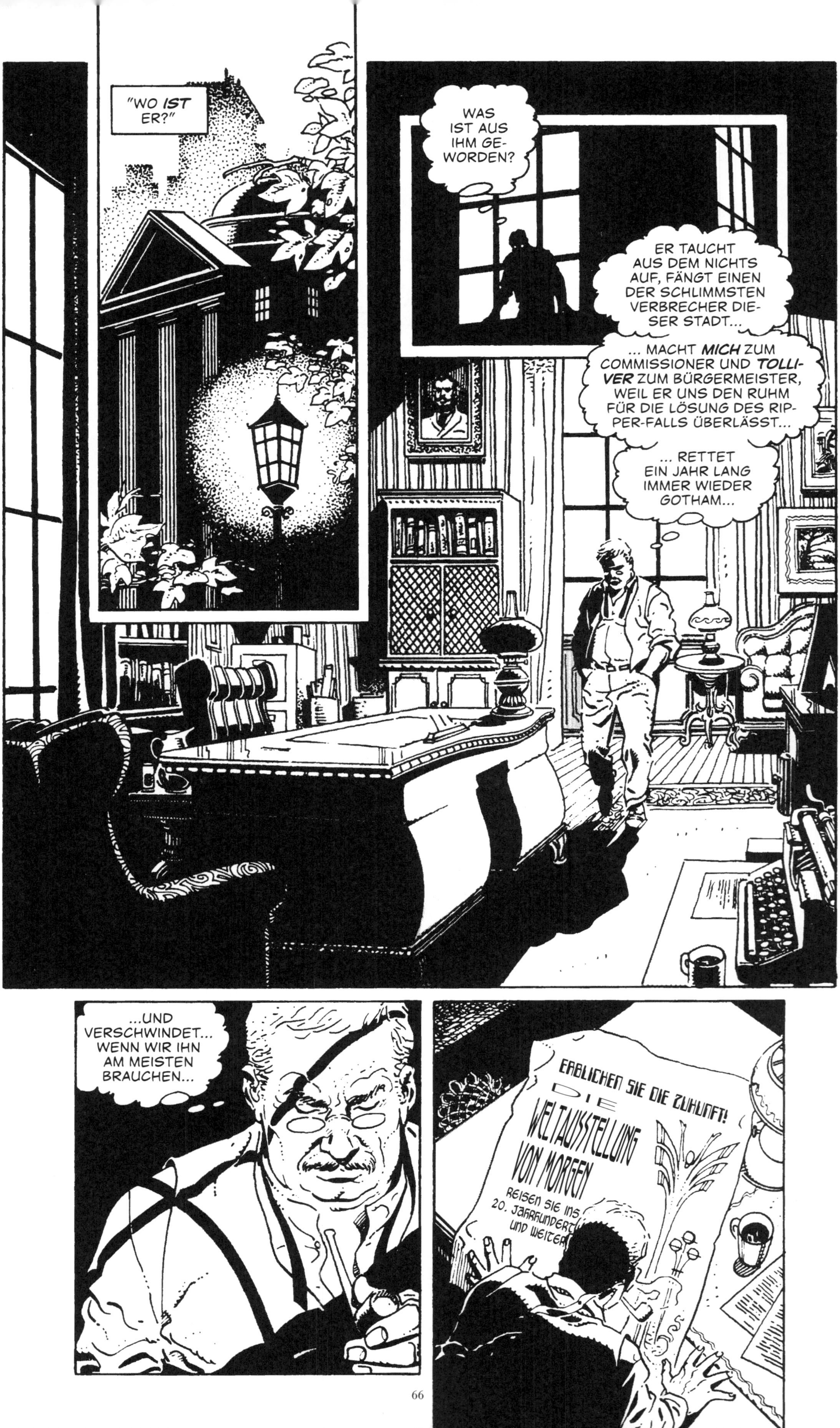

"WO *IST* ER?"

WAS IST AUS IHM GEWORDEN?

ER TAUCHT AUS DEM NICHTS AUF, FÄNGT EINEN DER SCHLIMMSTEN VERBRECHER DIESER STADT...

... MACHT *MICH* ZUM COMMISSIONER UND *TOLLIVER* ZUM BÜRGERMEISTER, WEIL ER UNS DEN RUHM FÜR DIE LÖSUNG DES RIPPER-FALLS ÜBERLÄSST...

... RETTET EIN JAHR LANG IMMER WIEDER GOTHAM...

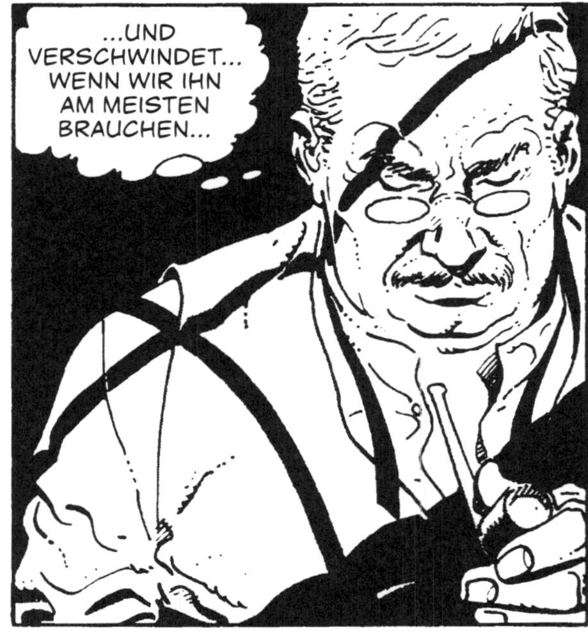

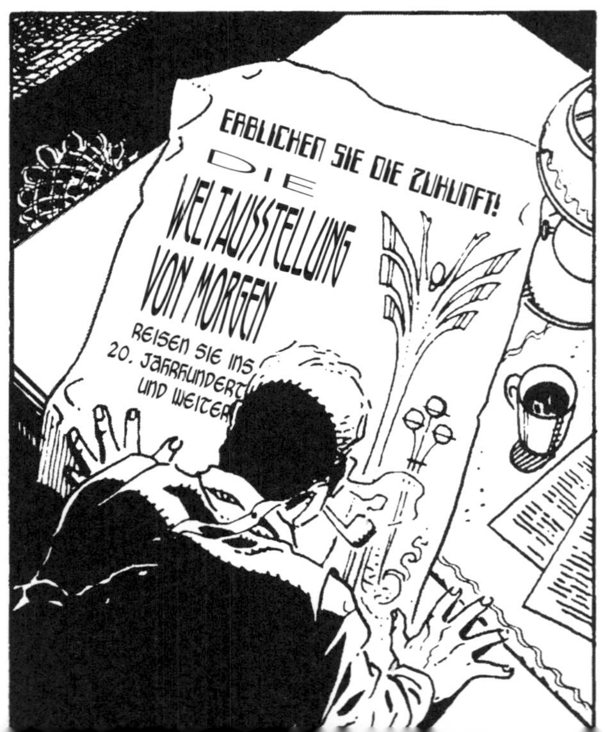

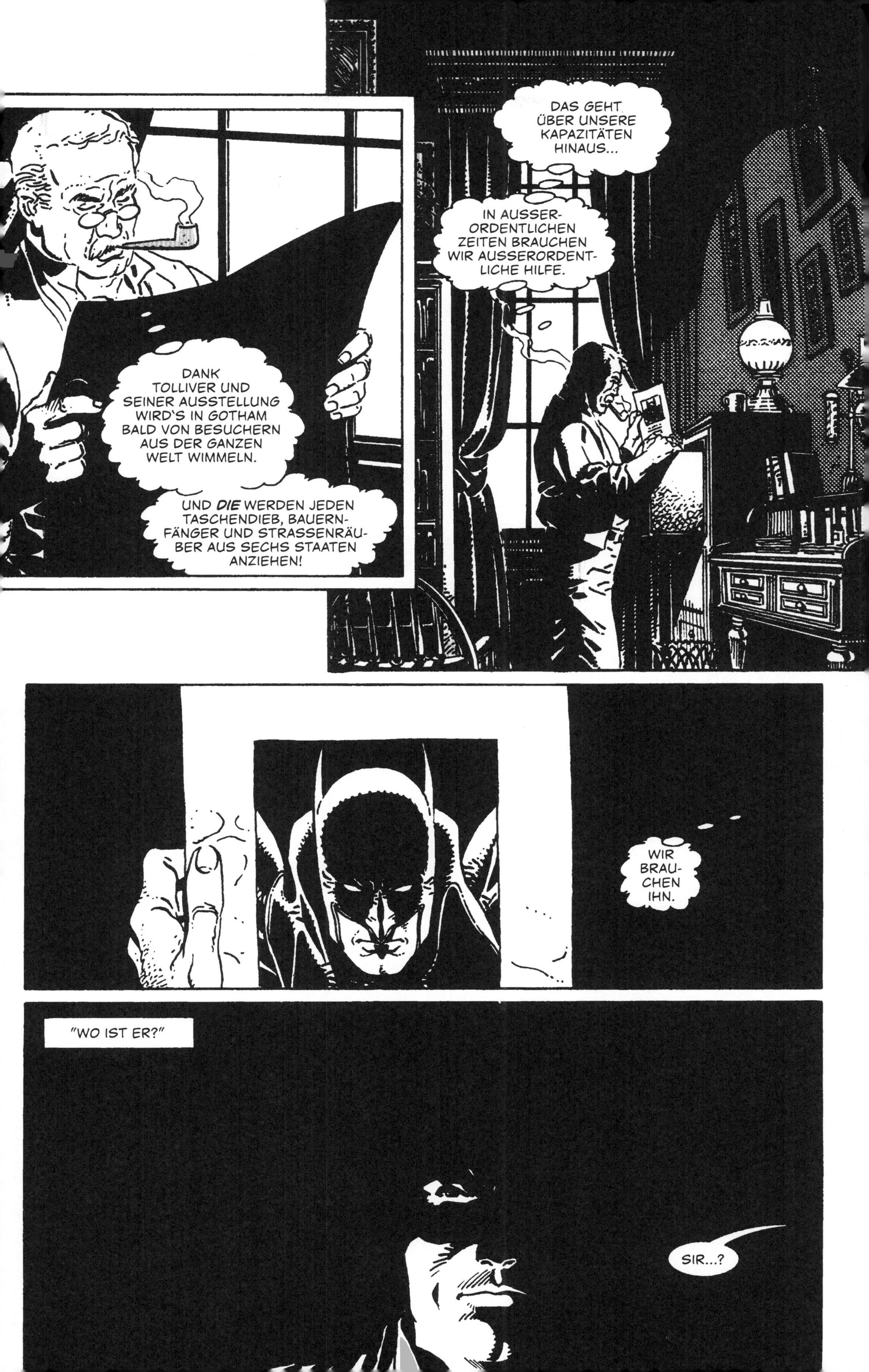

DANK TOLLIVER UND SEINER AUSSTELLUNG WIRD'S IN GOTHAM BALD VON BESUCHERN AUS DER GANZEN WELT WIMMELN.

UND *DIE* WERDEN JEDEN TASCHENDIEB, BAUERNFÄNGER UND STRASSENRÄUBER AUS SECHS STAATEN ANZIEHEN!

DAS GEHT ÜBER UNSERE KAPAZITÄTEN HINAUS...

IN AUSSERORDENTLICHEN ZEITEN BRAUCHEN WIR AUSSERORDENTLICHE HILFE.

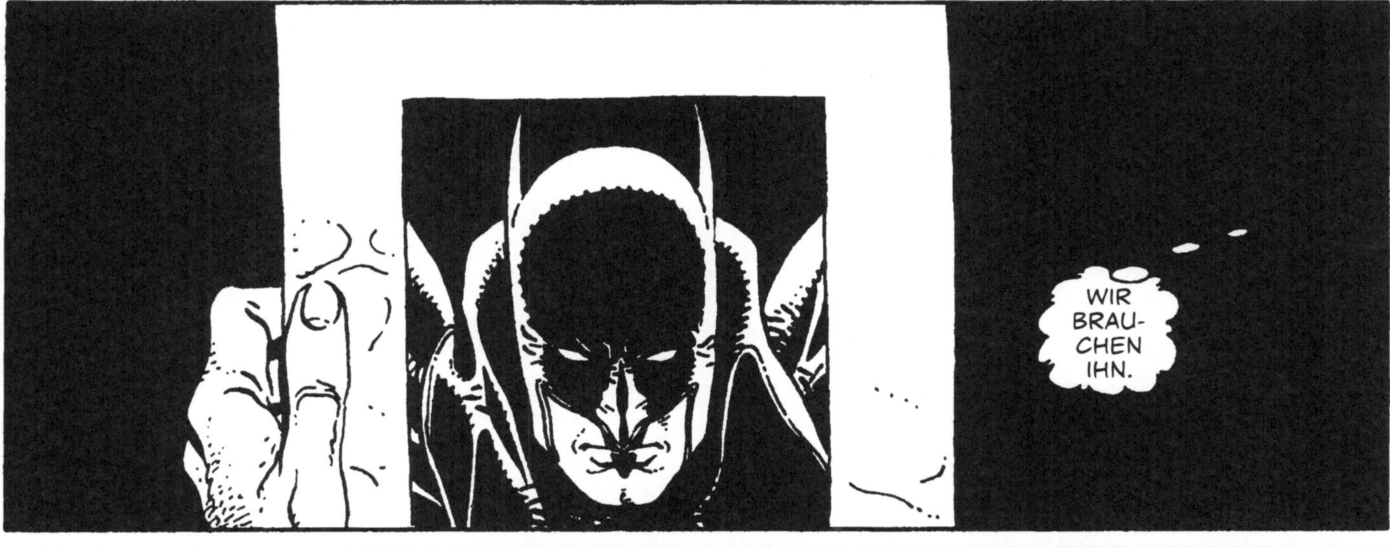

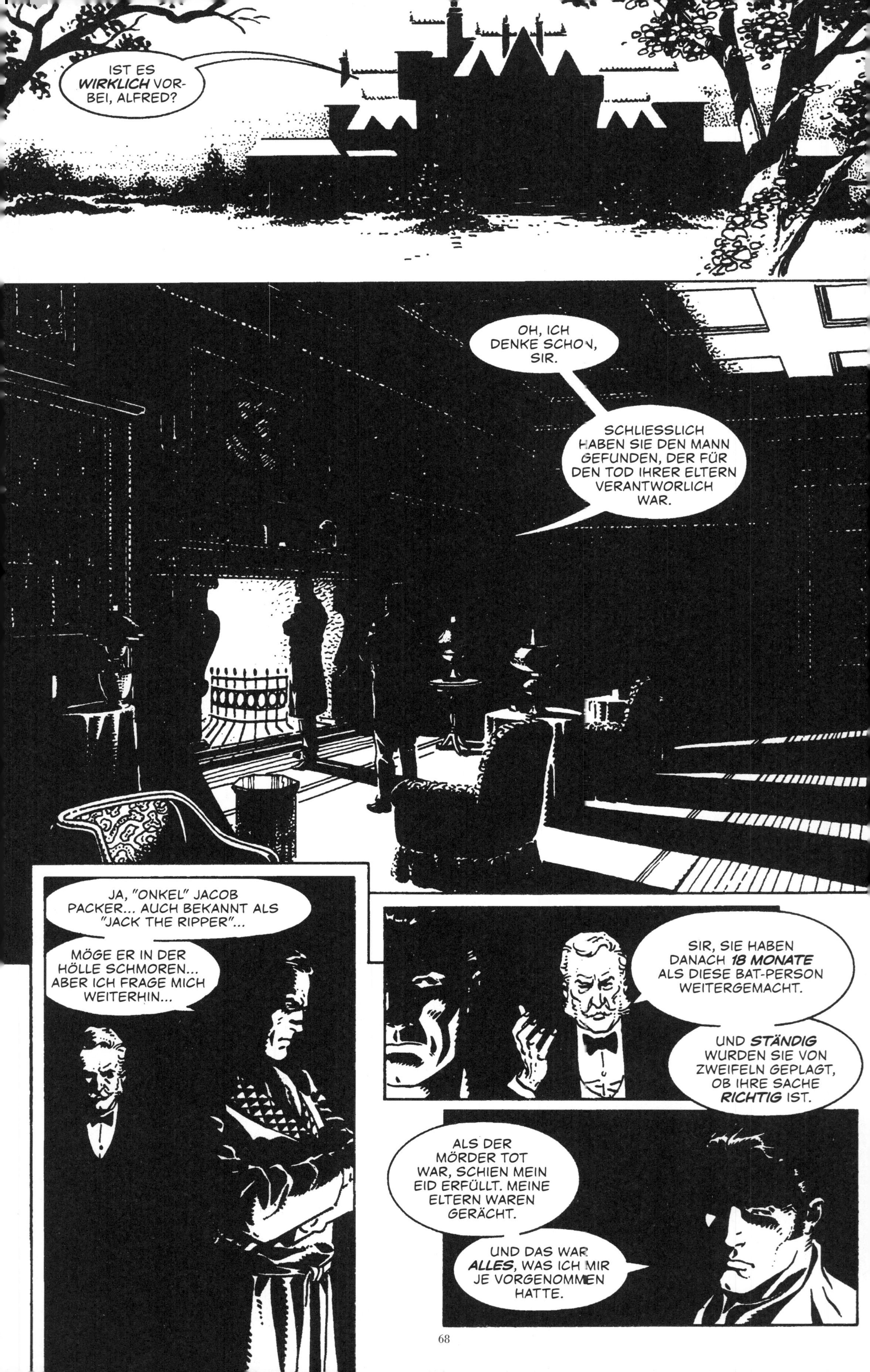
IST ES WIRKLICH VORBEI, ALFRED?
OH, ICH DENKE SCHON, SIR.
SCHLIESSLICH HABEN SIE DEN MANN GEFUNDEN, DER FÜR DEN TOD IHRER ELTERN VERANTWORLICH WAR.
JA, "ONKEL" JACOB PACKER... AUCH BEKANNT ALS "JACK THE RIPPER"...
MÖGE ER IN DER HÖLLE SCHMOREN... ABER ICH FRAGE MICH WEITERHIN...
SIR, SIE HABEN DANACH 18 MONATE ALS DIESE BAT-PERSON WEITERGEMACHT.
UND STÄNDIG WURDEN SIE VON ZWEIFELN GEPLAGT, OB IHRE SACHE RICHTIG IST.
ALS DER MÖRDER TOT WAR, SCHIEN MEIN EID ERFÜLLT. MEINE ELTERN WAREN GERÄCHT.
UND DAS WAR ALLES, WAS ICH MIR JE VORGENOMMEN HATTE.

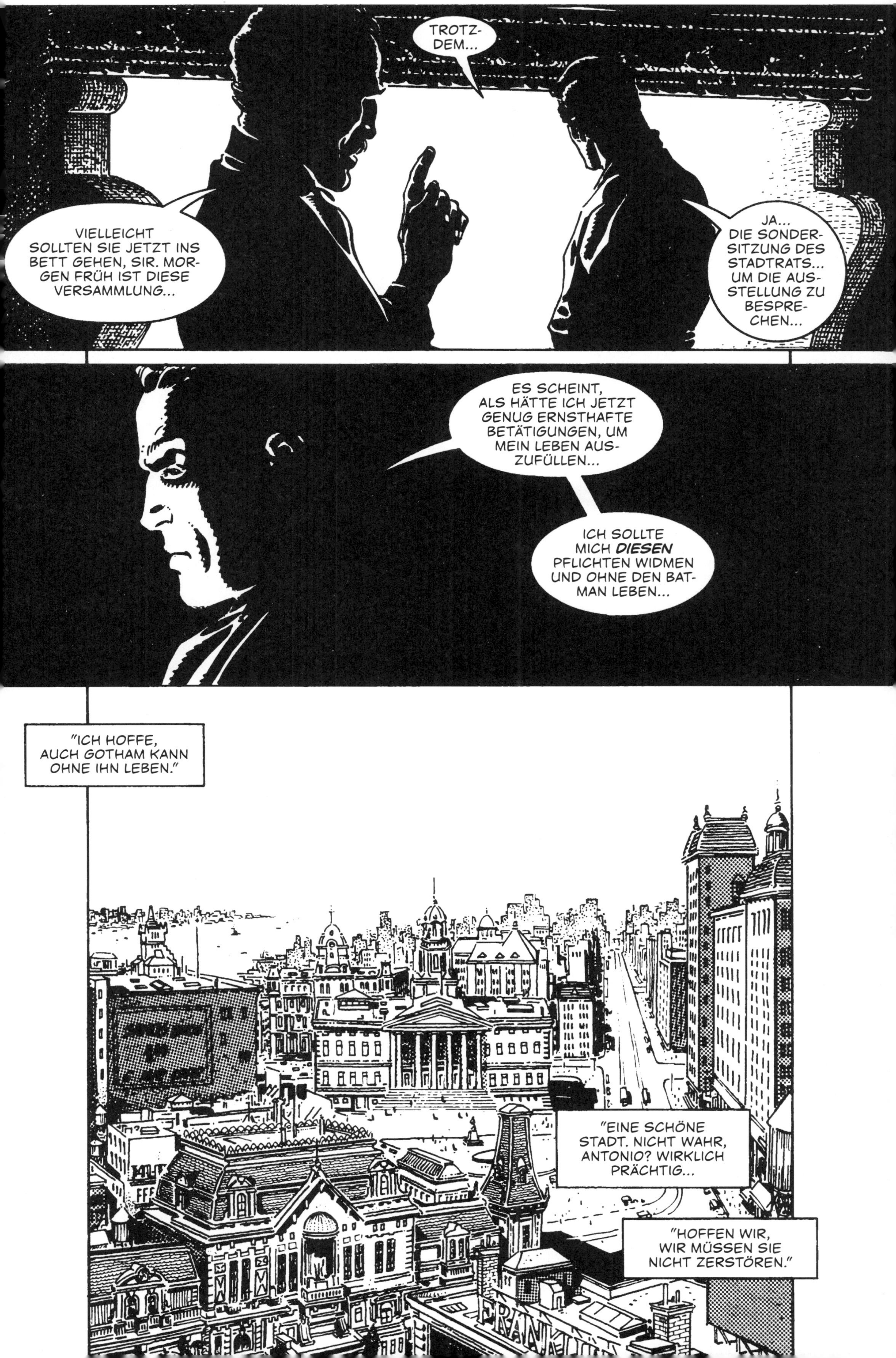

TROTZ-DEM...

VIELLEICHT SOLLTEN SIE JETZT INS BETT GEHEN, SIR. MORGEN FRÜH IST DIESE VERSAMMLUNG...

JA... DIE SONDERSITZUNG DES STADTRATS... UM DIE AUSSTELLUNG ZU BESPRECHEN...

ES SCHEINT, ALS HÄTTE ICH JETZT GENUG ERNSTHAFTE BETÄTIGUNGEN, UM MEIN LEBEN AUSZUFÜLLEN...

ICH SOLLTE MICH ***DIESEN*** PFLICHTEN WIDMEN UND OHNE DEN BATMAN LEBEN...

"ICH HOFFE, AUCH GOTHAM KANN OHNE IHN LEBEN."

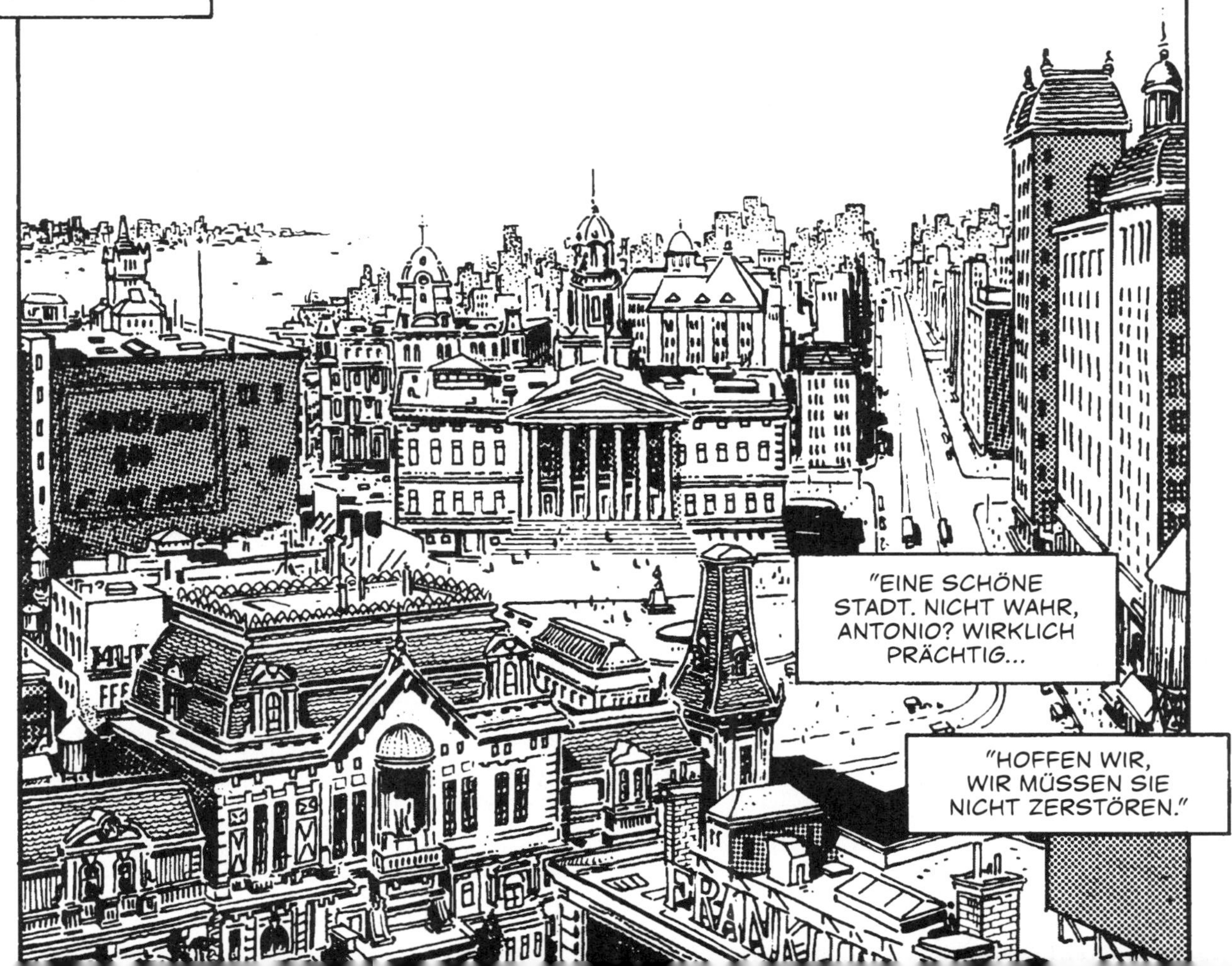

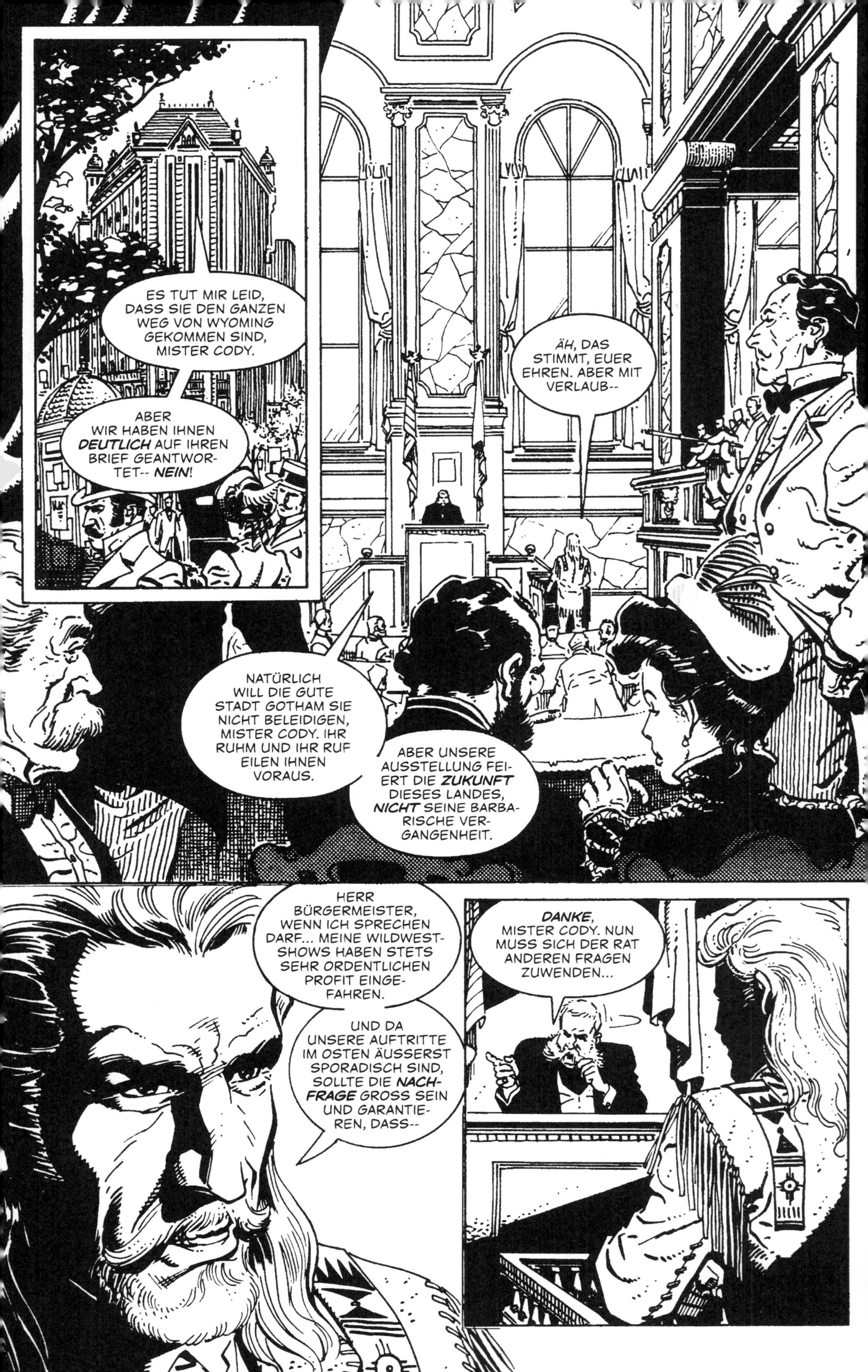
ES TUT MIR LEID, DASS SIE DEN GANZEN WEG VON WYOMING GEKOMMEN SIND, MISTER CODY.
ABER WIR HABEN IHNEN **DEUTLICH** AUF IHREN BRIEF GEANTWORTET-- **NEIN**!
ÄH, DAS STIMMT, EUER EHREN. ABER MIT VERLAUB--
NATÜRLICH WILL DIE GUTE STADT GOTHAM SIE NICHT BELEIDIGEN, MISTER CODY. IHR RUHM UND IHR RUF EILEN IHNEN VORAUS.
ABER UNSERE AUSSTELLUNG FEIERT DIE **ZUKUNFT** DIESES LANDES, **NICHT** SEINE BARBARISCHE VERGANGENHEIT.
HERR BÜRGERMEISTER, WENN ICH SPRECHEN DARF... MEINE WILDWEST-SHOWS HABEN STETS SEHR ORDENTLICHEN PROFIT EINGEFAHREN.
UND DA UNSERE AUFTRITTE IM OSTEN ÄUSSERST SPORADISCH SIND, SOLLTE DIE **NACHFRAGE** GROSS SEIN UND GARANTIEREN, DASS--
DANKE, MISTER CODY. NUN MUSS SICH DER RAT ANDEREN FRAGEN ZUWENDEN...

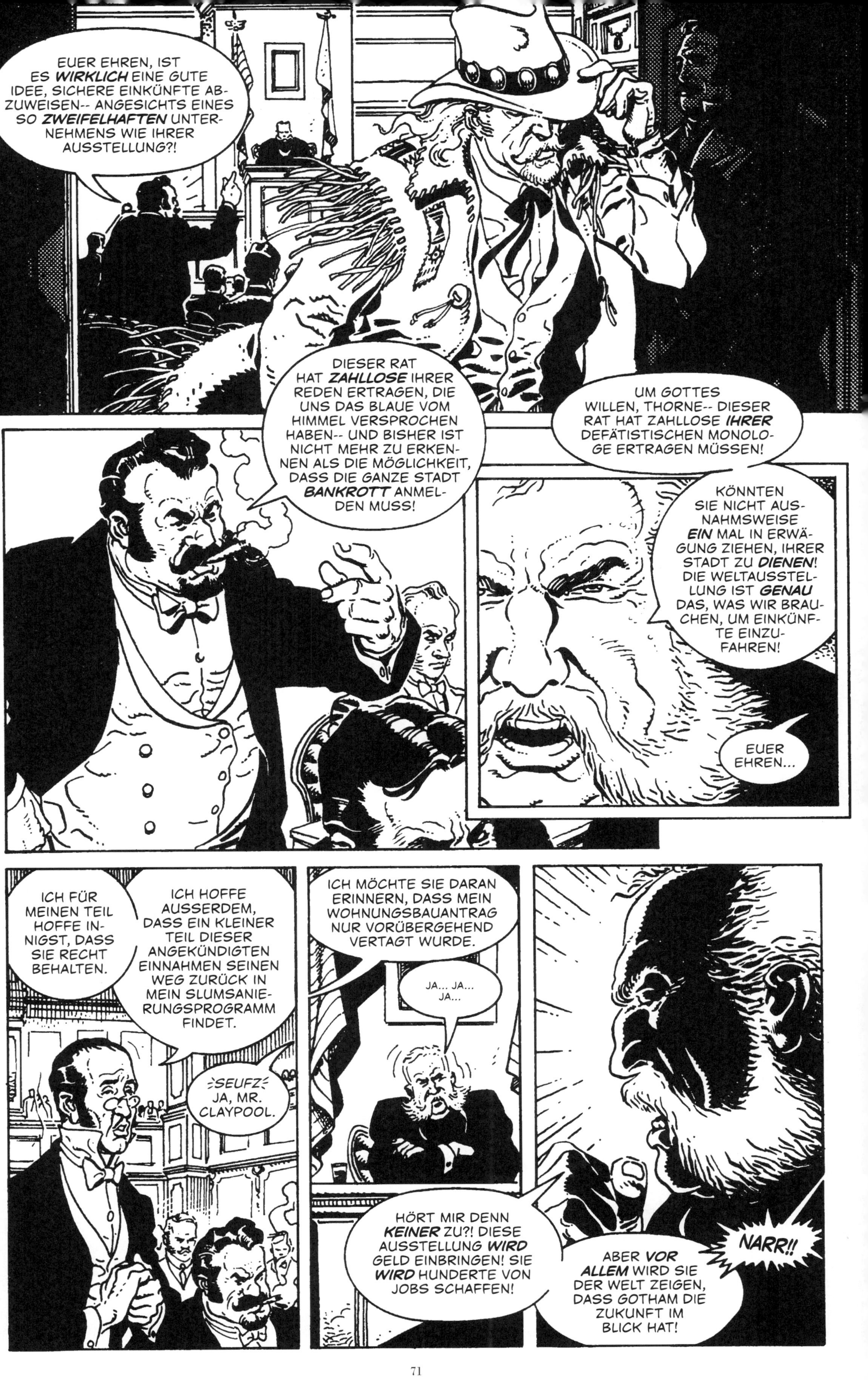

EUER EHREN, IST ES **WIRKLICH** EINE GUTE IDEE, SICHERE EINKÜNFTE ABZUWEISEN-- ANGESICHTS EINES SO **ZWEIFELHAFTEN** UNTERNEHMENS WIE IHRER AUSSTELLUNG?!

DIESER RAT HAT **ZAHLLOSE** IHRER REDEN ERTRAGEN, DIE UNS DAS BLAUE VOM HIMMEL VERSPROCHEN HABEN-- UND BISHER IST NICHT MEHR ZU ERKENNEN ALS DIE MÖGLICHKEIT, DASS DIE GANZE STADT **BANKROTT** ANMELDEN MUSS!

UM GOTTES WILLEN, THORNE-- DIESER RAT HAT ZAHLLOSE **IHRER** DEFÄTISTISCHEN MONOLOGE ERTRAGEN MÜSSEN!

KÖNNTEN SIE NICHT AUSNAHMSWEISE **EIN** MAL IN ERWÄGUNG ZIEHEN, IHRER STADT ZU **DIENEN**! DIE WELTAUSSTELLUNG IST **GENAU** DAS, WAS WIR BRAUCHEN, UM EINKÜNFTE EINZUFAHREN!

EUER EHREN...

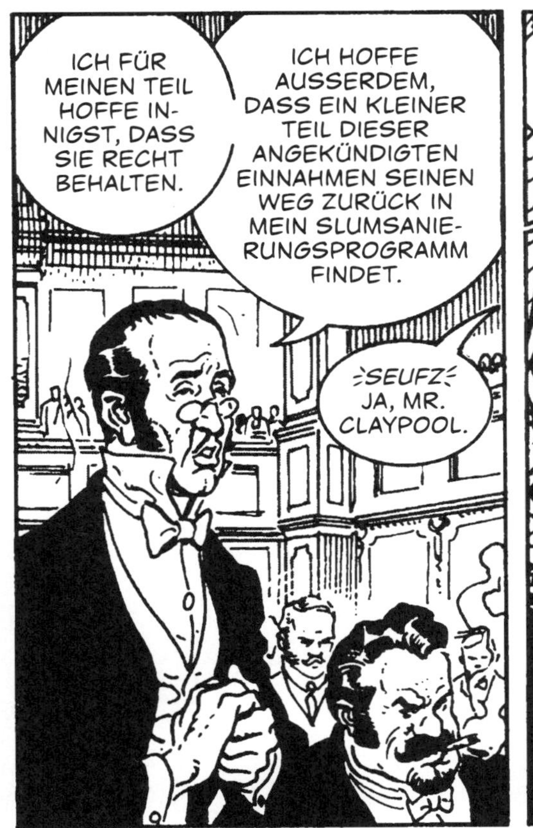

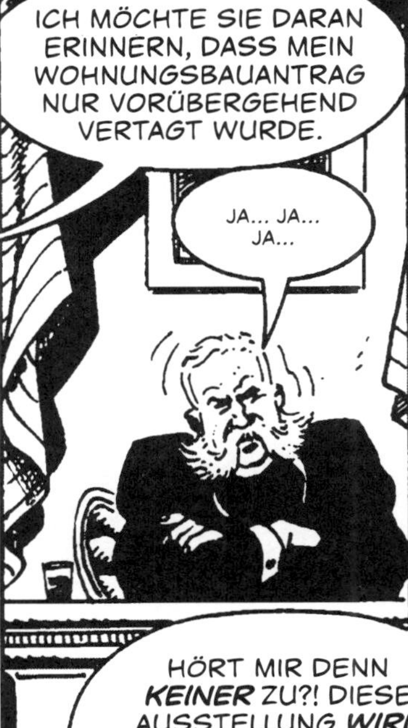

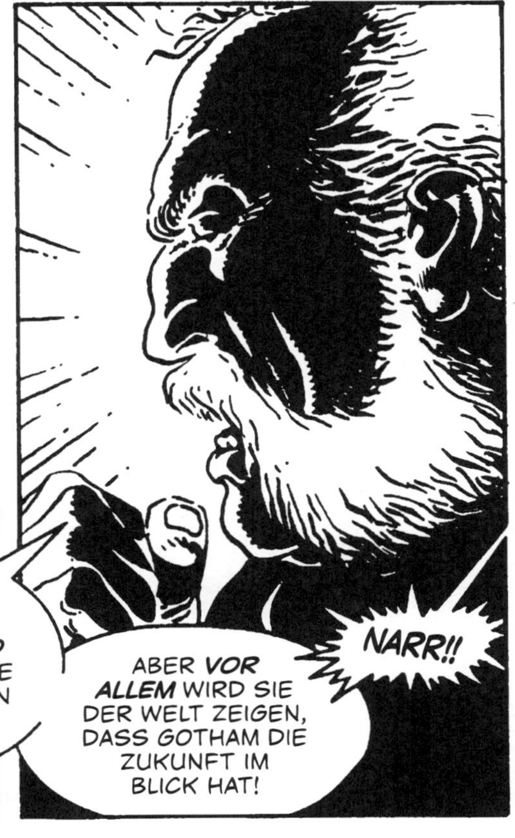

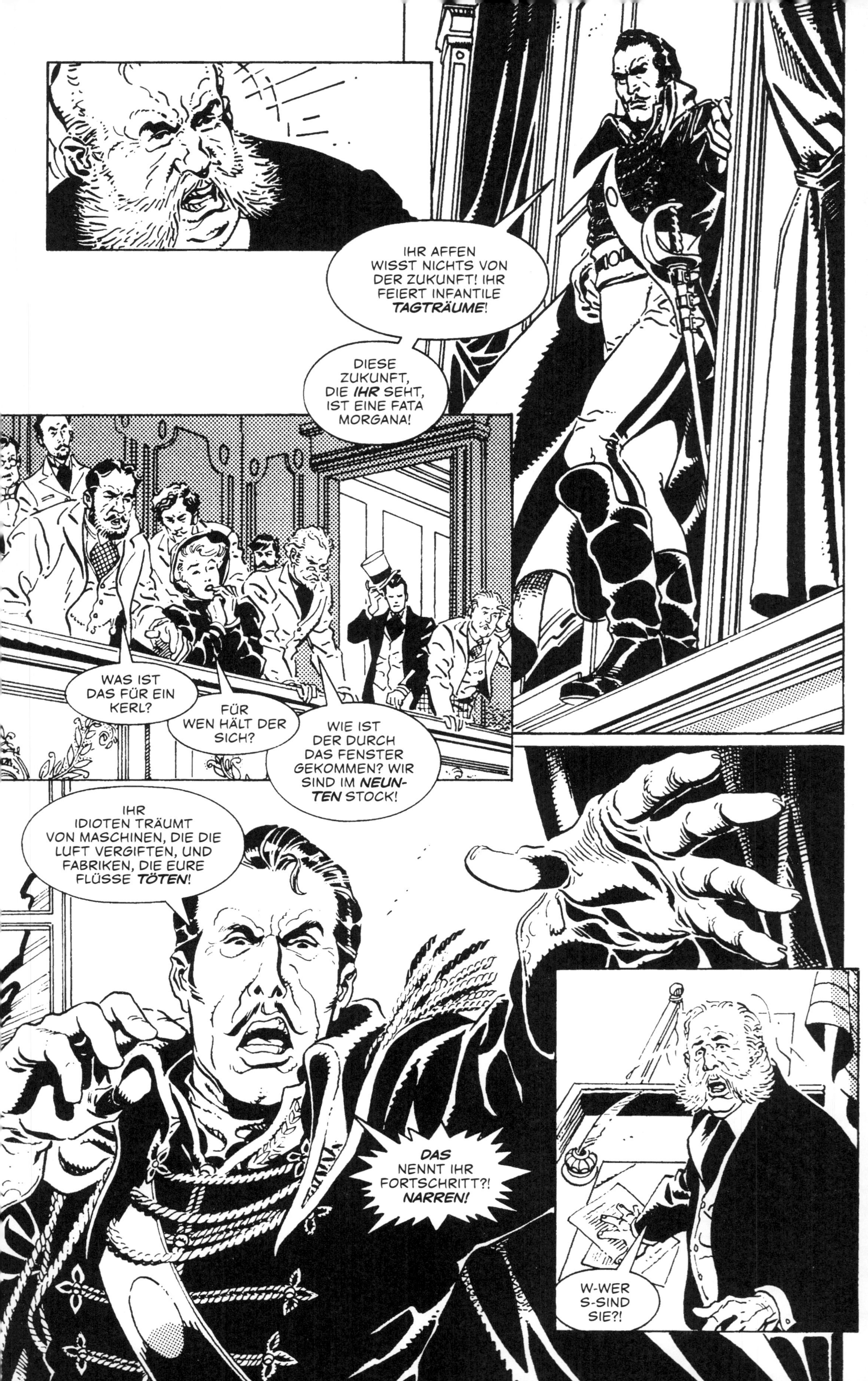
IHR AFFEN WISST NICHTS VON DER ZUKUNFT! IHR FEIERT INFANTILE TAGTRÄUME!
DIESE ZUKUNFT, DIE IHR SEHT, IST EINE FATA MORGANA!
WAS IST DAS FÜR EIN KERL?
FÜR WEN HÄLT DER SICH?
WIE IST DER DURCH DAS FENSTER GEKOMMEN? WIR SIND IM NEUN-TEN STOCK!
IHR IDIOTEN TRÄUMT VON MASCHINEN, DIE DIE LUFT VERGIFTEN, UND FABRIKEN, DIE EURE FLÜSSE TÖTEN!
DAS NENNT IHR FORTSCHRITT?! NARREN!
W-WER S-SIND SIE?!

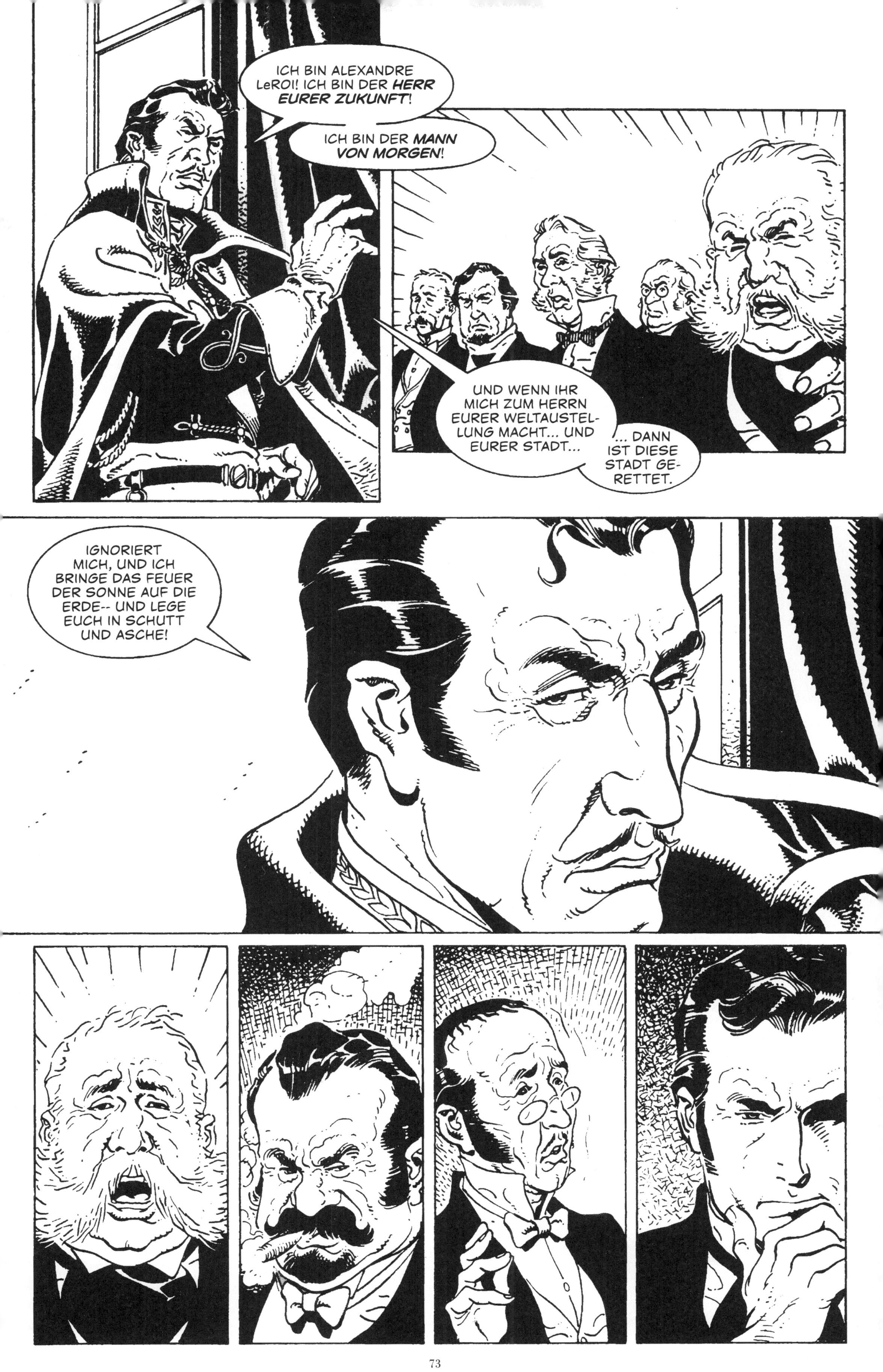

ICH BIN ALEXANDRE LeROI! ICH BIN DER **HERR EURER ZUKUNFT**!

ICH BIN DER **MANN VON MORGEN**!

UND WENN IHR MICH ZUM HERRN EURER WELTAUSTEL-LUNG MACHT... UND EURER STADT...

... DANN IST DIESE STADT GE-RETTET.

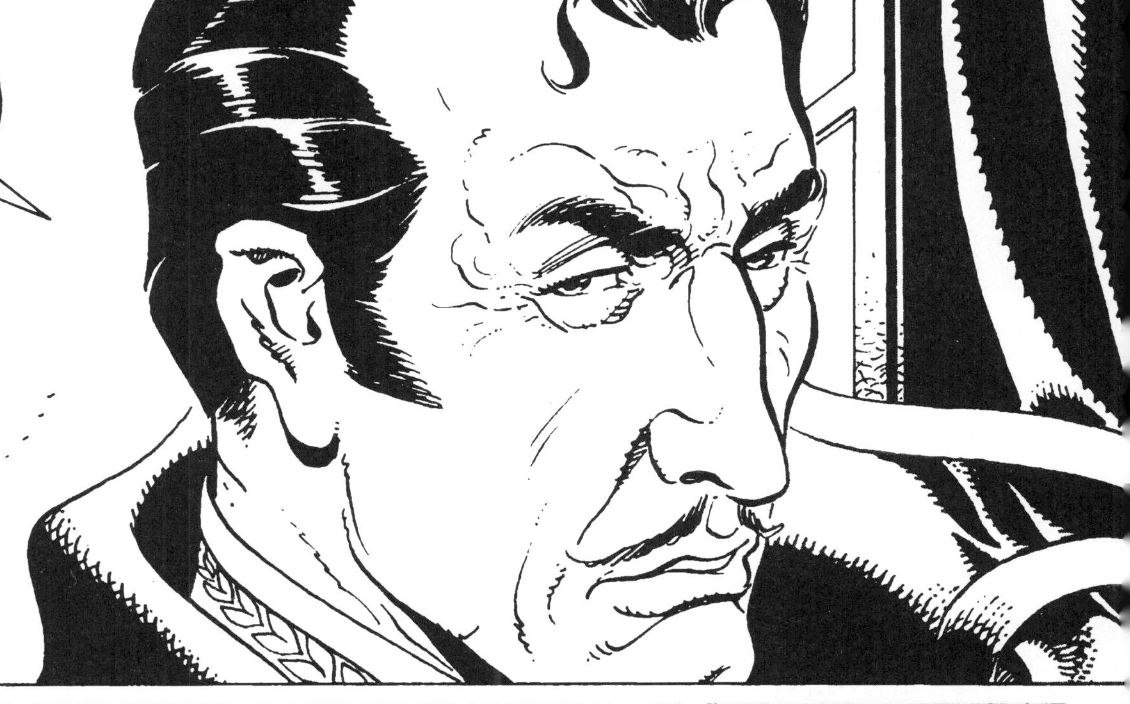

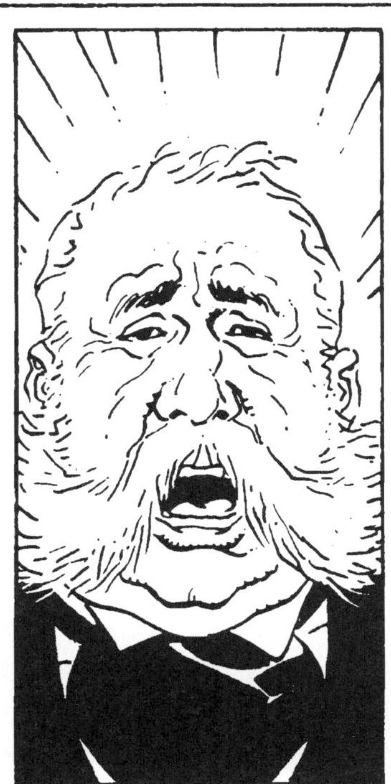

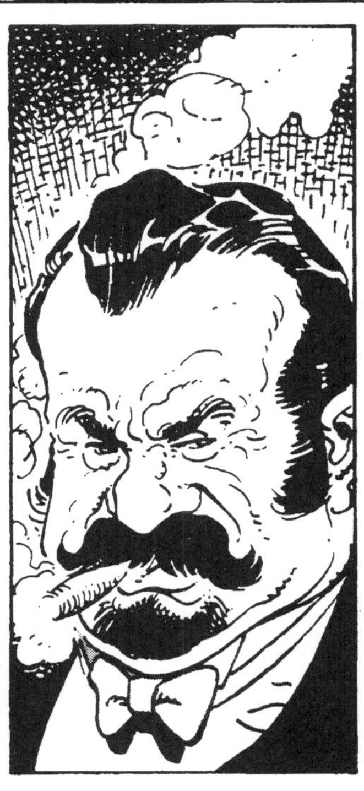

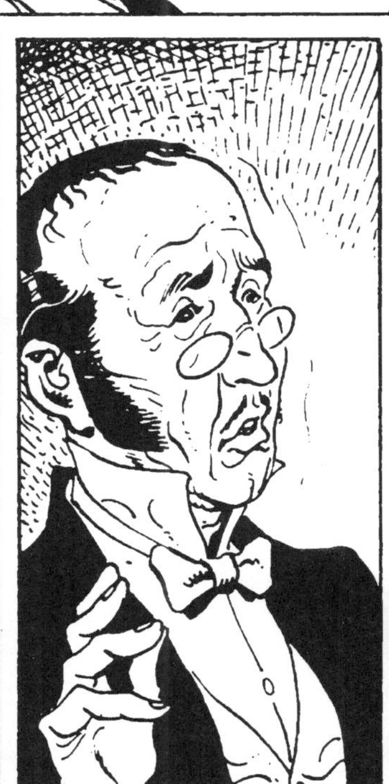

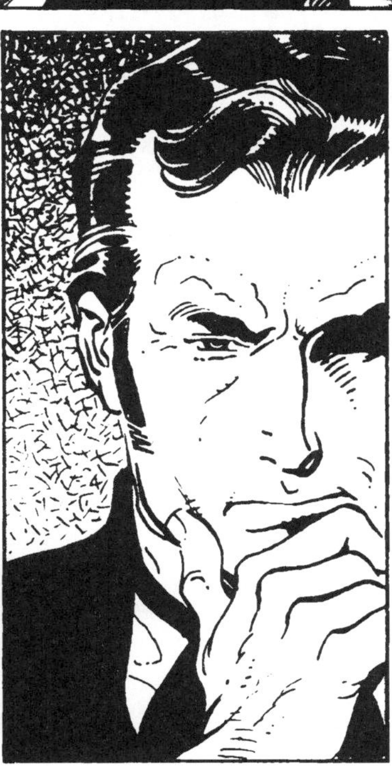

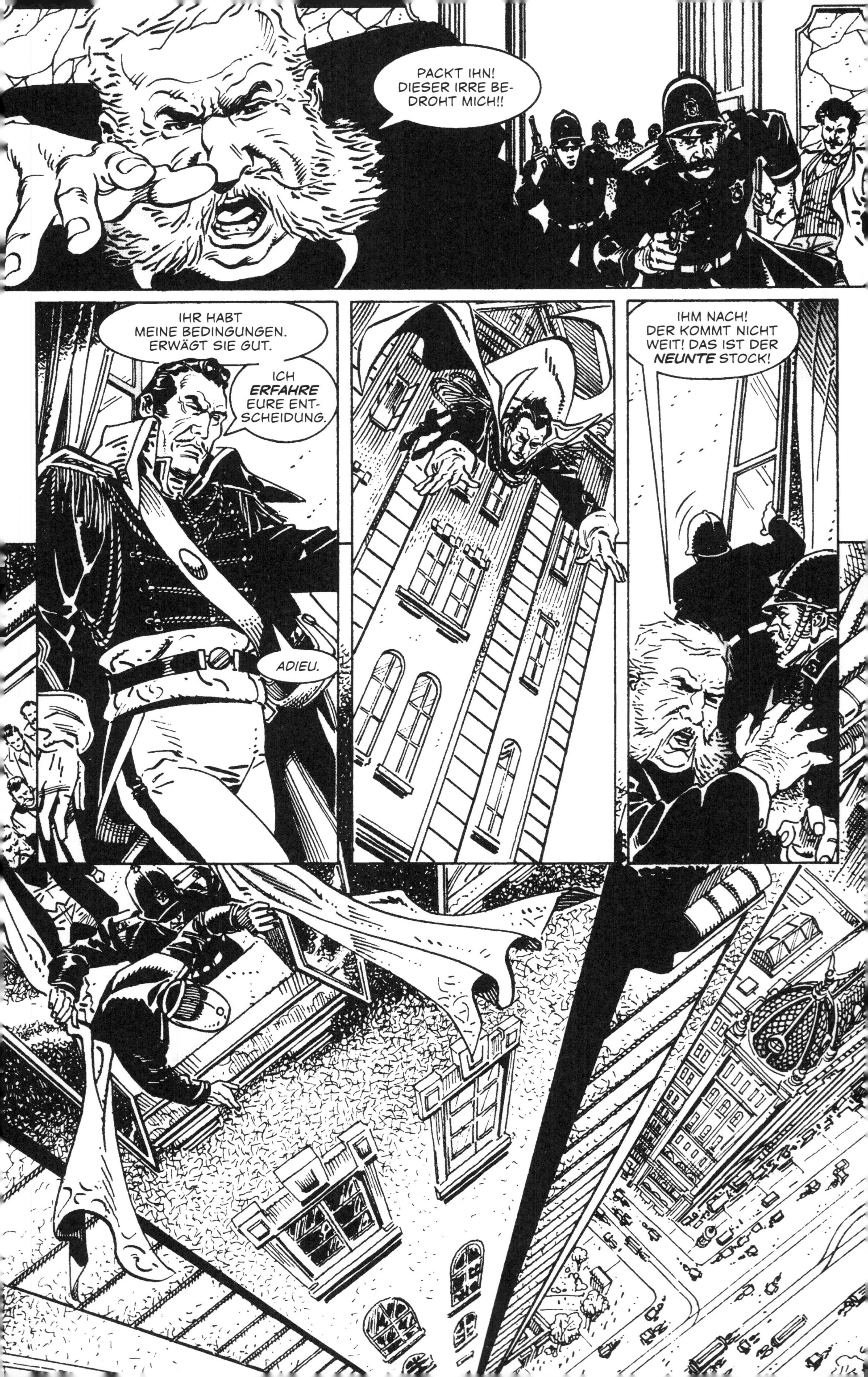
PACKT IHN! DIESER IRRE BEDROHT MICH!!
IHR HABT MEINE BEDINGUNGEN. ERWÄGT SIE GUT.
ICH **ERFAHRE** EURE ENTSCHEIDUNG.
ADIEU.
IHM NACH! DER KOMMT NICHT WEIT! DAS IST DER **NEUNTE** STOCK!

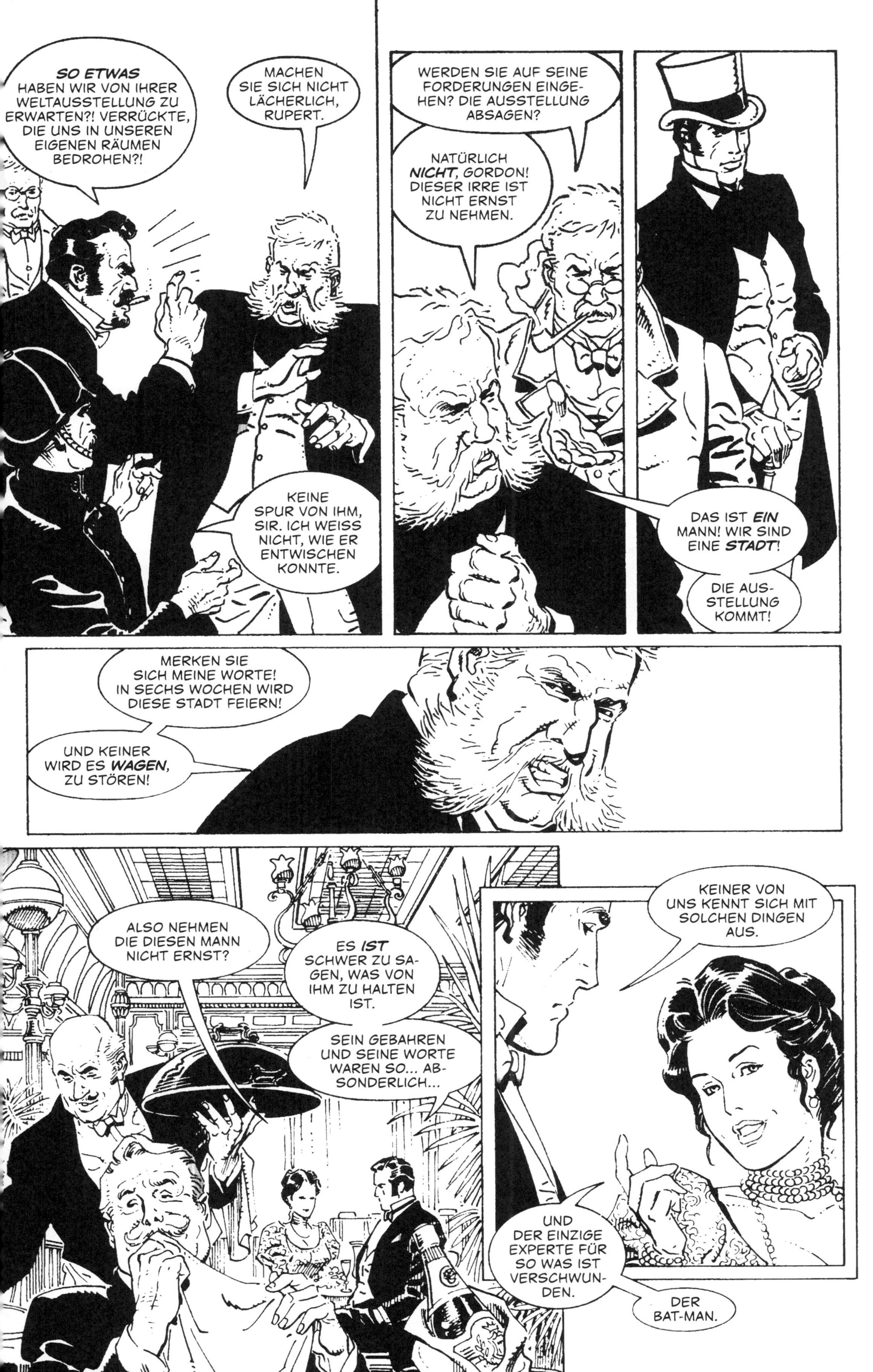
SO ETWAS HABEN WIR VON IHRER WELTAUSSTELLUNG ZU ERWARTEN?! VERRÜCKTE, DIE UNS IN UNSEREN EIGENEN RÄUMEN BEDROHEN?!
MACHEN SIE SICH NICHT LÄCHERLICH, RUPERT.
KEINE SPUR VON IHM, SIR. ICH WEISS NICHT, WIE ER ENTWISCHEN KONNTE.
WERDEN SIE AUF SEINE FORDERUNGEN EINGEHEN? DIE AUSSTELLUNG ABSAGEN?
NATÜRLICH NICHT, GORDON! DIESER IRRE IST NICHT ERNST ZU NEHMEN.
DAS IST EIN MANN! WIR SIND EINE STADT!
DIE AUSSTELLUNG KOMMT!
MERKEN SIE SICH MEINE WORTE! IN SECHS WOCHEN WIRD DIESE STADT FEIERN!
UND KEINER WIRD ES WAGEN, ZU STÖREN!
ALSO NEHMEN DIE DIESEN MANN NICHT ERNST?
ES IST SCHWER ZU SAGEN, WAS VON IHM ZU HALTEN IST.
SEIN GEBAHREN UND SEINE WORTE WAREN SO... ABSONDERLICH...
KEINER VON UNS KENNT SICH MIT SOLCHEN DINGEN AUS.
UND DER EINZIGE EXPERTE FÜR SO WAS IST VERSCHWUNDEN.
DER BAT-MAN.

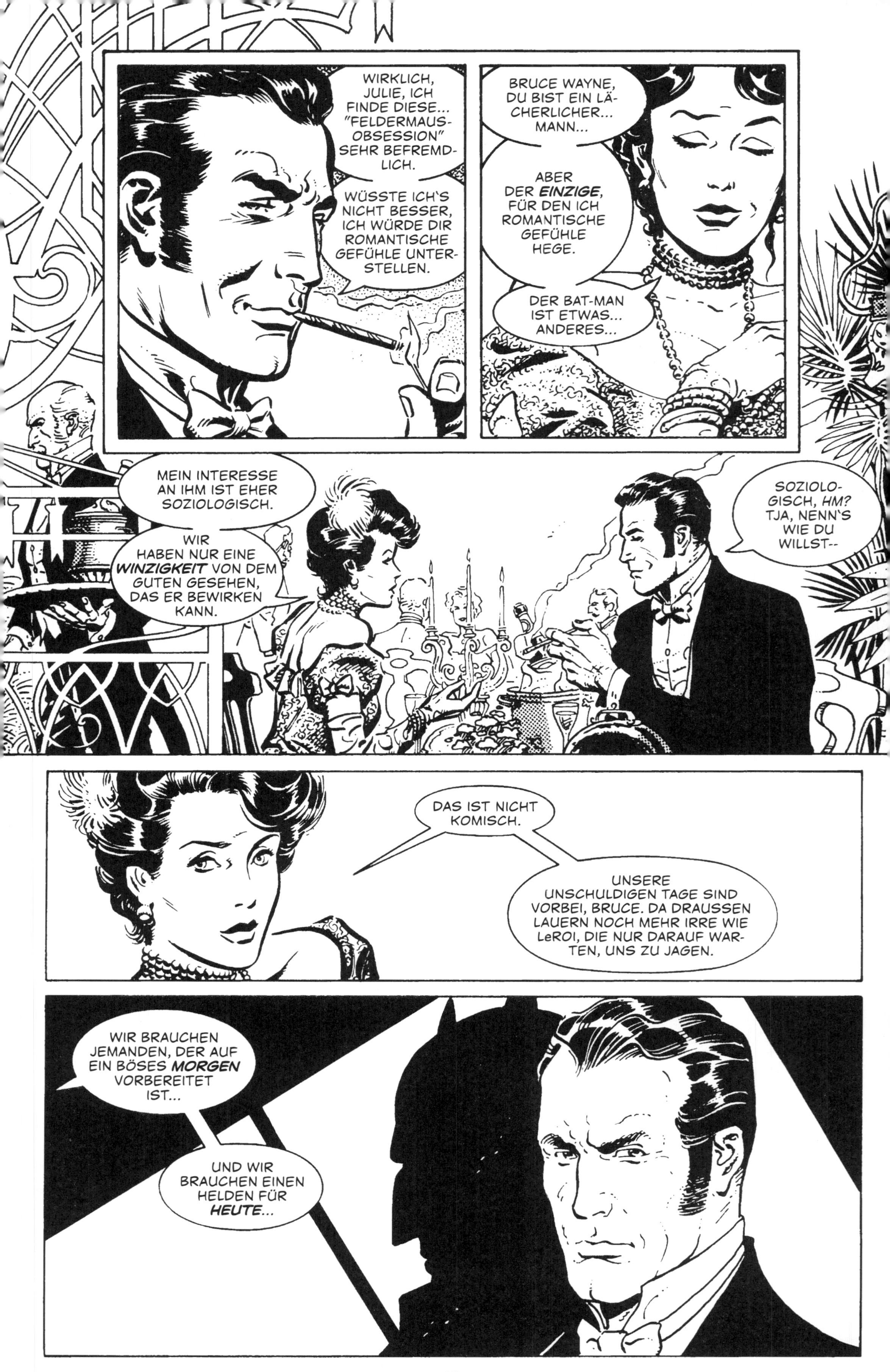

WIRKLICH, JULIE, ICH FINDE DIESE... "FELDERMAUS-OBSESSION" SEHR BEFREMDLICH.

WÜSSTE ICH'S NICHT BESSER, ICH WÜRDE DIR ROMANTISCHE GEFÜHLE UNTERSTELLEN.

BRUCE WAYNE, DU BIST EIN LÄCHERLICHER... MANN...

ABER DER ***EINZIGE***, FÜR DEN ICH ROMANTISCHE GEFÜHLE HEGE.

DER BAT-MAN IST ETWAS... ANDERES...

MEIN INTERESSE AN IHM IST EHER SOZIOLOGISCH.

WIR HABEN NUR EINE ***WINZIGKEIT*** VON DEM GUTEN GESEHEN, DAS ER BEWIRKEN KANN.

SOZIOLOGISCH, *HM?* TJA, NENN'S WIE DU WILLST--

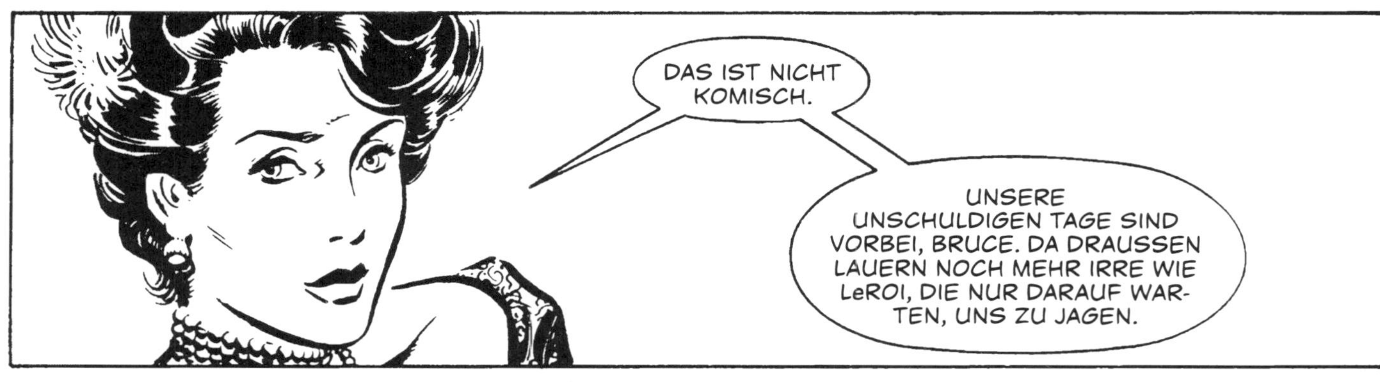

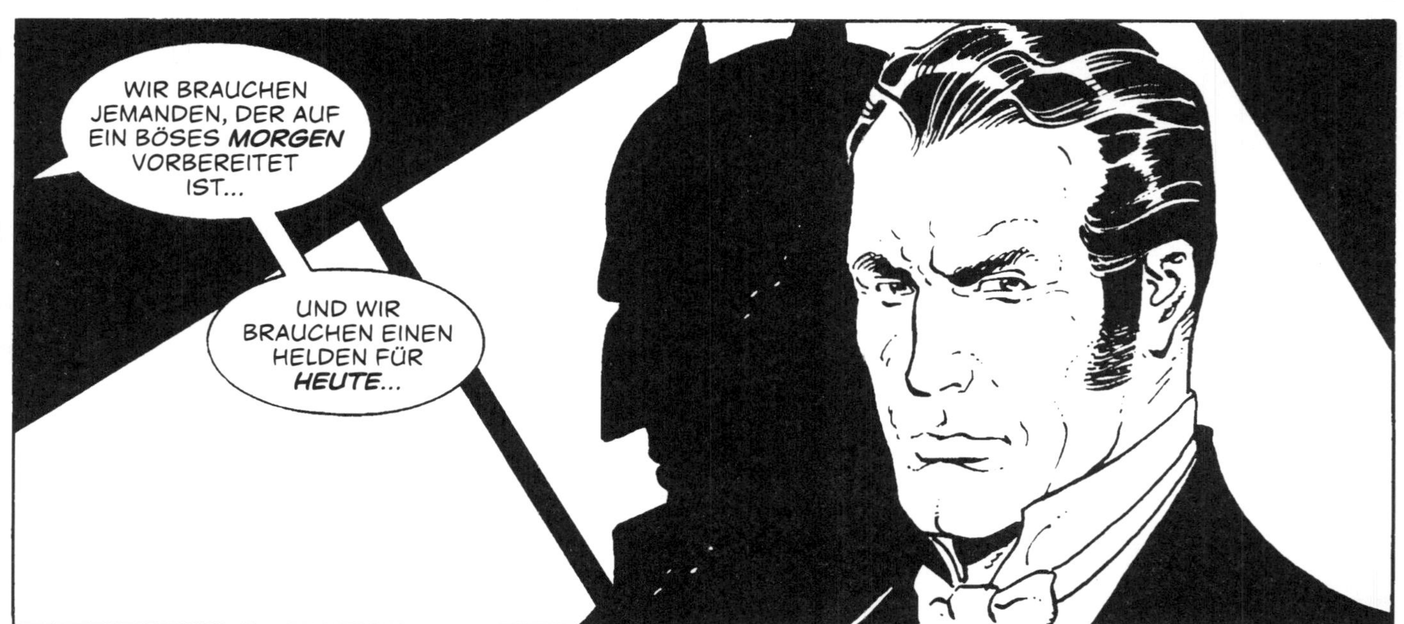

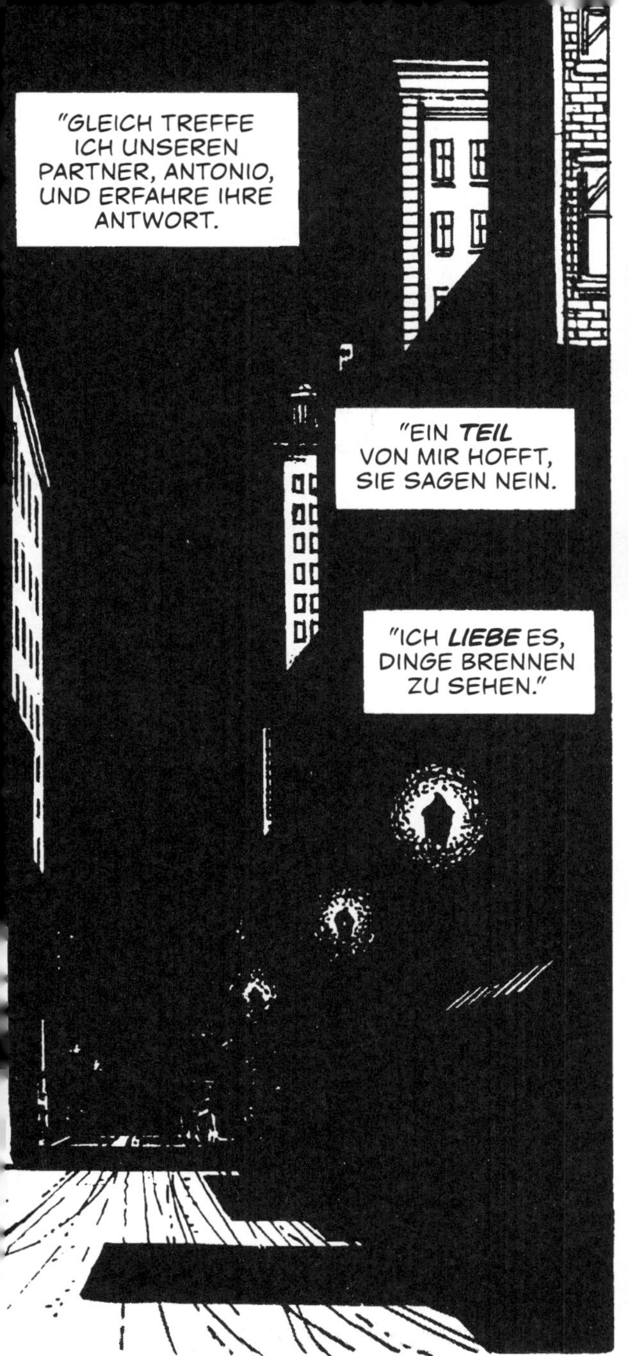
"GLEICH TREFFE ICH UNSEREN PARTNER, ANTONIO, UND ERFAHRE IHRE ANTWORT.
"EIN TEIL VON MIR HOFFT, SIE SAGEN NEIN.
"ICH LIEBE ES, DINGE BRENNEN ZU SEHEN."

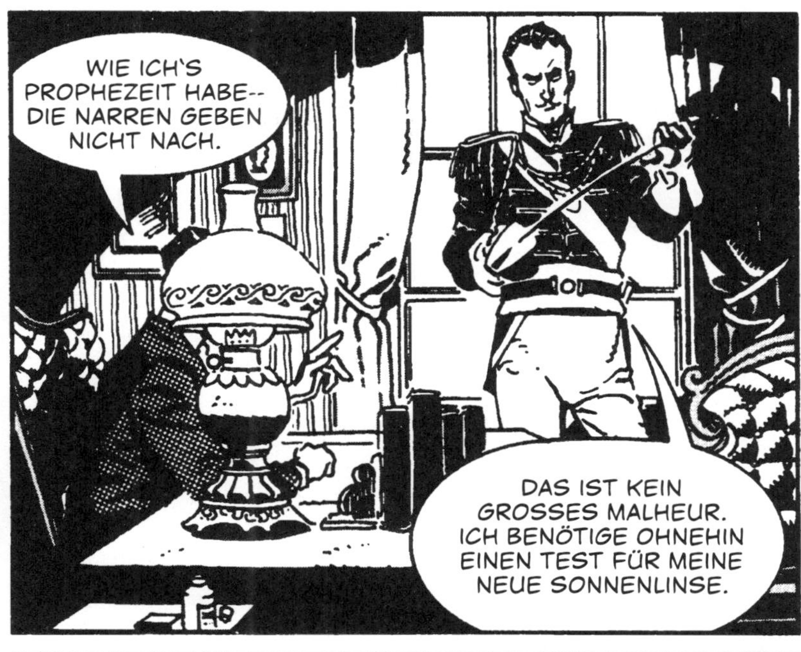
WIE ICH'S PROPHEZEIT HABE-- DIE NARREN GEBEN NICHT NACH.
DAS IST KEIN GROSSES MALHEUR. ICH BENÖTIGE OHNEHIN EINEN TEST FÜR MEINE NEUE SONNENLINSE.

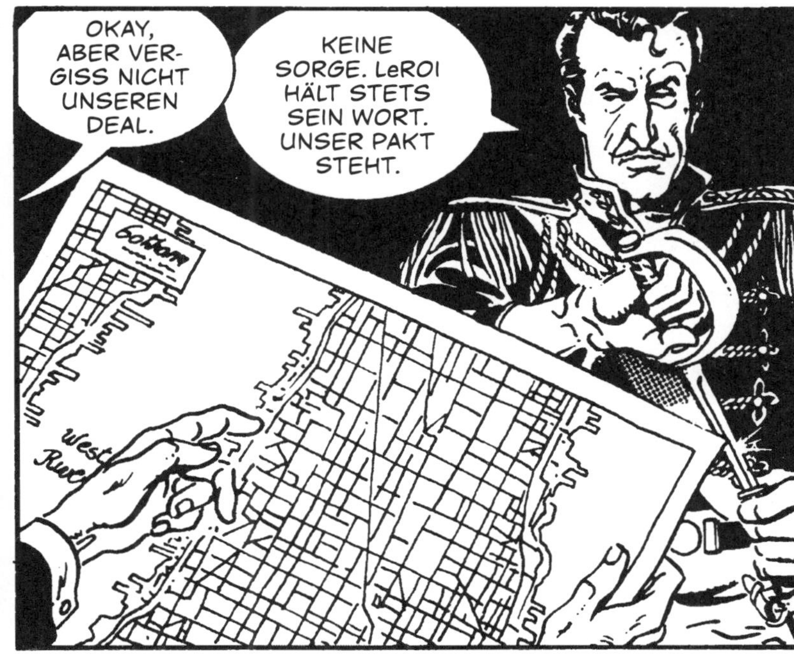
OKAY, ABER VERGISS NICHT UNSEREN DEAL.
KEINE SORGE. LeROI HÄLT STETS SEIN WORT. UNSER PAKT STEHT.

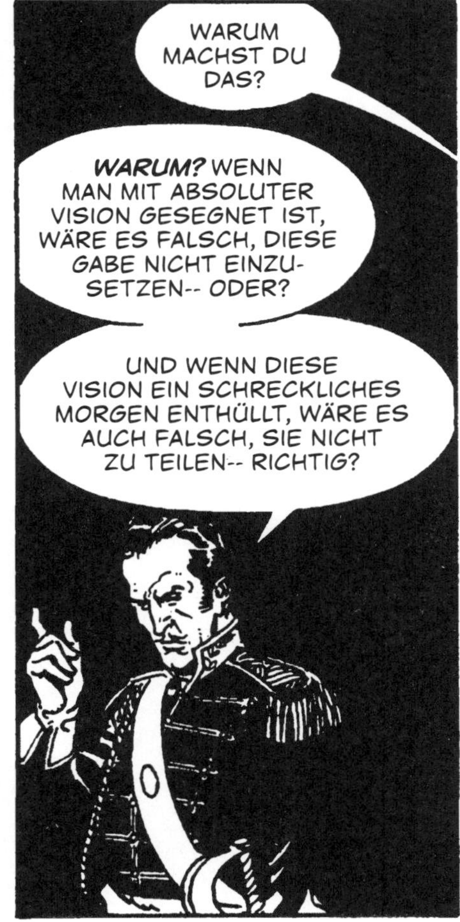
WARUM MACHST DU DAS?
WARUM? WENN MAN MIT ABSOLUTER VISION GESEGNET IST, WÄRE ES FALSCH, DIESE GABE NICHT EINZUSETZEN-- ODER?
UND WENN DIESE VISION EIN SCHRECKLICHES MORGEN ENTHÜLLT, WÄRE ES AUCH FALSCH, SIE NICHT ZU TEILEN-- RICHTIG?

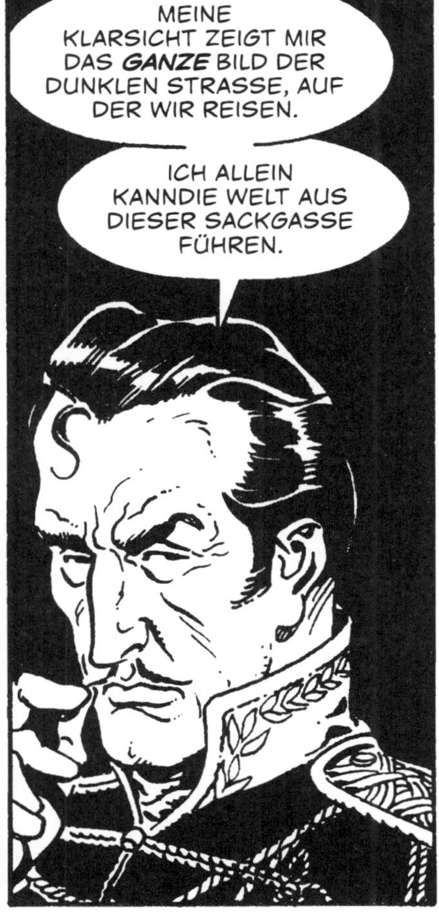
MEINE KLARSICHT ZEIGT MIR DAS GANZE BILD DER DUNKLEN STRASSE, AUF DER WIR REISEN.
ICH ALLEIN KANNDIE WELT AUS DIESER SACKGASSE FÜHREN.

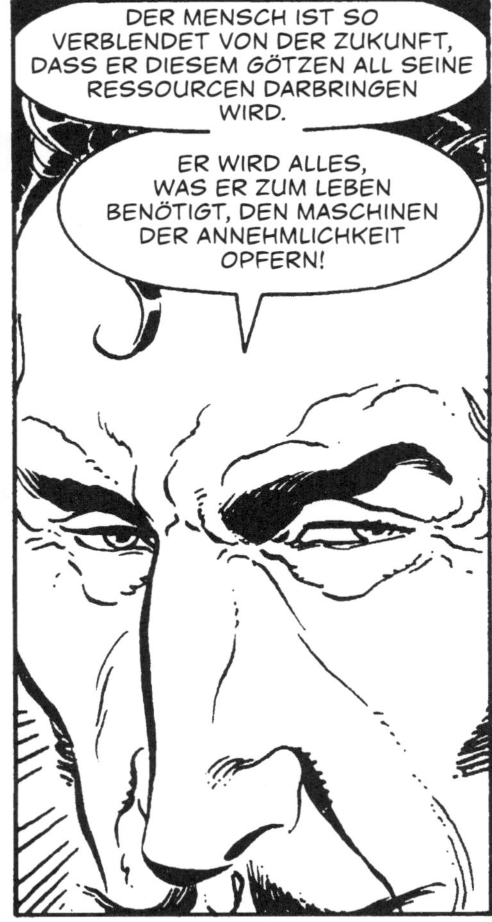
DER MENSCH IST SO VERBLENDET VON DER ZUKUNFT, DASS ER DIESEM GÖTZEN ALL SEINE RESSOURCEN DARBRINGEN WIRD.
ER WIRD ALLES, WAS ER ZUM LEBEN BENÖTIGT, DEN MASCHINEN DER ANNEHMLICHKEIT OPFERN!

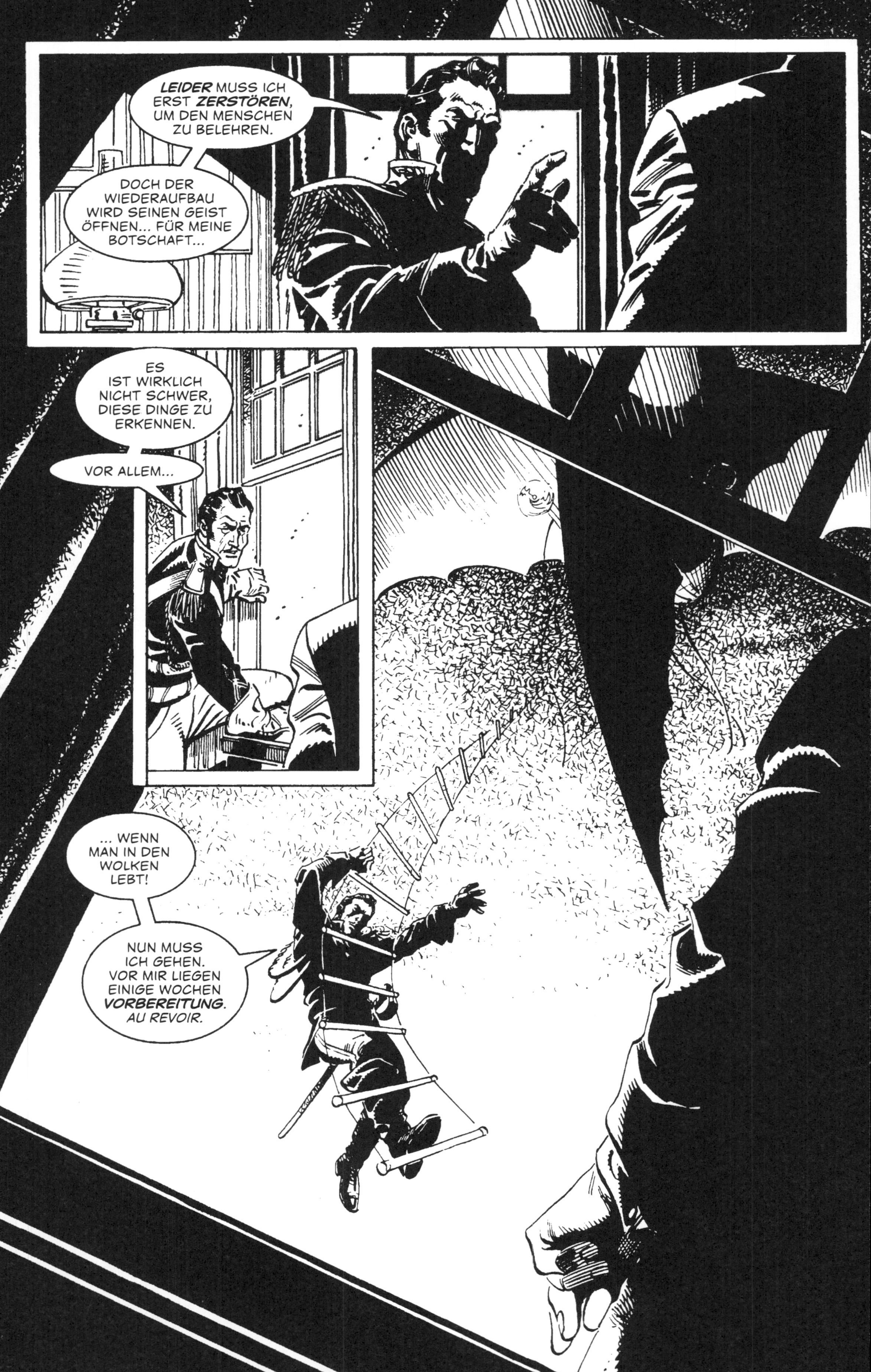
LEIDER MUSS ICH ERST **ZERSTÖREN**, UM DEN MENSCHEN ZU BELEHREN.
DOCH DER WIEDERAUFBAU WIRD SEINEN GEIST ÖFFNEN... FÜR MEINE BOTSCHAFT...
ES IST WIRKLICH NICHT SCHWER, DIESE DINGE ZU ERKENNEN.
VOR ALLEM...
... WENN MAN IN DEN WOLKEN LEBT!
NUN MUSS ICH GEHEN. VOR MIR LIEGEN EINIGE WOCHEN **VORBEREITUNG**. *AU REVOIR.*

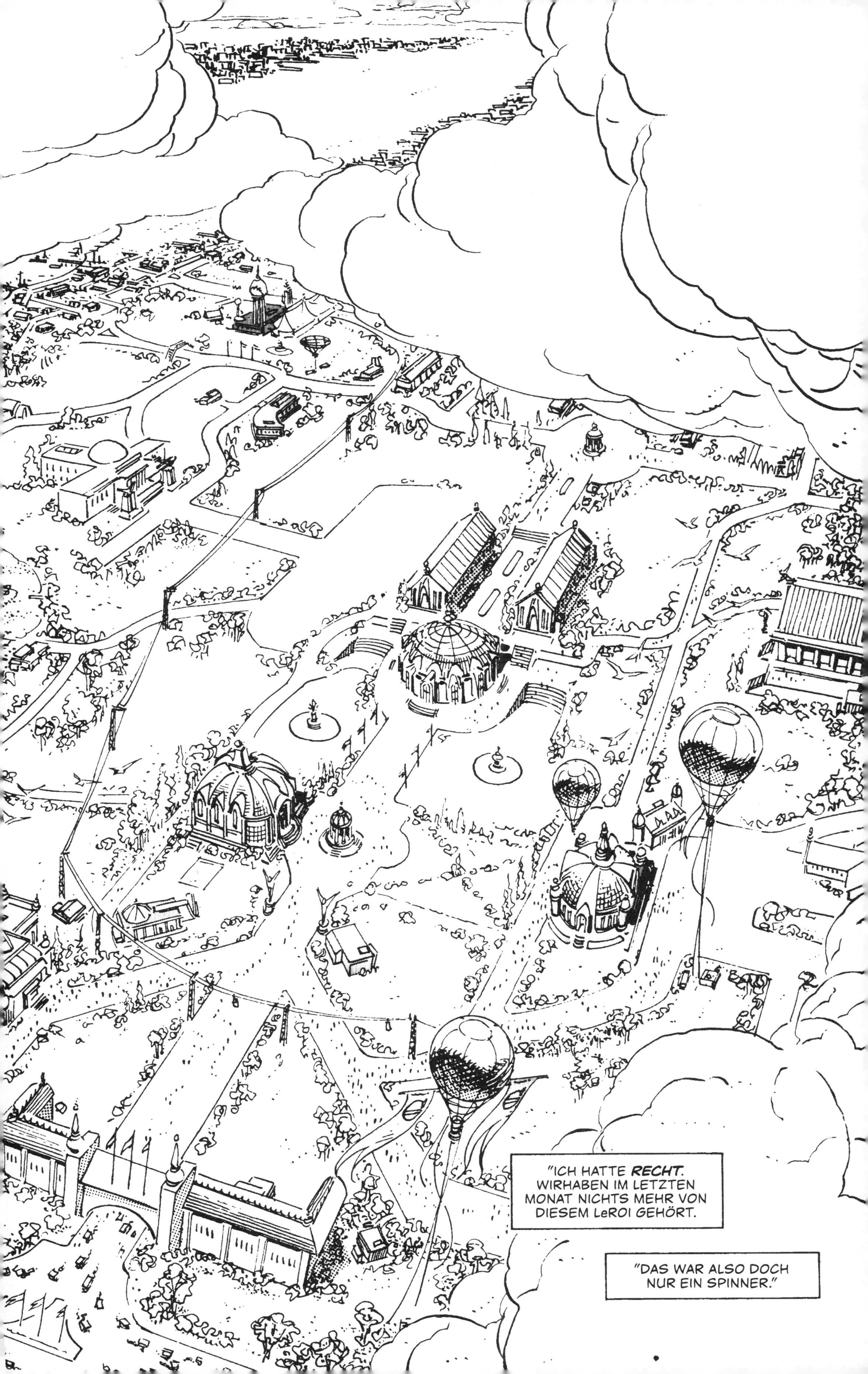
"ICH HATTE RECHT.
WIRHABEN IM LETZTEN MONAT NICHTS MEHR VON DIESEM LeROI GEHÖRT.
"DAS WAR ALSO DOCH NUR EIN SPINNER."

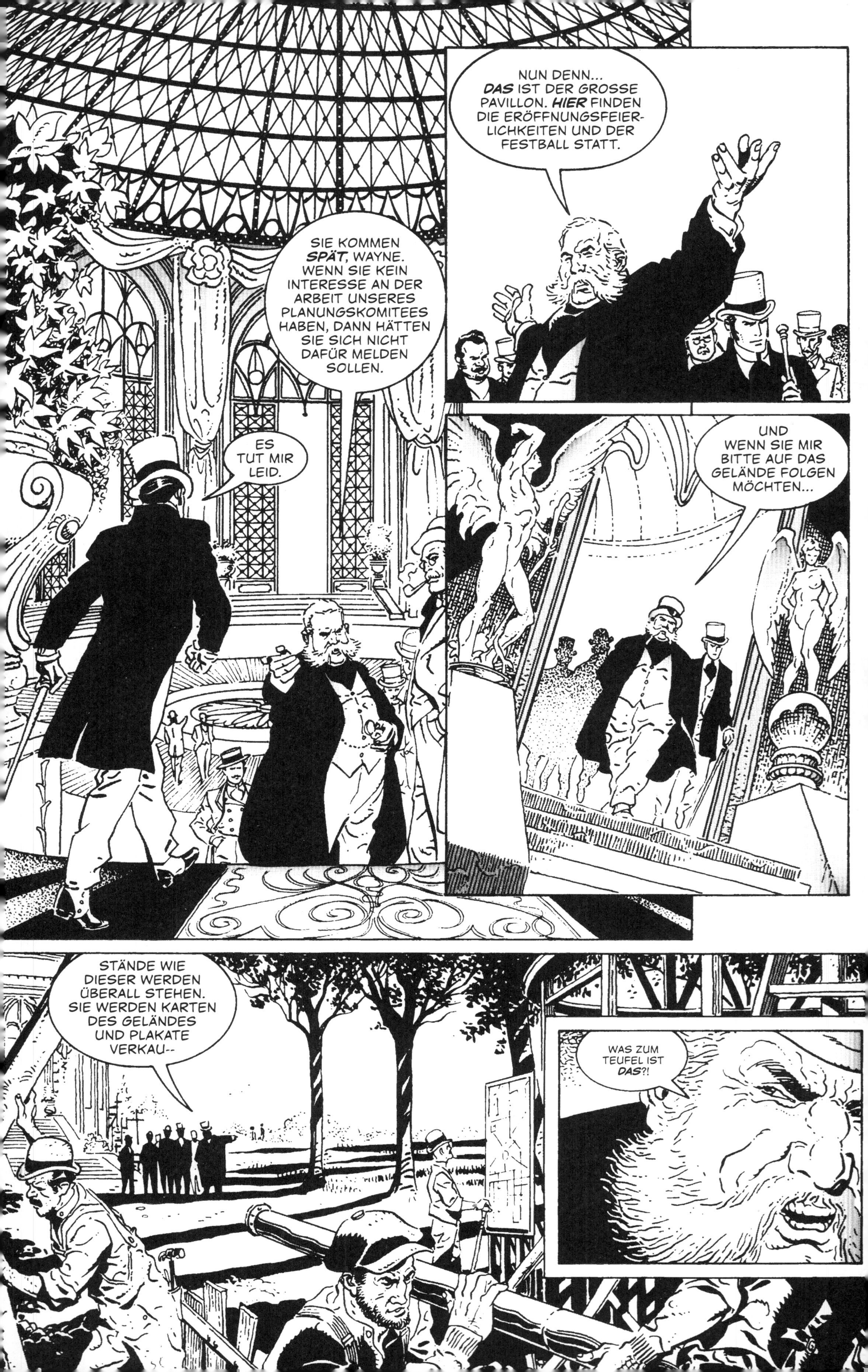
SIE KOMMEN SPÄT, WAYNE. WENN SIE KEIN INTERESSE AN DER ARBEIT UNSERES PLANUNGSKOMITEES HABEN, DANN HÄTTEN SIE SICH NICHT DAFÜR MELDEN SOLLEN.
ES TUT MIR LEID.
NUN DENN... DAS IST DER GROSSE PAVILLON. HIER FINDEN DIE ERÖFFNUNGSFEIER-LICHKEITEN UND DER FESTBALL STATT.
UND WENN SIE MIR BITTE AUF DAS GELÄNDE FOLGEN MÖCHTEN...
STÄNDE WIE DIESER WERDEN ÜBERALL STEHEN. SIE WERDEN KARTEN DES GELÄNDES UND PLAKATE VERKAU--
WAS ZUM TEUFEL IST DAS?!

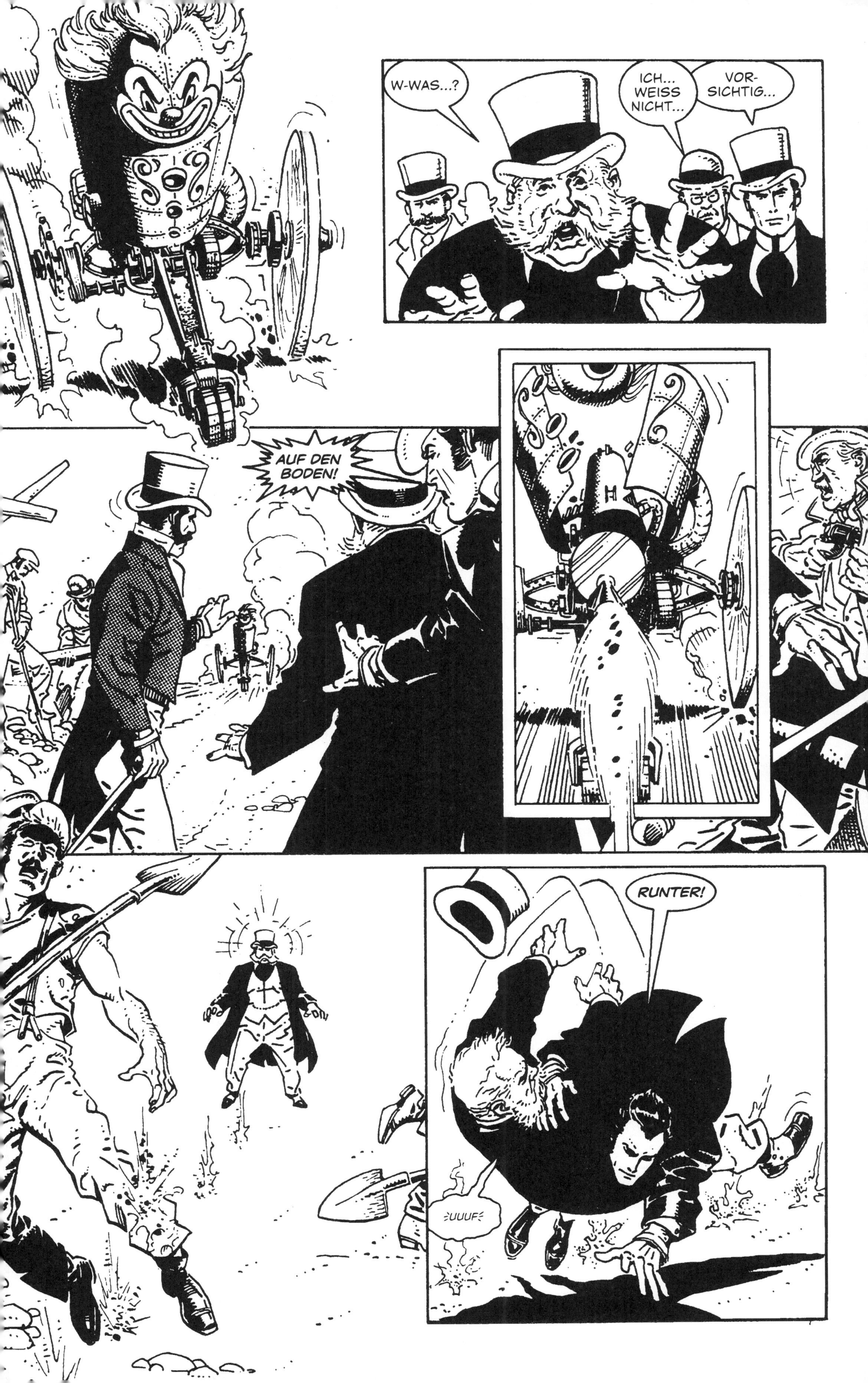
W-WAS...?
ICH... WEISS NICHT...
VOR-SICHTIG...
AUF DEN BODEN!
RUNTER!
UUUF

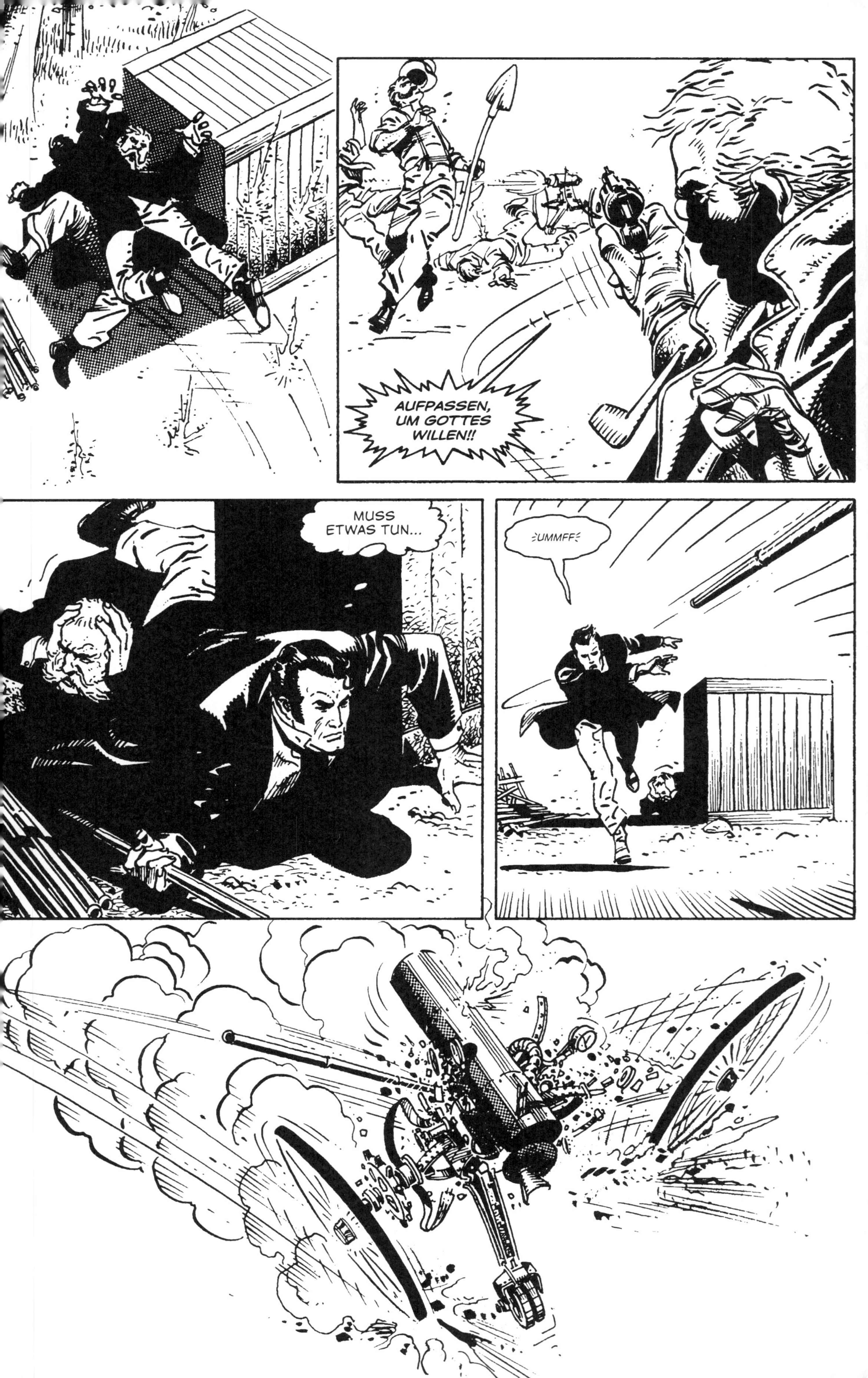
AUFPASSEN, UM GOTTES WILLEN!!
MUSS ETWAS TUN...
UMMFF

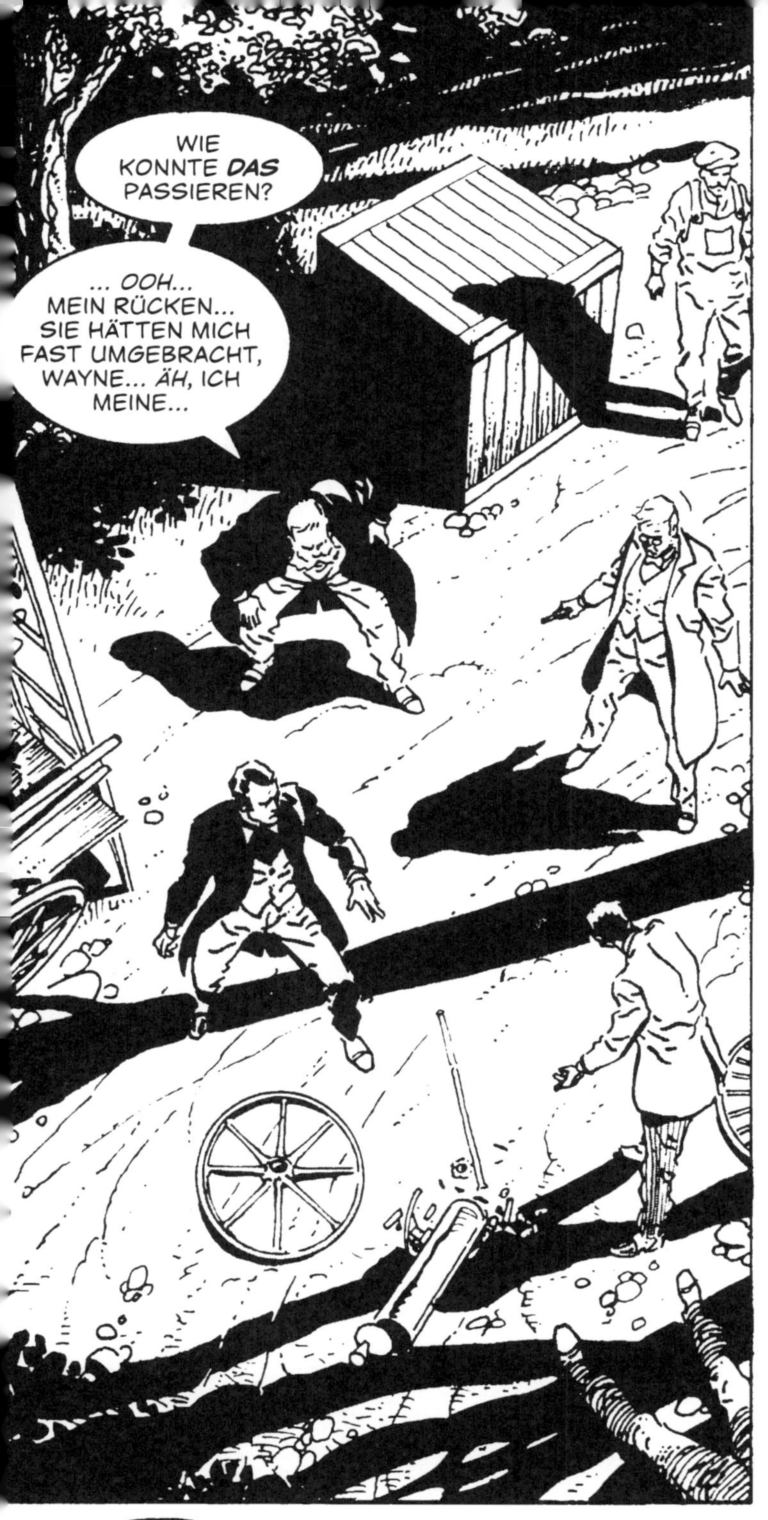
WIE KONNTE DAS PASSIEREN?
... OOH... MEIN RÜCKEN... SIE HÄTTEN MICH FAST UMGEBRACHT, WAYNE... ÄH, ICH MEINE...

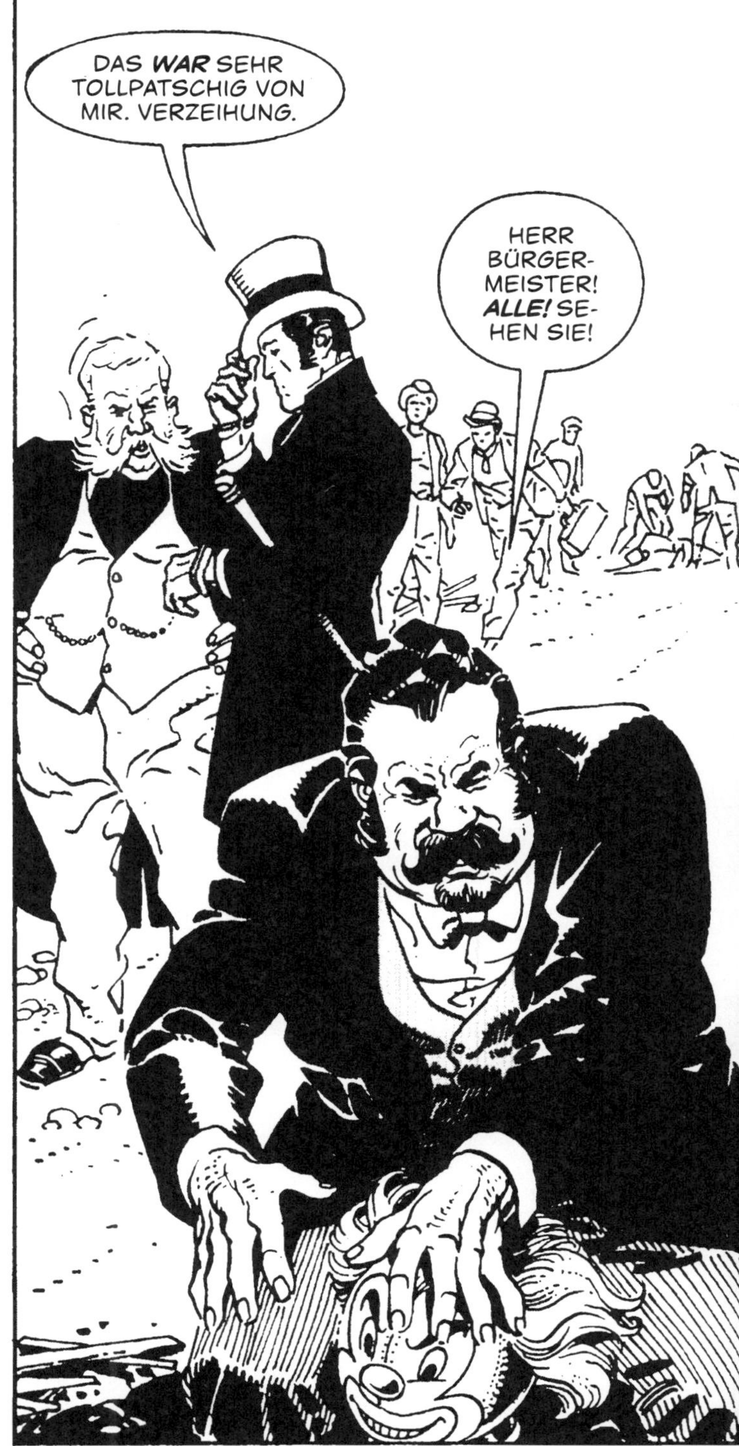
DAS WAR SEHR TOLLPATSCHIG VON MIR. VERZEIHUNG.
HERR BÜRGERMEISTER! ALLE! SEHEN SIE!

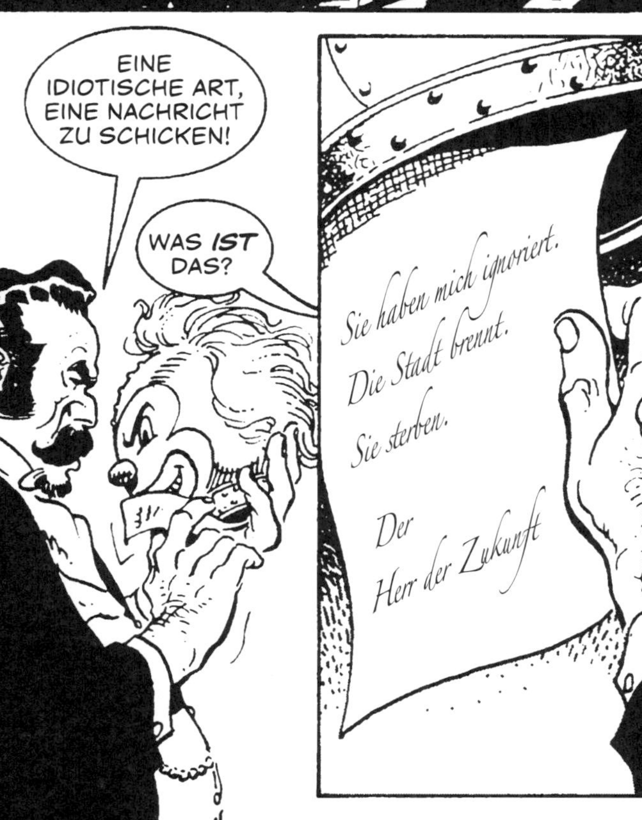
EINE IDIOTISCHE ART, EINE NACHRICHT ZU SCHICKEN!
WAS IST DAS?
Sie haben mich ignoriert.
Die Stadt brennt.
Sie sterben.
Der Herr der Zukunft

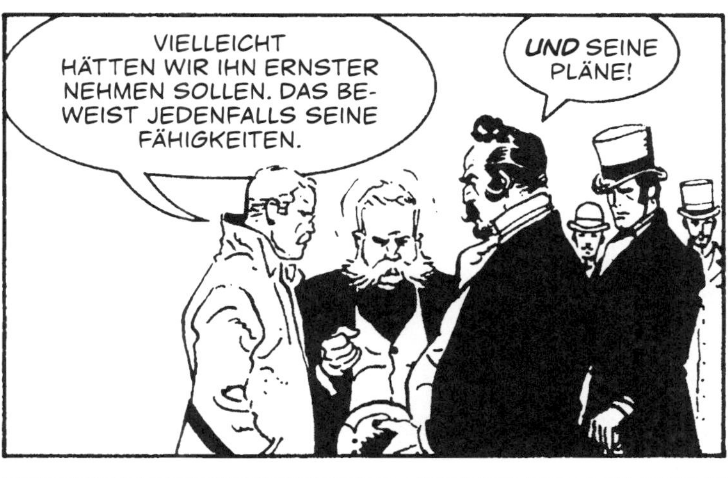
VIELLEICHT HÄTTEN WIR IHN ERNSTER NEHMEN SOLLEN. DAS BEWEIST JEDENFALLS SEINE FÄHIGKEITEN.
UND SEINE PLÄNE!

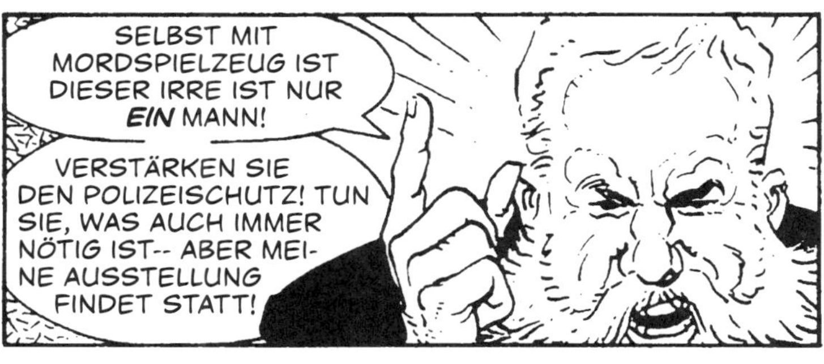
SELBST MIT MORDSPIELZEUG IST DIESER IRRE IST NUR EIN MANN!
VERSTÄRKEN SIE DEN POLIZEISCHUTZ! TUN SIE, WAS AUCH IMMER NÖTIG IST-- ABER MEINE AUSSTELLUNG FINDET STATT!

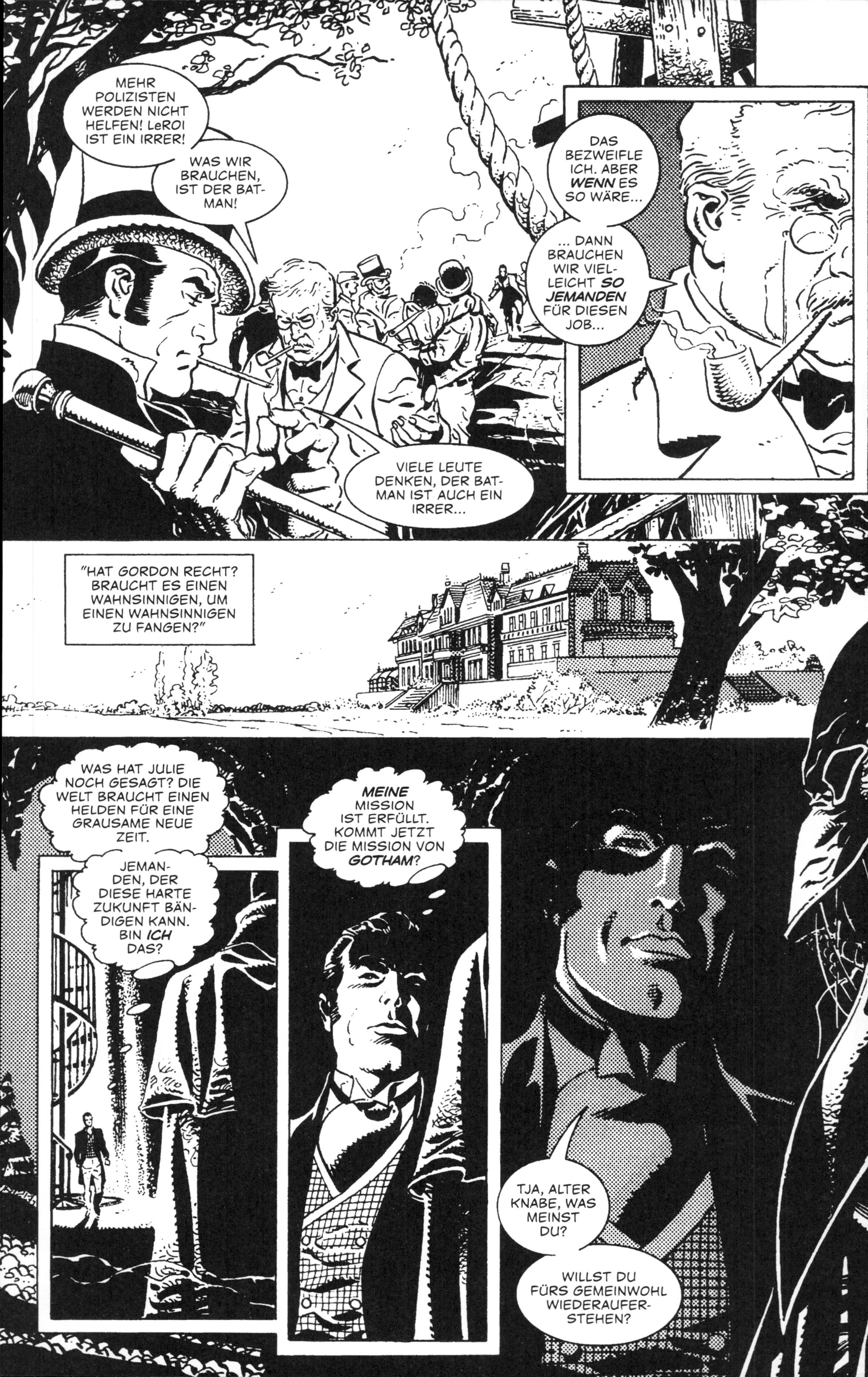
MEHR POLIZISTEN WERDEN NICHT HELFEN! LeROI IST EIN IRRER!
WAS WIR BRAUCHEN, IST DER BATMAN!
VIELE LEUTE DENKEN, DER BATMAN IST AUCH EIN IRRER...
DAS BEZWEIFLE ICH. ABER WENN ES SO WÄRE...
... DANN BRAUCHEN WIR VIELLEICHT SO JEMANDEN FÜR DIESEN JOB...
"HAT GORDON RECHT? BRAUCHT ES EINEN WAHNSINNIGEN, UM EINEN WAHNSINNIGEN ZU FANGEN?"
WAS HAT JULIE NOCH GESAGT? DIE WELT BRAUCHT EINEN HELDEN FÜR EINE GRAUSAME NEUE ZEIT.
JEMANDEN, DER DIESE HARTE ZUKUNFT BÄNDIGEN KANN. BIN ICH DAS?
MEINE MISSION IST ERFÜLLT. KOMMT JETZT DIE MISSION VON GOTHAM?
TJA, ALTER KNABE, WAS MEINST DU?
WILLST DU FÜRS GEMEINWOHL WIEDERAUFERSTEHEN?

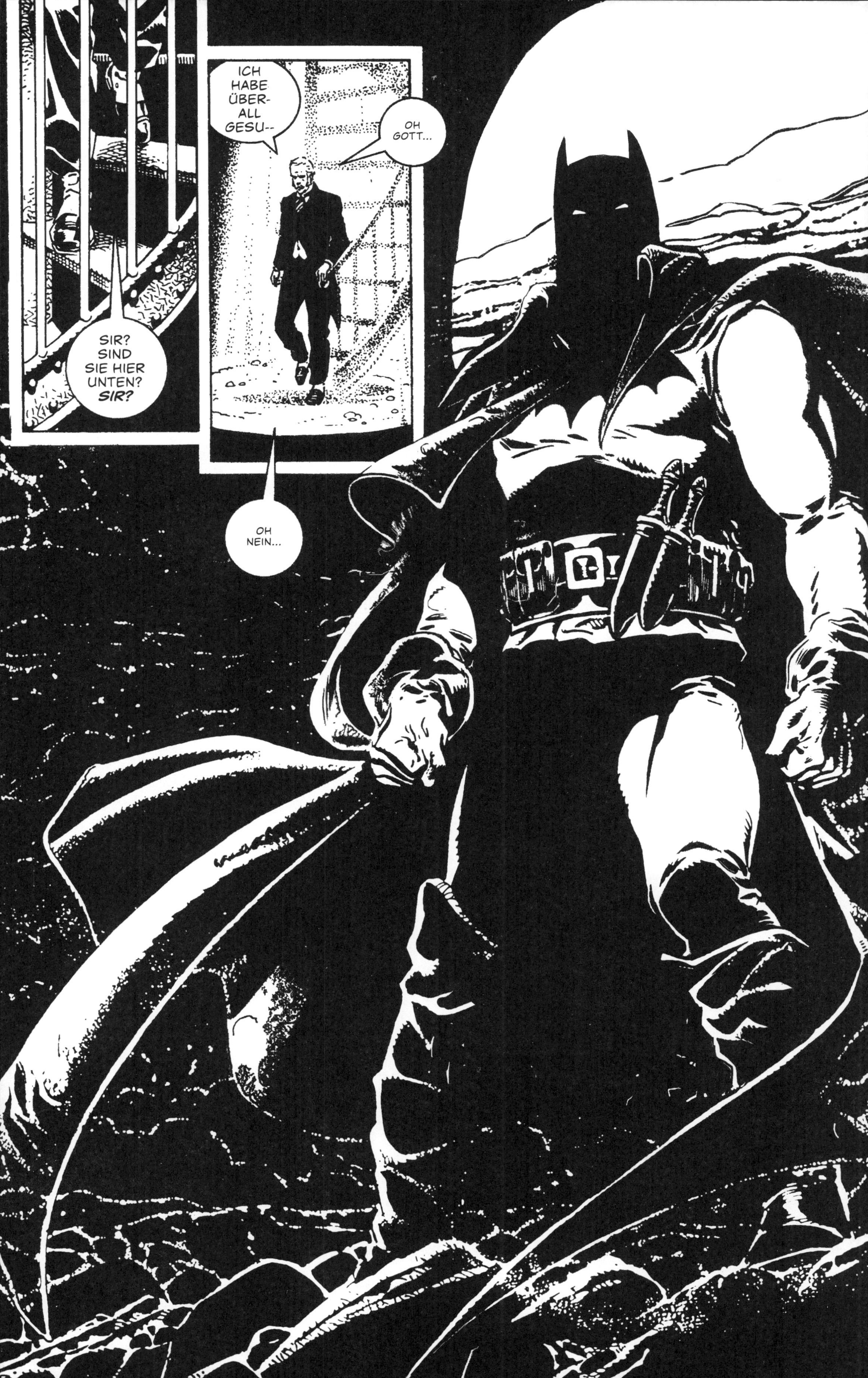
SIR? SIND SIE HIER UNTEN? **SIR?**
ICH HABE ÜBER-ALL GESU--
OH GOTT...
OH NEIN...

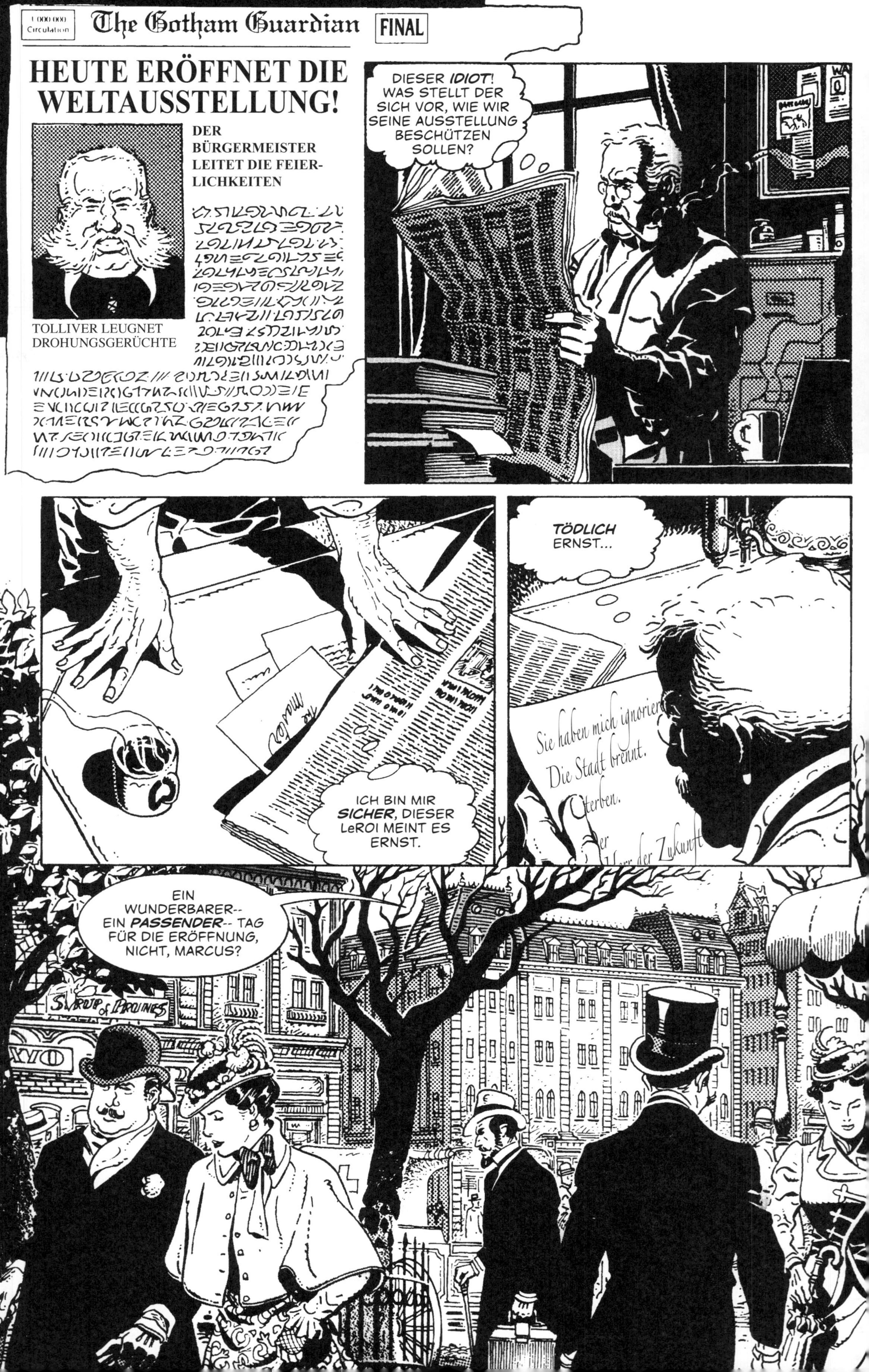

1 000 000 Circulation

The Gotham Guardian

FINAL

HEUTE ERÖFFNET DIE WELTAUSSTELLUNG!

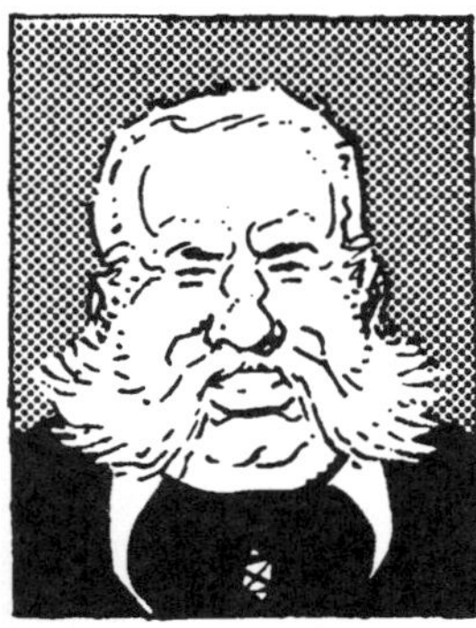

TOLLIVER LEUGNET DROHUNGSGERÜCHTE

DER BÜRGERMEISTER LEITET DIE FEIERLICHKEITEN

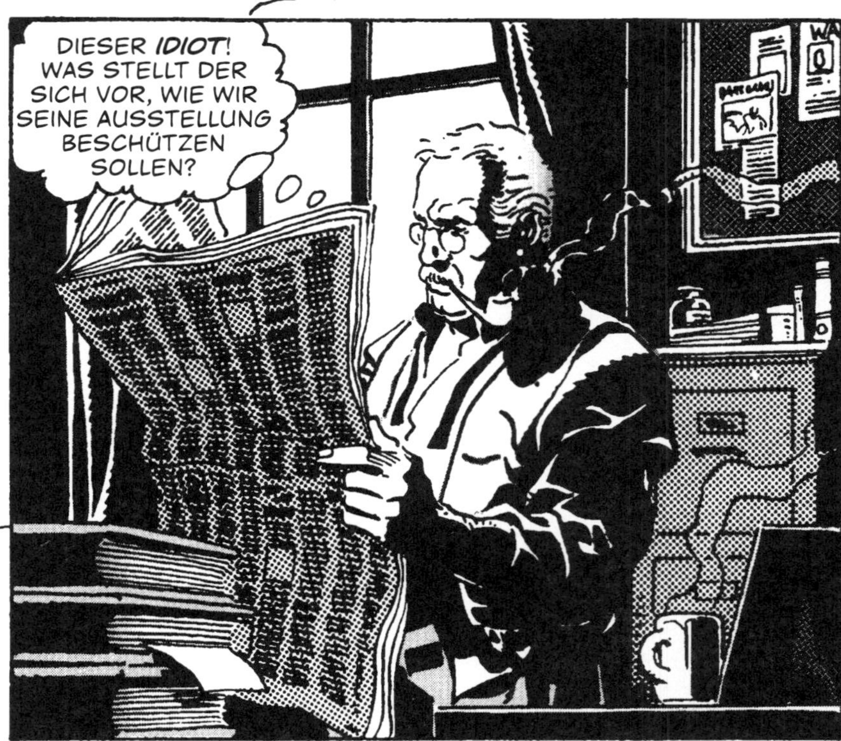

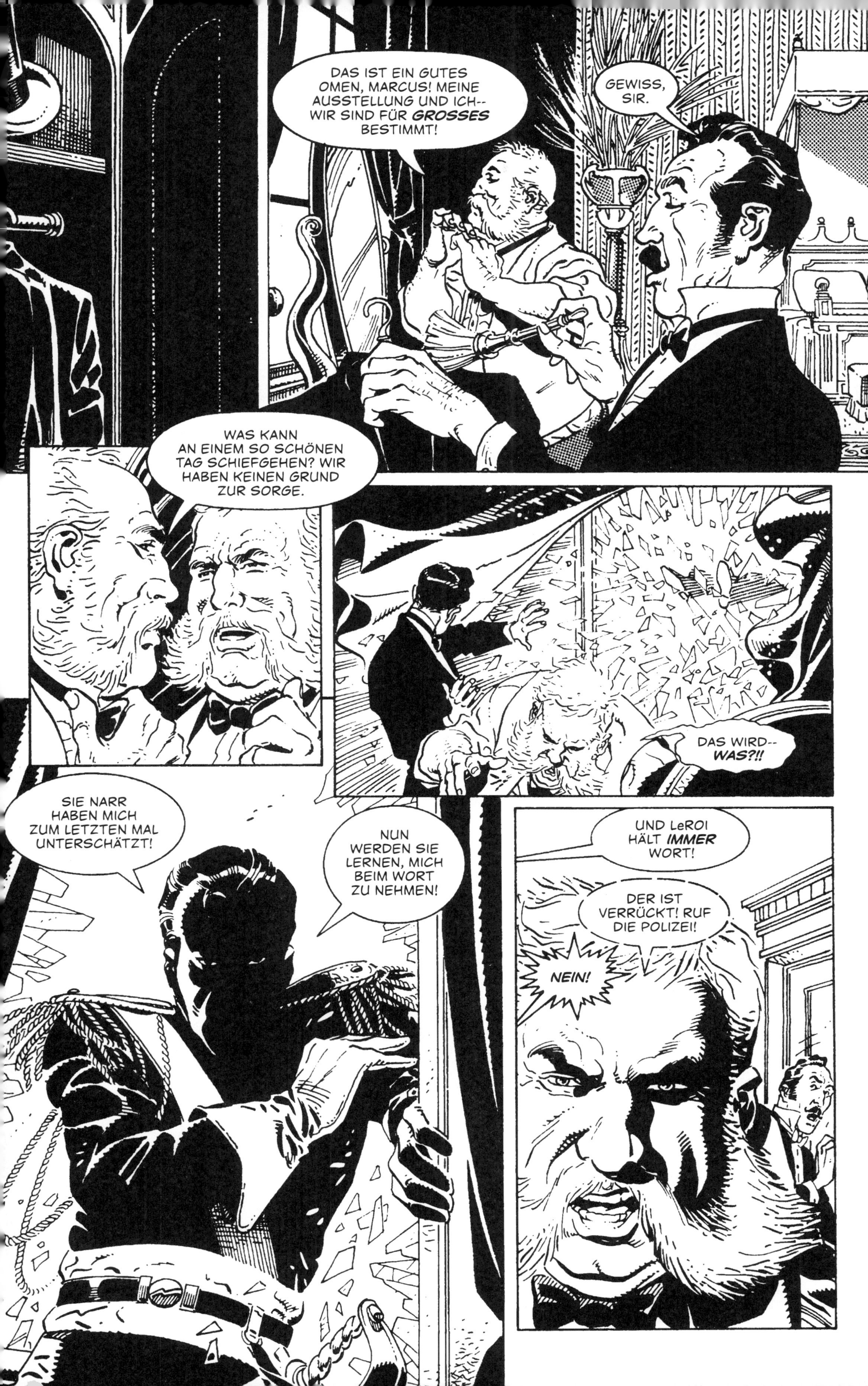
DAS IST EIN GUTES OMEN, MARCUS! MEINE AUSSTELLUNG UND ICH-- WIR SIND FÜR **GROSSES** BESTIMMT!
GEWISS, SIR.
WAS KANN AN EINEM SO SCHÖNEN TAG SCHIEFGEHEN? WIR HABEN KEINEN GRUND ZUR SORGE.
DAS WIRD-- **WAS?!!**
SIE NARR HABEN MICH ZUM LETZTEN MAL UNTERSCHÄTZT!
NUN WERDEN SIE LERNEN, MICH BEIM WORT ZU NEHMEN!
UND LeROI HÄLT **IMMER** WORT!
DER IST VERRÜCKT! RUF DIE POLIZEI!
NEIN!

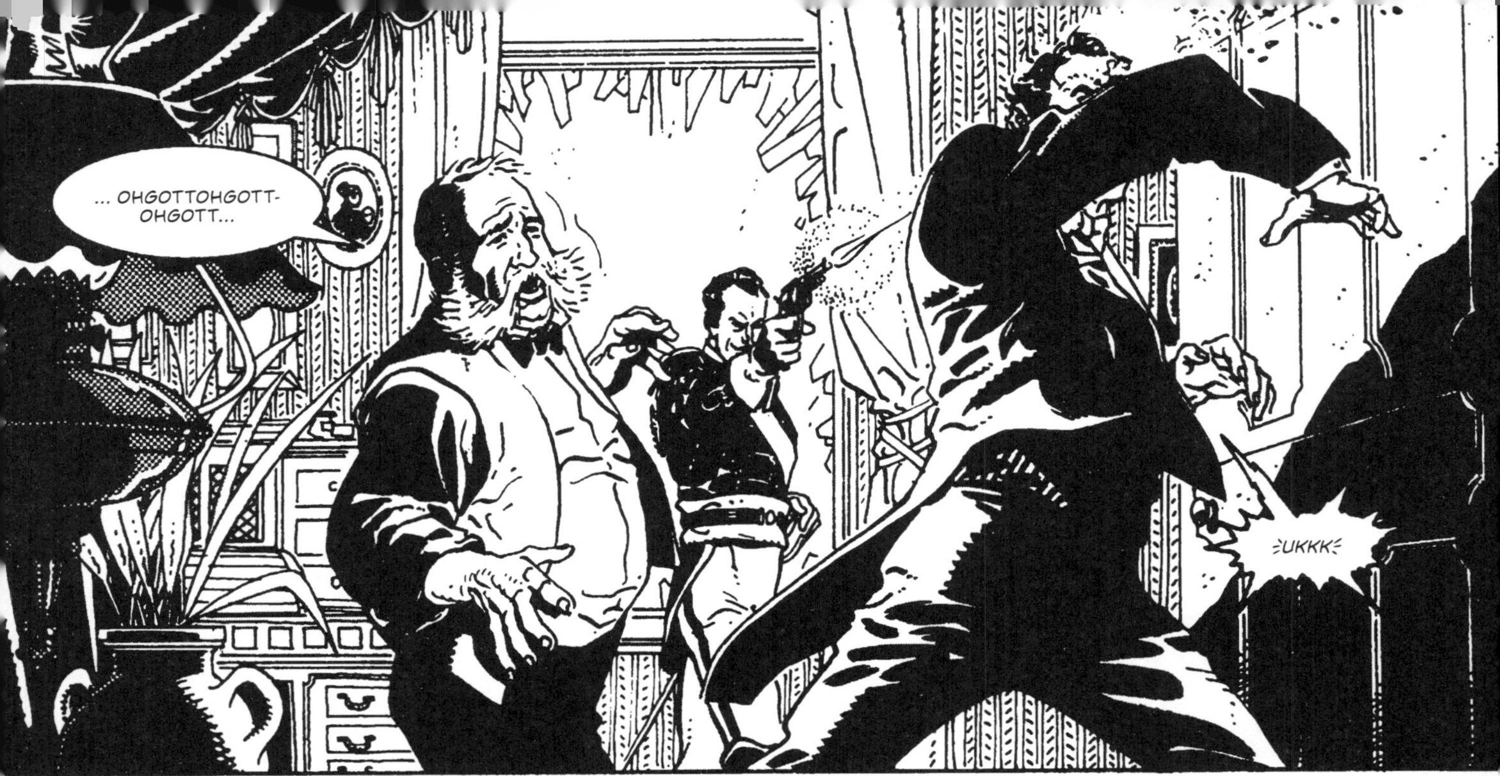
... OHGOTTOHGOTT-
OHGOTT...
UKKK

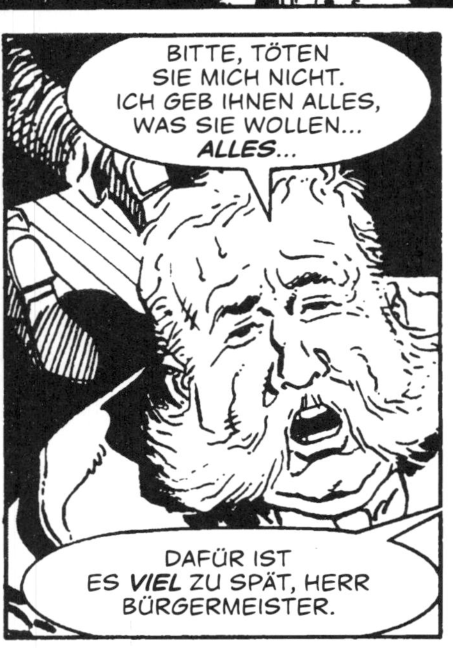
BITTE, TÖTEN SIE MICH NICHT. ICH GEB IHNEN ALLES, WAS SIE WOLLEN... ***ALLES***...
DAFÜR IST ES ***VIEL*** ZU SPÄT, HERR BÜRGERMEISTER.

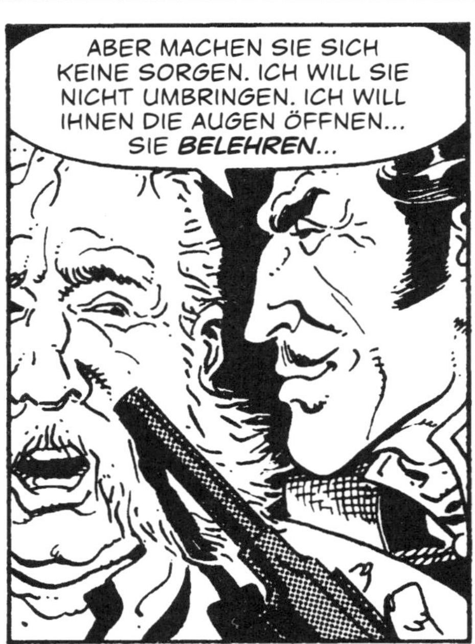
ABER MACHEN SIE SICH KEINE SORGEN. ICH WILL SIE NICHT UMBRINGEN. ICH WILL IHNEN DIE AUGEN ÖFFNEN... SIE ***BELEHREN***...

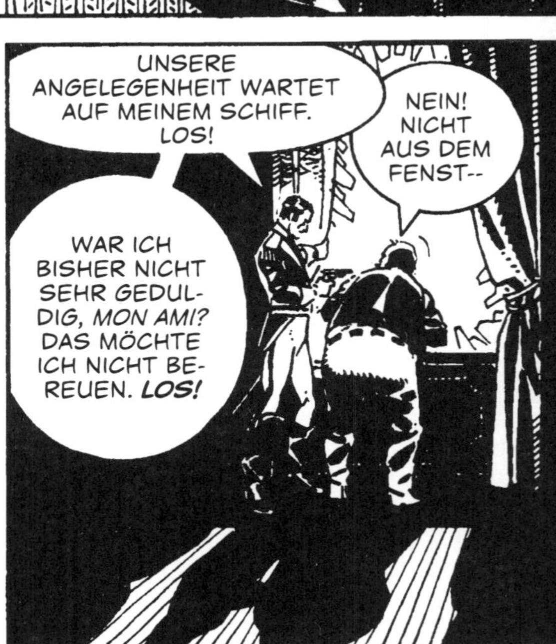
UNSERE ANGELEGENHEIT WARTET AUF MEINEM SCHIFF. LOS!
NEIN! NICHT AUS DEM FENST--
WAR ICH BISHER NICHT SEHR GEDUL-DIG, *MON AMI?* DAS MÖCHTE ICH NICHT BE-REUEN. ***LOS!***

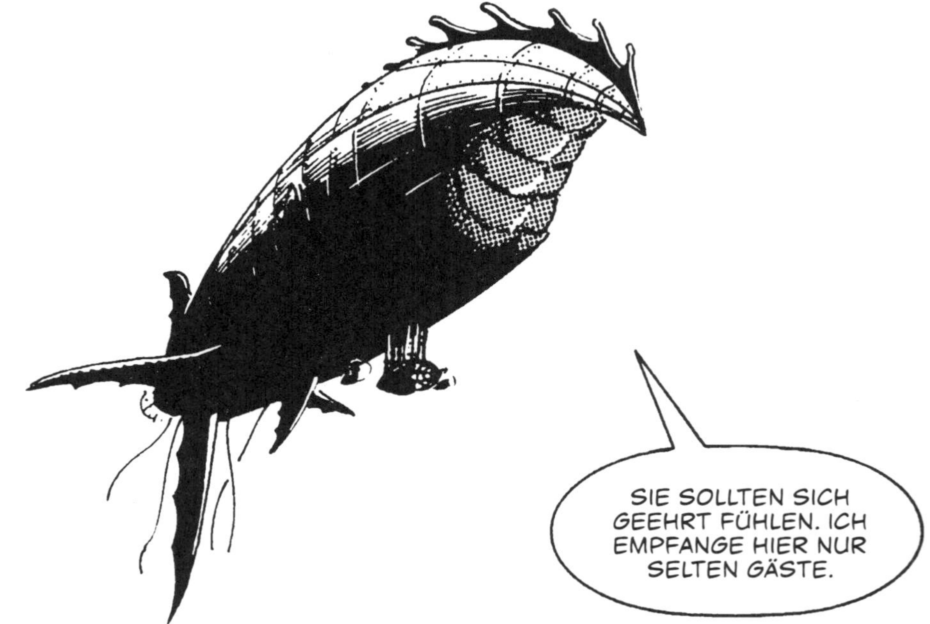
SIE SOLLTEN SICH GEEHRT FÜHLEN. ICH EMPFANGE HIER NUR SELTEN GÄSTE.

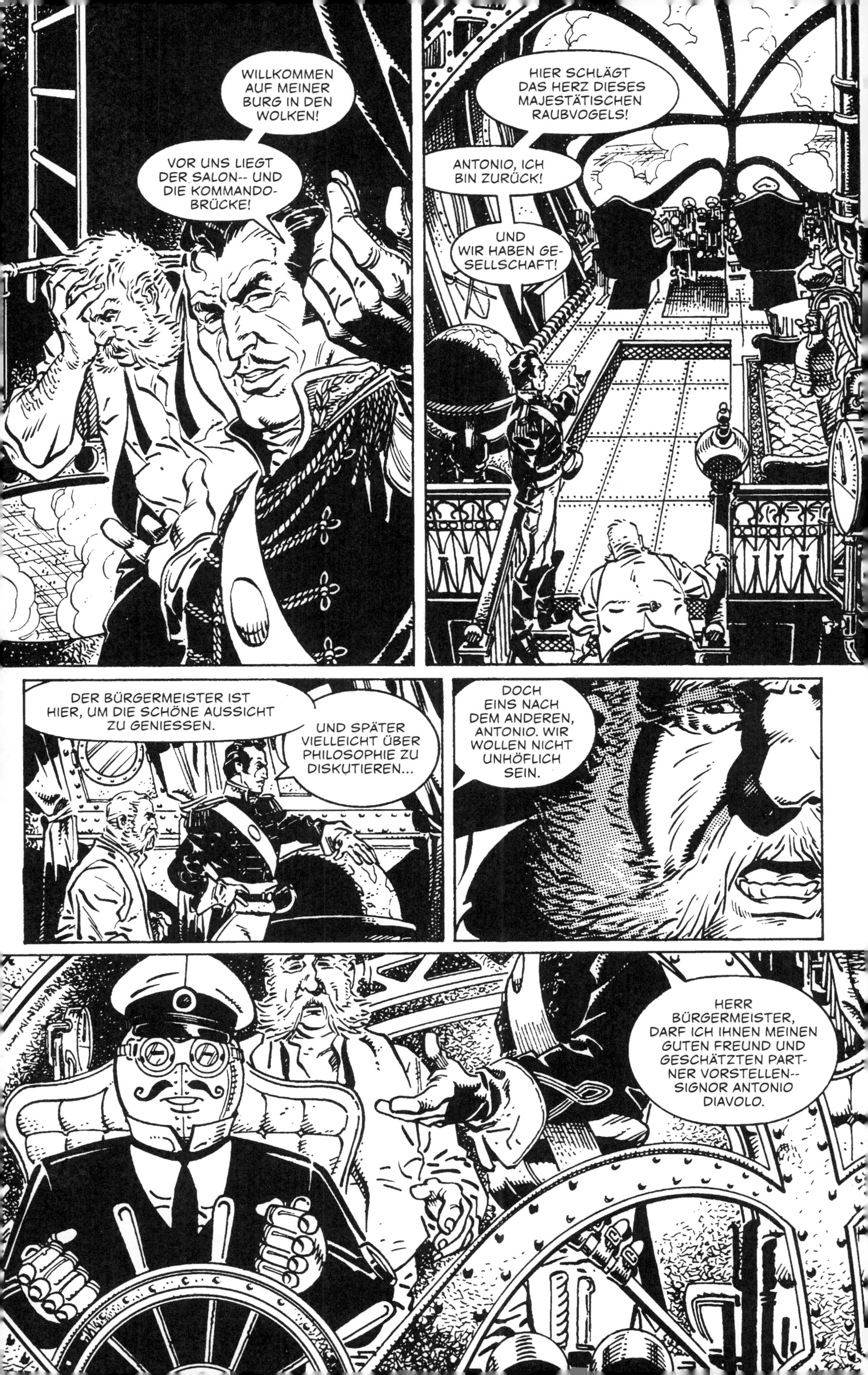

WILLKOMMEN AUF MEINER BURG IN DEN WOLKEN!
VOR UNS LIEGT DER SALON-- UND DIE KOMMANDO-BRÜCKE!
HIER SCHLÄGT DAS HERZ DIESES MAJESTÄTISCHEN RAUBVOGELS!
ANTONIO, ICH BIN ZURÜCK!
UND WIR HABEN GE-SELLSCHAFT!
DER BÜRGERMEISTER IST HIER, UM DIE SCHÖNE AUSSICHT ZU GENIESSEN.
UND SPÄTER VIELLEICHT ÜBER PHILOSOPHIE ZU DISKUTIEREN...
DOCH EINS NACH DEM ANDEREN, ANTONIO. WIR WOLLEN NICHT UNHÖFLICH SEIN.

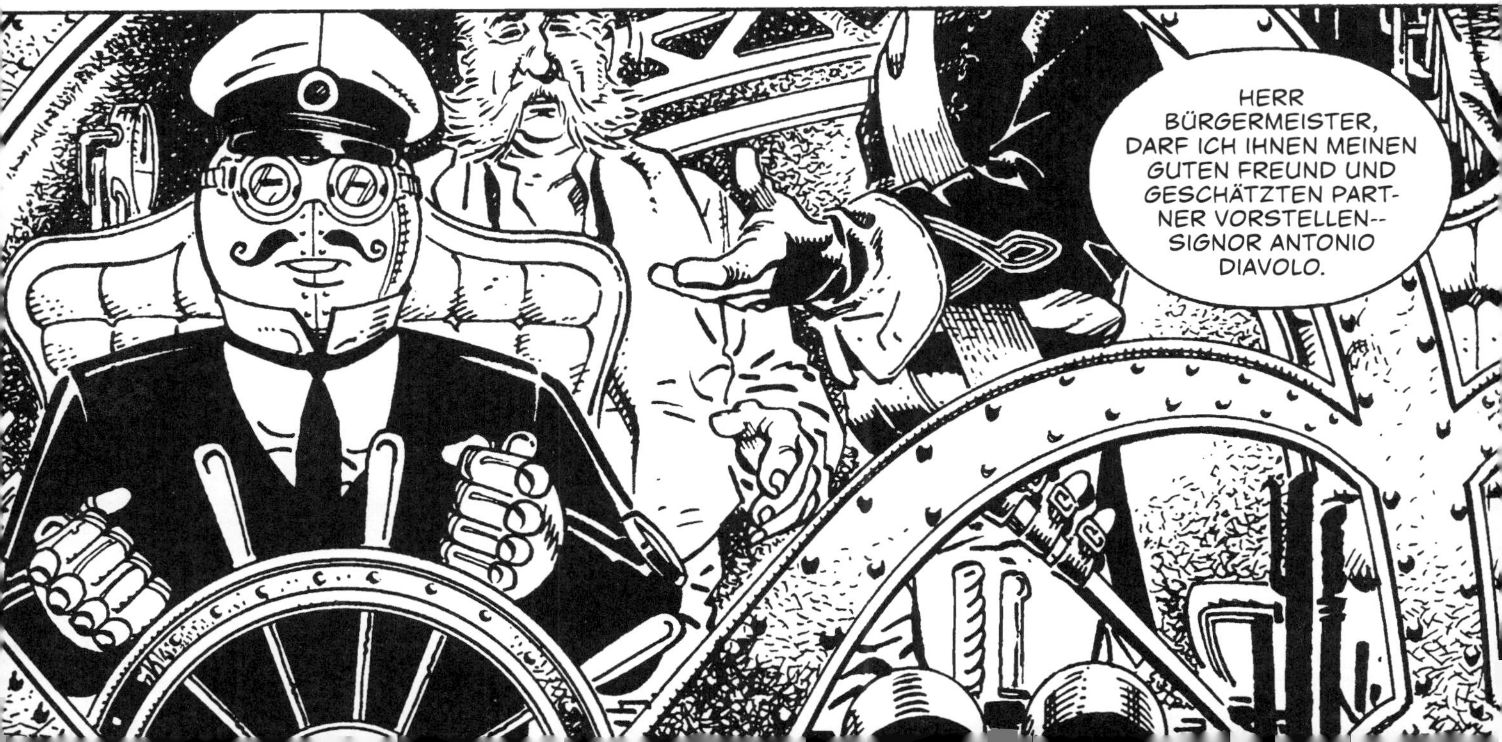

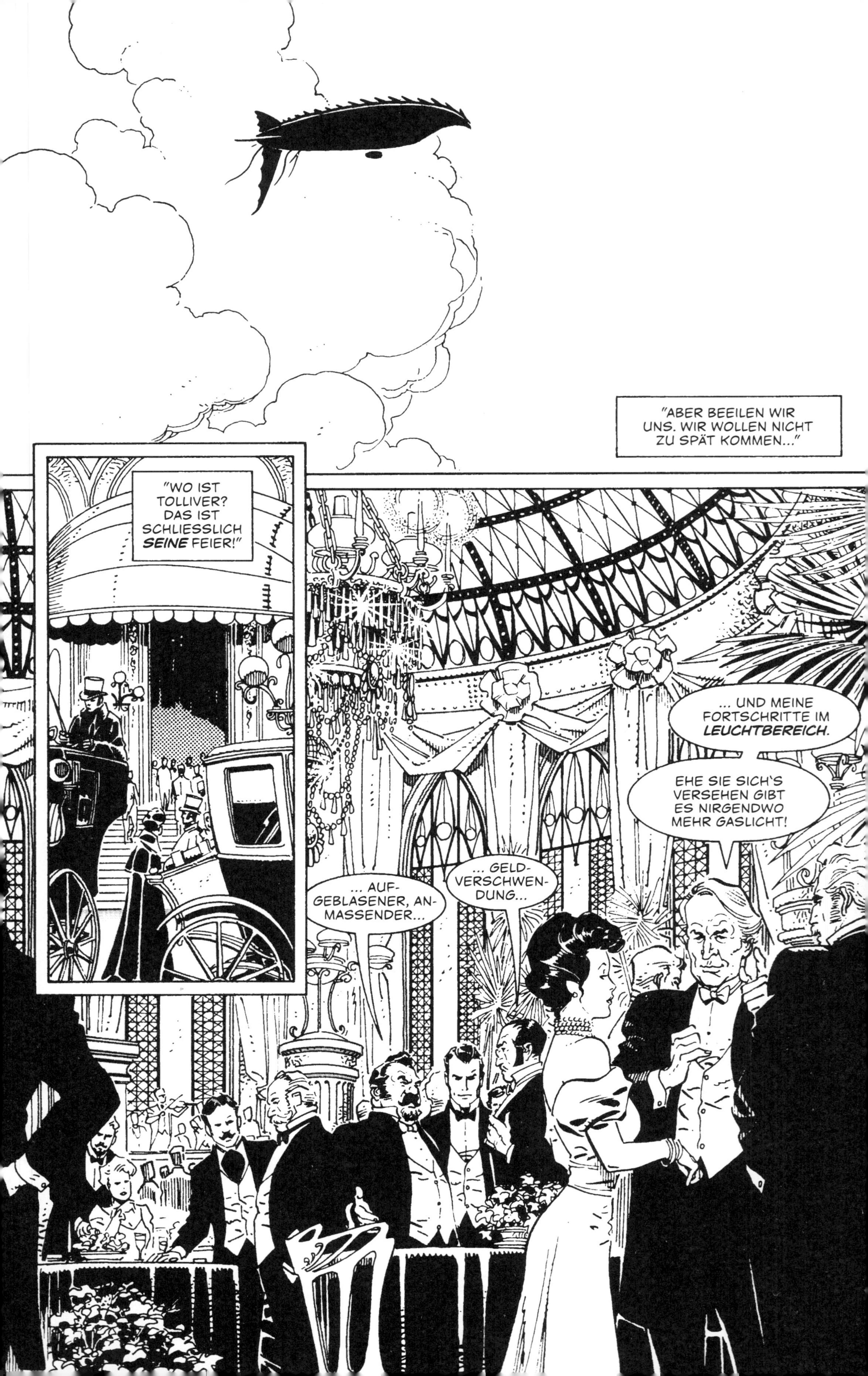
"ABER BEEILEN WIR UNS. WIR WOLLEN NICHT ZU SPÄT KOMMEN..."
"WO IST TOLLIVER? DAS IST SCHLIESSLICH **SEINE** FEIER!"
... UND MEINE FORTSCHRITTE IM **LEUCHTBEREICH**.
EHE SIE SICH'S VERSEHEN GIBT ES NIRGENDWO MEHR GASLICHT!
... AUFGEBLASENER, ANMASSENDER...
... GELDVERSCHWENDUNG...

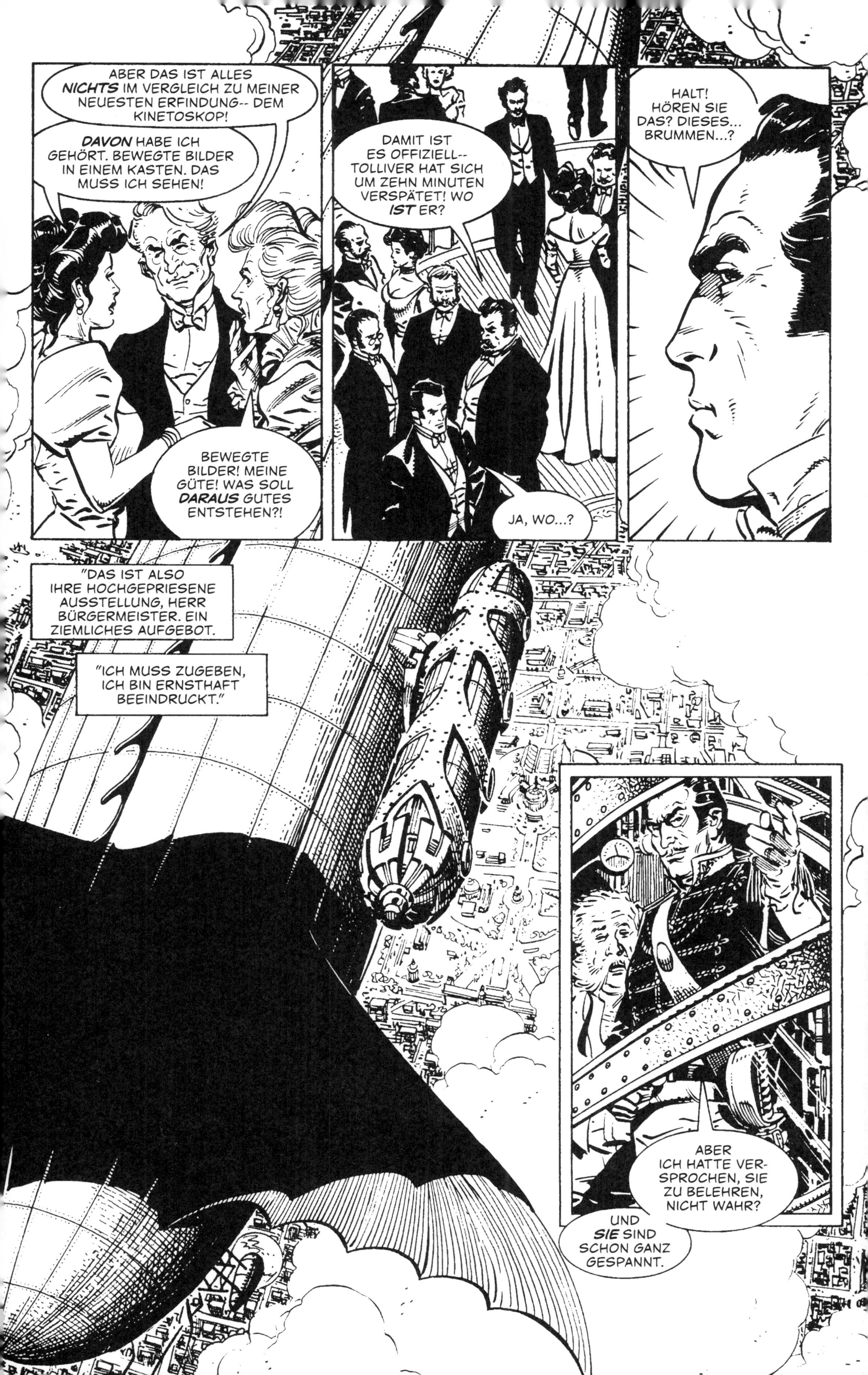
ABER DAS IST ALLES NICHTS IM VERGLEICH ZU MEINER NEUESTEN ERFINDUNG-- DEM KINETOSKOP!
DAVON HABE ICH GEHÖRT. BEWEGTE BILDER IN EINEM KASTEN. DAS MUSS ICH SEHEN!
BEWEGTE BILDER! MEINE GÜTE! WAS SOLL DARAUS GUTES ENTSTEHEN?!
DAMIT IST ES OFFIZIELL-- TOLLIVER HAT SICH UM ZEHN MINUTEN VERSPÄTET! WO IST ER?
JA, WO...?
HALT! HÖREN SIE DAS? DIESES... BRUMMEN...?
"DAS IST ALSO IHRE HOCHGEPRIESENE AUSSTELLUNG, HERR BÜRGERMEISTER. EIN ZIEMLICHES AUFGEBOT.
"ICH MUSS ZUGEBEN, ICH BIN ERNSTHAFT BEEINDRUCKT."
ABER ICH HATTE VER-SPROCHEN, SIE ZU BELEHREN, NICHT WAHR?
UND SIE SIND SCHON GANZ GESPANNT.

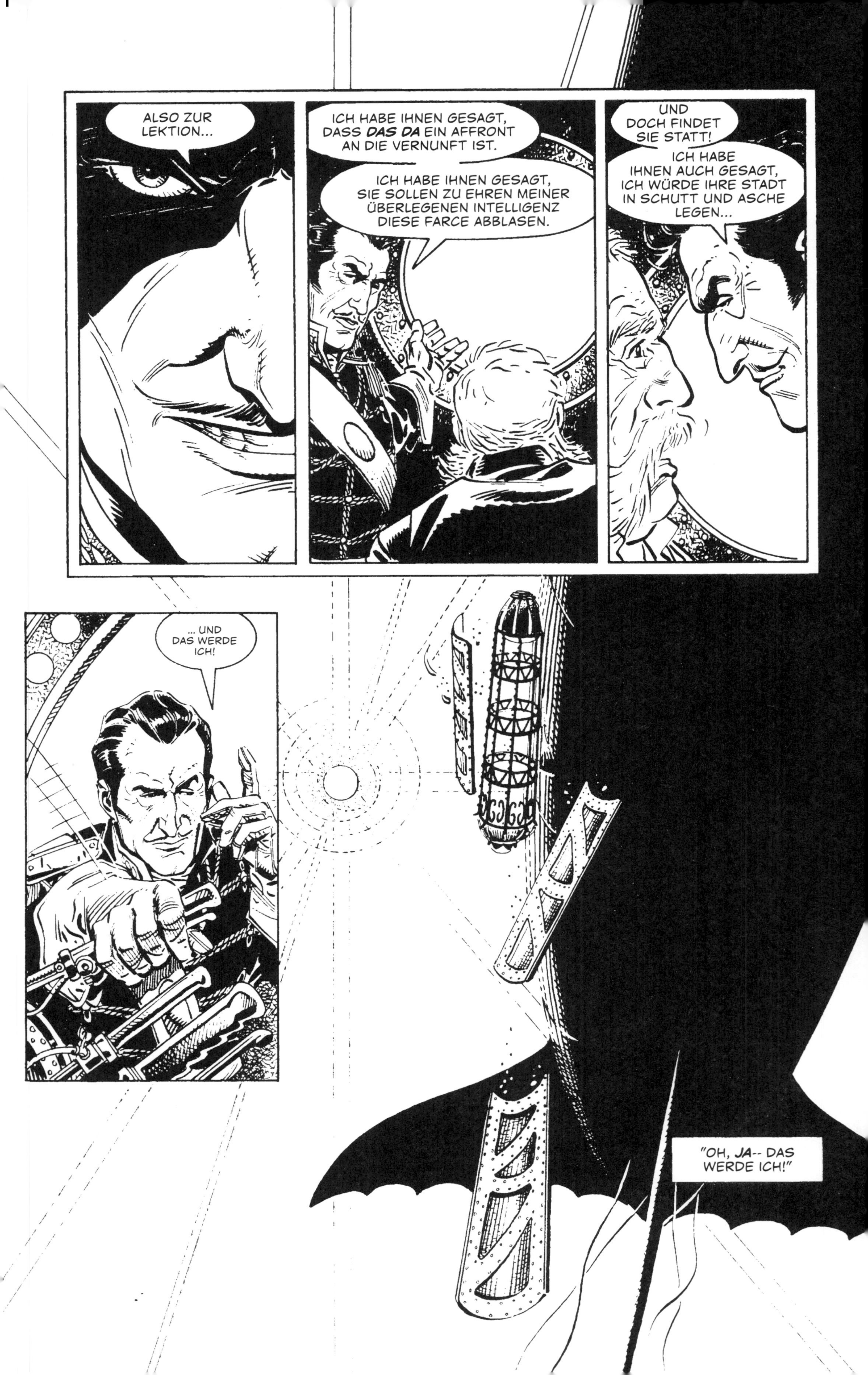

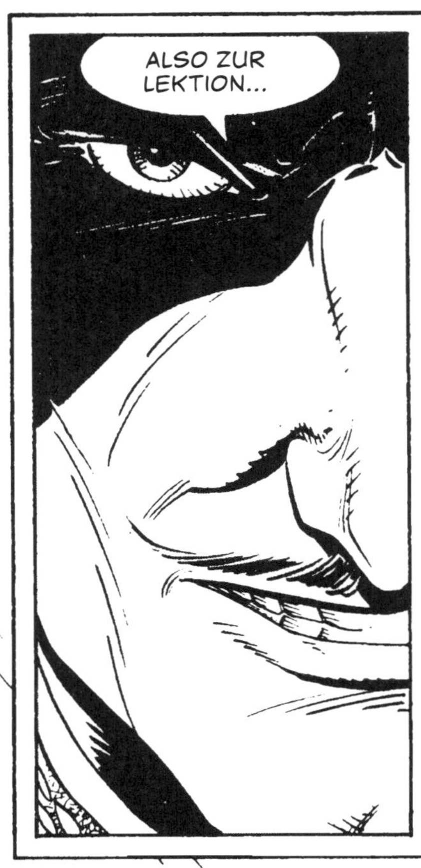

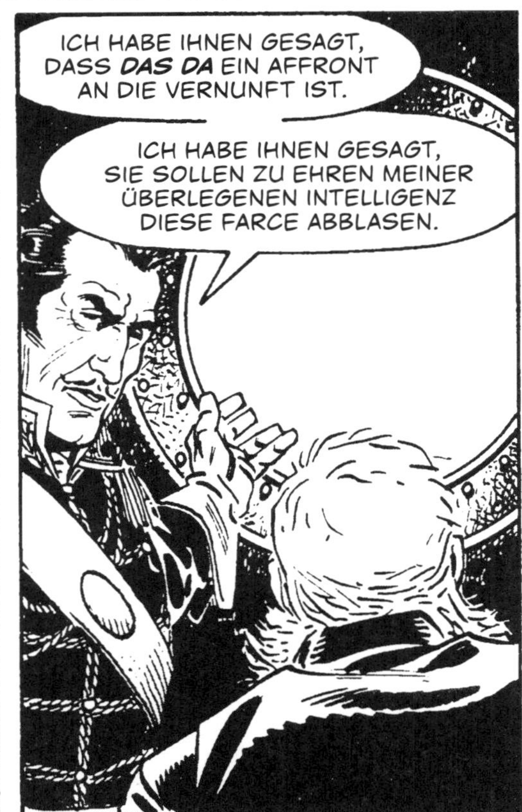

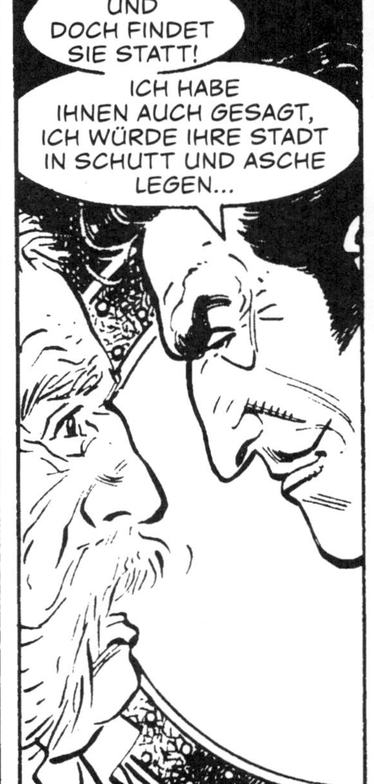

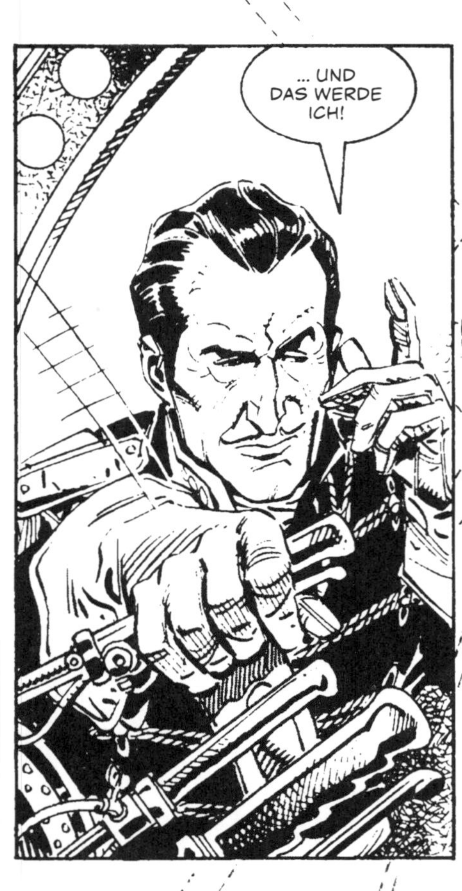

"OH, *JA*-- DAS WERDE ICH!"

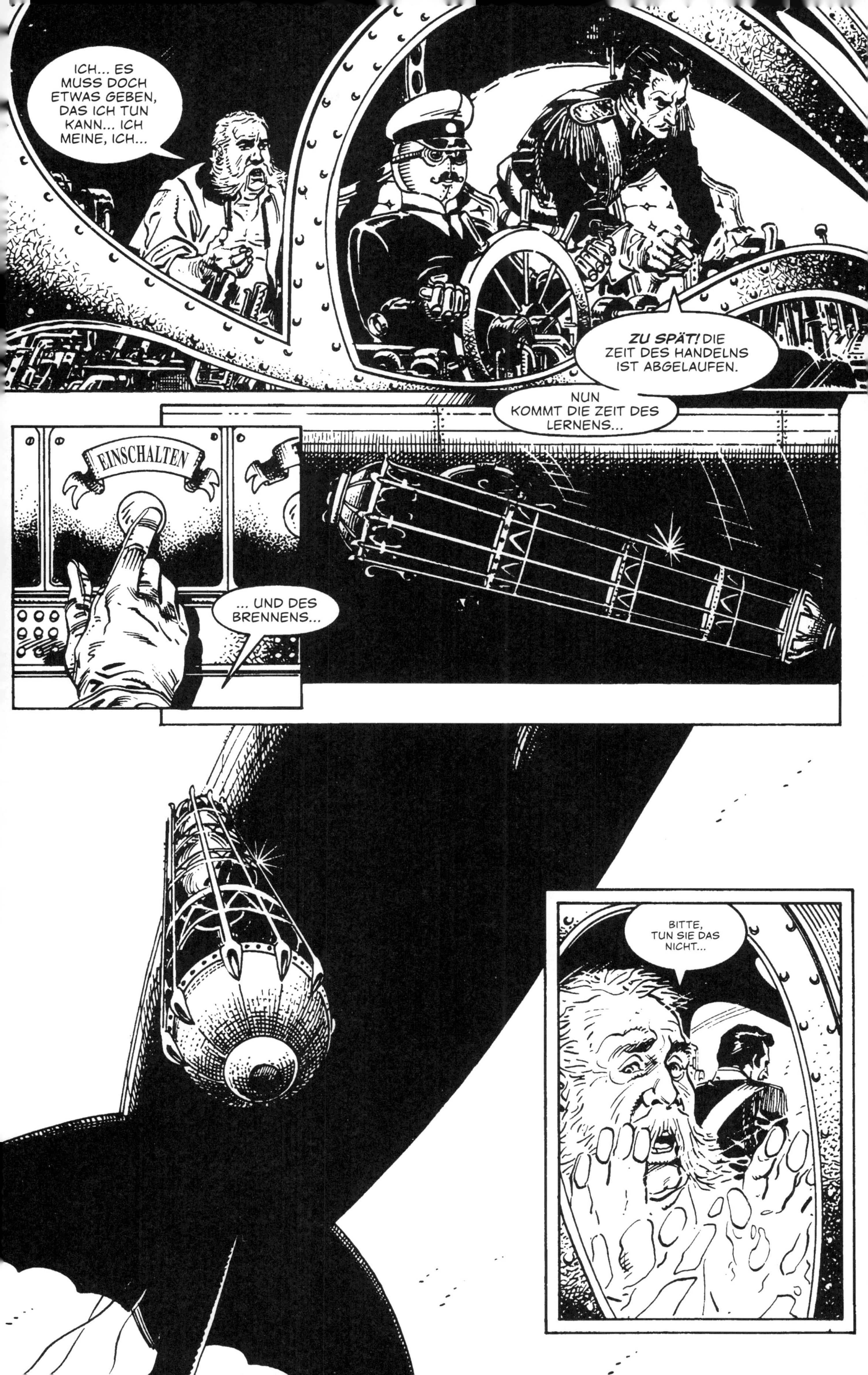
ICH... ES MUSS DOCH ETWAS GEBEN, DAS ICH TUN KANN... ICH MEINE, ICH...
ZU SPÄT! DIE ZEIT DES HANDELNS IST ABGELAUFEN.
NUN KOMMT DIE ZEIT DES LERNENS...
EINSCHALTEN
... UND DES BRENNENS...
BITTE, TUN SIE DAS NICHT...

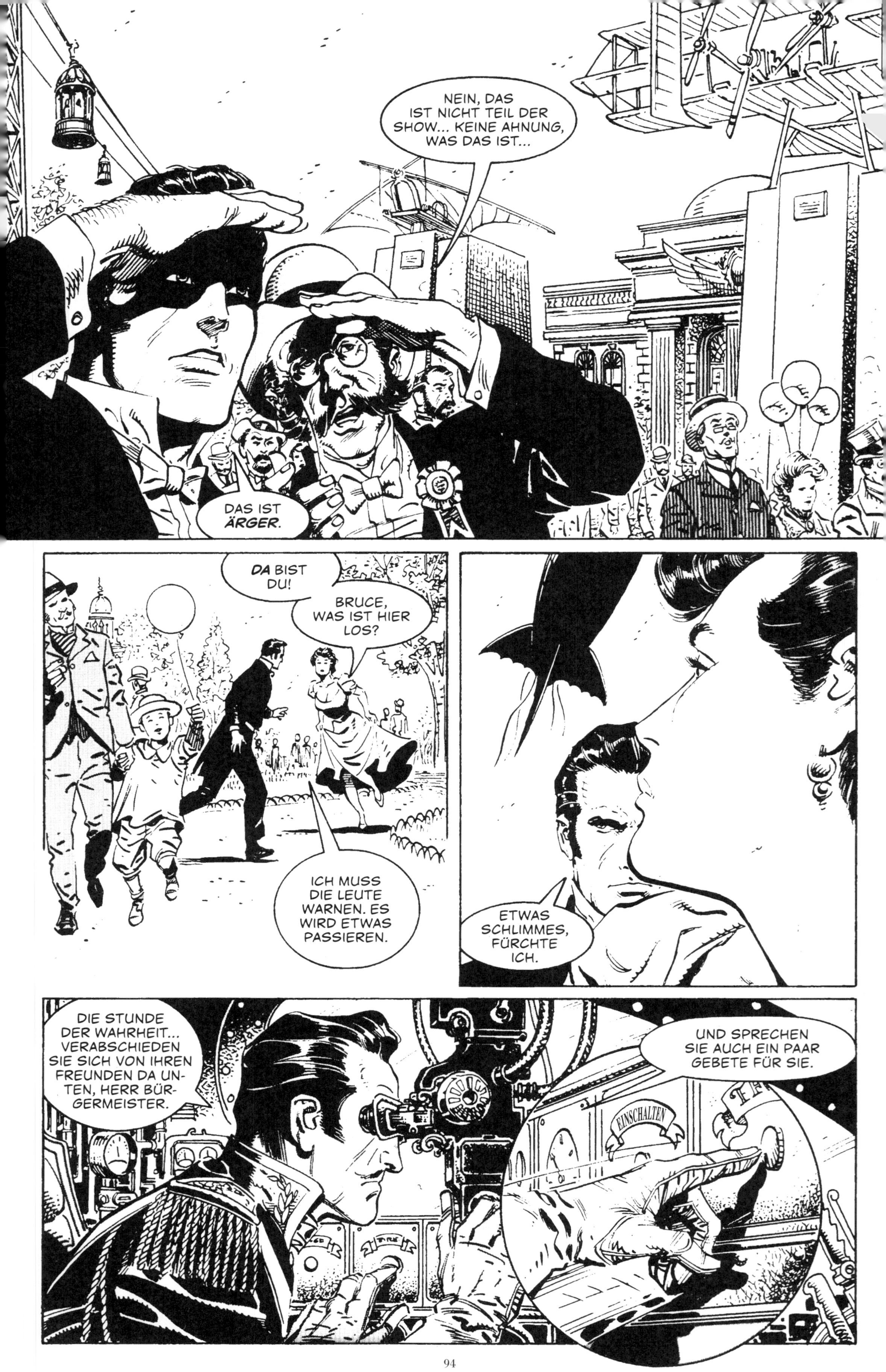

NEIN, DAS IST NICHT TEIL DER SHOW... KEINE AHNUNG, WAS DAS IST...
DAS IST **ÄRGER**.

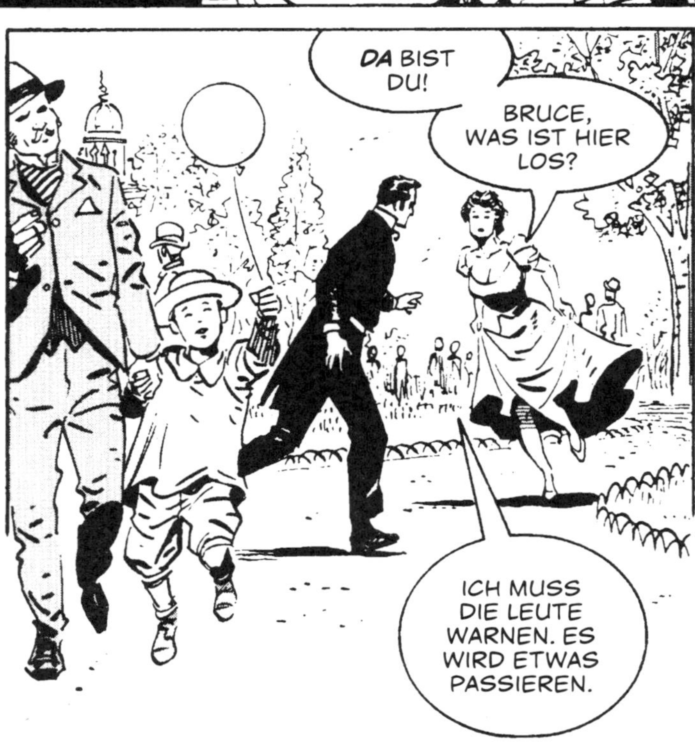

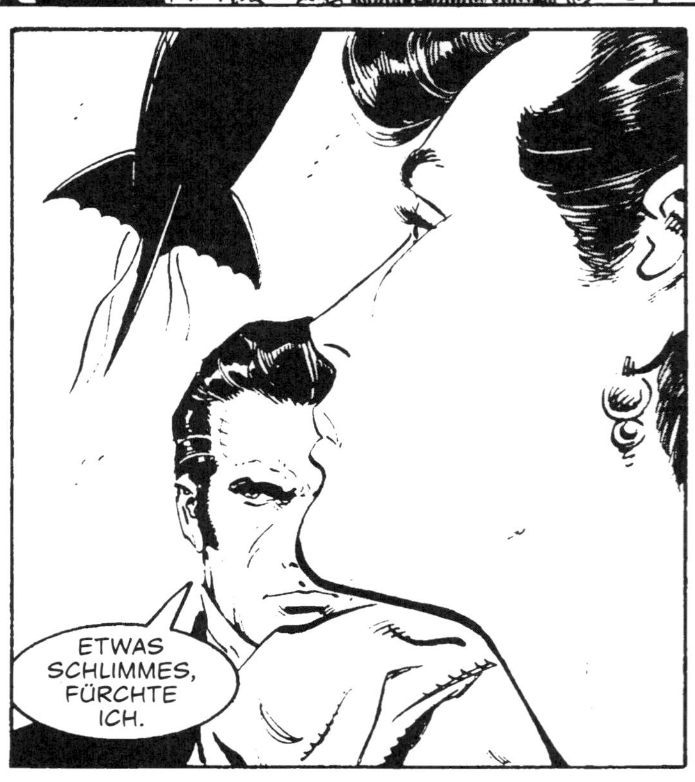

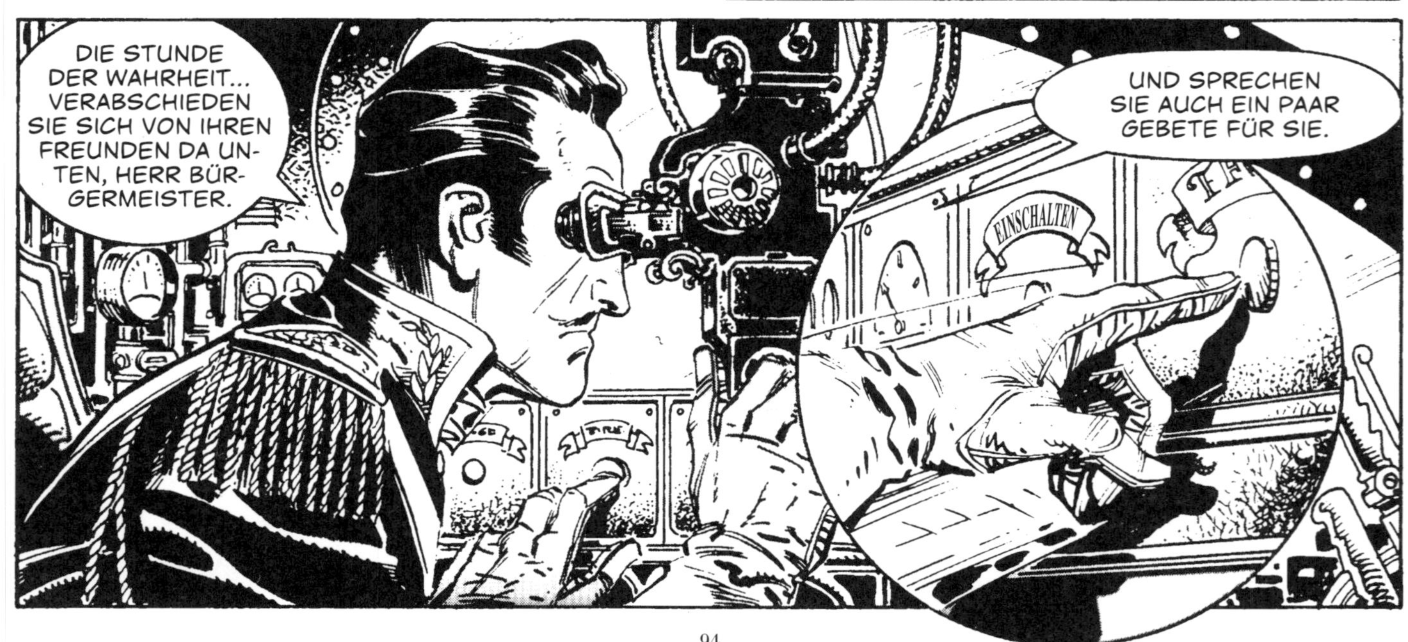

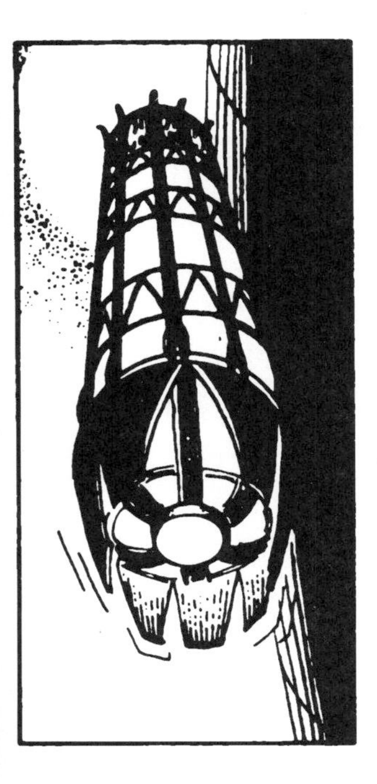

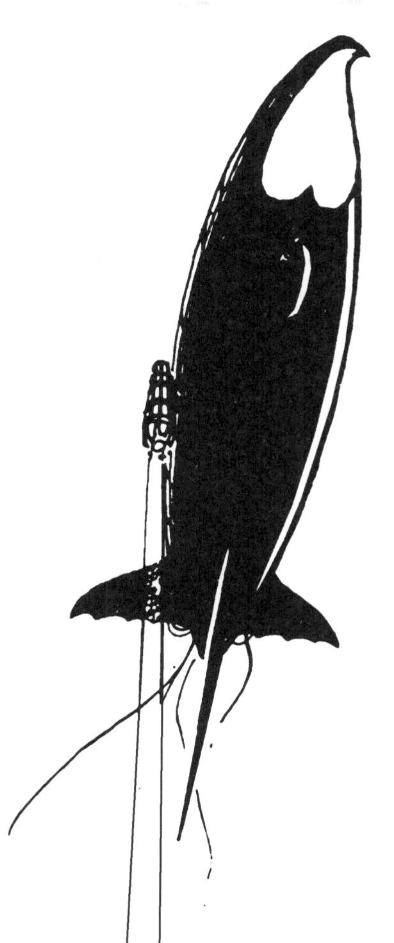

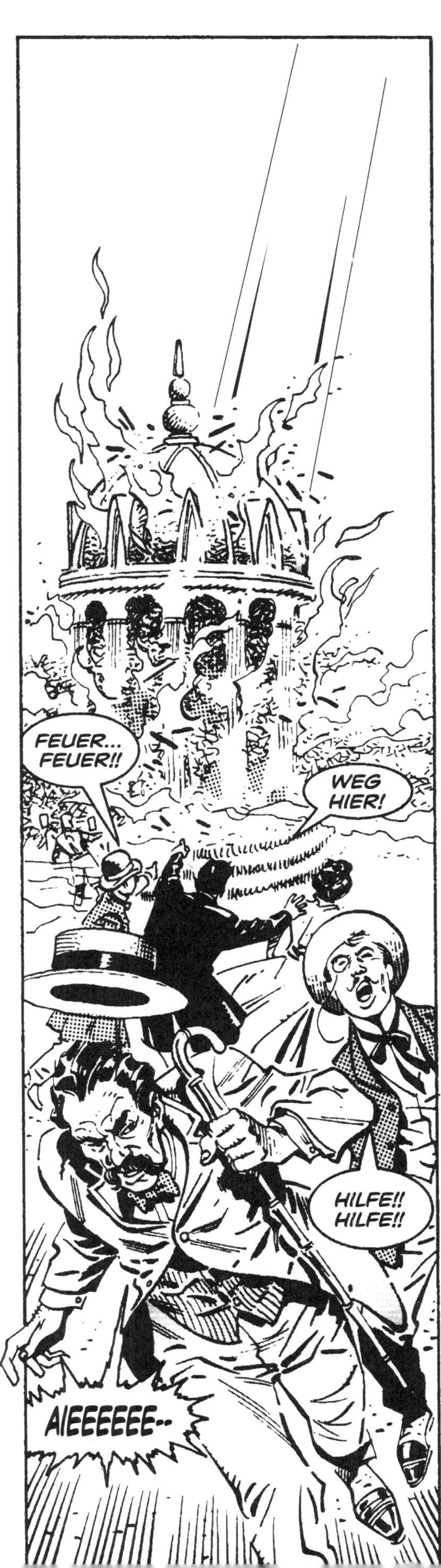
FEUER... FEUER!!
WEG HIER!
HILFE!! HILFE!!
AIEEEEEE--

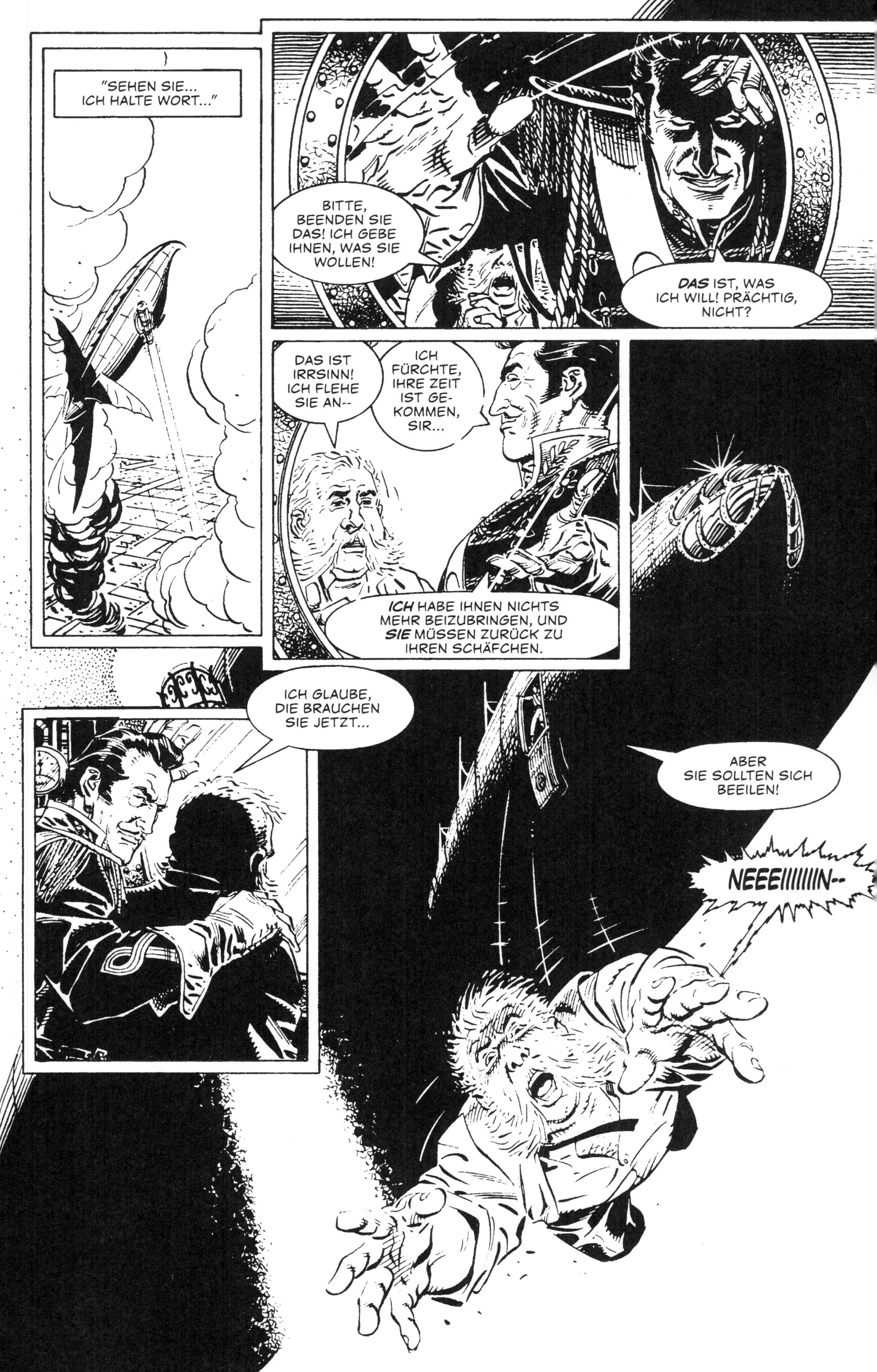
"SEHEN SIE... ICH HALTE WORT..."
BITTE, BEENDEN SIE DAS! ICH GEBE IHNEN, WAS SIE WOLLEN!
DAS IST, WAS ICH WILL! PRÄCHTIG, NICHT?
DAS IST IRRSINN! ICH FLEHE SIE AN--
ICH FÜRCHTE, IHRE ZEIT IST GE- KOMMEN, SIR...
ICH HABE IHNEN NICHTS MEHR BEIZUBRINGEN, UND SIE MÜSSEN ZURÜCK ZU IHREN SCHÄFCHEN.
ICH GLAUBE, DIE BRAUCHEN SIE JETZT...
ABER SIE SOLLTEN SICH BEEILEN!
NEEEIIIIIIIN--

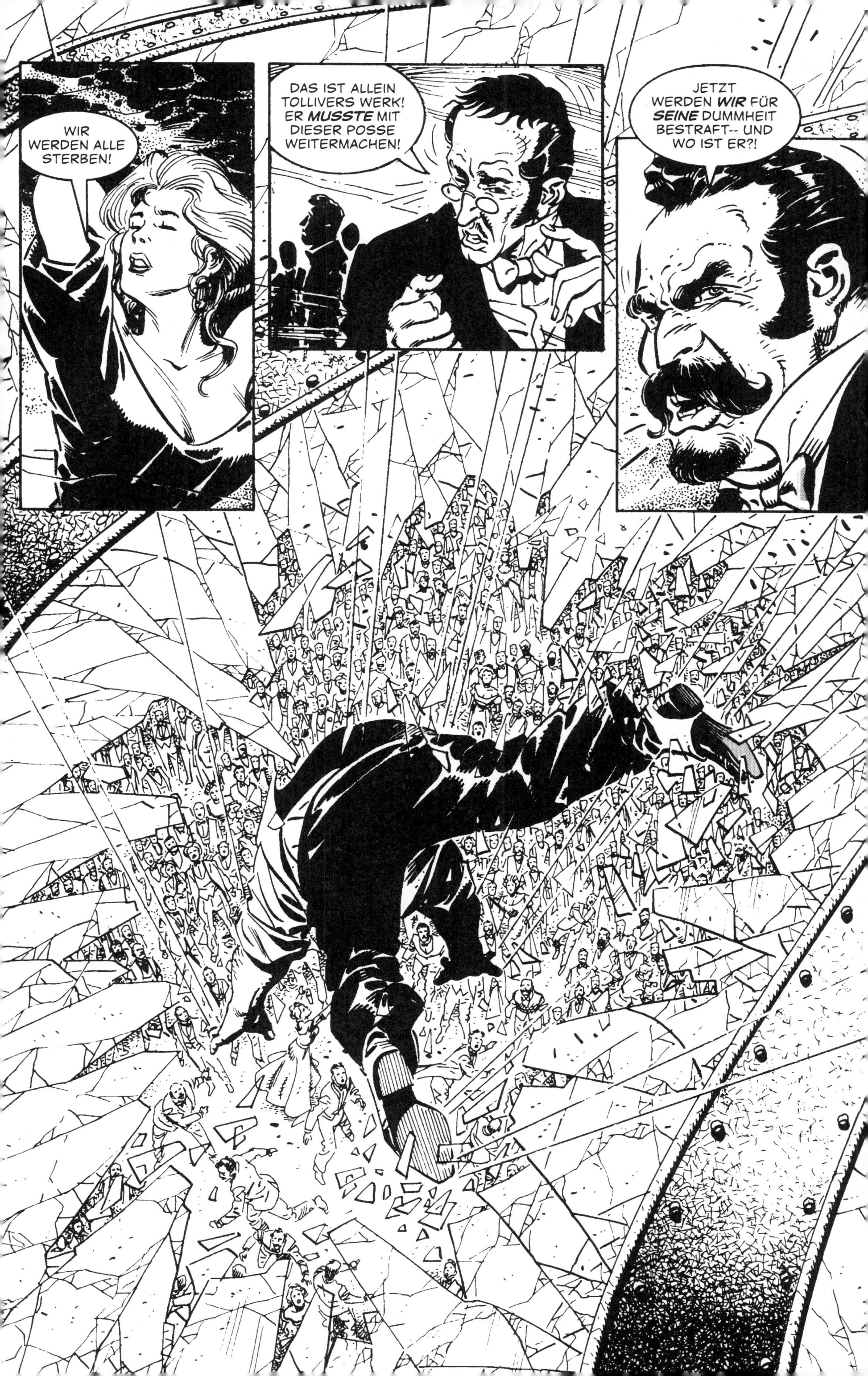
WIR WERDEN ALLE STERBEN!
DAS IST ALLEIN TOLLIVERS WERK! ER MUSSTE MIT DIESER POSSE WEITERMACHEN!
JETZT WERDEN WIR FÜR SEINE DUMMHEIT BESTRAFT-- UND WO IST ER?!

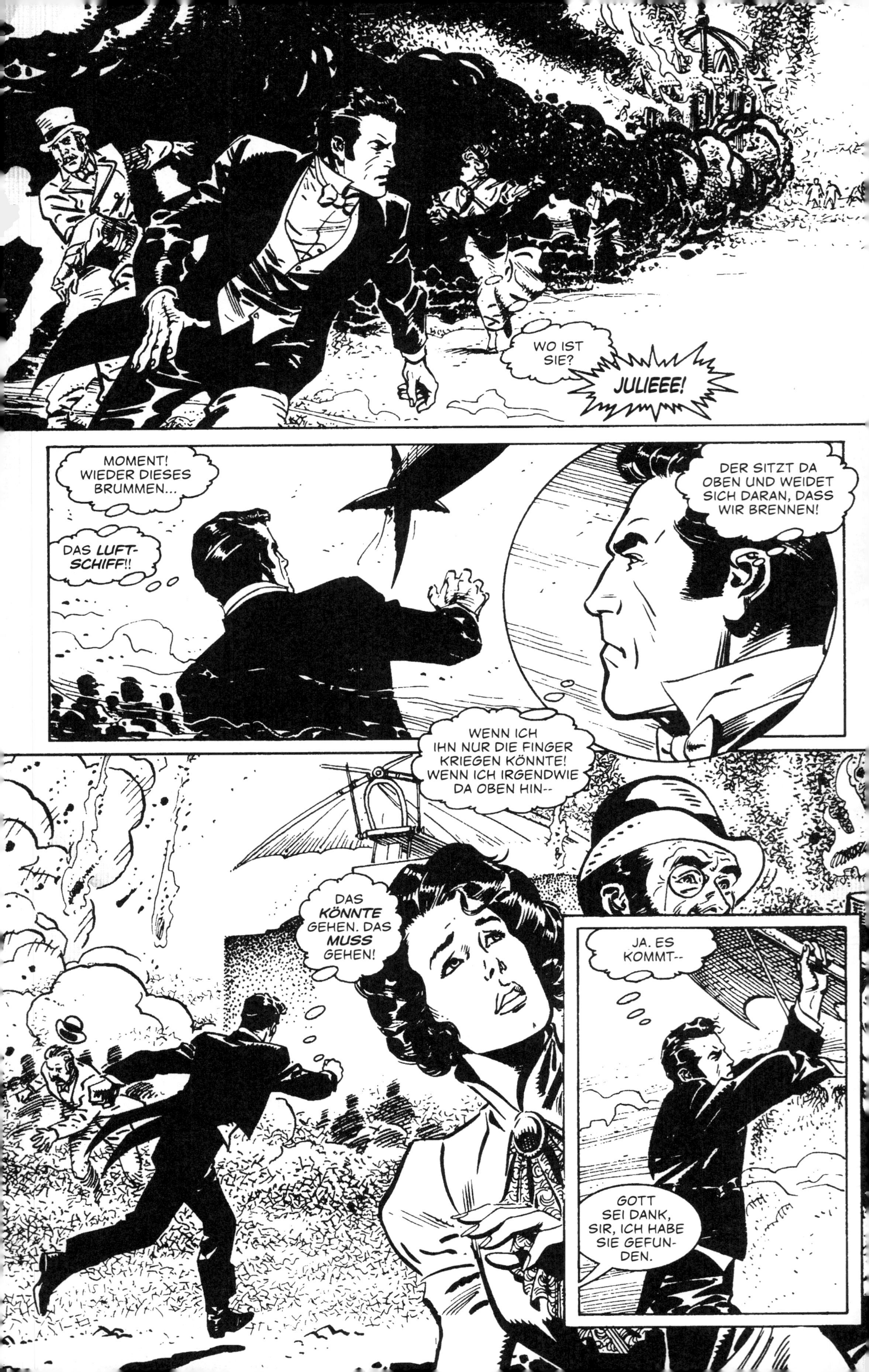
WO IST SIE?
JULIEEE!
MOMENT! WIEDER DIESES BRUMMEN...
DAS LUFT-SCHIFF!!
DER SITZT DA OBEN UND WEIDET SICH DARAN, DASS WIR BRENNEN!
WENN ICH IHN NUR DIE FINGER KRIEGEN KÖNNTE! WENN ICH IRGENDWIE DA OBEN HIN--
DAS KÖNNTE GEHEN. DAS MUSS GEHEN!
JA. ES KOMMT--
GOTT SEI DANK, SIR, ICH HABE SIE GEFUN-DEN.

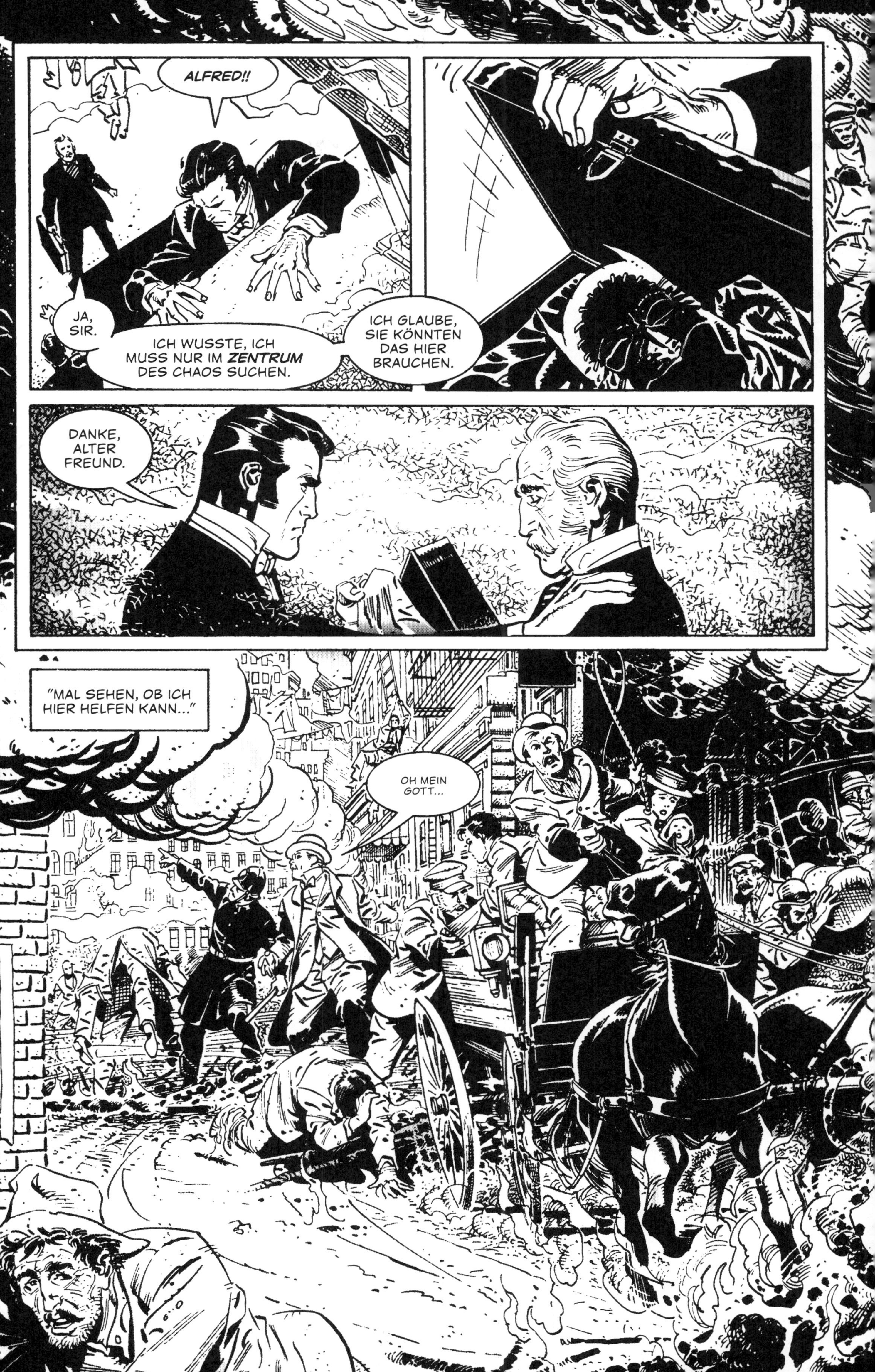
ALFRED!!
JA, SIR.
ICH WUSSTE, ICH MUSS NUR IM ZENTRUM DES CHAOS SUCHEN.
ICH GLAUBE, SIE KÖNNTEN DAS HIER BRAUCHEN.
DANKE, ALTER FREUND.
"MAL SEHEN, OB ICH HIER HELFEN KANN..."
OH MEIN GOTT...

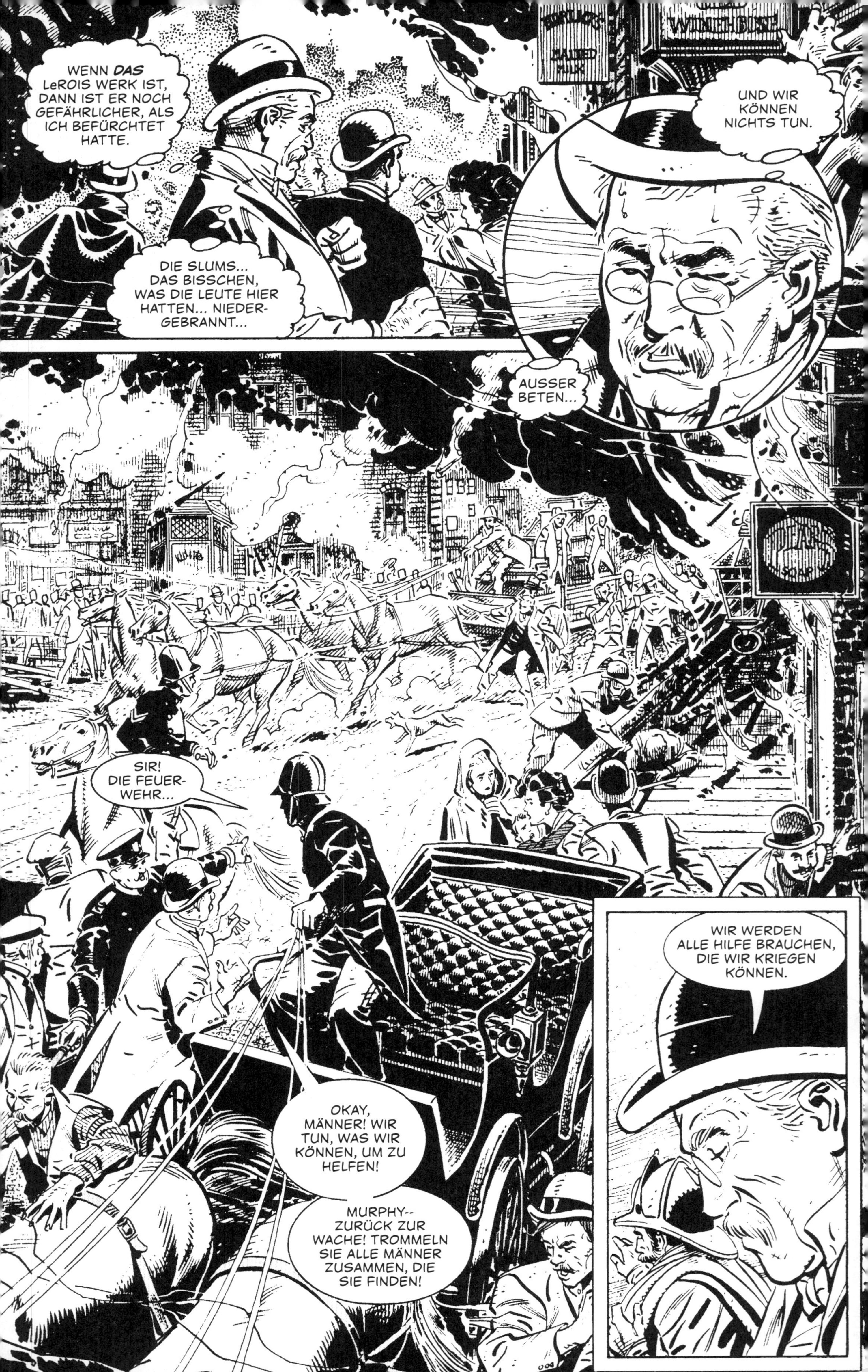
WENN DAS LeROIS WERK IST, DANN IST ER NOCH GEFÄHRLICHER, ALS ICH BEFÜRCHTET HATTE.
DIE SLUMS... DAS BISSCHEN, WAS DIE LEUTE HIER HATTEN... NIEDER-GEBRANNT...
UND WIR KÖNNEN NICHTS TUN.
AUSSER BETEN...
SIR! DIE FEUER-WEHR...
OKAY, MÄNNER! WIR TUN, WAS WIR KÖNNEN, UM ZU HELFEN!
MURPHY-- ZURÜCK ZUR WACHE! TROMMELN SIE ALLE MÄNNER ZUSAMMEN, DIE SIE FINDEN!
WIR WERDEN ALLE HILFE BRAUCHEN, DIE WIR KRIEGEN KÖNNEN.

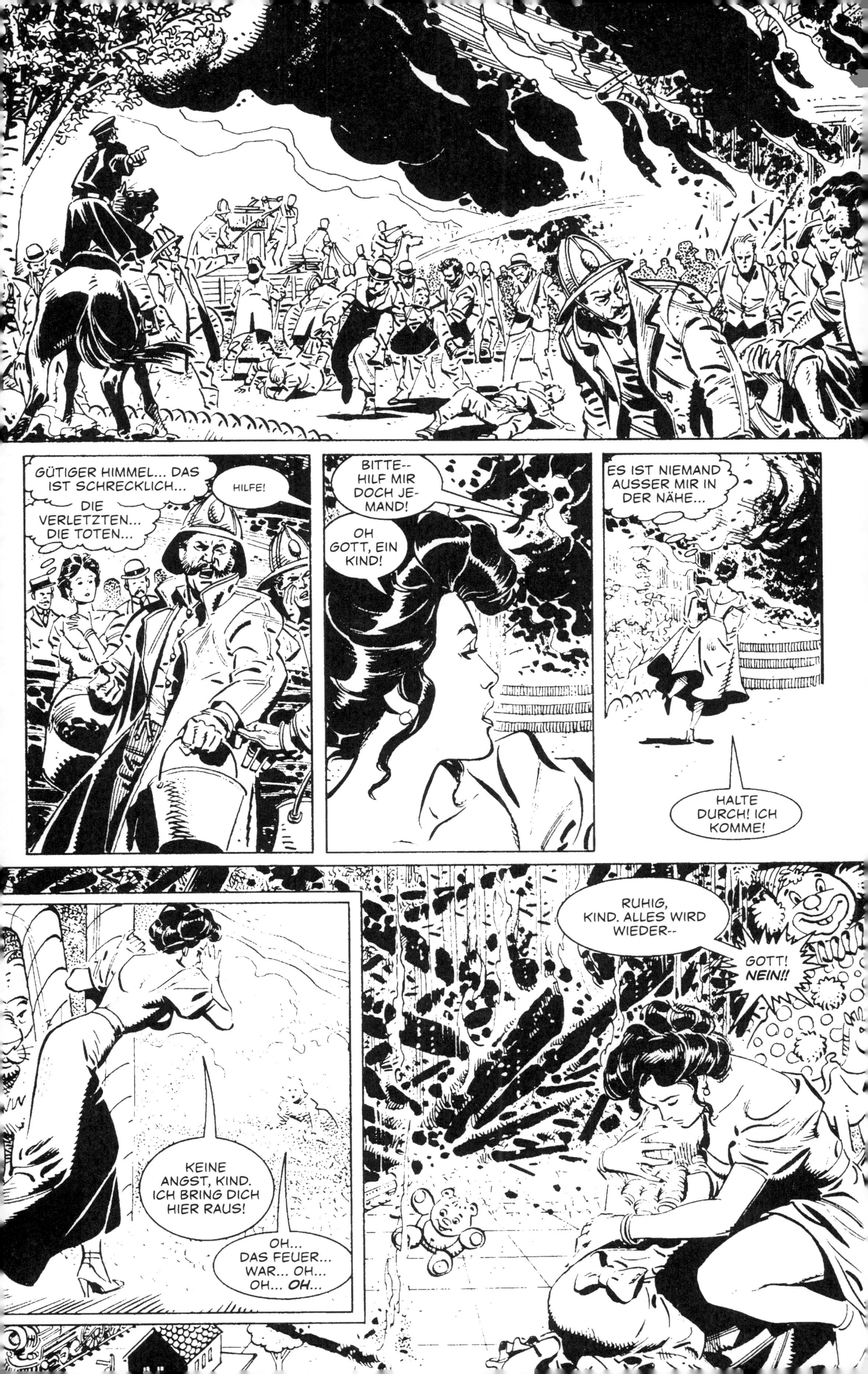

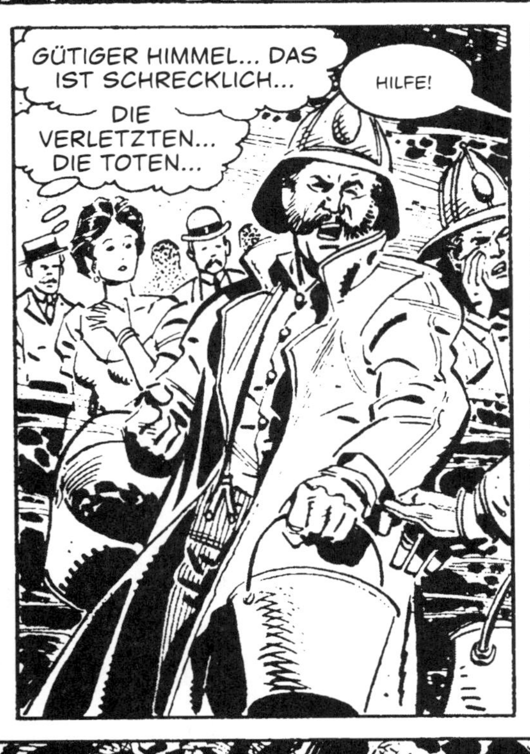

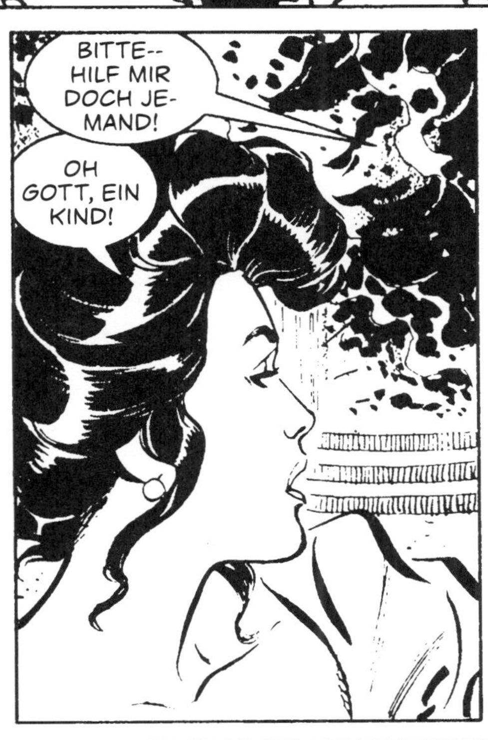

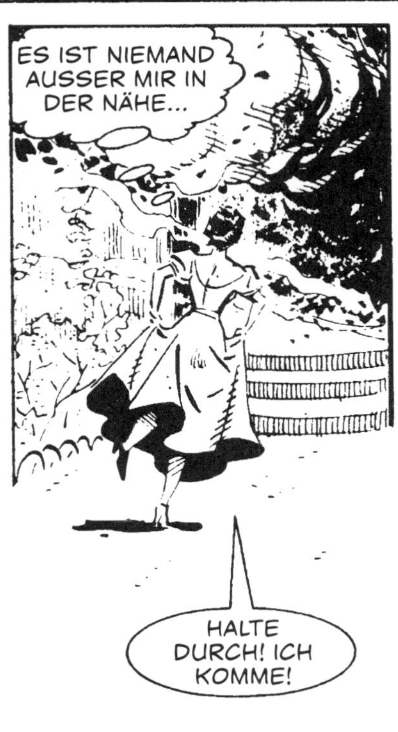

KEINE ANGST, KIND. ICH BRING DICH HIER RAUS!

OH... DAS FEUER... WAR... OH... OH... *OH*...

RUHIG, KIND. ALLES WIRD WIEDER--

GOTT! ***NEIN!!***

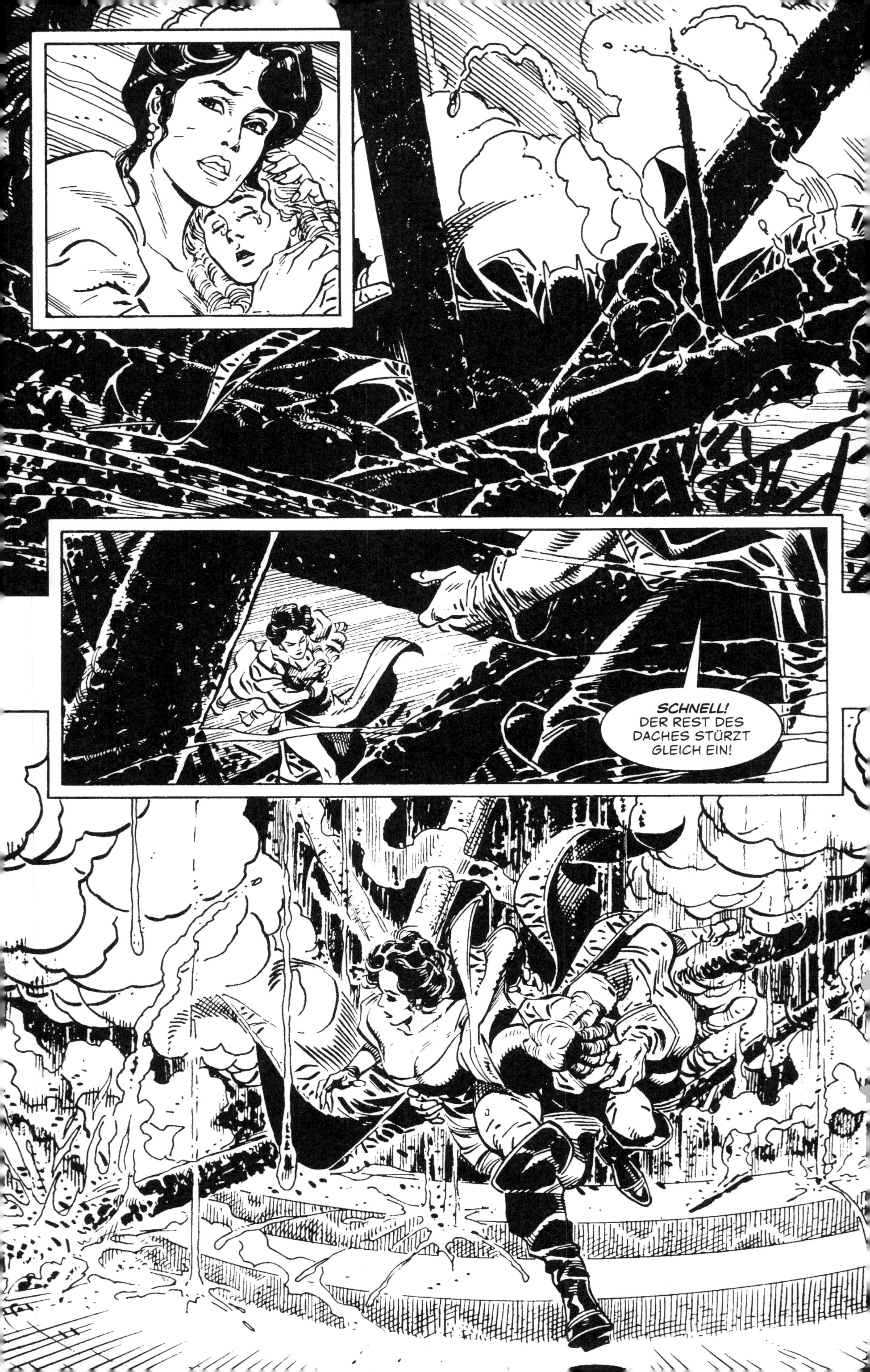
SCHNELL!
DER REST DES DACHES STÜRZT GLEICH EIN!

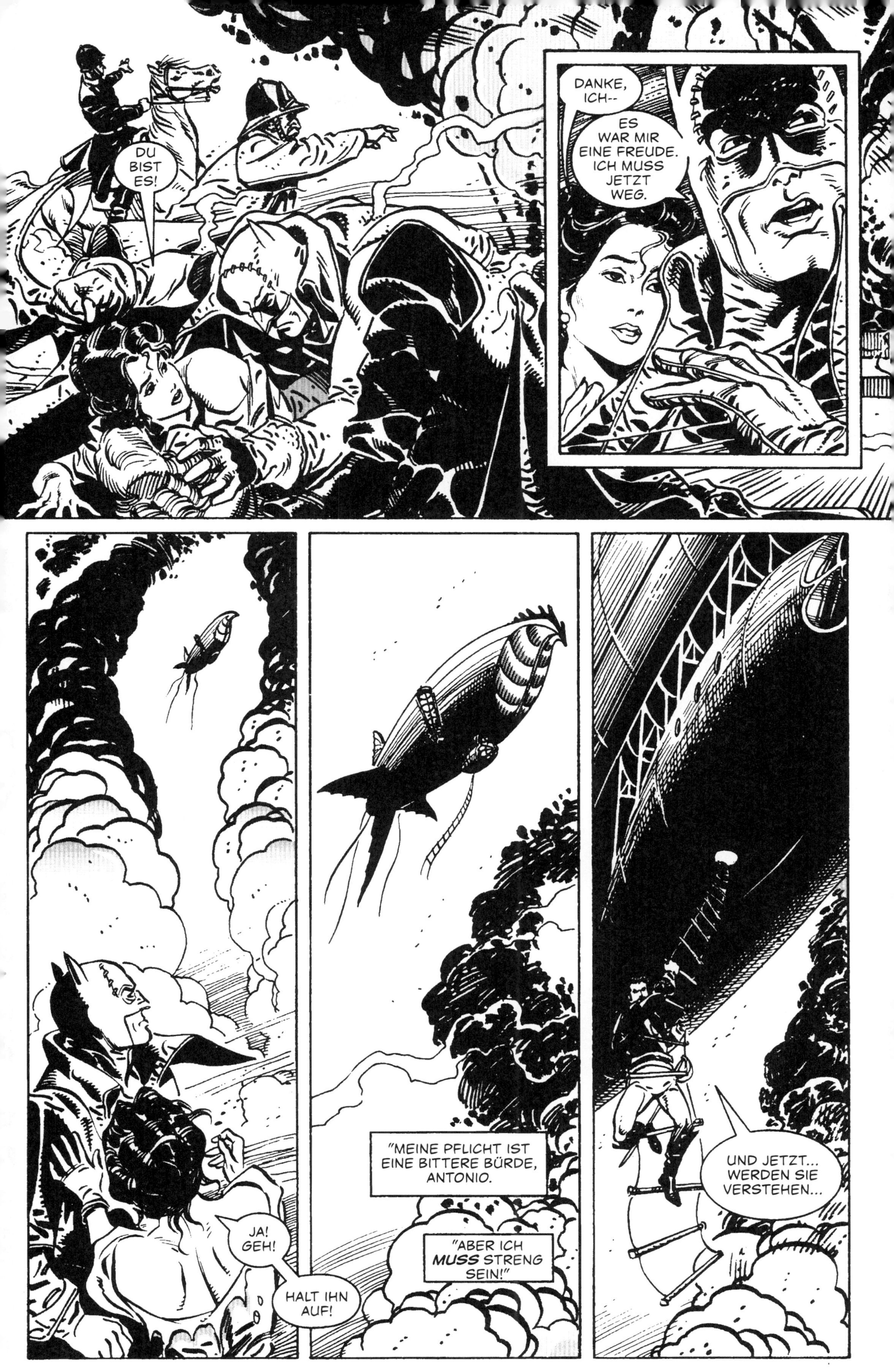

DU BIST ES!

DANKE, ICH--

ES WAR MIR EINE FREUDE. ICH MUSS JETZT WEG.

JA! GEH!

HALT IHN AUF!

"MEINE PFLICHT IST EINE BITTERE BÜRDE, ANTONIO.

"ABER ICH **MUSS** STRENG SEIN!"

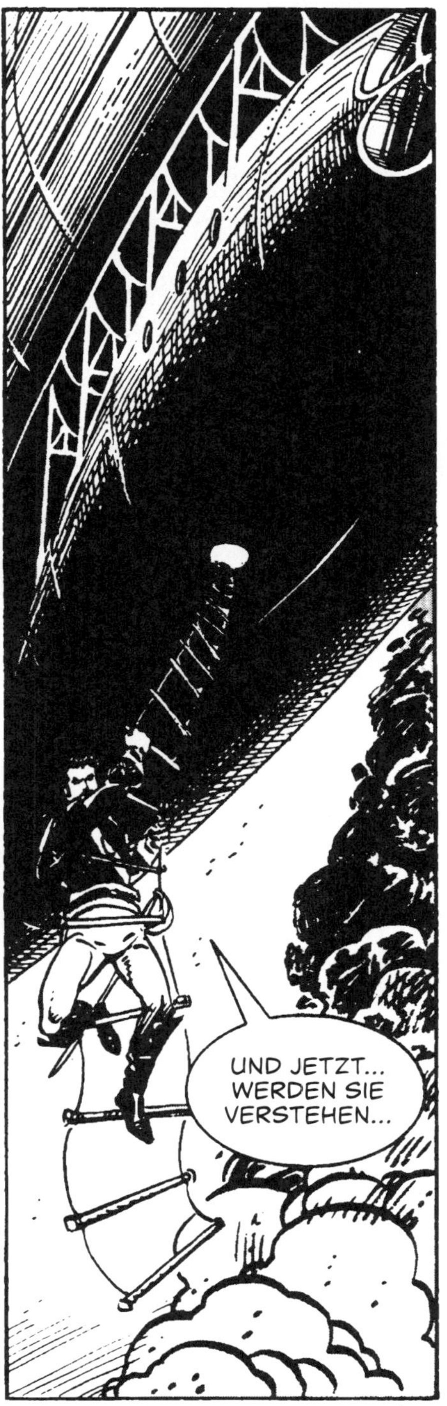

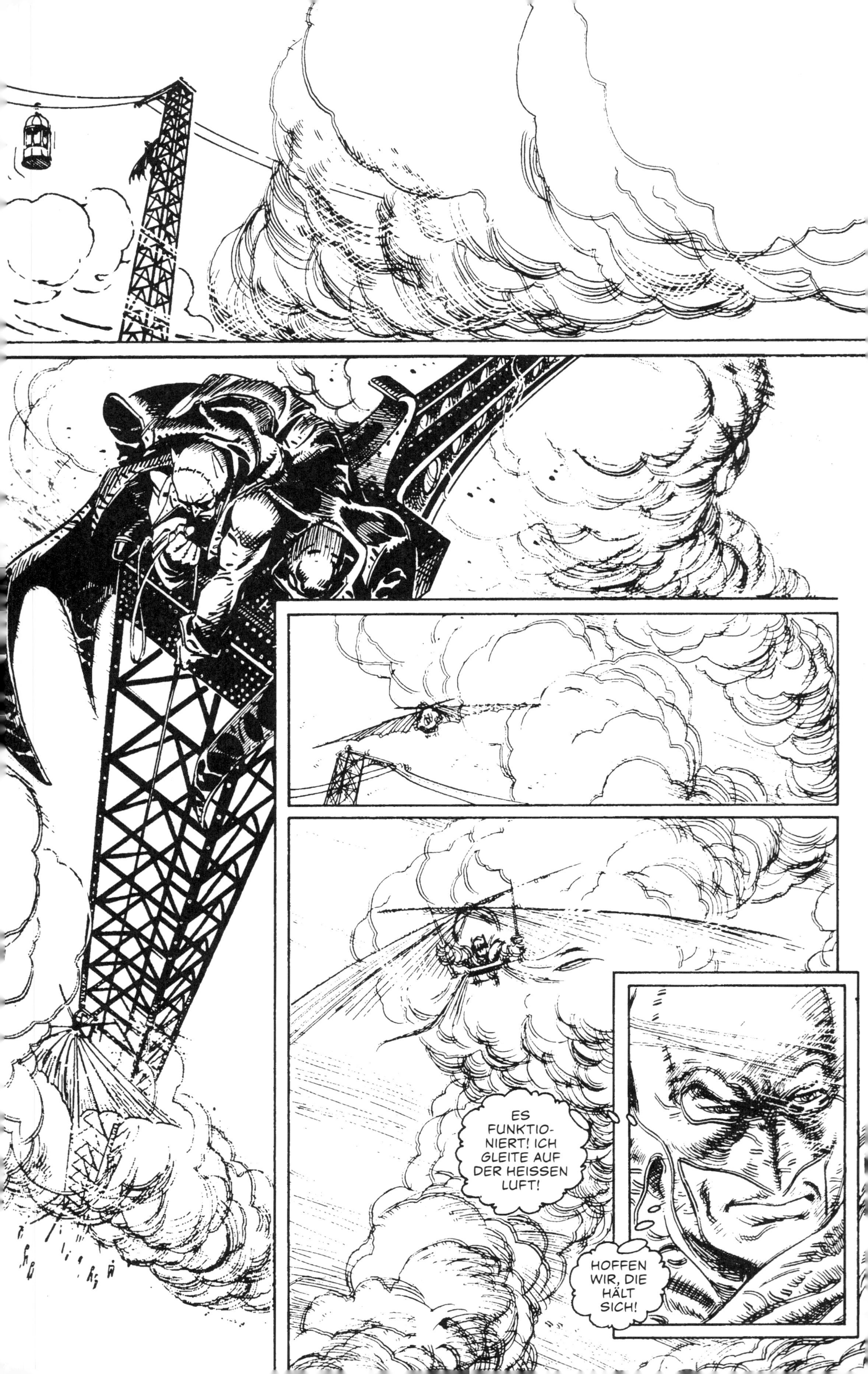
ES FUNKTIONIERT! ICH GLEITE AUF DER HEISSEN LUFT!
HOFFEN WIR, DIE HÄLT SICH!

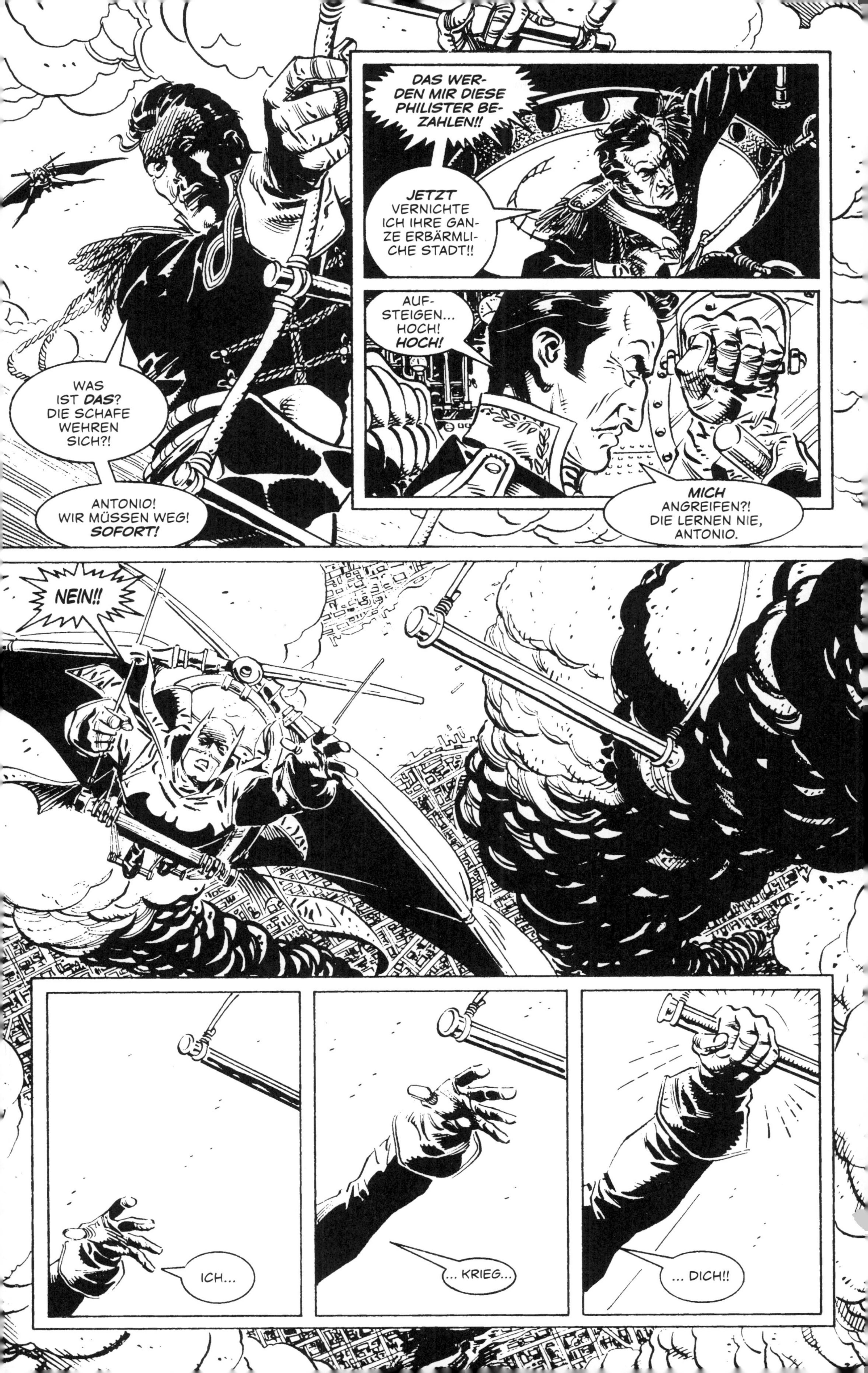

WAS IST *DAS*? DIE SCHAFE WEHREN SICH?!

ANTONIO! WIR MÜSSEN WEG! *SOFORT!*

DAS WERDEN MIR DIESE PHILISTER BEZAHLEN!!

JETZT VERNICHTE ICH IHRE GANZE ERBÄRMLICHE STADT!!

AUFSTEIGEN... HOCH! *HOCH!*

MICH ANGREIFEN?! DIE LERNEN NIE, ANTONIO.

NEIN!!

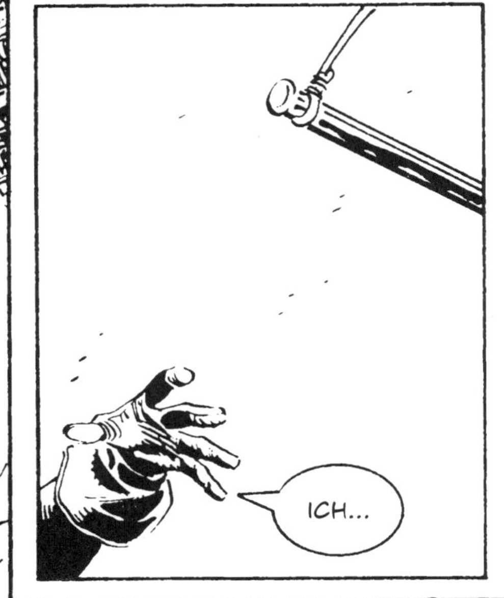

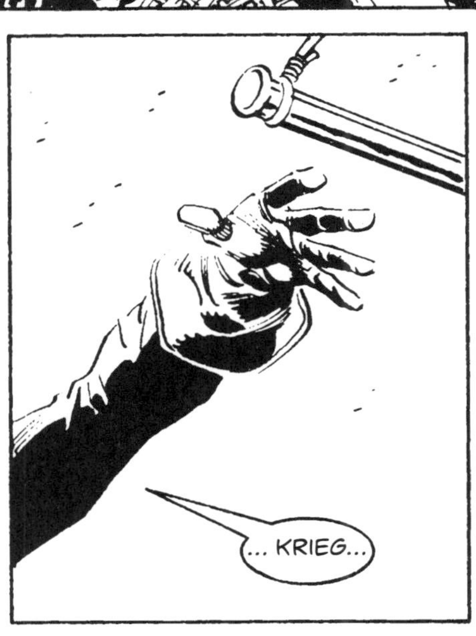

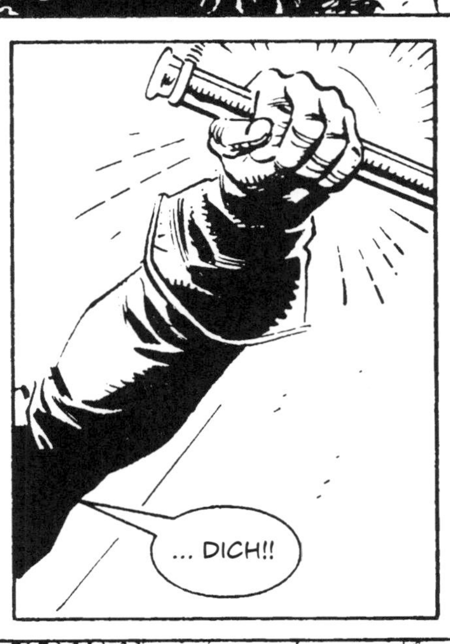

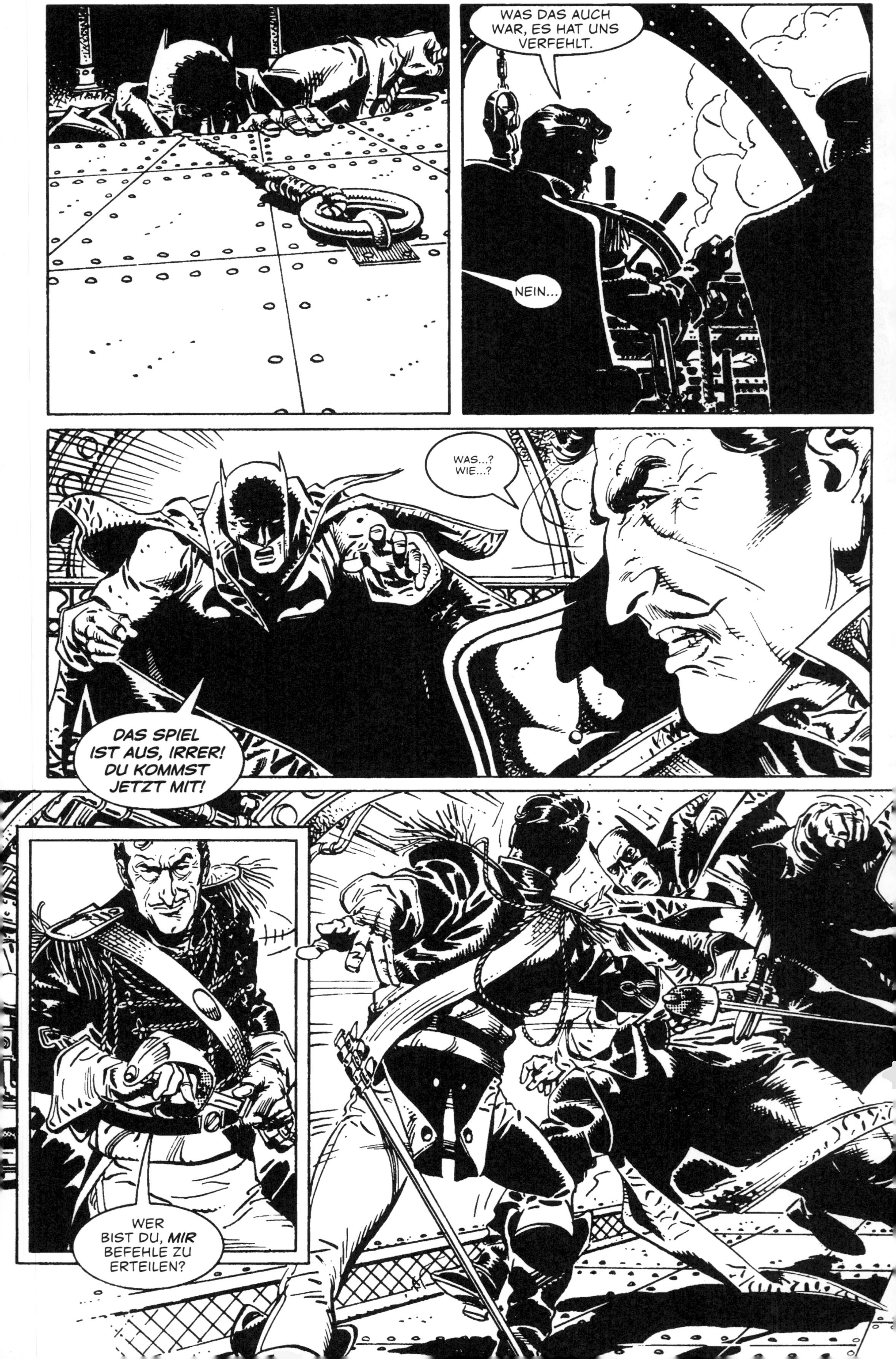

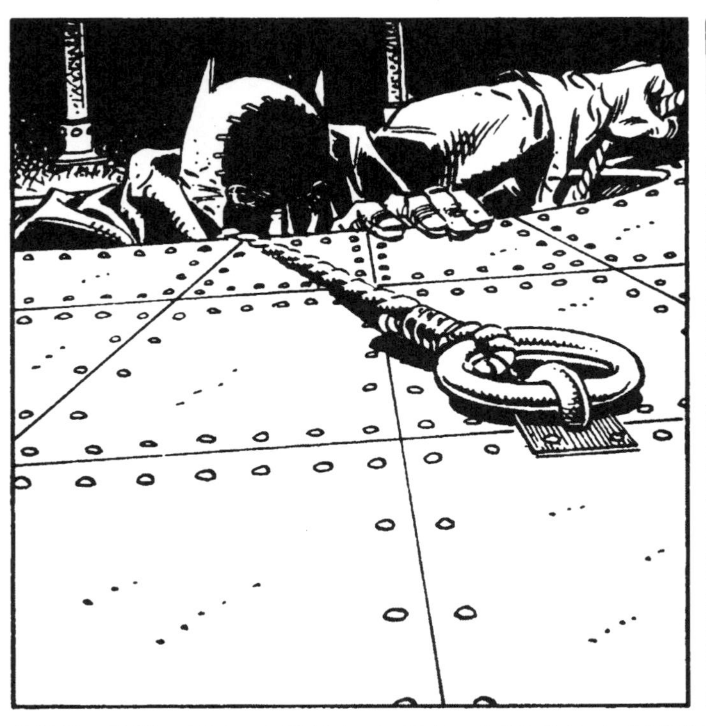

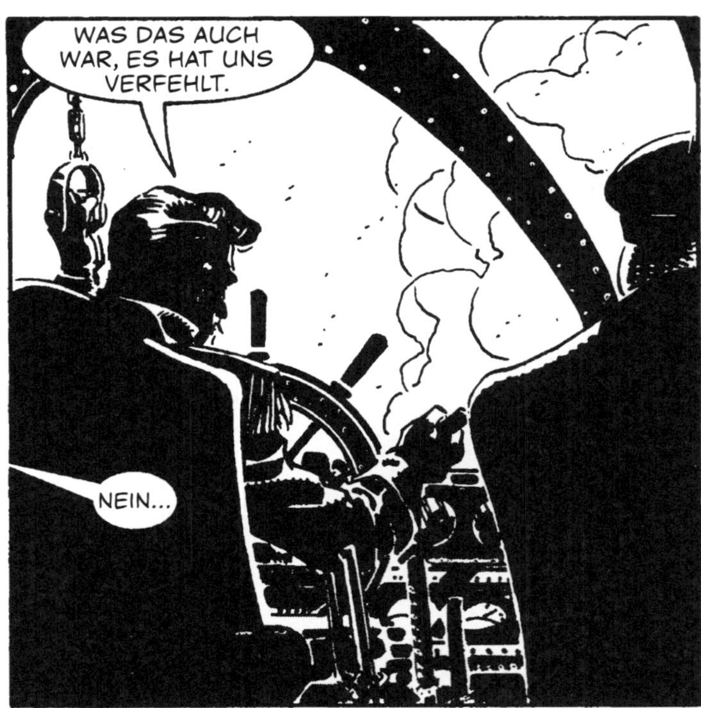

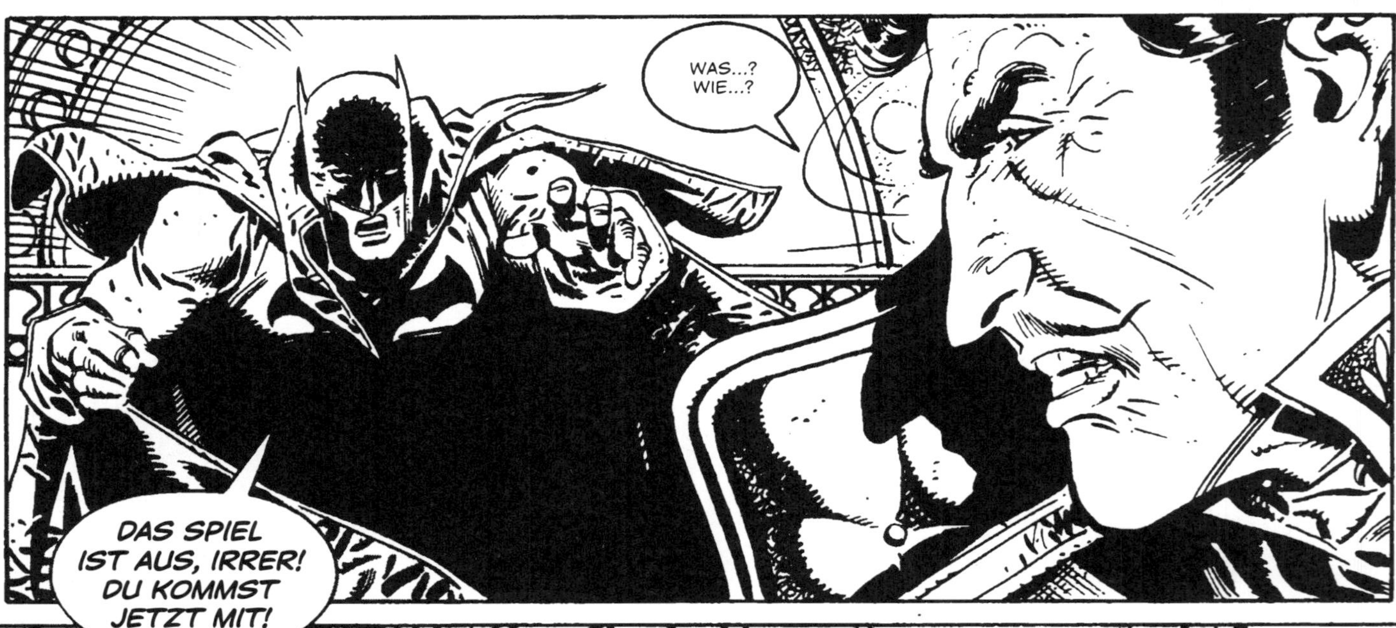

WER BIST DU, ***MIR*** BEFEHLE ZU ERTEILEN?

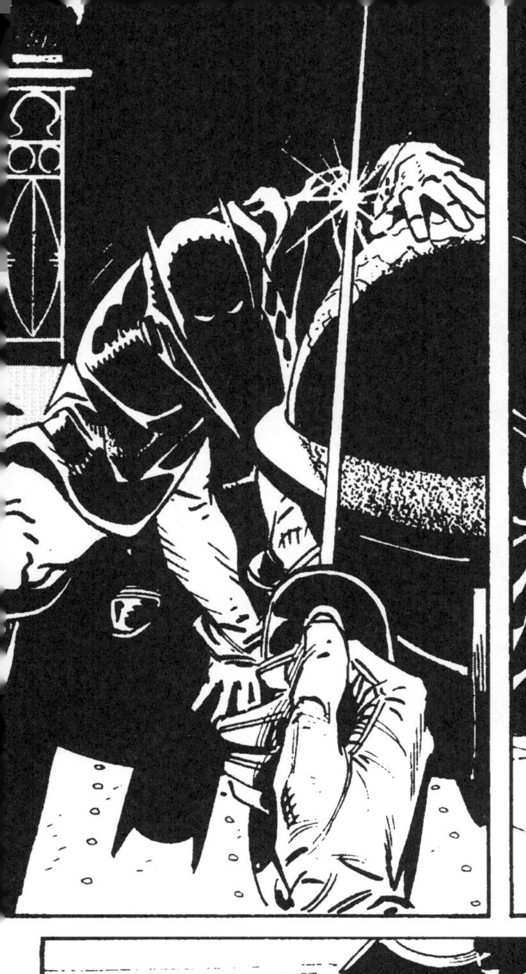
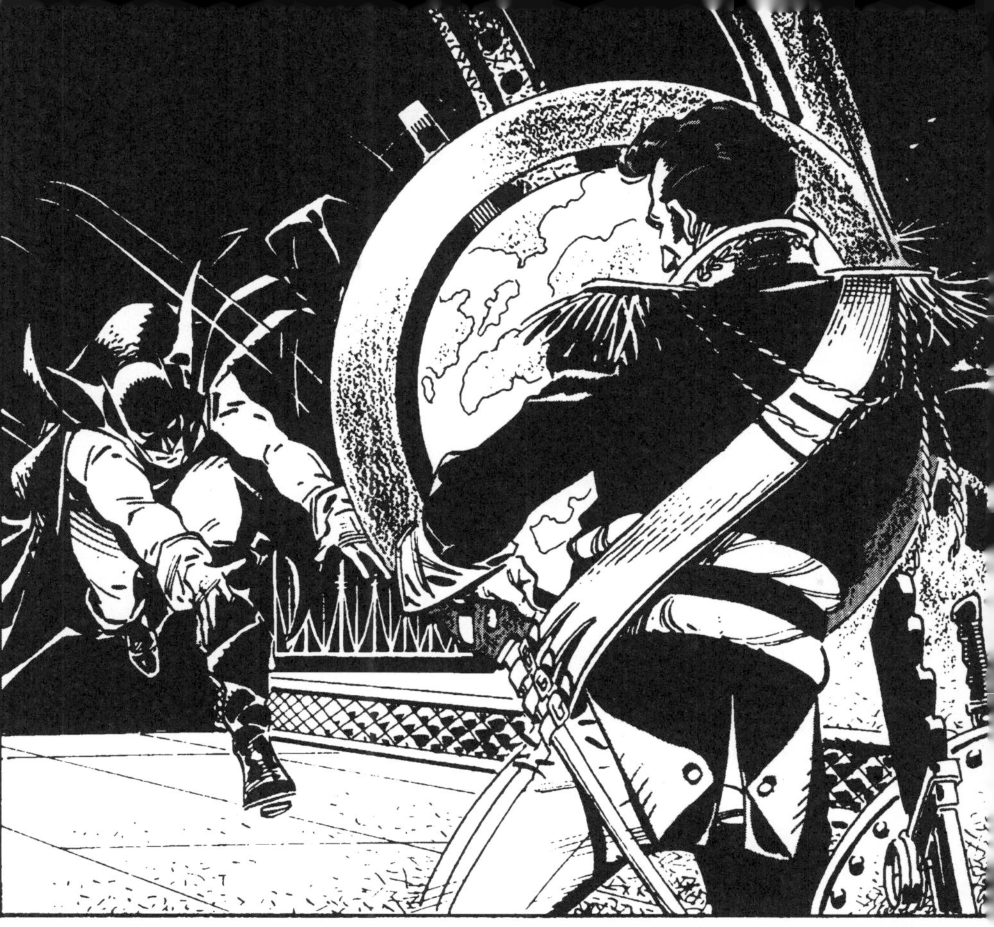
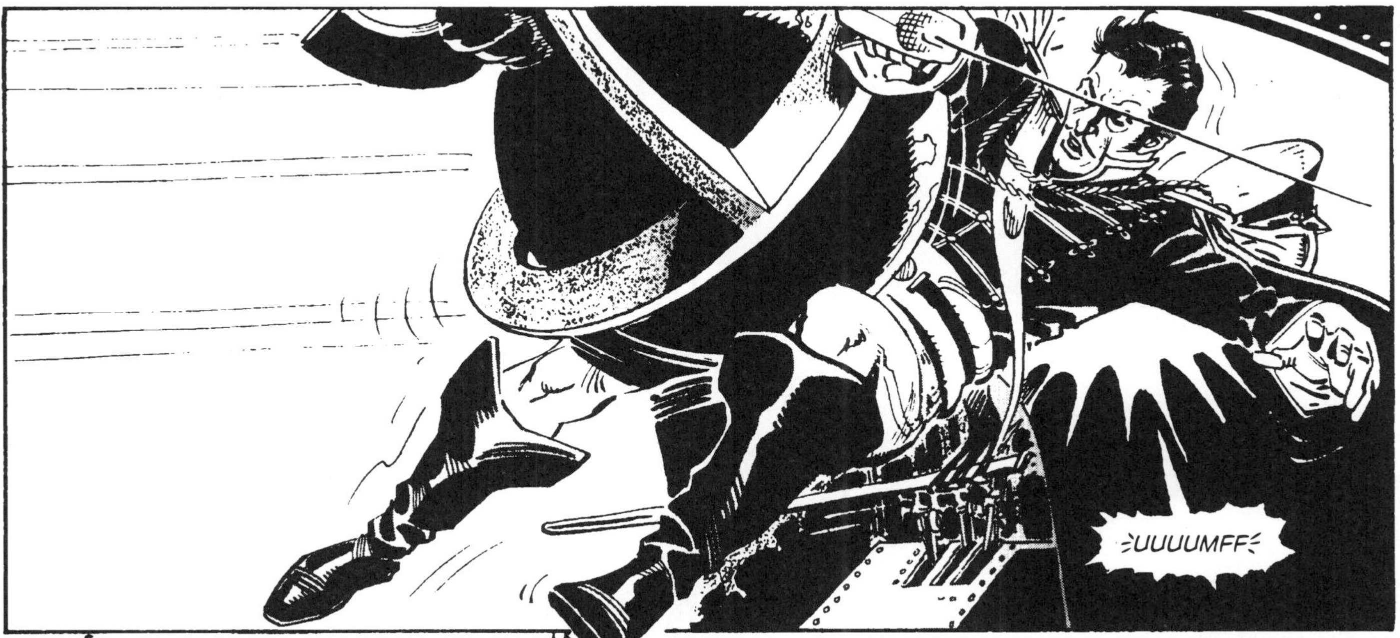
UUUUMFF
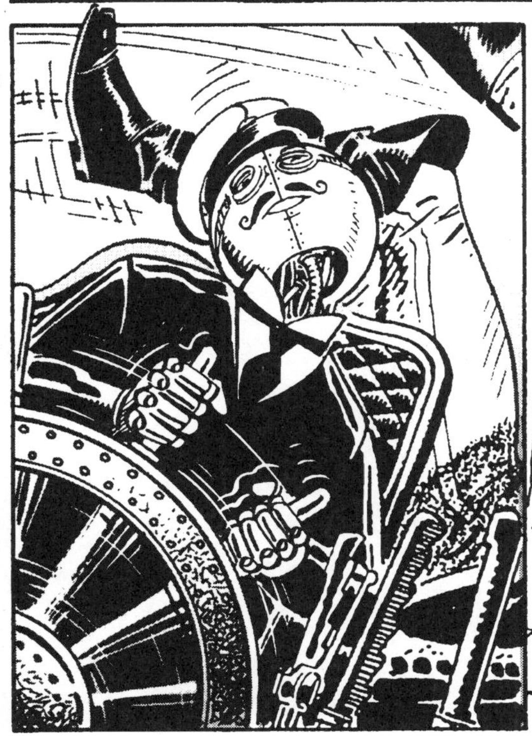
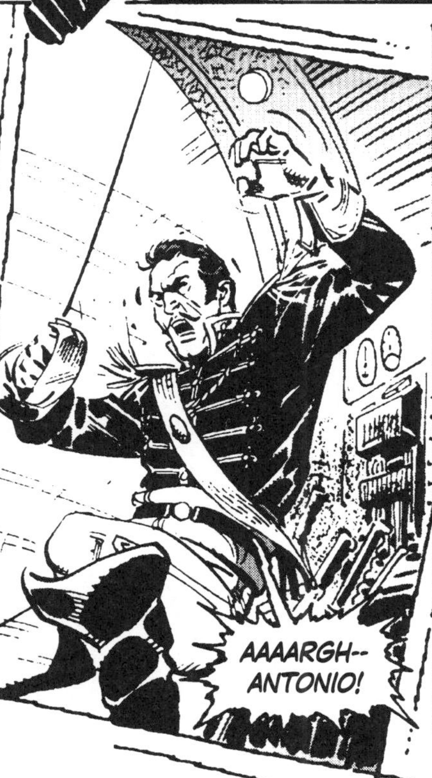
AAAARGH--
ANTONIO!
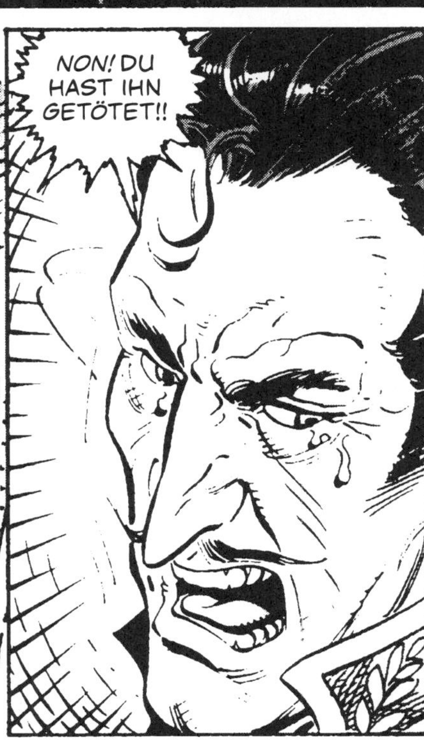
NON! DU HAST IHN GETÖTET!!

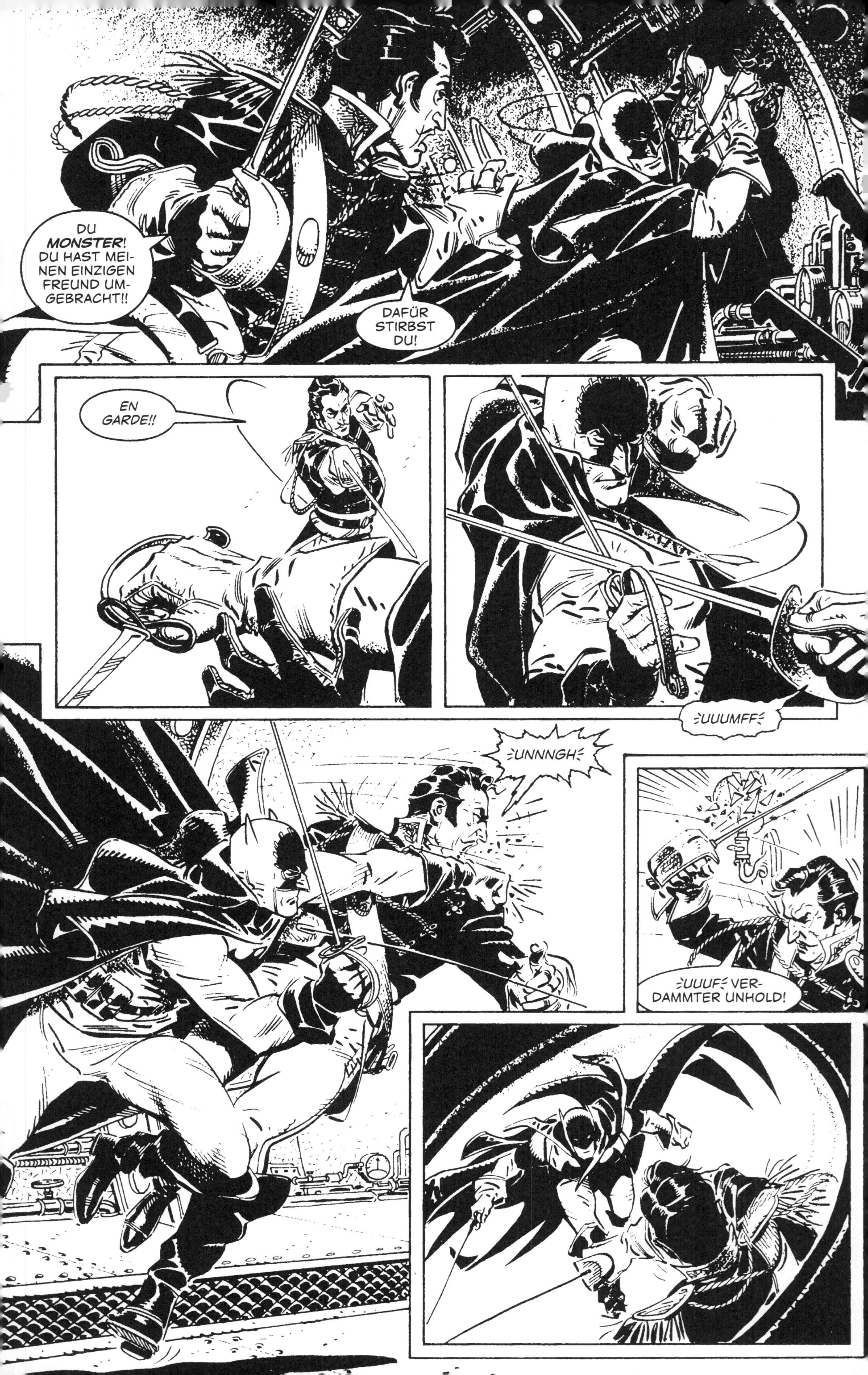
DU MONSTER! DU HAST MEINEN EINZIGEN FREUND UMGEBRACHT!!
DAFÜR STIRBST DU!
EN GARDE!!
UUUMFF
UNNNGH
UUUF VERDAMMTER UNHOLD!

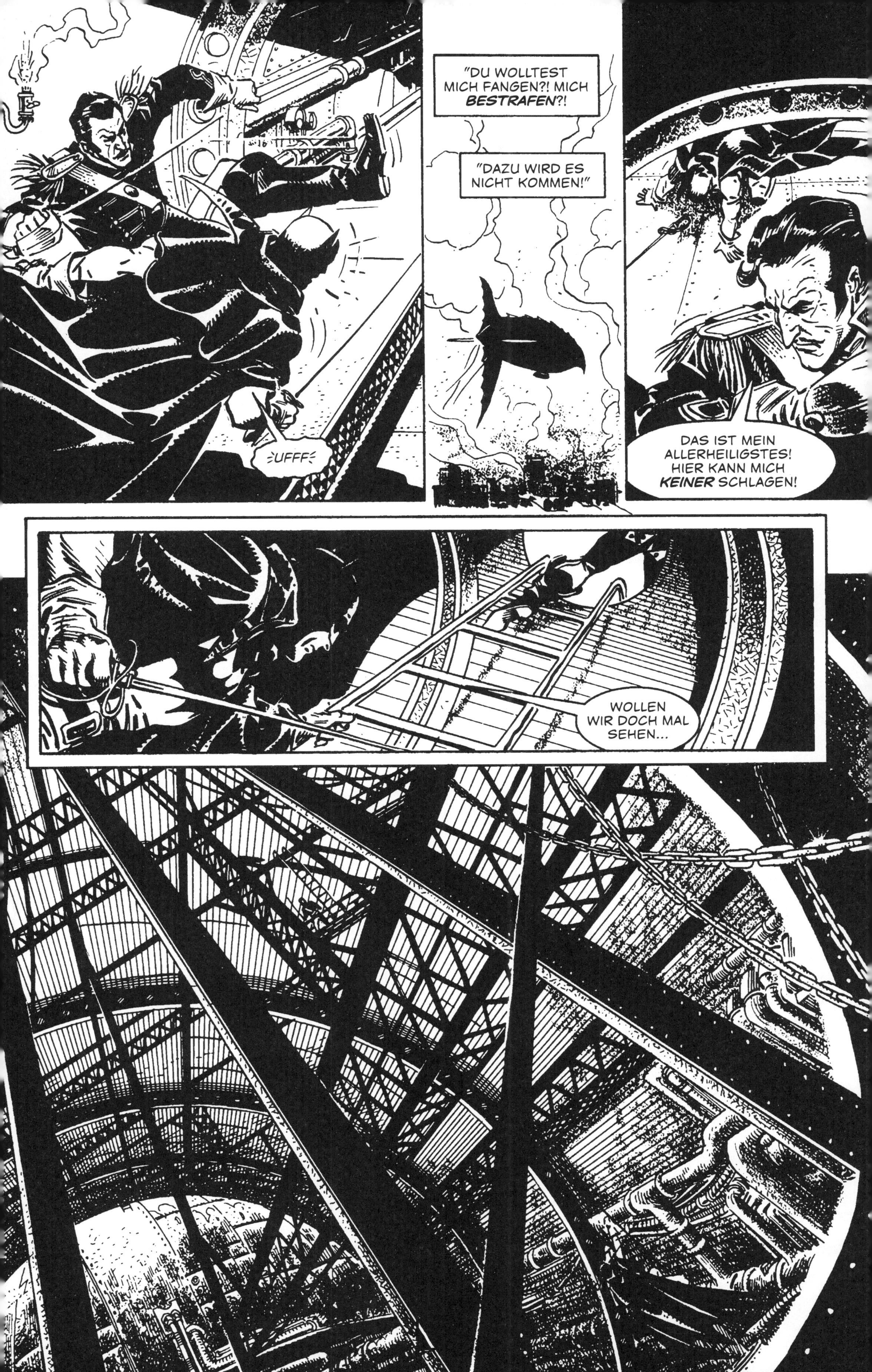

ƷUFFFƸ
"DU WOLLTEST MICH FANGEN?! MICH **BESTRAFEN**?!
"DAZU WIRD ES NICHT KOMMEN!"
DAS IST MEIN ALLERHEILIGSTES! HIER KANN MICH **KEINER** SCHLAGEN!
WOLLEN WIR DOCH MAL SEHEN...

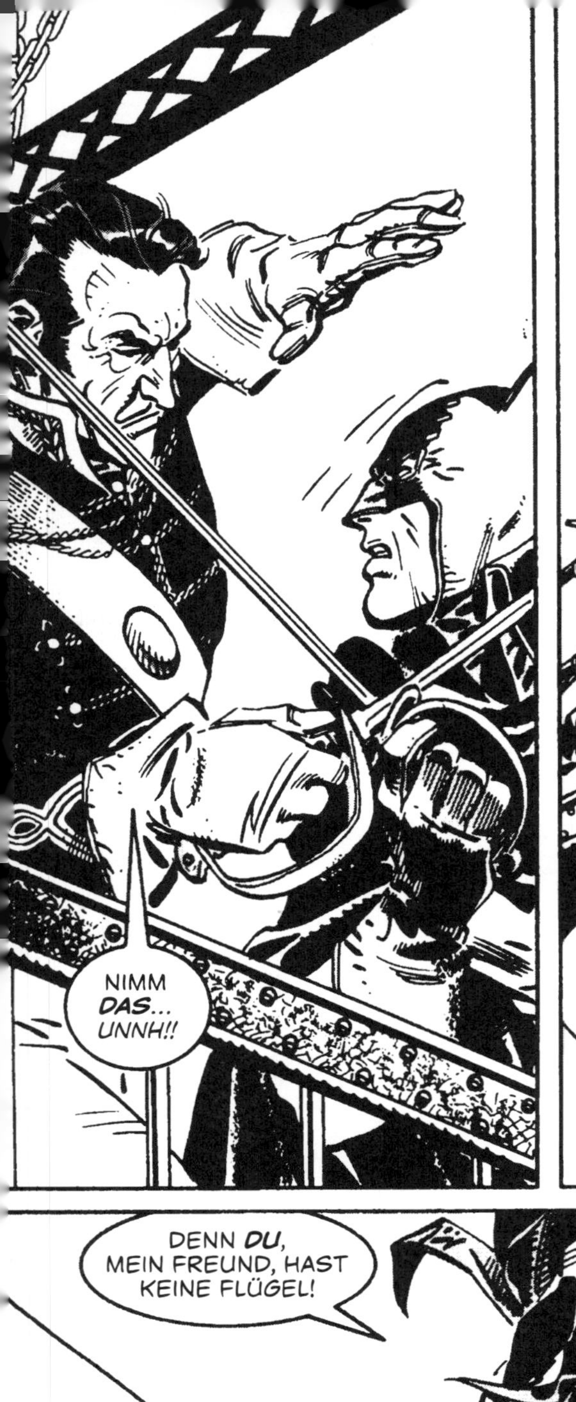
NIMM DAS... UNNH!!

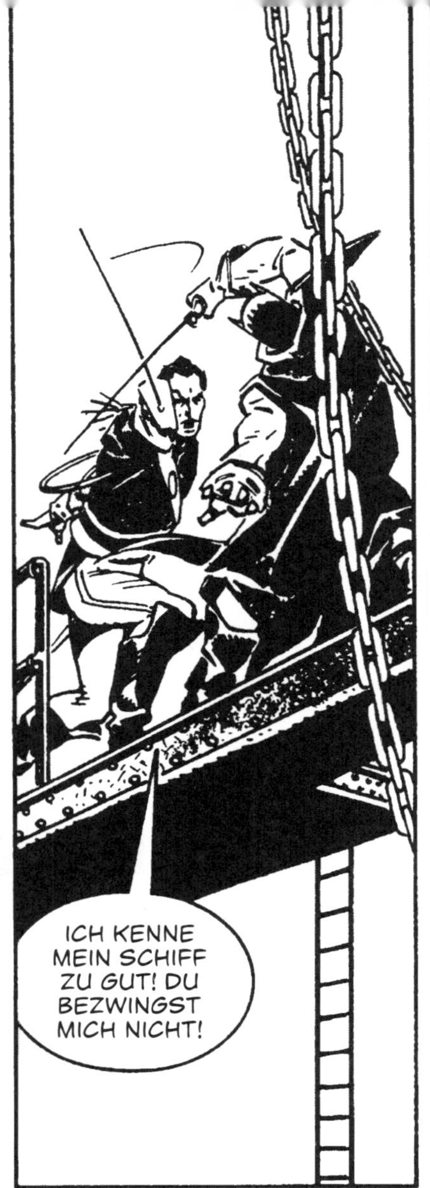
ICH KENNE MEIN SCHIFF ZU GUT! DU BEZWINGST MICH NICHT!

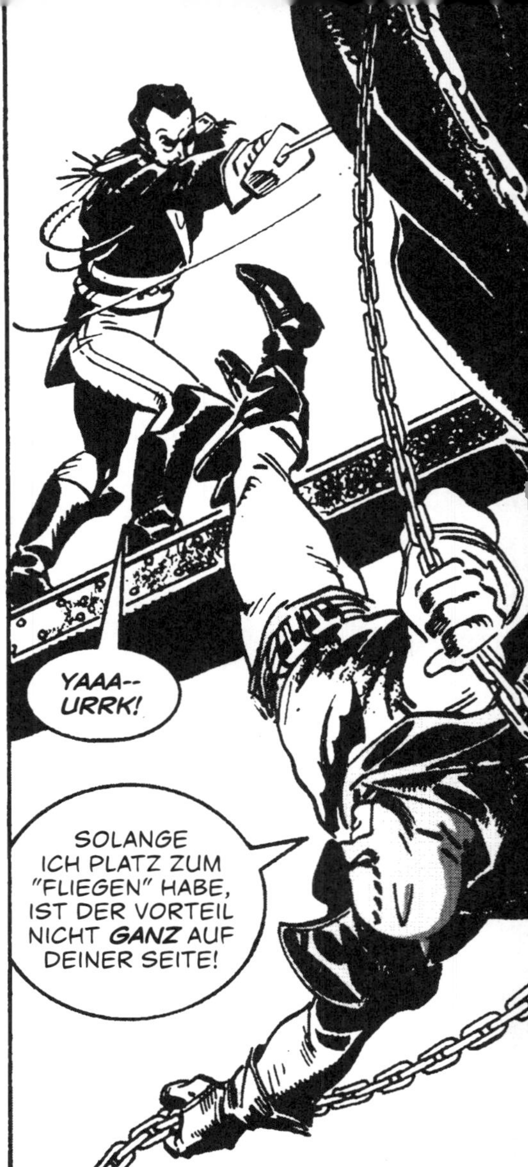
YAAA-- URRK!
SOLANGE ICH PLATZ ZUM "FLIEGEN" HABE, IST DER VORTEIL NICHT GANZ AUF DEINER SEITE!

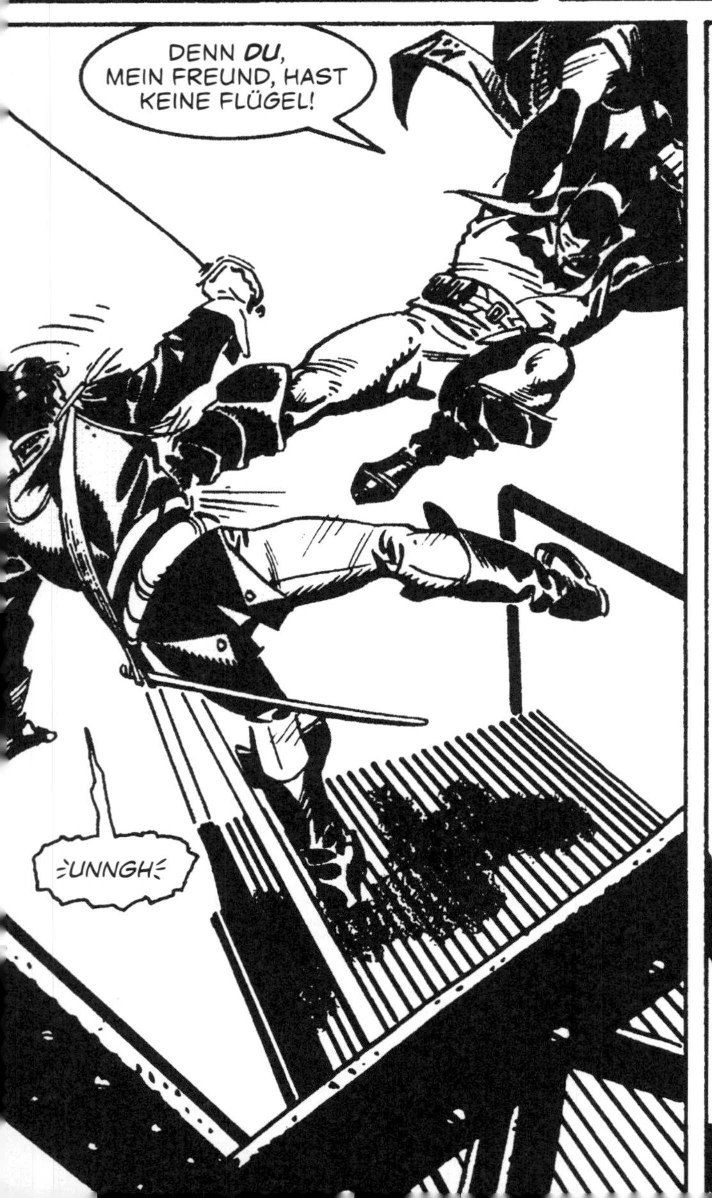
DENN DU, MEIN FREUND, HAST KEINE FLÜGEL!
UNNGH

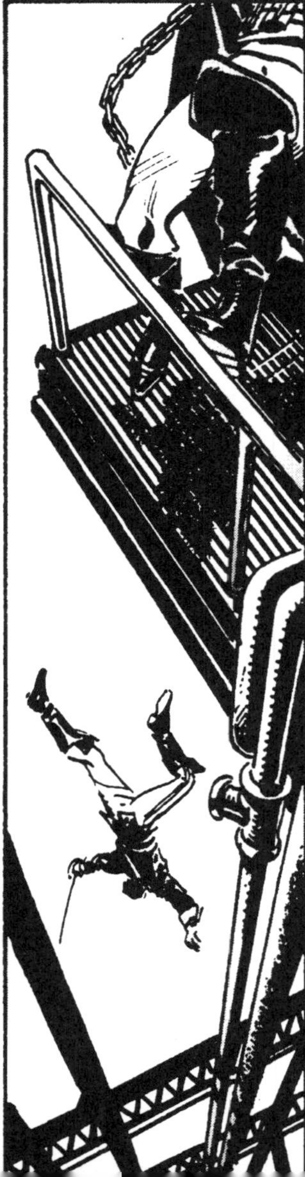

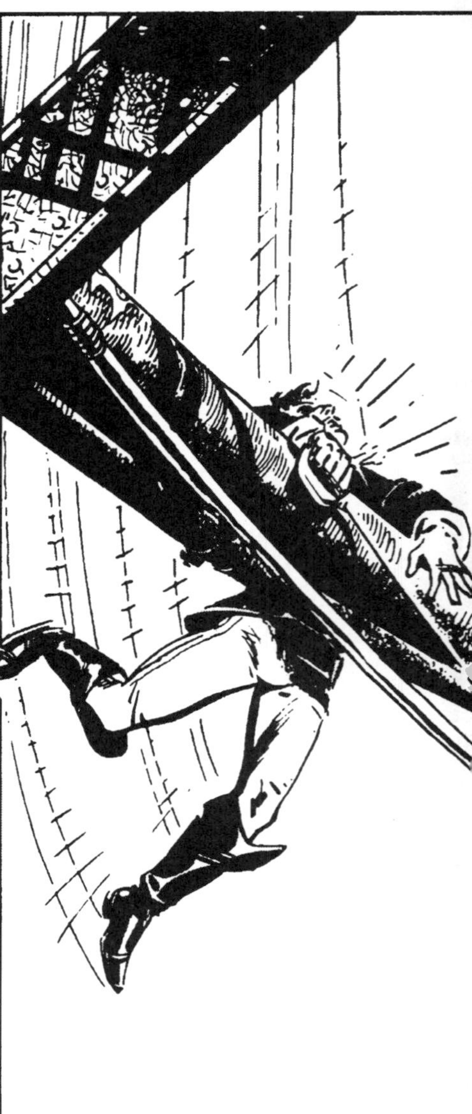

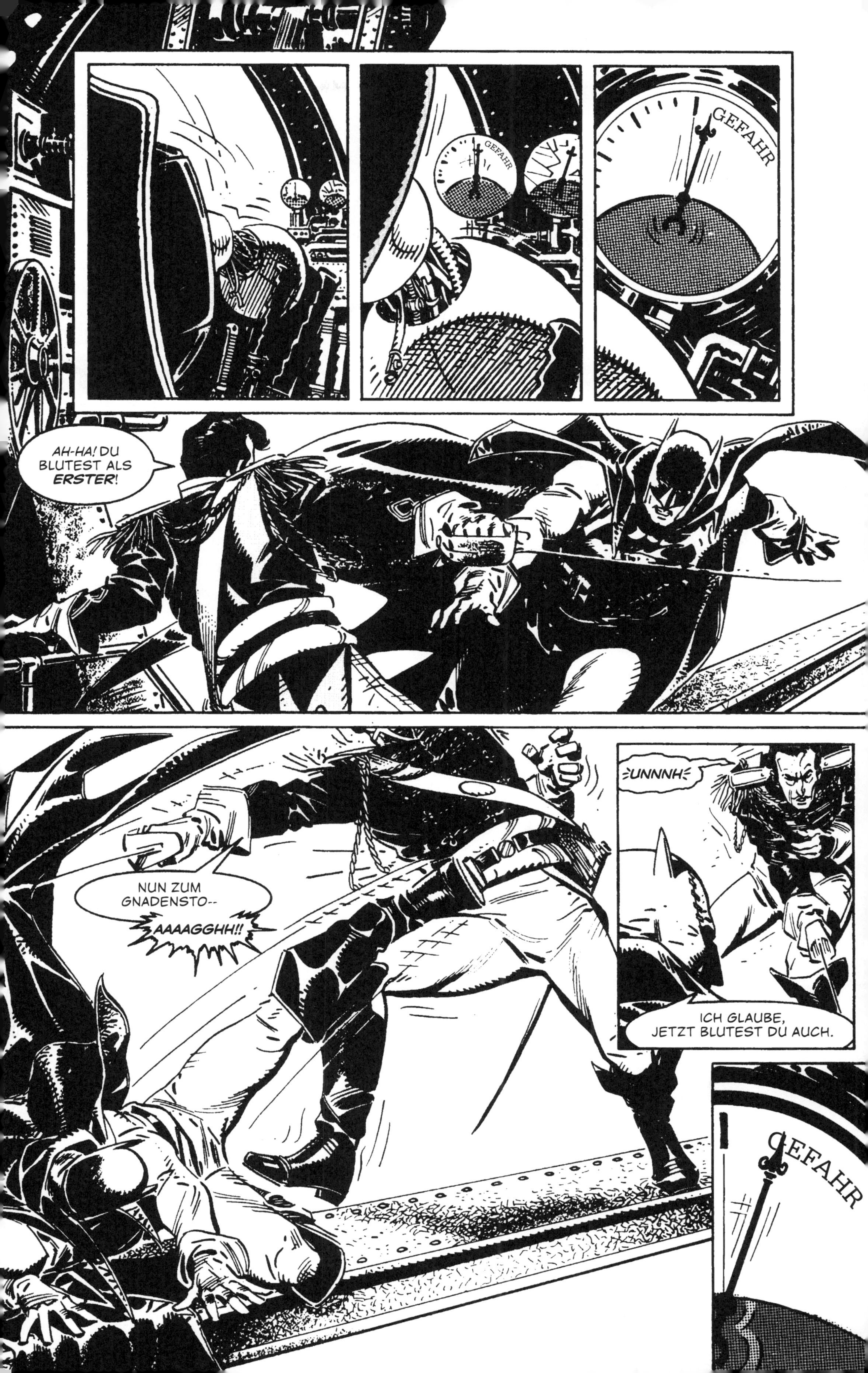
GEFAHR
GEFAHR
AH-HA! DU BLUTEST ALS ERSTER!
NUN ZUM GNADENSTO--
AAAAGGHH!!
UNNNH
ICH GLAUBE, JETZT BLUTEST DU AUCH.
GEFAHR

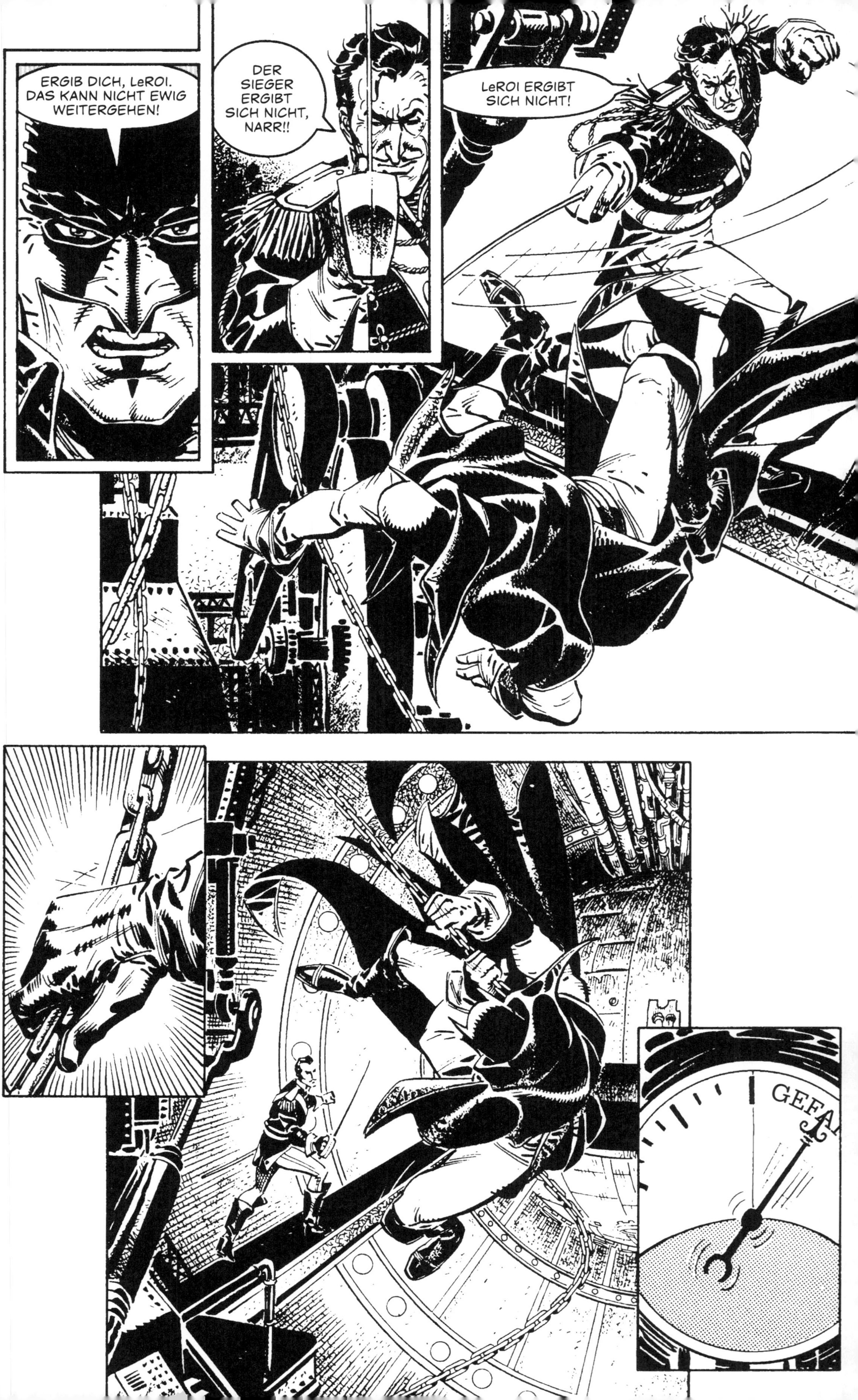

ERGIB DICH, LeROI. DAS KANN NICHT EWIG WEITERGEHEN!

DER SIEGER ERGIBT SICH NICHT, NARR!!

LeROI ERGIBT SICH NICHT!

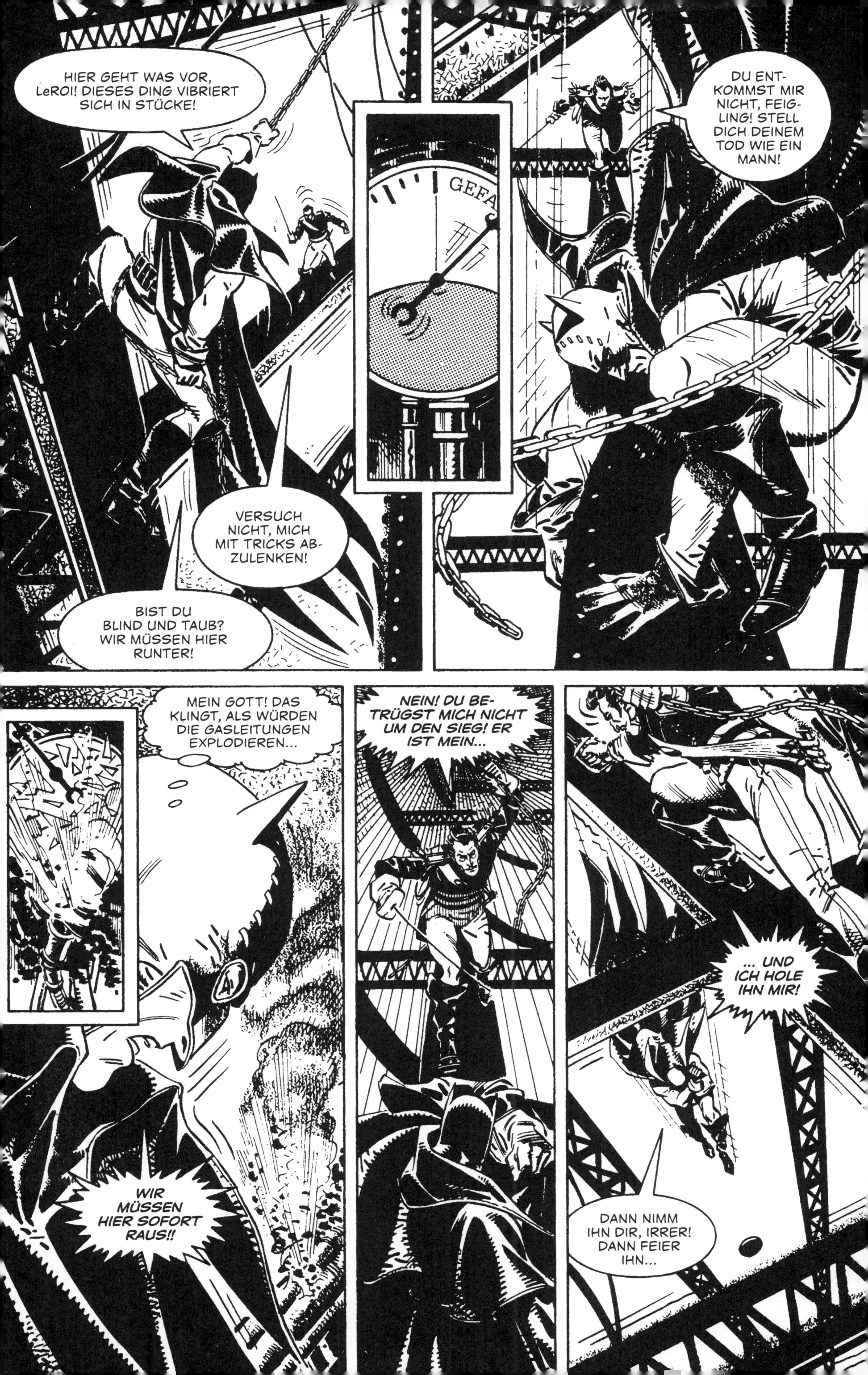

HIER GEHT WAS VOR, LeROI! DIESES DING VIBRIERT SICH IN STÜCKE!

VERSUCH NICHT, MICH MIT TRICKS ABZULENKEN!

BIST DU BLIND UND TAUB? WIR MÜSSEN HIER RUNTER!

GEFA

DU ENTKOMMST MIR NICHT, FEIGLING! STELL DICH DEINEM TOD WIE EIN MANN!

MEIN GOTT! DAS KLINGT, ALS WÜRDEN DIE GASLEITUNGEN EXPLODIEREN...

WIR MÜSSEN HIER SOFORT RAUS!!

NEIN! DU BETRÜGST MICH NICHT UM DEN SIEG! ER IST MEIN...

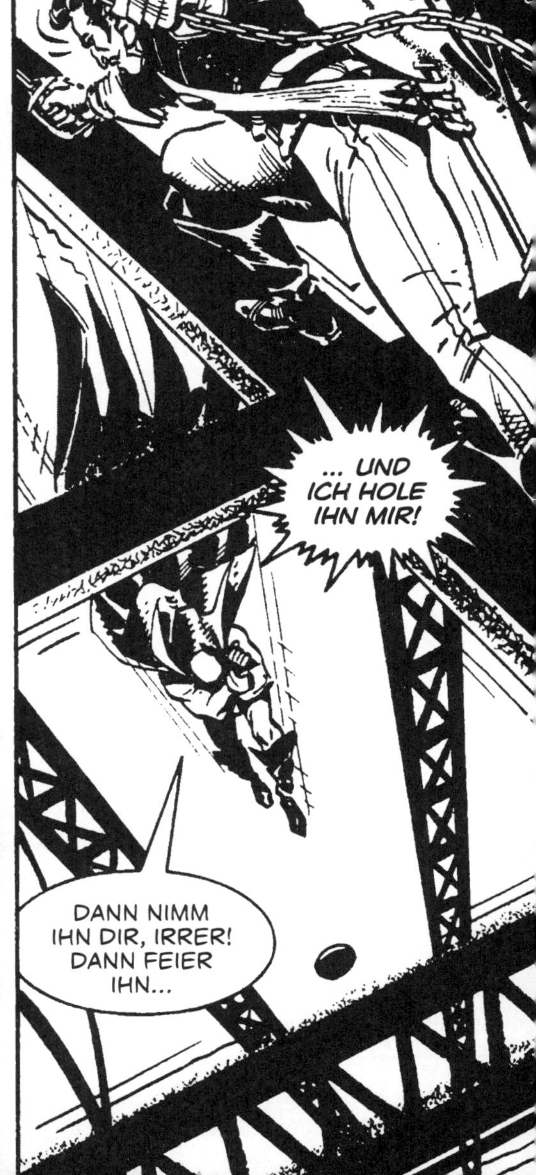

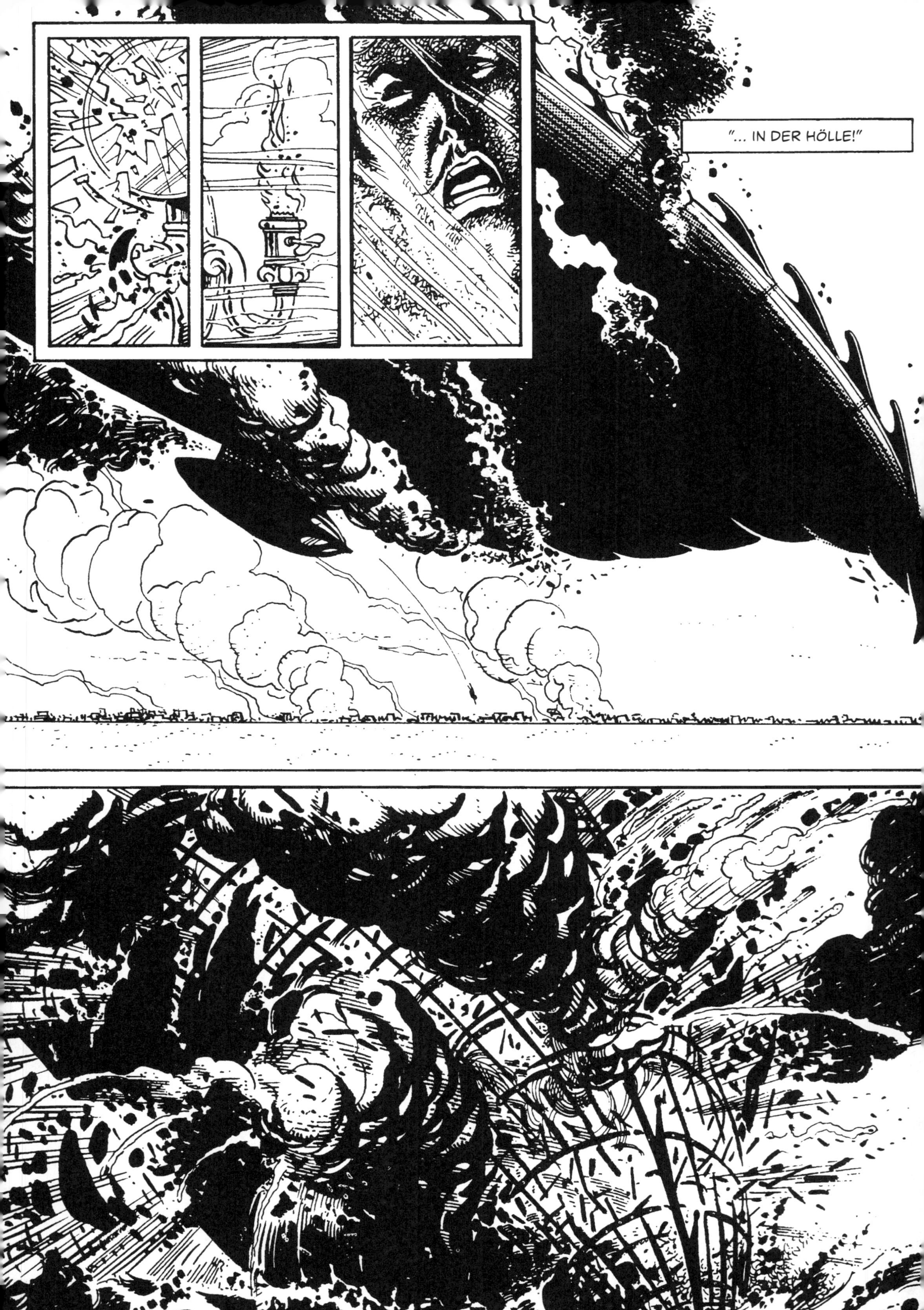
"... IN DER HÖLLE!"

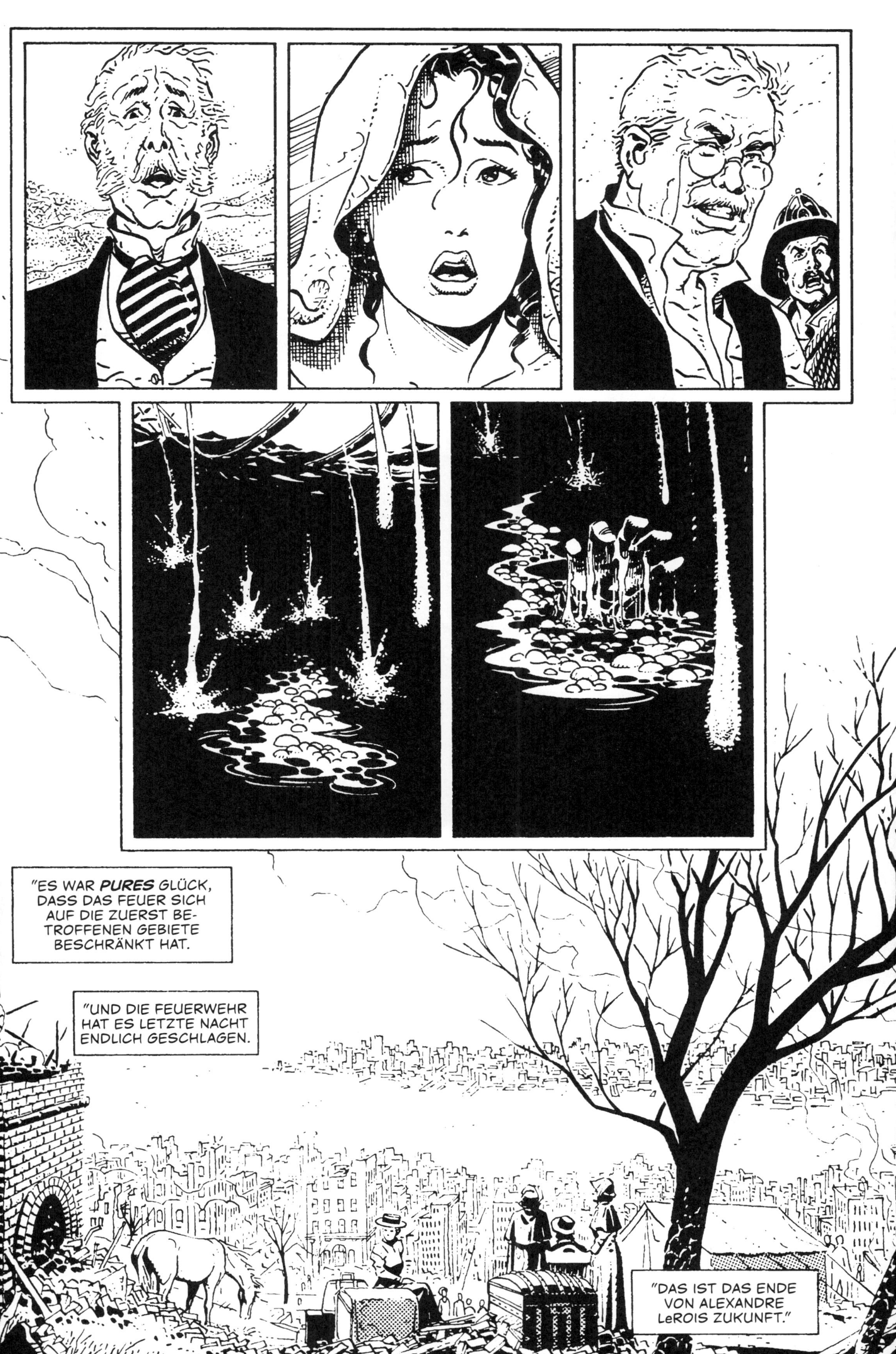
"ES WAR PURES GLÜCK, DASS DAS FEUER SICH AUF DIE ZUERST BETROFFENEN GEBIETE BESCHRÄNKT HAT.
"UND DIE FEUERWEHR HAT ES LETZTE NACHT ENDLICH GESCHLAGEN.
"DAS IST DAS ENDE VON ALEXANDRE LeROIS ZUKUNFT."

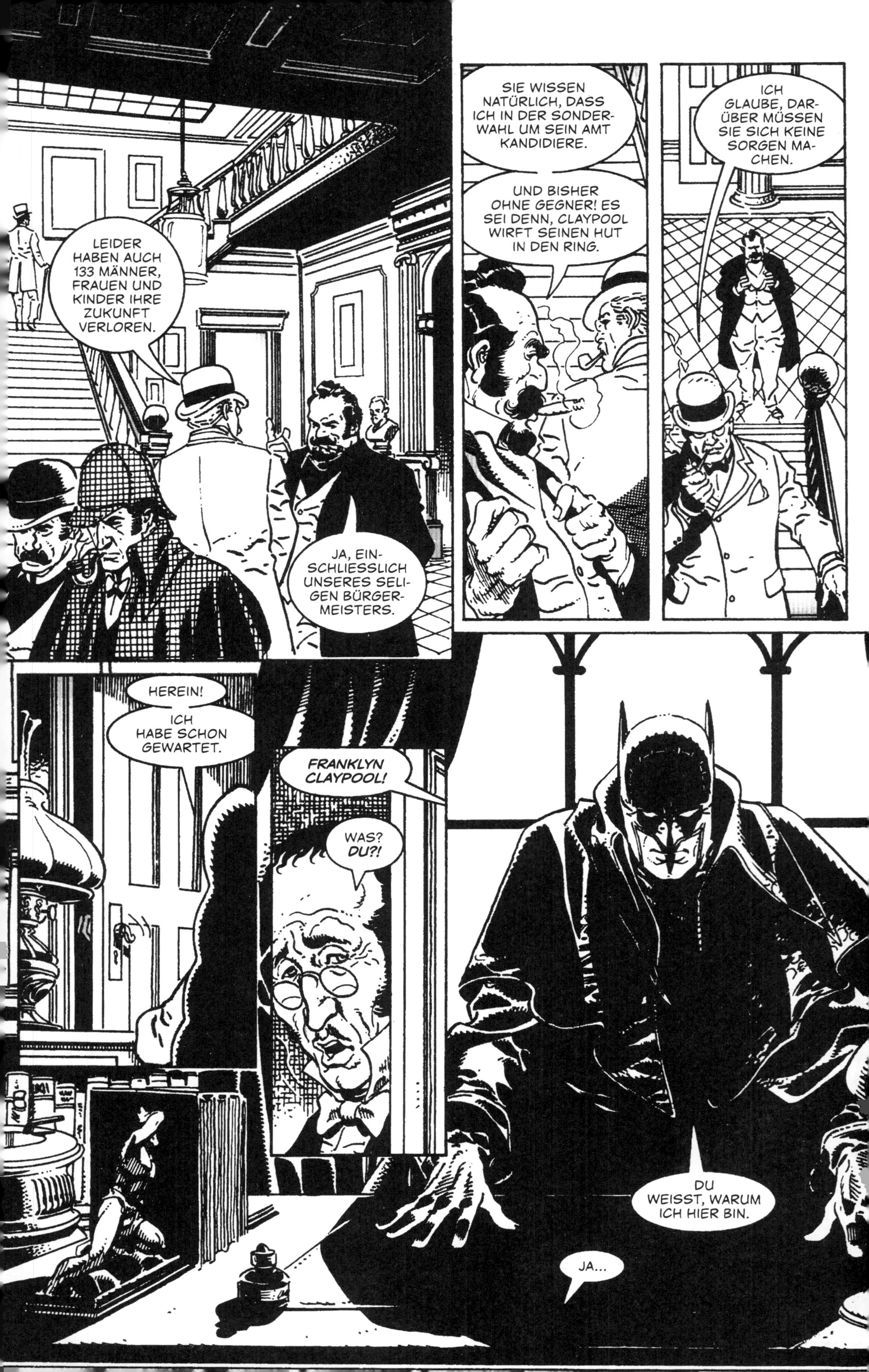
LEIDER HABEN AUCH 133 MÄNNER, FRAUEN UND KINDER IHRE ZUKUNFT VERLOREN.
JA, EINSCHLIESSLICH UNSERES SELIGEN BÜRGERMEISTERS.
SIE WISSEN NATÜRLICH, DASS ICH IN DER SONDERWAHL UM SEIN AMT KANDIDIERE.
UND BISHER OHNE GEGNER! ES SEI DENN, CLAYPOOL WIRFT SEINEN HUT IN DEN RING.
ICH GLAUBE, DARÜBER MÜSSEN SIE SICH KEINE SORGEN MACHEN.
HEREIN!
ICH HABE SCHON GEWARTET.
FRANKLYN CLAYPOOL!
WAS? *DU?!*
DU WEISST, WARUM ICH HIER BIN.
JA...

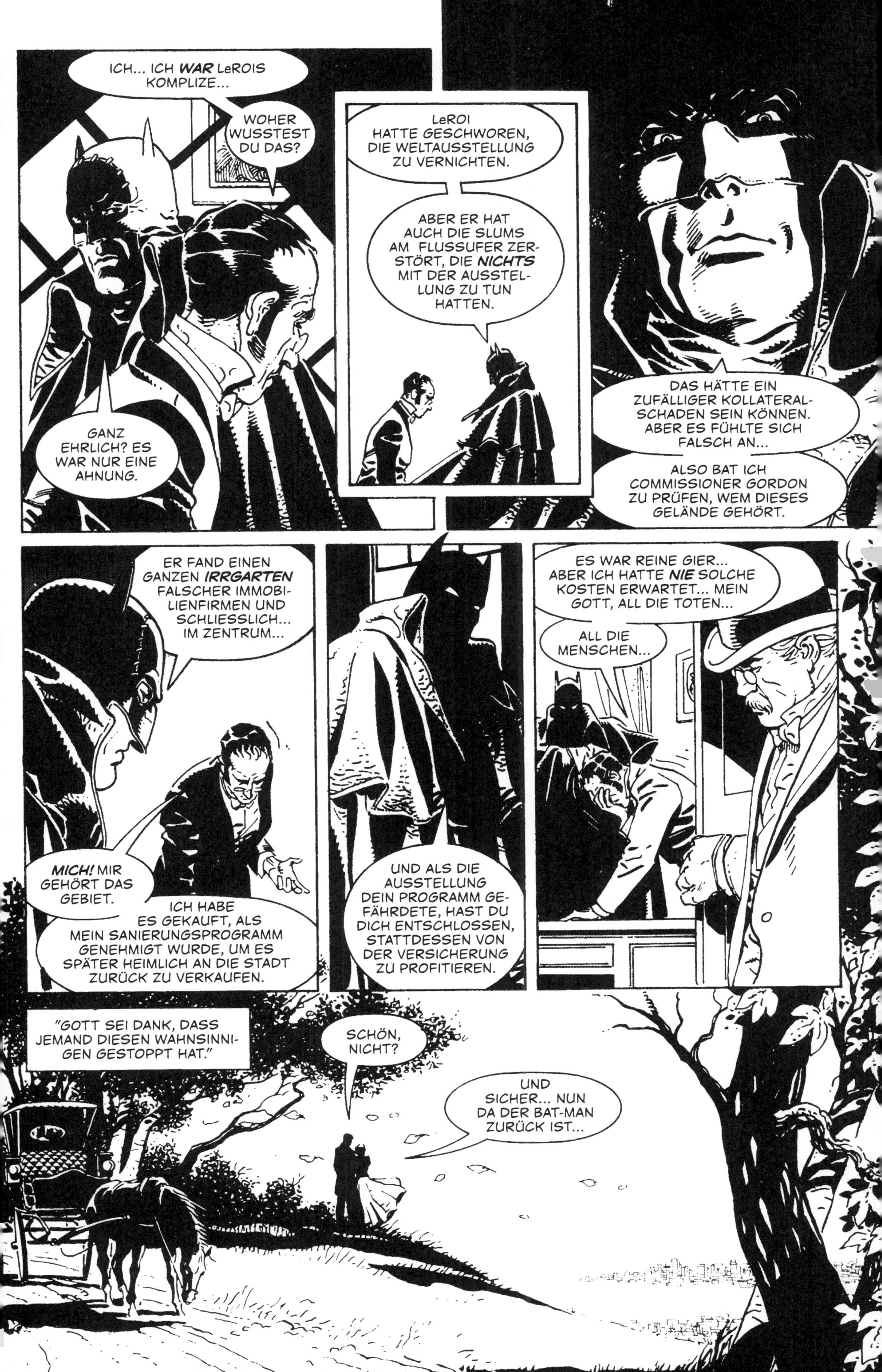
ICH... ICH WAR LeROIS KOMPLIZE...
WOHER WUSSTEST DU DAS?
GANZ EHRLICH? ES WAR NUR EINE AHNUNG.
LeROI HATTE GESCHWOREN, DIE WELTAUSSTELLUNG ZU VERNICHTEN.
ABER ER HAT AUCH DIE SLUMS AM FLUSSUFER ZERSTÖRT, DIE NICHTS MIT DER AUSSTELLUNG ZU TUN HATTEN.
DAS HÄTTE EIN ZUFÄLLIGER KOLLATERALSCHADEN SEIN KÖNNEN. ABER ES FÜHLTE SICH FALSCH AN...
ALSO BAT ICH COMMISSIONER GORDON ZU PRÜFEN, WEM DIESES GELÄNDE GEHÖRT.
ER FAND EINEN GANZEN IRRGARTEN FALSCHER IMMOBILIENFIRMEN UND SCHLIESSLICH... IM ZENTRUM...
MICH! MIR GEHÖRT DAS GEBIET.
ICH HABE ES GEKAUFT, ALS MEIN SANIERUNGSPROGRAMM GENEHMIGT WURDE, UM ES SPÄTER HEIMLICH AN DIE STADT ZURÜCK ZU VERKAUFEN.
UND ALS DIE AUSSTELLUNG DEIN PROGRAMM GEFÄHRDETE, HAST DU DICH ENTSCHLOSSEN, STATTDESSEN VON DER VERSICHERUNG ZU PROFITIEREN.
ES WAR REINE GIER... ABER ICH HATTE NIE SOLCHE KOSTEN ERWARTET... MEIN GOTT, ALL DIE TOTEN...
ALL DIE MENSCHEN...
"GOTT SEI DANK, DASS JEMAND DIESEN WAHNSINNIGEN GESTOPPT HAT."
SCHÖN, NICHT?
UND SICHER... NUN DA DER BAT-MAN ZURÜCK IST...

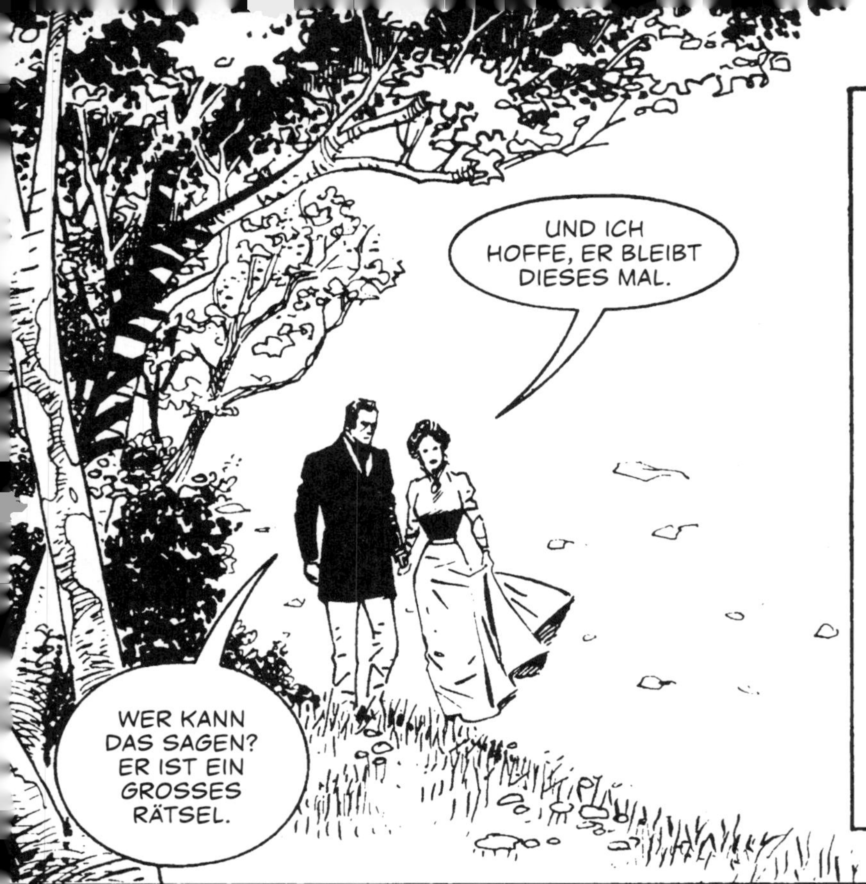
UND ICH HOFFE, ER BLEIBT DIESES MAL.
WER KANN DAS SAGEN? ER IST EIN GROSSES RÄTSEL.

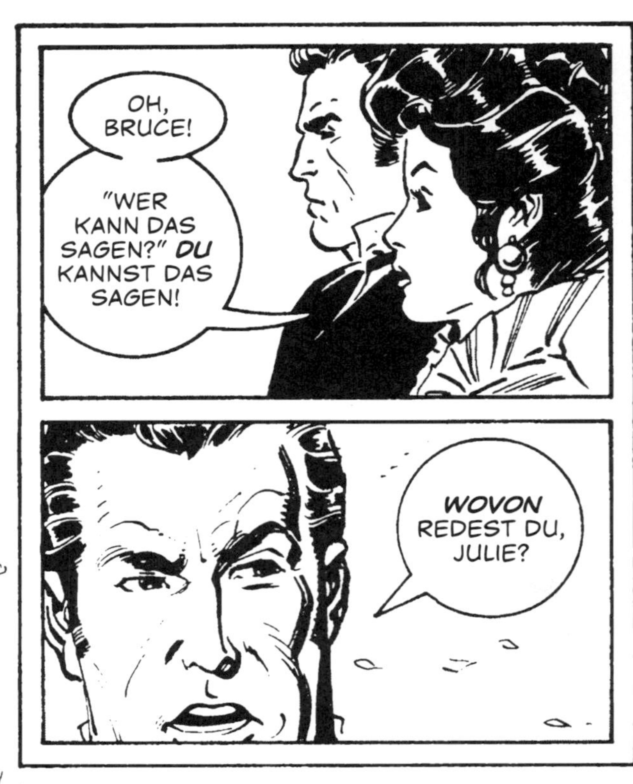
OH, BRUCE!
"WER KANN DAS SAGEN?" DU KANNST DAS SAGEN!
WOVON REDEST DU, JULIE?

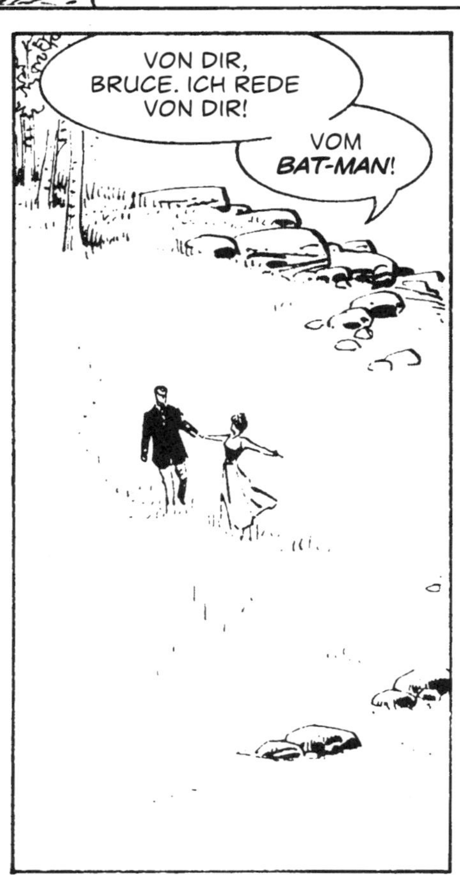
VON DIR, BRUCE. ICH REDE VON DIR!
VOM BAT-MAN!

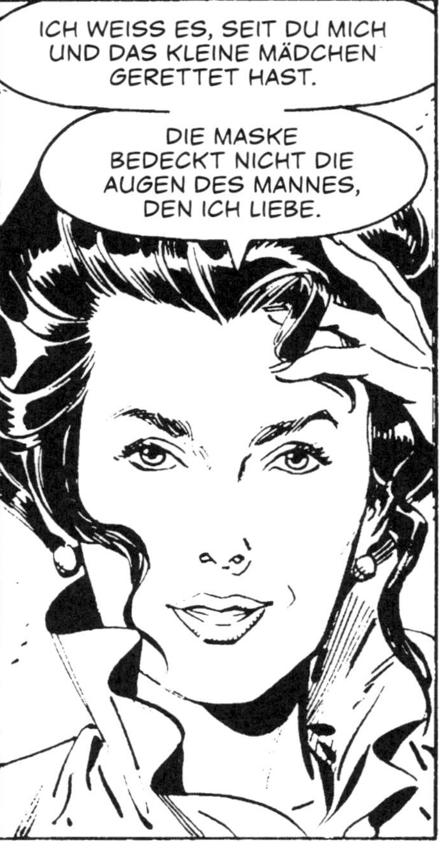
ICH WEISS ES, SEIT DU MICH UND DAS KLEINE MÄDCHEN GERETTET HAST.
DIE MASKE BEDECKT NICHT DIE AUGEN DES MANNES, DEN ICH LIEBE.

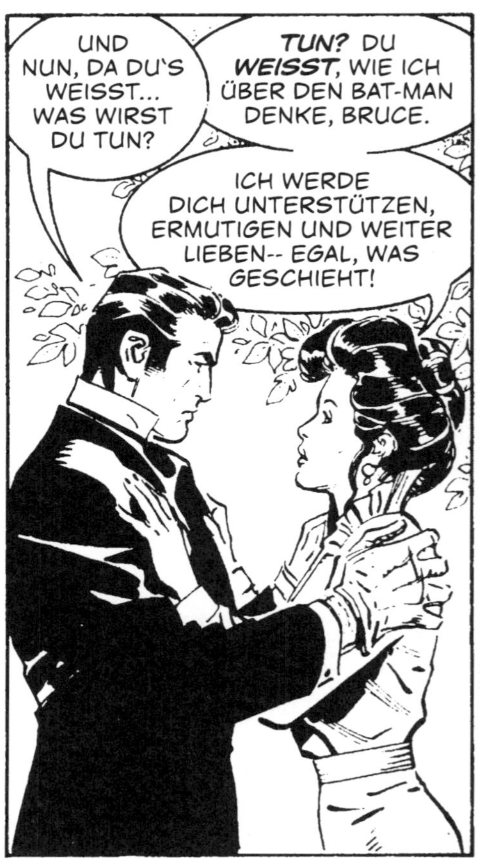
UND NUN, DA DU'S WEISST... WAS WIRST DU TUN?
TUN? DU WEISST, WIE ICH ÜBER DEN BAT-MAN DENKE, BRUCE.
ICH WERDE DICH UNTERSTÜTZEN, ERMUTIGEN UND WEITER LIEBEN-- EGAL, WAS GESCHIEHT!

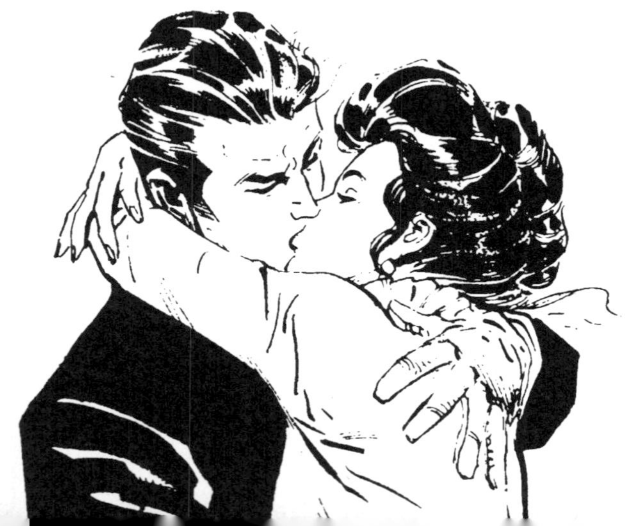

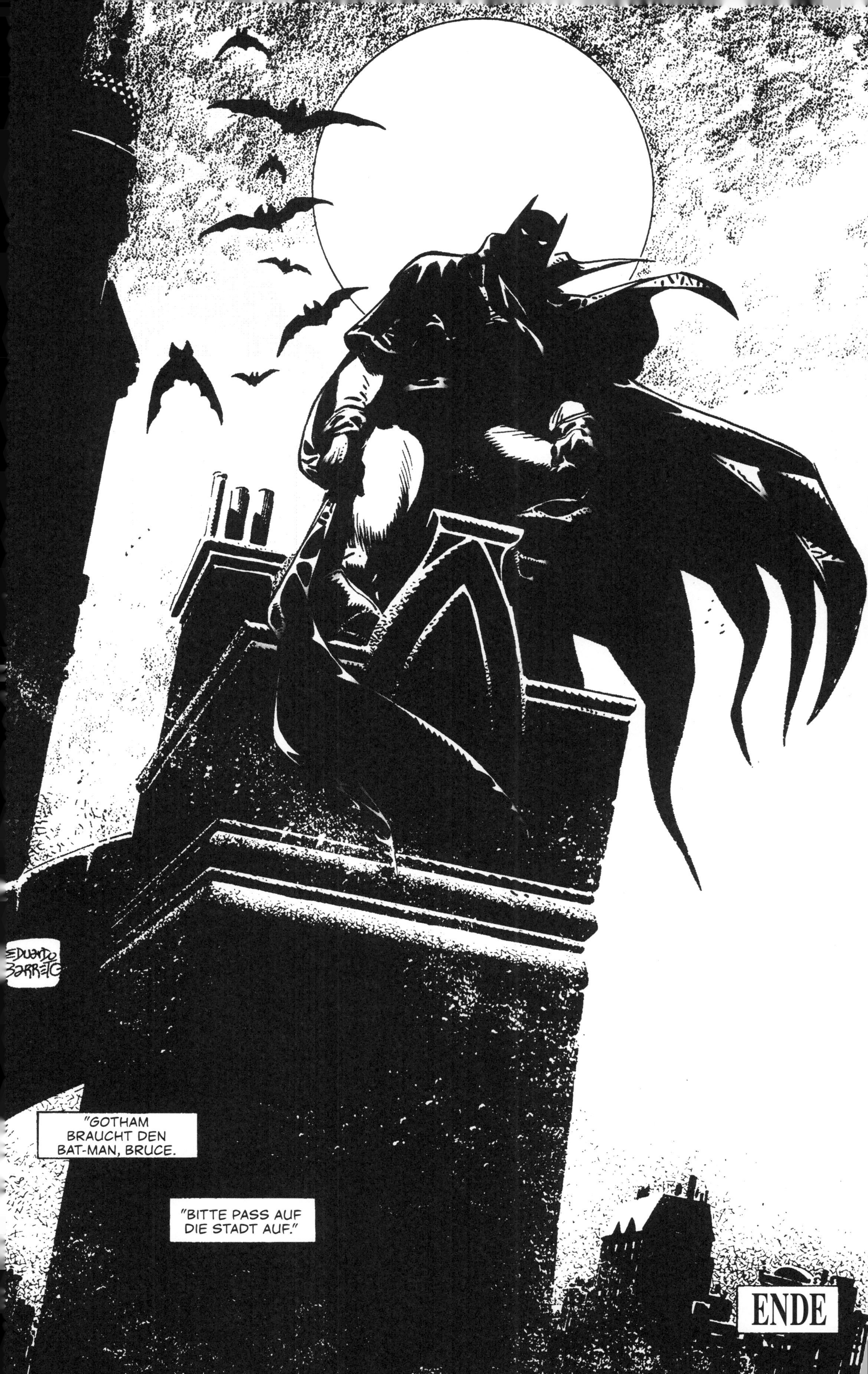
EDUARDO BARRETO
"GOTHAM BRAUCHT DEN BAT-MAN, BRUCE.
"BITTE PASS AUF DIE STADT AUF."
ENDE

BRIAN AUGUSTYN war viele Jahre lang als Redakteur, aber auch als Autor für diverse US-Verlage tätig. In den 80ern und 90ern kümmerte sich der Amerikaner beispielsweise für DC als verantwortlicher Redakteur um Serien wie FLASH und JUSTICE LEAGUE oder das damals neue Label Impact Comics, was ihm einen Wizard Fan Award einbrachte. Nachdem er Mark Waid zum Autor von FLASH berief, der die Serie jahrelang prägen und zum Top-Titel machen sollte, arbeitete Augustyn überdies oft als Co-Autor mit Waid zusammen, etwa an FLASH, *Ash: Cinder & Smoke*, *The Crusaders*, *Painkiller Jane*, *X-O Manowar* oder zuletzt den Comics des *Archie*-Reboots um die Ikonen aus Riverdale. Außerdem war der 1954 geborene Augustyn einer der Hauptautoren von Zeichner Humberto Ramos' eigenständiger Vampir-Comic-Serie CRIMSON, wohingegen sie die von Augustyn verfasste Serie OUT THERE gemeinsam erschufen. Allein schrieb Augustyn noch BLACK CONDOR, BLACK MASK, *Imperial Guard*, *Legend of the Sage*, *Mega Man* und *Duel Masters*.

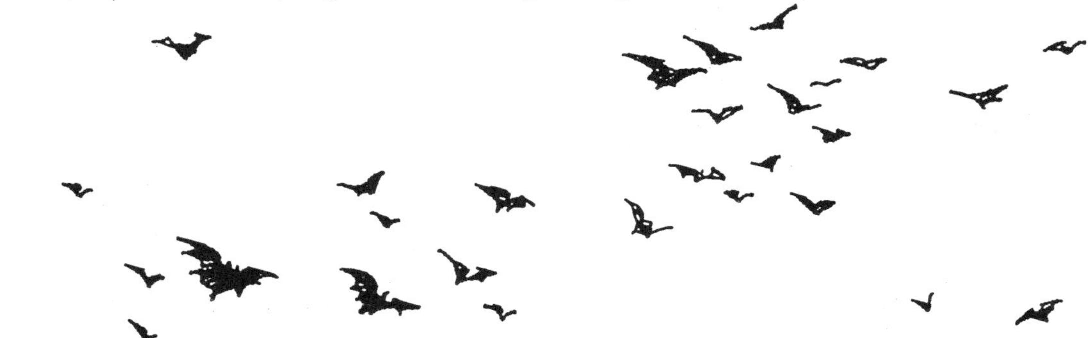

MIKE MIGNOLA startete seine Karriere als Cover-Künstler, Tuscher und Zeichner für DC und Marvel, wo er anfangs Comic-Storys über Supermans Heimatplaneten Krypton, den Phantom Stranger, Batman, Dr. Strange und andere bebilderte. Zudem zeichnete er die erste Soloserie von Rocket Raccoon, Jim Starlins COSMIC ODYSSEY um Batman, Superman und Co., *Wolverine: The Jungle Adventure* und eine Adaption von Fritz Leibers Fantasy-Saga über Fafhrd und den Grauen Mausling. Abseits der Comic-Welt wirkte der 1960 geborene Mignola als Filmillustrator an Francis Ford Coppolas *Bram Stoker's Dracula* und als Konzeptkünstler an *Blade II*, Disneys *Atlantis – Das Geheimnis der verlorenen Stadt* und der *Batman*-Trickserie der 90er mit. 1993 ließ Mignola seinen eigenen Helden Hellboy debütieren. Über die Jahre wurde der Höllenjunge zum Mittelpunkt eines riesigen Comic-Universums, traf die DC-Heroen Batman und Starman und wurde u. a. von Guillermo del Toro verfilmt. Im Portfolio von Mignola, der mit dem Eisner und dem Bram Stoker Award ausgezeichnet wurde, finden sich noch die von ihm geschriebenen Comics *Conan*, *Baltimore* und *Frankenstein Underground*.

EDUARDO BARRETO stammt aus Uruguay und brachte sich das Zeichnen selbst bei. Der von Russ Manning, Hal Foster und Warren Tufts inspirierte Barreto bebilderte zunächst mehrere Zeitungs-Comicstrips in seiner Heimat und erschuf sogar eigene Strips und Helden, die in ganz Lateinamerika abgedruckt wurden. In den 70ern arbeitete er mit argentinischen Comic-Größen wie Ricardo Villagrán oder H. G. Oesterheld zusammen. Ende der 70er übernahm Barreto erste Aufträge für die großen US-Verlage. Seine bekanntesten Arbeiten für den amerikanischen Markt umfassen diverse Batman-Geschichten, z. B. zum NIEMANDSLAND-Crossover oder BATMAN/DAREDEVIL. Dazu kommen GREEN ARROW, MAN-BAT, MARTIAN MANHUNTER, LEX LUTHOR: THE UNAUTHORIZED BIOGRAPHY und andere Superman-Storys, THE SHADOW STRIKES, viele Kapitel der berühmtem NEW TEEN TITANS-Saga von Autor Marv Wolfman und der Zeitungs-Comic *Judge Parker*. Eduardo Barreto starb 2011 im Alter von 57 Jahren.